吉津宜英著作集

第一巻　浄影寺慧遠の思想史的研究

『吉津宜英著作集』編集委員会編

臨川書店刊

吉津宜英博士

慧遠教学の研究

吉津宜英

目次

『慧遠教学の研究』――生前、吉津博士が遺した仮綴じ冊子。著作の構想を伺い知ることができる。表紙・目次とも吉津博士の自筆。

『吉津宜英著作集』第一巻　目次

第一部　南北朝隋唐仏教の諸問題……七

第三部　浄影寺慧遠の思想

解説

凡例

1　吉津宜英博士の原論文（略称「本文」）の表記は、当用漢字・現代仮名遣いで統一した。ただし、固有名詞・引用文などの特殊な場合はこの限りではない。

2　サンスクリット語・パーリ語・チベット語等の非西欧語は、原則としてローマ字表記とした。

3　本文中の暦年は、原則として和漢暦で示し、西暦を（　）にて挿入した。

〔例〕　昭和一八年（一九四三）

4　書名は『　』を付した。章名や篇名、学術雑誌所収論文等は「　」を付した。これは吉津博士の論文タイトルにも適用される。吉津博士の一部の論題に『　』「　」の無いものがあるが、本著作集では表記の統一を目的として『　』「　」を加えた。

5　巻数・頁数・年号等の数字は単位無しの漢数字を用いた。

〔例〕　五七巻　二〇頁　一九九〇年

6　学術雑誌等の刊行年は全て西暦（国際通年暦）に統一した。

7　省略記号については、本文・注記ともに左記のように表記した。左記以外のものについては慣例に倣い、初出の個所に提示した。

大正蔵	『大正新脩大蔵経』	日蔵	『日本大蔵経』
続蔵	『大日本続蔵経』（影印本）	『均如全書』	『均如大師華厳全書』（金知見　後楽出版）
新纂続蔵	『新纂大日本続蔵経』（鈴木学術財団版）	『印仏研』	『印度学仏教学研究』
仏全	『大日本仏教全書』	『駒仏紀要』	『駒澤大学仏教学部研究紀要』

『駒仏論集』　『駒澤大学仏教学部論集』
『華厳禅』　『華厳禅の思想史的研究』（吉津宜英　大東出版社、一九八五年八月）
『華厳一乗』　『華厳一乗思想の研究』（吉津宜英　大東出版社、一九九一年七月）

8　典拠の表記は、前項の略号等と5の数字表記に基づいて、左記のように表した。
〔例〕　大正蔵四五・二四一上（大正新脩大蔵経、第四五巻、二四一頁、上段を意味する）

9　本凡例は、吉津宜英博士の単著『華厳禅』と『華厳一乗』を基準にしたものである。ただし、両著の表記が異なる場合は『華厳一乗』に倣った。

10　収録論文の本文の中に注記を欠くものがある。その場合、典拠等の必要最小限に限って、（※1）等の記号によって、編者注として収録論文の末尾に一括して追加した。

11　また収録論文の注記の中に典拠等を欠くものがある。この場合は〔　〕、あるいは〔編者注：〕の表記の下に該当箇所に補足した。ただし、出版社、刊行年月等は断りなく補足している。

12　初期の論文において、「吉津」を「吉津」と表記するものがある。これは「吉津」が正しい。しかし、若い頃の吉津博士は「吉津」と表記していた。本著作集では「吉津」に統一する。

13　本文の敬称は統一しないで、初出の敬称に準拠した。

14　上記の凡例以外、校訂は誤字・脱字等の必要最小限に留め、原則として原文に準拠した。

15　本文中（　）内に出典を記している個所がある。その表記法は不統一であるが、本著作集では、上記凡例によって統一する。

16　解説は概説と詳説、特別解説に区別し、概説は著作集全般に対する解説、詳説は各部等の専門的な解説、特別解説は吉津博士の研究を理解するために必要な解説と役割分担した。

第一部　南北朝隋唐仏教の諸問題

慧影の『大智度論疏』をめぐる問題点

大日本続蔵経第一輯に断簡として収録されている『大智度論疏』[※1]（以下『論疏』と略す）は、慧影が、師である北周姚道安の『大智度論』（以下『大論』と略す）の講説を受けて、蜀地潼州遷善寺にあって纏めたものである。さて、この『論疏』は断簡ではあるが、現存の『大論』注釈書としては唯一のものであるという存在価値に加えて、この『論疏』をめぐって、いくつかの考究すべき問題点があると思う。

まず第一に、この『論疏』の原型が中国の北地で、しかも思想論争（三教論争から仏道二教廃止に至る）の盛んであった北周で成立したこと、そして、この『論疏』の生みの親である道安は北周の武帝とも親しく、当時曇延と並んで高僧とうたわれ、三教論争にあたっては、武帝に『二教論』を奉り、仏儒二教による思想界の統一を主張した人であること、又、武帝の二教排止の根拠は、思想面では、儒教古典すなわち周礼制の復古にあったが、還俗僧衛元嵩による廃仏の上書の理論的根拠は、『大論』第三五巻にある「天王仏の制令」にあるといわれ、この上書が二教廃止に対する大きな縁因となったということ、そのような思想界の動乱の時代における、『大論』研究の流行、『大論』の講説、そしてこの『論疏』成立の意味は、この『論疏』自身から見出すことはむつかしく、北周の社会及び思想界の要請、当時の仏教界の動向から、大きく考えなくてはならない。

次に、『続高僧伝』巻第二三に収められている「道安伝」によると、「進具已後、崇㆓尚涅槃㆒、以為㆓遺訣之教㆒。博通㆓智論㆒、用資㆓弘道之基㆒。故周世渭濱盛揚㆓一部㆒。」[※2]とあり、『涅槃経』と『大論』とが道安の仏教の根幹であったとされる。魏末から斉周にかけての北支那は、(※3)『涅槃経』研究の興隆時代といわれるから、『涅槃経』を遺訣の教として研鑽したことは不思議ではないが、あの彭大にして、かつ不統一な『大論』を弘道の基として用いたという事実はいかに見るべきか。ここで、『大論』を弘道の基として、自由自在に扱うまでに、『大論』研究が進歩した様子、すなわち、鳩摩羅什伝訳以後の『大論』研究の歴史が問題となる。

さて、『大論』の翻訳は、『大品般若経』の翻訳と、平行して行われ、『大論』の翻訳成るやいなや、廬山の慧遠のもとへも送られ、慧遠は論の要文を抄撰して二〇巻にまとめたといわれる。目録等を見ると、この廬山の慧遠の抄撰は別にして、『大論』の注疏を物した人々に、僧肇、僧侶、休師、長法師、霊見、曇影、行賀等の名前があげられている。又慧皎の『高僧伝』中の僧では、三論あるいは『大品経』を教学の中心にした人々はいるが、特に『大論』あるいは四論を教学の根幹としたという事実は、文字の上には表われておらない。しかし、『大品経』研究の一番よい参考書として、『大論』が依用されたことは確かであろう。『続高僧伝』になると、『大論』を宗としたとか、四論を講説した等の記述が随処に見出される、この事実が直接『大論』研究の独立を意味するものではないとしても、大部で統一を欠いた『大論』を、科文によって整理し、理解しようという試みは、羅什伝訳以後志ある人々の間で続けられ、そのような長い間の『大論』研究の成果の一つが、この慧影の『論疏』なのである。『論疏』巻二四に、師匠道安の言葉として、

師言、就レ此断二経文一、亦極有二多家一。自有二符姚時諸法師科者一。自有二光律師弟子道場法師一、後聴二留文三蔵講説一。為レ被二〔小〕小瞋一故、入二嵩高山一十年、読二大智度一。已出レ邑、欲レ講二此論一。于時有二一尼僧一、善楽レ読二此論一。故遂為二檀越勧化一、令二此法師講説一。智度之興正在二此人一。此人科、略亦為二細碎一。但符姚時諸大法師、既在二訳論之際一、又値二什公一、応レ善二其意一。今且依二此符姚時諸法師一。科有二〔於〕三分一。……〔続蔵八七・二六五右上〕

と述べている。これによると、道安や慧影が『大論』の講説をする際は、常に苻姚時諸大法師や道場法師が念頭にあったことになる。苻姚時諸大法師としては、この『論疏』の中に、釈道安、僧肇、曇影があげられ、『二教論』における『大論』「序」の引用からして、僧叡も加えてよいであろう[※4]。釈道安は別にして、僧肇、曇影、僧叡等は、龍樹仏教の大家である鳩摩羅什に直接教えを受けた人々として、後の仏教者から、特別な拠り所とされていたのであろう。『東域伝灯目録』等に「大智度論抄八巻、或云疏、釈僧肇記[※5]」「大智度論疏十五巻、曇影師撰[※6]」と記載せられているのは、その存否真偽はともかくとして、『大論』研究が盛んになった時、直接羅什に接した弟子の解釈を典拠にすれば間違いないという考えが、大論師や三論四論の学者達の念頭にあったと思われる。道場は一名道長とも言い、道綽の『安楽集』では浄土の六大徳の一人に数えられている[※7]。『高僧伝』類では本伝として取り上げられてはいないが、『続高僧伝』巻八の「法上伝」では、道場と法上とが京師の極望として並び称せられ、巻一一「志念伝」、巻二四「明贍伝」では、彼は『大論』の大家として扱われている[※8]。先の『論疏』の文と併わせ考える時、『大論』研究史上、道場が重要な立場にあることが推察される。

以上のことから、明確に大論学派と規定されるようなグループとか、伝統相承的な学系は辿れないとしても、道場、道安、慧影等が盛んに『大論』の講説をした裏には、何らかの要請と何らかの意図があったのであろう。彼らの『大論』研究が、隋代の五衆とか二十五衆とかの中に加えられている大論衆と、いかに繋るか。又隋唐仏教成立の縁因になるのかどうかを考察するのも、今後の課題である。

第三には、この『論疏』の引用経論から考えられる問題がある。先に述べたように、道安は『涅槃経』の大家でもあったから、この『論疏』の要所は『涅槃経』の引用によって解釈されていると言ってよい。それに加えて、『十地経論』や『摂大乗論』及び『勝鬘経』等の引用が数多く見られ、般若中観系の用語を瑜伽唯識系あるいは如来蔵系の用語で理解した所がある。横超慧日教授は『中国仏教の研究』所収の「中国南北朝時代の仏教学風」の結びにおいて、南北朝の相異なる学風に対する批判から、隋唐時代の新しい仏教が起ったことを指摘され、その後で隋唐の新仏教の祖師達の特色について述べられ、「吉蔵は江南の学を長安に移して、空観仏教と瑜伽仏教との総合の端を開いた。」とされている。吉蔵が、学風の異なる長安に来て、そのような総合が可能であったとしたならば、その基礎は、非常に麁なる形ではあるが、道安、慧影師資による『論疏』のような成果によって、固められていたと見ることができる。吉蔵の『中観論疏』の「序疏」に、「関内の姚道安、智度論を学んで云く……」(※9)として、この道安の言葉を引用しているのは、この点から見て暗示的である。『中観論疏』を始めとして、良い典拠として数多く『大論』を引用した吉蔵は、『大論』の注釈書は作らず、『大品義疏』『大品遊意』という『大品般若経』の注釈書を二つ残した。これらの『大品経』関係の注疏を併せ研究することによって、この慧影の『論疏』の性格や内容がより明確になるものと考えている。

〔編者注〕

（※1）続蔵八七、新纂続蔵四六。

（※2）『続高僧伝』巻二三「釈道安伝」（大正蔵五〇・六二八上）。

（※3）今日、中華人民共和国の歴史的連続性を示す総称は、一般に「中国」を使用し、「支那」は使用しない。しかし、執筆者が故人であることに鑑みて、原文のママとした。

（※4）委細未詳。ただし道安『二教論』に「仏教者窮理尽性之格言。…」（大正蔵五二・一三七上）とある部分は、僧叡『小品経序』（大正蔵八・五三六下、同五五・五四下）に一致する表現がある。このことは、吉津「隋唐新仏教展開の基調 その一」注16に指摘されている。

（※5）『東域伝灯目録』（大正蔵五五・一一五六上）。

（※6）同右。

（※7）道綽『安楽集』（大正蔵四七・一四中）。

（※8）　道場（道長）に関する典拠は、『続高僧伝』巻八「法上伝」（大正蔵五〇・四八五上）、同巻一一「志念伝」（大正蔵五〇・五〇八下）、同巻二四「明贍伝」（大正蔵五〇・六三二下）。

（※9）　吉蔵『中観論疏』「序疏」（大正蔵四二・一下）。

『大智度論』研究における諸問題(※1)

(一)

『大智度論』は『摩訶般若波羅蜜経』、通常『大品般若経』と呼ばれている経典の釈論である。著者は『中論』『十二門論』『十住毘婆沙論』等と同様に龍樹菩薩である。この論には梵本・蔵本共に存在せず、ただ漢訳のみ存在する。五世紀の初頭長安に来た鳩摩羅什三蔵によって訳出されたものである。

さて、『大智度論』(以下特別の場合を除いて、『大論』と省略する。)研究を進めるにあたり、これまでの『大論』に対する研究の動向と成果とを回顧し、これからの研究の展望をしておかなくてはならない。その場合、『大論』は『大品般若経』の釈論であるから、『大論』研究の成果も『大品般若経』に対する研究の成果と平行して考えられなくてはならない。

そこで、『大論』に対する研究成果とその動向を見る場合、

一、インド仏教史上における『大論』

二、羅什三蔵の伝訳

三、中国仏教史上における『大論』

と、この三つの場面に分けて考えるのが便利である。

(二)

第一の場面では、先ず龍樹の『大論』撰述、『大論』と他の著作との関係、『大論』の内容の特色と『大論』以前のインド仏教史の問題、『大論』の所依の経である『大品般若経』の大乗仏典における位置、及び夥しい般若経典群の中での立場、その『大品般若経』の内容と『大論』の内容との一致と相違、更に他の般若経注釈書たとえば弥勒の『現観荘厳頌』(*Abhisamayālaṃkāra-kārikā*) 及び師子賢 (Haribhadra) の『八千頌般若釈論』(*Abhisamayālaṃkāra-Prajñāpāramitā vyākhyā*) などとの比較研究、主要なものでも以上のような研究テーマがある。

『大論』の著作については、古来龍樹であるとされてきたが、各種の経論の比較研究、特に同じように龍樹撰とされている論書間の比較分析、さらにおのおのの論書の内容を精密に調べることにより、『大論』龍樹真撰説を疑う学者もある。又真撰説を全く否定するわけではないけれども、現存の『大論』の内容がすべて龍樹によるものではなくて、かなり伝訳者羅什三蔵の手が加っていると見る学者もある。干潟龍祥氏は『梵本・善勇猛般若波羅蜜多経』(*Suvikrāntavikrāmi-paripṛcchā Prajñāpāramitā-sūtra*) において『大論』の著者を論じられ、『大論』の内容の検討に光明を与えられた。その方法は、現存の『大論』の中に明確に龍樹の手になるものではない部分がかなりあることに注目され、それを(A)とし、(B)は龍樹でなくては書けない部分、(C)は一応龍樹のものとしておく方がよい部分、という三つの区別をして考察してゆくのである。これは妥当な方法と考えられ、更にこれを推し進めてゆくと同時に、引用経論の検討及び『大論』所説の教理学説を整理して、他の資料との関係を付ける研究などをやることによって、『大論』の内容がより明確になるであろう。

次に龍樹の他の著作と『大論』との比較研究の面では、『十住毘婆沙論』と『大論』、『中論』と『大論』などの比較研究が進められ、特に最近では、三枝充悳氏は「大智度論所収偈頌と中論頌」という論文を発表され、『大論』における『中論頌』引用の様子を詳しく調査しておられる。先に述べたように、『大論』の中にかなり後代の加筆があると言われ、『大論』の内容自体の批判的研究もいまだ完了せず、それに加えて『中論』等の他の著作について見ても、批判的にして総合的研究はその途上にある。従って『大論』と他の龍樹の著作との比較研究によって龍樹教学の総合的研究が進められてゆくには、かなりの時間がかかると思われる。

次に龍樹の『大論』をインド仏教史の上に浮べて、その意味を考えることは大切なことであるが、その面もそれ程研究が進められているようにも見えない。『大論』所説のテーマを、インドの初期大乗仏教の論師、龍樹の思想として論究したり、そのテーマ中心にインド仏教史、特に教学史を考究した成果はあるが、『大論』の特殊性を考慮して、その『大論』を全体的な立場からインド仏教史の上で論じた成果は少い。『大論』は梵蔵共に存在せず、又羅什三蔵の伝訳の際かなり恣意的に編集された面もあるから、現存の『大論』を以って直接インド仏教に還元し、それによってインド仏教を語ることは多くの困難があるにしても、『大論』にはそれらの制約を超えた本来的な特色があり、その特色を手がかりにして進めば、インド仏教史を見る資料として有用であると思う。

今『大論』の特色を列挙すれば、(1)阿含経典及び初期大乗仏典からの豊富な引用がなされていること、(2)アビダルマに対する厳しい批判と同時にアビダルマからの大幅な摂取吸収がなされていること、(3)「有人言」として諸説異論を数多く集めると同時に著者自身も自由に分別し、異説諸論が雑居している場面が多いこと、(4)当時の社会一般及び思想界の風俗・習慣・意見・理論などを数多く引用していること、等が挙げられる。これ以外にもまだ重要な特色があるかもしれないが、以上の四つの面だけでも、それぞれ重要なのであり、すでに先学が先鞭を付けておられる面に加えて、更に研究が押進められなくてはならない。

さて、前に述べたように『大論』を考えてゆく上で、所依の経である『大品般若経』を忘れてはならない。一般に大乗仏典として最初に出現したのは般若経典であるといわれ、中国への伝訳も最初期から行われ、ついには玄奘三蔵伝訳の『大般若経』に見られるような厖大な般若経として発展加上されていった。そこで、これらの般若系経典群の中で、その原始形態を探る研究が続けられてきた。特に中国仏教伝訳史上の初期に、『道行般若経』と『放光般若経』との巻数と内容とのいささか異る二つの般若経がもたらされたために、この二つの般若経の関係をいかに考えるかということが問題となった。この問題は古くは釈道安や支道林等によっても論じられ、特に梵漢蔵比較研究の盛んになった明治末から又一段と学問的に論究されてきた。梶芳光運氏『原始般若経の研究』は、それらの議論の集大成とでもいうべきものである。氏はその中で種々雑多なる般若経典を道行系統と放光系統との大きく二つの流れとしてとらえ、それらの中で道行系統を般若経典群の中での先在経典として認め、そこから更に原始般若経として考えられる部分の探究を進め、『道行経』「第一須菩提品」を原始般若経として抽出し、それが原始形態である理由を実際本文に就いて論証しておられる。これを『大論』と直接関係を持つ羅什三蔵訳の般若経に当てはめてみると、『小品般若経』から『大品般若経』へという発展増広が考えられるわけである。以上の論を認めるならば、先在経典である『小品般若経』から何らかの意図と目的とを担って増嵩された『大品般若経』を、龍樹は『大論』によって解釈していることが知られる。それならば、先在経典としての『小品般若経』、特にその中でも原始的と考えられる部分のテーマとその展開のしかたをよく理解することが『大品般若経』の内容理解の扶けになるであろうし、又『大品般若経』の意図内容の理解が、『大論』研究の基礎でもあり、同時に目的でもある。現存の『大論』は『大品般若経』「序品」の解釈に三四巻が当てられており、この部分が『大論』の真面目を発揮しているのであるが、『大品般若経』の重要な部分は「序品」以後の舎利弗や須菩提等が対告衆として活躍する所にある。

従って『大論』は確かに『大品般若経』の釈論ではあるが、訳者の恣意によってかなりバランスの崩れた特殊な論書になっているのであって、そこが単なる釈論からはみ出した『大論』の魅力でもある。

そこで、少々不統一に見える『大論』の組織及びその内容をより広い立場からより深く考察するために、弥勒の『現観荘厳頌』及び師子賢の『八千頌般若釈論』等の他の般若経注釈書との比較研究がぜひ必要なのである。この方面の研究は、それら梵字資料の部分訳がなされてはいるが、全体的研究はこれから進められる段階である。

次に、最近ヴェンカタ・ラマナン氏が〝Nāgārjuna's Philosophy as presented in the Mahā-Prajñāpāramitā-śāstra〟という『大論』研究書を英文で出され、『大論』を根本資料として龍樹教学を哲学的立場から分析しておられる。著者自身序文において述べられるように、この成果は、エティエンヌ・ラモット氏による『大論』のフランス語訳〝Le Traité de la grande Vertu de Sagesse de Nāgārjuna〟に刺激され、それを踏まえた上での考究であり、『中論』を基盤にして龍樹の思想を哲学的に解明されたムルティー教授の〝The Central Philosophy of Buddhism—a study of the Mādhyamika system—〟と好一対をなすが、ラマナン氏が歴史的立場を考慮されず、『大論』成立の特殊性を没却して『大論』を扱われたことは、本書から学問的厳密さを欠くことになった。龍樹の思想を、『大論』の総合的研究から導き出すことは確かに未開拓のところではあるが、龍樹の仏教思想の解明はその初期の著作といわれる『中論』から始めるのが一番確かであり、みのりの多い態度であると思う。『中論』を基点にして他の著作の研究を進め、龍樹の思想の展開をとらえる必要がある。

(三)

次に問題となるのは羅什三蔵の伝訳であるが、それによって現存の漢訳『大論』が出現するわけであるから、『大論』の歴史にとって重要な場面である。これに関しては、僧叡の「大智度論序」及び『大論』の「後記」、更に『出三蔵記集』及び『梁高僧伝』所収の「鳩摩羅什伝」等を参考にして中国仏教通史の上でかなり論じられてきた。この『大論』翻訳はその当初にあっては、あくまで『大品般若経』翻訳のためのものであり、それまでの『光讃』『放光』両般若経の短を補った完全な新訳般若経を出すために、本文を検する意味で『大論』の翻訳が併せて行なわれたのである。古訳に対して新訳を出したいという点では『法華経』『維摩経』の二経も同様であって、この二経典の新訳の中国仏教史の上に果した影響も大きい。それらの経典伝訳に対して、別の面から羅什三蔵の伝訳を特色づけるのは、龍樹提婆の仏教すなわち『中論』『百論』『十二門論』『十住毘婆沙論』『大智度論』等と『成実論』の伝訳であった。ここに大乗仏教初期の代表的論書が一度に紹介されたのである。これらの新訳経論の伝訳の意味とその中国各地、特に南地への流伝に関しては、塚本善隆氏の「鳩摩羅什論」に手ぎわよく論じられている。

一般に羅什三蔵の中国仏教史上の偉大な功績については仏教史書の上に大書されているが、それは経論翻訳の偉大さと翻訳経論の後代への影響の大なるに依るのである。しかし、いかにその功績を讃えようとも羅什三蔵の仏教のあり方、彼の仏教学を明確にしたことにはならず、羅什三蔵はあたかも龍樹仏教の化身の如く考えられ、彼の個性は歴史の表面から没しているかに見受けられる。羅什三蔵所伝の仏教をかなり正面から受けているのは成実・三論・天台などの教学であるが、それらは羅什三蔵の翻訳に忠実なのであり、時には翻訳それ自体に振り回された場面すらある。したがってインドの龍樹仏教の中国的展開としての天台・三論を考える時も、それらの教学の所依とする経論の伝訳者であり、同時に特色ある仏教者であった羅什をその間に入れて、龍樹……→羅什……→天台・三論と並べ、それらを平等に研究してゆくことが大切である。もし、そのように考えなければ、インド仏教の中国における展開の研究はその正当な成果を期待することはできず、単なる比較による観念上の論に堕することになり、天台・三論等の特色も又見失われるであろう。龍樹と天台・三論との間に羅什仏教を置いてこそ、始めて空仏教の展開も単なる観念ではなくなり、羅什三蔵の生きた宗教活動のうちに具体的に展開され、そして彼の苦心の翻訳により、その翻訳経論の研究を通して龍樹の仏教がいかに中国的に展開してゆくかが明確になると思う。その意味で、羅什仏教の具体的内容はぜひ問題にしなくてはならない。資料としても、廬山慧遠との問答集である『大乗大義章』（※2）や僧肇撰とされる『注維摩経』に含まれている羅什の説があり、しかも大量に伝えられている羅什三蔵による翻訳経論の内容やその訳し方にも彼の仏教の内容が大いに反映しているのであるから、研究するに不足はないのである。これまでに羅什三蔵の仏教の内容を考察した論文の一、二をあげるならば、春日井直也「羅什三蔵のアビダルマ学」（『印仏研』二―二、一九五四年）、横超慧日「鳩摩羅什の法身説」（『印仏研』一〇―一、一九六二年）などがある。前述の先学の研究によって明らかにされているように、『大論』一〇〇巻の中に羅什三蔵の手がかなり加えられているのであるが、それを簡別する上からも、龍樹とは異る羅什三蔵の教学の内容を把握する必要がある。

(四)

更に考えなくてはならない問題は、羅什三蔵による伝訳以後の流布・研究・注釈の歴史であって、今かりにこれを『大論』研究史と呼ぶ。『大論』研究史とはいえ、厳密な意味での歴史にはなりえない。三論のように明確な学派が形成されたわけではないから、教団史あるいは教学史も成立しにくいのである。ただ『大論』が深く研究された場面が中国仏教史上に少なからず存在し、その研究結果としての成果も残されているから、それらを『大論』研究という共通面で連結して歴史的配列をなし、一応『大論』研究史として論述するのである。『大論』研究史の上でまず考えなくてはならないのは羅什門下の高僧達と廬山の慧遠とである。羅什門下では僧叡と僧肇とが重要であるが、僧肇に関しては近年塚本善隆編『肇論研究』という成果があり、僧肇に関しては種々の方面から論究されている。更に廬山の慧遠に関しても、木村英一編『慧遠研究・遺文篇』『慧遠研究・研究篇』の二冊一組の総合研究がある。遺文篇に収録されている「大智論抄序」は『大智論抄』二〇巻（現存せず）の序文であって、僧叡の「大智度論序」と好一対をなし、慧遠がいかに『大論』の内容を把握していたかを見る根本資料である。そして、大乗法師といわれる羅什三蔵への質問と三蔵からの解答を集めた『大乗大義章』を一読するだけで、それが『大論』を共通の基盤にして行なわれた議論であることがわかるが、本格的にその辺を論じた研究論文はなく、ただ『研究篇』に収録されている、横超慧日「大乗大義章研究序説」に少々ふれる所がある。

次に龍樹……→慧文→慧思→天台智顗と相承するとされる天台教学と『大論』との関係についてであるが、これについては佐藤哲英氏の『天台大師の研究—智顗の著作に関する基礎的研究—』において、天台初期の著作、たとえば『次第禅門』や『法界次第初門』などが直接彼の『大論』研究の成果であることを論究され、その姿勢は三大部時代の『摩訶止観』にも受継がれ、『法華経』と『大論』とが智顗の教学の二大支柱であって、その原型は師である南岳慧思にありと指摘され、慧思研究の必要性を強調しておられる。

三論教学と『大論』との関係について、宮本正尊教授は「中道思想及びその発達」において、「初期の支那仏教は般若を持って法正とし、龍樹を人正とすることは吉蔵が三論玄義に述べておるが、龍樹と中論とである。更に吉蔵は三論玄義に八因を以て暫らく三論と云うも、大論の尊尊すべきことを強調しておるから、三論四論の相違は、寧ろ支那仏教における南北の相違の事情に依るものである。」と述べておられる。

さて三論教学の大成者とされる嘉祥大師吉蔵は『続高僧伝』の中で「日学之長勿過於蔵」と評され、『涅槃』『華厳』『法華』『維摩』『勝鬘』『無量寿』『観無量寿』『金光明』『金剛般若』『仁王般若』『大品般若』『弥勒』等の経典について義疏なり玄論なり遊意なりを著し、又『中論』『百論』『十二門論』『法華論』等についてはその論疏を製し、又『三論玄義』『大乗玄論』『二諦義』等の独創的なものも残しており、彼の思想理解はかなり広い経論理解の上で進められなくてはならない。平井俊榮氏は「嘉祥大師吉蔵の基礎的研究」において、嘉祥の経論疏に見られる相互引用の関係から推論を試みられ、嘉祥の仏教思想理解への一方法としての先鞭をつけられた。その中で氏は、嘉祥の止住場所、すなわち会稽嘉祥寺・楊州慧日道場・長安日厳道場の三つの場所に分けて、彼の著作の内容を検討しておられる。そして「三論玄義→中観論疏→大乗玄論という三者の前後関係は明瞭である。」とされ、『三論玄義』は「楊州慧日道場時代、つまり開皇十七年（五九七）―十九年（五九九）の間の記念碑的な作品である。」と述べられる。宮本教授の文中の八因とは、『三論玄義』後半の別釈衆品十三門中の⑴諸部通別義、⑵立名不同、⑶衆論旨帰、⑷破申不同、⑸別釈三論、⑹三論通別、⑺用仮不同、⑻対縁不同の八項にわたって、三論を表にしながらも、広く四論を取上げて分別しているのを指しておられるのであろう。

通常、三論教学の法系といわれ、決して四論の法系と言われることのない、僧朗・僧詮門下について、実際に高僧伝類に記されている所をそのまま法系に書き入れてみると、意外と四論とされている人々も多いのであり、三論とある人々と相半ばするのである。しかも三論教学の大成者と目される吉蔵自身が『法華統略』で「余は少にして四論を弘め、末は専ら一乗を習う。」といい、四論を研究し講説したいというのである。従って、僧朗・僧詮門下を三論の学系とすることは誤りではないが、その門流の教学は四論の立場として把握することの方がよりふさわしい。ただ、四論を研究講説しながらも、『三論玄義』などを著わし、三論吉蔵などと通称される嘉祥に、問題の焦点が回帰してゆくのである。そこで『三論玄義』と『大乗玄論』「論迹義」との本文を検討することによって、一応「嘉祥の教学は三論教学と言われるが、内容的には四論教学といわれてもよいだけの融通性のある反面、中論教学という方が妥当とすると思われる程の中論重視が窺われる。」との仮説を立てておく。

吉蔵の教学の研究も種々の重要テーマを持っているのであるが、その一つは先に引用した『法華統略』にもあるように、晩年は専ら『法華』を研究講説したことの意味、すなわち吉蔵の教学における『法華経』の意義ということである。これを明確にするためには、『大論』と『法華』とを二大支柱とする天台智顗の『法華』の解釈と、『中論』を中心の柱とする嘉祥の『法華』の解釈との比較研究が必要とされるのである。

(五)

以上の羅什門下・廬山慧遠・天台・三論などは羅什仏教の直接の継承者として、たとえ『大論』の流布などという基準を設けないでも、すぐ念頭に浮び、これまでの中国仏教の研究書でもかなり論究されてきた。今ここでは北朝に特に多く出た『大論』研究者、いわゆる「北地大智度論師」について考えてみたい。この北朝特に北魏末から隋代にかけて、『大論』の研究講説者が多く出る事実及びその意義についてはこれまであまり論究されていない。

まず北地で『大論』が流行していた様子は、『続高僧伝』に出てくる高僧達の専門の経論を見るに、『高僧伝』(梁伝)の世界とは異る一つの傾向として、「智度を宗とした」とか「智論を専ら講説した」とかの記事が多く見られ、その大半が北朝関係の僧なのである。

このことは、慧文禅師が天台の『摩訶止観』では「文師の用心は一に釈論に依る。」といわれ、彼は北斉で活躍した人であったこと、慧布が鄴都に遊学し大量の経論を江南に運び、その中に『大論』も含まれ、江南では『大論』が弘っていないので、改めて『大論』の講説をしたこと、更に吉蔵の『大品義疏』の冒頭で「興皇初出講般〔波〕若、師北岸得大論文墨、還始講大論也。」といわれ、興皇法朗も『大論』を楊子江の北岸で得たということ、これらの一連の事実によって、北朝においてかなり『大論』が流行し、南朝においてはそれ程でもなかったことが知られるのである。

更に吉蔵の『中観論疏』『大品義疏』『大乗玄論』などに「北上智度論師」「北釈論師」「智度論師」などの引用がみられ、地論師・摂論師・成論師などと並べられているのであって、『大論』流行の様子が一段と確かめられるのである。

『続高僧伝』巻二三に伝が収められ、『涅槃経』と『大論』を教学の根幹とする姚道安は北周武帝の排仏に際して『二教論』を呈した人であるが、彼は費長房の『歴代三宝紀』において「周世智度論師釈道安」といわれているのであって、これによっても「大智度論師」といわれる一群の人々が北朝において存在していたことがわかる。そして姚道安の弟子慧影による現存断簡の『大智度論疏』は、それらの大智度論師達の研究講説の成果の一つなのである。

それでは、何故に特に北朝において『大論』が流行したかが問題になるのであるが、直接的には当時中国において南北両朝を風靡していた大乗思想と深い関連を有すると思われる。

さて、この南北朝に興起した大乗思想を仏教史全体から広く論究され、種々の資料を提供された研究に、横超慧日博士「中国仏教に於ける大乗思想の興起」（『中国仏教の研究』）がある。この論文の冒頭で、この大乗思想の興起を論ずるにあたっては、境野黄洋博士「成実大乗義」、宮本正尊博士「小乗数論の研究」、常盤大定博士「周末隋初における菩薩仏教の要求」などのすぐれた論究に示唆されるところが大であったとされながらも、それらが大乗という観念が中国仏教学上いかに意識され使用され思想用語として社会を指導していったかという全体的考察は行っておられない点を反省し、大乗思想の原因・影響などの史的論考を試み、大乗思想そのものの内容的展開については別に論ずるとされている。なお、横超博士は種々の大乗思想興起の原因を取上げられ、羅什三蔵伝訳になる『大論』も有力な源泉とされているが、北魏末から輩出する多数の大論師の意義内容については触れておられない。横超博士が述べられた大乗思想そのものの内容的展開を浄影寺慧遠の教学において論究した成果が、鎌田茂雄博士の「浄影寺慧遠における大乗思想の展開」である。この論文では北朝仏教一般にいかに大乗思想が展開したかを先ず問題にされ、次に慧遠の社会的立場を論じ、次に慧遠の大乗思想として融即思想と般若思想を取り出し、その展開を内容的に論究されている。そして、この論文において北朝仏教における大乗思想展開の一要素として『大論』の流行が示され、『大論』研究者の人脈も調査されている。

以上の諸論を参考にして『大論』流行の原因を考えてみるに、大乗思想の興起の背景に大乗義の探究があり、真実の仏教としての大乗義探究という意図のもとでの大乗経論研究の歩みの中で、『大論』の内容が再認識された、すなわち時代の要請である大乗義探究には欠かせぬ論書として認められるようになった、これが根本的原因に近いのではないかと思う。

（以上の所論の註はすべて省略）

〔編者注〕

（※1）本論文は、吉津博士の修士論文「『大智度論』研究」の「序論」の抄出である。「『大智度論』研究」に注記があり、この論文を『著作集』第二巻に収録する予定なので、注はそちらを参照していただきたい。

（※2）「廬山慧遠」と「廬山の慧遠」の二つの表記があるが統一しない。

北土智度論師について

一

南北朝の特に北朝において、『十地経論』『華厳経』『涅槃経』『摂大乗論』などの諸経論と並んで『大智度論』（以下『大論』とする）が盛んに研究講説され、智度論師といわれる人々が輩出した。『続高僧伝』や他の資料を参照して彼ら『大論』研究者の法系を明確にし、彼らの教理の内容をも考え合わせ、なぜ北朝時代の後半から隋代にかけて『大論』が広く研究され、それが当時の思想界にどのような影響を及したかを考えてみたい。

『続高僧伝』では、四論と『大論』との研究講説者は六〇名にも及ぶ。その中、四論研究者とされている人々のほとんどが普通三論学の系譜とされる江南の僧朗僧詮門下に包摂され、『大論』研究者の大部分が北朝で活躍するという顕著な傾向がみられる。しかも、江南の僧詮門下が四論として三論と『大論』とを平行して学ぶようになったのは、慧布が鄴都から多くの仏教典籍を齎し、その中に『大論』も含まれ、江南に『大論』が流布していないことを痛感した慧布は自ら積極的に研究講説し、同門の法朗などにも勧めたためである。また天台の門流でも『大論』は『法華経』と並んで最重要視されるが、これは北斉で活躍し『大論』を安心の書とした慧文が慧思に『大論』を伝授し、天台が受持したことによる。更に三論吉蔵の著作の中に智度論師に関する諸説が散見するが、その中に北釈論師（『大品義疏』巻八）とか北土智度論師（『中観論疏』巻九末）などとあるのは、吉蔵以前に北地に智度論師なる人々がいて、独特の教理思想を有していたことを意味している。以上のことから『続高僧伝』の北朝に多くの『大論』研究者が出たという傾向も単なる傾向に止らず、智度論師[※1]と特称される程の専門家の存在が明らかになる。それらの智度論師達が隋代文帝の仏教治国政策の一環として勅任された五衆の中の大論衆と直接結びつくことは次に示す法系図によって明確になる。

二

北朝に輩出した智度論師たちの主な法系は次の如くである。□のあるのが四論及び『大論』研究者。

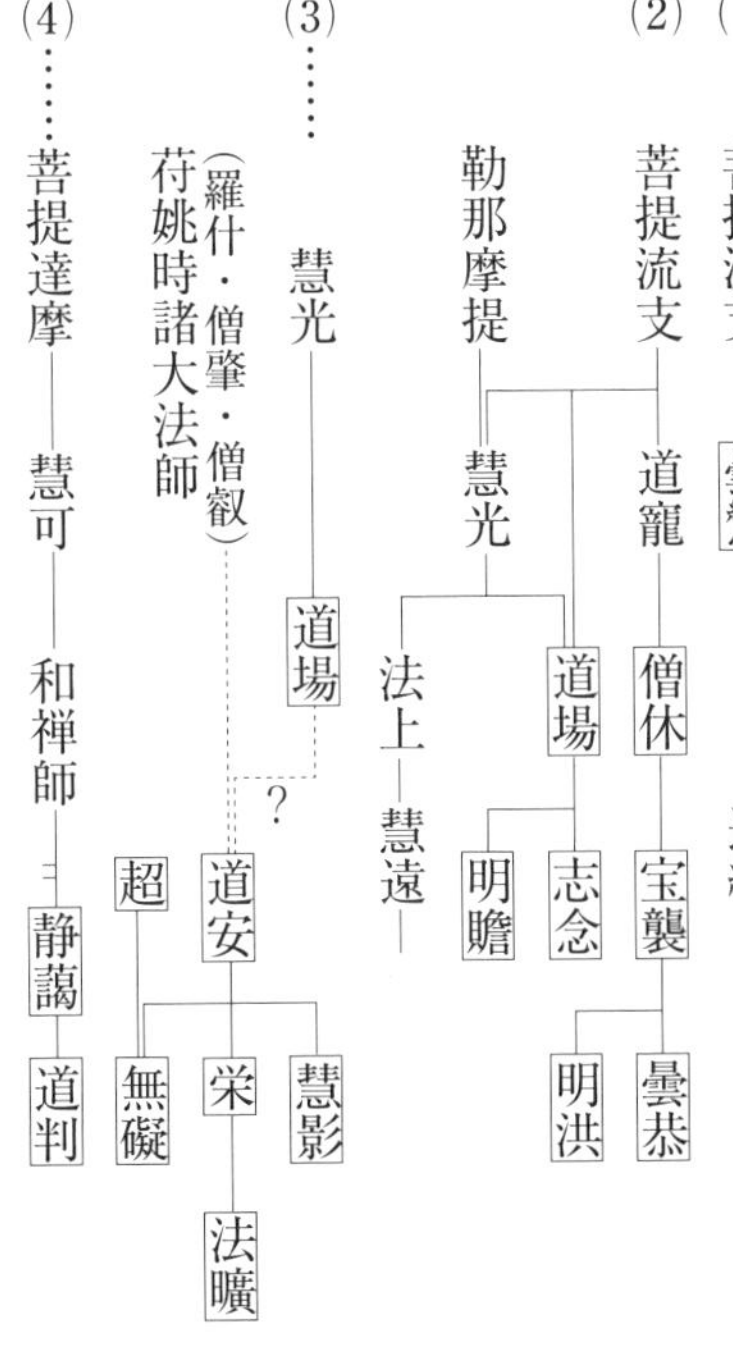

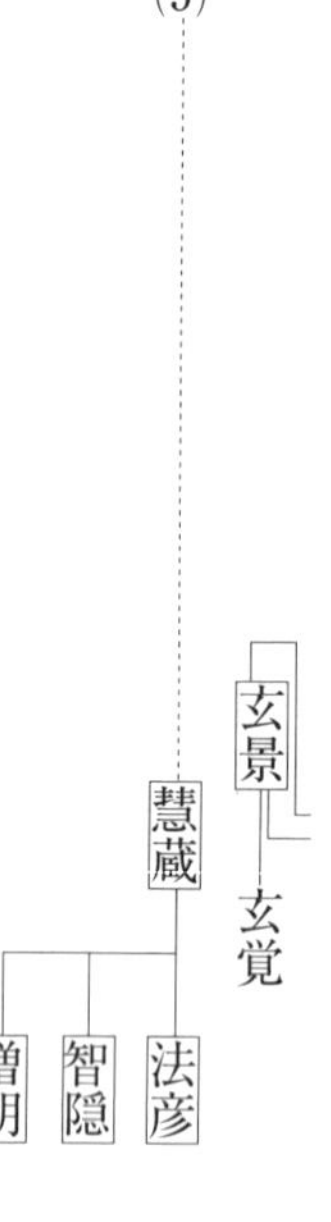

これらの高僧達の中で、道場は『大論』研究講説の開拓者である。道安は費長房の『歴代三宝紀』の中で北周の智度論師といわれ、慧影は師道安の『大論』講説を聞いて『大智度論疏』を纏めた。宝襲と法彦とは文帝によって大論衆の主に任ぜられた。大論衆が涅槃衆や十地衆と並んで一衆として立てられ、宝襲や法彦などが衆の指導者として任命された背景には、右の図に見られるように多くの智度論師の存在があったわけである。

三

このように北魏の末あたりから、『大論』研究が盛んとなる背景には種々の理由が考えられ、先の法系図からも予想されるように菩提流支三蔵などの訳業特に世親の『十地経論』の伝訳研究講説は、菩薩の十地や般若波羅蜜などの内容上の連関によって『大論』研究を促したと思われる。しかし同じ法系図によれば当時の『大論』研究は地論系の人々だけによってなされたものではなく、『涅槃経』や『華厳経』の研究家や浄土教或いは禅の実修者にも併せ研究講説されているのであって、地論研究の隆盛は『大論』研究促進の大きな縁因ではあるが、根本的原因とは考えられない。そこで大きく北朝仏教界全体から考えれば、当時の仏教者の関心事であった大乗の真義探求の努力、すなわち大乗思想展開の上に『大論』研究隆盛の根本原因を探る必要がある。南北朝時代に大乗思想が広く論じられたことは横超慧日博士の「中国仏教に於ける大乗思想の興起」（『中国仏教の研究』[※2]所収）に種々の資料を提示され、大乗という観念が中国仏教史上いかに意識され使用され思想用語として社会を指導していったかという大衆思想の原因や影響などについて史的論究を試みられている。鎌田茂雄博士の「浄影寺慧遠の思想」（『中国仏教思想史研究』[※3]所政）は横超博士などの歴史的論究を承けて大乗思想の内容的展開を浄影寺慧遠の教学の上で論じられ、その中で『大論』の研究流布を北朝仏教における大乗思想展開の大きな要素として位置づけられている。それでは、なぜ『大論』が北朝仏教における大乗思想の形成に大きな役割を果したのであるか。まず外面的特色として『大論』が摩訶乗法師[※4]と呼ばれた羅什三蔵の訳出になるものであり、しかも僧肇以来北地においては摩訶衍論あるいは摩訶衍経と通称され、その内容は仏教全般に渉り百科全書的であることがあげられる。従って、当時大乗の真義を明確にするため大乗と小乗との教相上の差異を明らかにしようとして慧遠[※5]の『大乗義章』のような仏教教理綱要書が数多く述作されたのであるが、そのような書物の製作にも『大論』は欠かせぬ論書であった。これは慧遠の『大乗義章』中に『大論』を典拠とする義門が多く含まれていることによっても知られる。更に、『続高僧伝』巻一「菩提流支伝」に「時西魏文帝大統中、丞相宇文黒泰、興㆓隆釈教㆒、崇㆓重大乗㆒。雖㆑摂㆓総万機㆒而恒揚㆓三宝㆒。第内常供百法師、尋㆓討経論㆒、講㆓摩訶衍㆒。又令㆘沙門曇顕等、依㆓大乗経㆒、撰㆗菩薩蔵衆経要及百二十法門㆖[※6]。」とあるように、当時の為政者も大乗を崇重し、僧には摩訶衍を講ぜしめ、しかも大乗仏教辞典の編纂を命じている。このような大乗思想興起の時代を背景にして、大乗の真義探求には欠かせぬ論書として大論の内容が再認識され、『大論』の研究講説も次第に盛んになったものと思われる。

四

北朝における仏教史は北魏と北周との二回の大破仏によって特色づけられ、この二回の破仏を中心にして外来の宗教であった仏教の思想性が試され、鍛えられ、新しい要素を加えたともいえる。智度論師の輩出は北周の破仏前後の現象であるから彼らの言動は北周破仏の縁因となった三教論争にも何らかの影響を及ぼしたのであろう。例えば姚道安の『二教論』では三教の中での仏教の立場を明確にし、『大論』の諸法実相や四悉檀を重要視する。また破仏の上書を呈した衛元嵩の思想や武帝の思想の中に智度論師達の思想が反映していることは先学によって指摘されているが、先の姚道安と同様に彼らの思想を『大論』の教理で割切ることはできない。ただ、智度論師達が玄奘三蔵の訳業を境にして姿を消してしまうという現象を考慮に入れるならば、南北朝時代後半の分裂混乱政争の時にあたり、空観を内容とする諸法実相説や『大論』に含まれるユニークな統一志向の理論（宮本正尊博士『中道思想及びその発達』[※7]第八編第二章参照）は人々の心特に為政者の心を捉えたのではないか。一応統一を完成し安定した社会となり、文化が次第に成熟してゆく唐代においてはもはや統一理論は魅力を失い、空思想よりも瑜伽仏教のような体系的な有の思想が為政者にも迎えられたのであろう。ともかく、智度論師の思想及びその影響は当時の仏教界の他の動き例えば地論師や摂論師などの活動とも併せて考えなくてはならないし、更には南北の教学の差異、その差異を超えて新しい仏教を建立しようとした隋代の仏教者達の研究を進めなくてはならない。

〔編者注〕

（※1）　原文「智度論」を「智度論師」に訂正。

（※2）横超慧日『中国仏教の研究』（法蔵館、一九五八年）。
（※3）鎌田茂雄『中国仏教思想史研究』（春秋社、一九六八年）。
（※4）『鳩摩羅什法師大義』（大正蔵四五・一二二中・一二九下・一三六中）。
（※5）浄影寺慧遠を指す。
（※6）『続高僧伝』巻一「菩提流支伝」（大正蔵五〇・四二九中）。
（※7）宮本正尊『中道思想及びその発達』（法蔵館、一九四四年七月）。

嘉祥大師研究序説——対破教学の研究　(1)北土智度論師(※1)

一

三論教学の大成者、嘉祥大師吉蔵（五四九―六二三）は『続高僧伝』の中で「目学之長勿レ過ニ於蔵一(※2)」と評され、『涅槃』『華厳』『維摩』『勝鬘』『無量寿』『観無量寿』『金光明』『金剛般若』『仁王般若』『大品般若』『弥勒』等の経典について義疏・玄論・遊意などを著わし、又『中論』『百論』『十二門論』『法華論』等については論疏を製し、又『三論玄義』『大乗玄論』『二諦義』等の独創的なものも残しており、彼の思想理解は広い経論理解の上で進められなくてはならない。また種々なる経論疏の前後関係を明確にして、嘉祥の思想形成の動きを捉える必要がある。平井俊榮氏「嘉祥大師吉蔵の基礎的研究(1)」は、嘉祥の諸経論疏の相互引用の関係に基いて、嘉祥の止住した場所、すなわち会稽嘉祥寺・楊州慧日道場・長安日厳寺の三つの主要な場所に分けて、著作の位置を定めようとされた成果である。それによれば、『法華玄論』や『大品義疏』を始めとする般若経関係の註疏は嘉祥寺時代のものとされ、『三論玄義』は楊州慧日道場時代の記念碑的作品であり、長安に移ってからは『浄名玄論』を始めとして、三論の註疏が相次いで公にされたことが特筆されるべきであるとされる。

さて、嘉祥の思想理解には、広い経論理解と共に彼の教学に先行する南北朝仏教の様相に対して深い理解が必要となる。それはインドの空観仏教の大成者とされる龍樹（Nāgārjuna）の教学理解に、龍樹の先行教学であり同時に対破教学であったアビダルマ仏教に対しての深い理解が必須であることとパラレルとなる。南インド仏教界で育った龍樹が北インドのアビダルマ仏教に接したことによって『大智度論』に見られるような幅広い教学を展開するに至る。嘉祥も江南の地から楊州を経て長安へと、南から北へと移行し、三論の註疏によって代表される三論教学を大成する。一般に慧遠・天台・信行・嘉祥を隋の四代法師というが、(2)北方のみで活躍した慧遠や信行・南方で講説に努めた天台に対して、嘉祥の教学を見る視点として、この南から北への移行による思想形成という事実は重視されてよい。

経典のみを重視し、論書や古人の諸説などをほとんど引用しないで独特の三階教学を形成した信行は別にして、慧遠・天台・嘉祥の三者を比較する時、慧遠や天台の南北の諸異説に対する批判は特に教判論において顕著である。(3)それに対して嘉祥は著作の処々において南の異説と北の異説とを対置し、それらを批評して自家の立場を出すのであるが、そこには常に自分の立場は南北の諸教学を止揚しうるという自負がある。

さて、嘉祥の著作の中で特に南北朝の諸異説が多く引用され対破されているのは、嘉祥寺時代の『法華玄論』、慧日道場時代の『勝鬘宝窟』、長安時代の『中観論疏』などである。しかし引用されている諸異説を南北という尺度で見るならば、江南での『法華玄論』では教判に関して南北の対比がなされ、北土の地論師の四宗判が批評されるにすぎない。(4)慧日時代の『勝鬘宝窟』は冒頭に「古今を捃拾し、経論を捜撿し、その文玄を撰した。(5)」というように多くの異説が引用され、特に慧遠の『勝鬘経義記』の引用を中心として北方の教学も南方の教説に劣らず数多く引用される。しかし北方の異説は、後の『中観論疏』に見られるような、「地論師」「摂論師」などの形では引用されず、「林公」「馥師」「北土諸師」「有人」というような形で引用される。(6)

長安時代の代表作である『中観論疏』を見ると、諸経論や諸異説の中に、明確に当時の長安仏教界で活躍していたと思われる諸論師の説が多く引用される。『中観論疏』はその本文からも知られるように、嘉祥が自分の『中論』講説のテキストとして長年にわたって温めていたものを長安で完成させたわけである。江南の三論学の人である嘉祥が全く仏教的風土の異る長安で主著『中観論疏』をまとめたわけであるから、そこには当然江南にはない長安仏教独特の教学も多く反映しているわけである。むしろ、長安に来た嘉祥は当時の北方仏教界の中心地で栄えていた諸教学に対抗する必要に迫まられ、北方であまり流布していなかった『法華』の講説で長安の人々の耳目を驚かす一方では、それら新興の諸教学を自己の場に吸収し批評して、三論一家の立場を明確にする必要にせまられたのであろう。『中観論疏』を始めとする三論の疏の成立の背景には、このような長安の新興学派に対する意識・摂収・批判、更に長安仏教界に対する三論一家の立場の表明という一連の動きがあるわけである。

二

当時の長安にどのような教学が盛んであったかについて、先ず隋代の始めごろを考える場合、隋初代文帝によって勅任されたとする五衆、(7) すなわち⑴大論⑵講論⑶講律⑷涅槃⑸十地の五種の専門家達の集団の存在が問題となる。五衆の各衆には衆主が一名ずつ勅選せられ、彼ら衆主は文帝によって特に篤い信仰を受けた有力な高僧及び彼らの弟子が選ばれたのである。特に光統律師慧光の法系は勢力を有し、その弟子法上は東魏、北斉と二国にわたって僧団の指導者であり、慧遠も五大徳の一人として文帝に優遇され、弟子の善冑、慧遷、霊璨などは衆主に勅任され、地論宗南道派の主脈を形成する。この『涅槃経』や『十地経論』を中心とした慧遠の教学及びその門下が大きな勢力を持っていた長安の仏教界へ南方から曇遷（五四二—六〇七）によって『摂大乗論』がもたらされ、慧遠もその講説に参ずる程になり、たちまちのうちに摂論学派を形成する。

嘉祥は『百論疏』において、

> 大業四年為レ対二長安三種論師一、謂摂論十地地持三種師明シテ二無我理及三無性一ヲ為スノ二論大宗一ト。今立二此一品一正為レ破レ之。応レ名二破二無我品及破三無性品一(8)。

とあるから、大業四年（六〇八）ごろには三種論師が盛んに講説していたことが知られる。更に『中観論疏』の中で「今摂大乗等学者」「晩摂論大乗」「即時大乗人」「有所得大乗人」などとあるのは主として摂論学派の人々であり、巻二末において八不義を十門にわたって論ずる第十新通門で

> 余至関内、得三蔵師用無上依経意釈八不、今略述之…（中略）…真諦三蔵用無上依経及摂大乗論意、釈八不甚広、今略取大意耳(9)。

といい、『無上依経』や『摂論』によって八不を釈する真諦三蔵の説を長安に来て知ったというのであるから、当時の長安では摂論師達が盛んに講説していたことが知られる。

さて五衆の中に大論衆があり、宝襲(10)や法彦(11)が大論衆主に勅任され、北周武帝の時『二教論』を著わした姚道安(12)も『大智度論』の大家で、その弟子慧影は『大智度論疏』を残している。この智度論師の教説に関して嘉祥は『中観論疏』を始め、他の著作の中にも処々に引用している。

以上嘉祥が著作の中で引用し対破している地論師、地持師、摂論師、智度論師などが南北朝から隋代にかけて北土の特に長安を中心に活躍したことが知られるが、他に北土三論師の説もしばしば引用される。

嘉祥の教学批判としては『三論玄義』における江南の成実学批判が有名で、これに関しては多く論じられているが、前述の北方教学に関しては従来あまり論じられていない。嘉祥の教学は長安を場として華開くのであるから、当時の長安の仏教界の様相がもっと明確にされることが、嘉祥の仏教思想の展開を正しく把握することを助けるの

である。

その意味で、南北朝の中葉から輩出し隋代にも活躍する智度論師の姿を浮彫りにしてみたい。既に『印仏研』発表の「慧影の大智度論疏」(14)なる二つの論文の中で、(※3)北朝における『大論』(※4)研究の様相、法系及び思想史的意味、その成果の一つである慧影の『大智度論疏』の持つ意味等々については論述した。ここでは智度論教学が北土教学の一つとして地論や摂論学と共に、嘉祥の批評の対象となった点に焦点を合わせ、智度論師の教学がいかなるものであり、その教学が嘉祥にいかに彼の著作の中で取上げられ、彼の教学形成にどのような影響を与えたかを考えてみたい。

三

嘉祥の著作に見られる『大論』の引用は『大経』といわれる『涅槃経』の引用と並んで双璧をなす程に数多いのであるが、(15)『三論玄義』において大乗別論と判じられ、(16)大乗通論である中百十二の三論とは性格の異るものとして扱われる。これは『大乗玄論』「論迹義」では一段と徹底され、更に中百十二の三論の中で『中論』の立場が一段と顕揚されていく。(17)この『大論』を別論と規定する態度がいかなる理由に基くのか明確ではない。あえて推論すれば、慧日道場に転出した時既に北方の智度論師の存在を意識し、それに対抗する必要から『大論』を別論とし三論から区別したのではないかと思われる。あるいは同じく江南の空観系の仏教である天台の教学が『大論』を大いに依用するに対して三論一家は『中論』を重視するとの意を示したものか、ともかく『大論』を重視した天台の教学と『大論』を大いに依用しながらも別論として三論との間に一線を画した嘉祥の教学とでは、同じく江南の仏教と言いながらも、かなり異質の教学を形成してゆくことは事実である。

さて嘉祥の著作中には此土智度論師の教説が処々に散見するが、一番多く引用されているのは『中観論疏』である。特に「観法品」と「観如来品」とが中心であるから、便宜上『中観論疏』を中心にして、他の著作に見られる智度論師関係の諸説をまとめてみたい。

まず、「観法品」疏では、特に実相説が論のテーマであるが、南北の諸説をまとめて、

問云、何為㆓実相体㆒、何者為㆓実相用㆒。答、九十六術皆云、天下唯我一人、天下唯我一道、各謂㆓己法実、余並虚妄㆒。阿毘曇人、以㆓四真諦理㆒名㆑之為㆑実。成論云、唯一滅諦空平等理、称㆑之為実、南土大乗以㆓破諦之理㆒称為㆓真実㆒。北方実相般若名㆑之為㆑実。乃至摂大乗学者、二無我理三無性理阿摩羅識称㆓真実㆒〔、余為虚妄〕[18]。

とある。このうち「北方実相般若」とあるのが北土智度論師の教説であることは、『大乗玄論』「論迹義」に不二を論じて、

問。諸仏菩薩体㆓不二㆒、能応者未㆓詳不二㆒、是何等法。答。成論師真諦謂為㆓不二法門㆒。智度論師謂㆓実相般若㆒。地論師用㆓阿梨耶識㆒。摂論師真諦三蔵即阿摩羅識。…[19]

とあることや、安澄の『中観論疏記』所引の「述義」の指摘[20]によって知られる。更に『大品義疏』[21]や『維摩義疏』[22]にも同様の説が見られる。この実相般若は三種般若の一つであるが、智度論師が実相般若を強調したことは『大智度論疏』で、

大智彼岸実相義者、大智即是摩訶般若〔波若〕、故云㆓大智㆒。彼岸者即是波羅蜜。実相者即是常住波若。義者是第一義也。…（中略）…今日経論宗指之意、為㆑欲㆑明㆓弟一義悉檀、実相般若〔若若〕、無相彼岸、性浄涅槃、常住妙理[23]㆒。

と述べ、また他の所で、

観無量法性相者、明二此之法性既即是実相一。実相即涅槃、涅槃即如来蔵、如来蔵即是仏性、故亦名涅槃性、亦名安楽性、安楽性即仏性(24)…

と述べていることからもうかがわれる。慧影の説によれば実相般若とは実相即常住般若を意味し、そのような実相般若は第一義悉檀・無相彼岸・性浄涅槃・常住妙理と同義であり、更に法性・如来蔵・仏性・安楽性とも異名同義とされる。このような説明を見ると『浄名玄論』や『大乗玄論』に北人釈として出されている、

復有人言。波若不可称者、此明二観照智慧不レ能レ称二実相波若一。実相般若性常住。観照智慧会レ境始生。故実相為二深重一、観照智為二軽薄一。北人釈也(25)。

という説も智度論師の説であろうと推定される。

さて慧影とほぼ同時代の慧遠の『大乗義章』中の「三種般若義」を見ると、

一文字般若、二観照般若、三実相般若。此三種中観照一種是般若体、文字実相是般若法、法体合説故有二三種一(26)。

とあり、実相般若よりも観照般若を重視し、観照般若の体を絶対真心とする(27)。

嘉祥『大乗玄論』「二智義」などで三種般若を盛んに論ずるが、簡単には『中観論疏』の因縁釈のところで、

十二因縁不生不滅即実相般若〔波若〕。由十二因縁本無生無滅発生正観即観照波若。為衆生故如実説之即文字般若(28)〔波若〕。

と言っているのが理解しやすい。嘉祥は不生不滅の実相般若を根本的なものとする。その点で慧遠の説と大いに異なる。では智度論師と嘉祥との相違は何か。嘉祥によれば、「観法品」疏の別のところで、

今明二実相不同一。南方真諦之理。北土実相般若〔波若〕。亦異旧地論梨耶。晩摂論大乗阿摩羅識。如レ此等並同二犢子計我有理存一焉(29)。

とあるように、慧遠のように絶対真心を般若の体とする考えは言うに及ばず、智度論師達の実相般若も犢子部のプ

ドガラ（pudgala）の説と同じで、覚見に堕しているというのである。

次に同じく「観法品」の「一切実非実、亦実亦非実、非実非非実、是名諸仏法」(※5)を解釈する所で、

問。智度論亦引二此偈一解二第一義悉檀一。第一義悉檀既絶二四句一。云何将二四句一釈二第一義悉檀一。答。智度論師亦無二好通一。今所レ明者如二前釈一之義一。此四句是門。因二此四門一入二第一義無言之理一。故将二四句一以釈二於無四一。(30)

とある。四悉檀は『智度論』の教説の中でも特によく引用される名所であり、特に天台は四悉檀を経典解釈の柱にし、嘉祥は二諦説の中に会通してゆく。慧影の疏の現在部分には四種悉檀釈はないので、師道安の『二教論』冒頭の部分から、智度論師の四悉釈の一端をうかがう。『二教論』「帰宗顕本第一」に、

仏教者窮理尽性之格言、出世入真之軌轍。論二其文一則部分十二、語二其旨一則四種悉檀。(31)

とあり、仏教の主旨を語るものとして四悉檀が取上げられ、前の引用からも知られるように、第一義悉檀は智度論師の根本教説である実相般若そのものを指すことが知られる。

以上のように智度論師は常住なる般若を体とした実相説を主張する。嘉祥は同じく龍樹の風をうけた仏教として、その説に大いに理解を示しながらも、その実相般若説が深く参究徹底されず、犢子部の我のような常見に堕していると批判する。その批判の上で、体用二門に開いて実相を論じたのが『中観論疏』「観法品」の骨子となるのである。摂論師の三性三無性説批判と共に智度論師の実相般若説批判が「観法品」の註釈成立の大きな動因となっている。

四

次に「観如来品」における智度論師の教説の引用について考察する。まず冒頭で如来の名義を定め、種々なる如来の解釈を出す中に成論大乗師の五時教の仏身観に関連して、第五時の仏を釈するに四師ありとし、第三番目に、

次北土智度論師仏有二三身一。法身之仏即是真如。真如体非二是仏一、以二能生一レ仏故、故名為レ仏。如下実相非二波若一能生一故名中波若上。報化二身則世諦所摂、故雖レ有二三身一摂二唯二諦一。(32)

と引用する。これは『浄名玄論』や『大乗玄論』では更に説明が加えられて、

有人言。仏有二三種一。一者法身、二者報身、三者化身仏。実相即法身仏。実相可レ軌、名レ之為レ法、此法有レ体、故名為レ身。而実相非レ仏、能生レ仏故、所以名レ仏。二者報身、即修行会二実相理一、実相即常、報仏亦常、以二法常一故、諸仏亦常。三化仏即応物之用、此北土論師釈也。(33)

とある。これらによると、前述の実相説に基づく仏身観であり、真如実相である法身を根本としている。慧遠の『大乗義章』「三仏義」では法身仏を「法者謂無始法性。此法是其衆生体実。妄想覆纏、於レ己無用。後息二妄想一、彼法顕了、便為二仏体一、顕レ法成レ身、名為法身。(34)」と定義し、如来蔵仏教の上から規定し、智度論師の般若空観的説明とは大いに異なる。嘉祥は『勝鬘宝窟』(35)の「法身章」において、隠顕による如来蔵仏教の説相を批評し、非隠非顕不迷不悟こそ法身の当体であるとする。嘉祥の説相は智度論師の説に近いと言えるのではあるが、嘉祥は「観如来品」の別の箇所で、

諸大小乗人執二仏是有一。今偏是大乗人執二空是仏一。如三江南尚禅師北土講智度論者用二真如是仏一。(36)

と言い、真如を仏とする智度論師の説は空の一辺に偏する説であると批評する。

慧影の『論疏』(※6)の現存部分には仏身観は見出すことはできないが、仏性説に関して阿梨耶識を仏性の因とする説を述べている。(37)『論疏』では随所に阿梨耶識説を展開し、特に師道安の言葉として、

師言、波若乃是阿梨耶識、実諦真心。二乗浄智但是転識。(38)

などとあるのは地論学派の影響によるものと考えてよいと思われる。

五

以上、嘉祥の引用を中心として智度論師の教説の一端を見たのであるが、まとめると、

(1)嘉祥における智度論師の引用は六種の註疏に及ぶが、引用テーマは実相般若説と仏身論との二つにすぎない。

(2)特に実相説が智度論師の有力な教説であったらしく、その説の批評が『中観論疏』「観法品」註釈の大きな柱になっている。

(3)仏教思想史の上から北土智度論師は大きく評価されているが、(39)嘉祥の対破教学としてはむしろ地論学・摂論学の方が多くの問題を持っている。これは智度論師も嘉祥も共に龍樹の学風(※7)をうけているという四論学者としての同質性を有するに反して、地論摂論は内容面からも地域性からも嘉祥の教学とは異質な面を多く持っていたためと思われる。

(4)北土に輩出した智度論師の直接の影響は三論学におけるよりもむしろ天台教学において多く見出されるのではないかと考えるが今後の研究によって明確にしてゆきたい。

（1）『印仏研』一四―二、一九六六年三月。
（2）他に道綽・杜順・慧可・霊祐・曇遷などが隋代の代表的名僧とされる。
（3）『大乗義章』「教迹義」及び『法華玄義』巻一〇を参照。
（4）『法華玄論』巻三（大正蔵三四・三八二中以下）。
（5）『勝鬘宝窟』巻上本（大正蔵三七・一下）。
（6）『国訳・勝鬘宝窟』（国訳一切経・経疏部十一）解題（四頁）参照。
（7）五衆及び二十五衆については、山崎宏『支那中世仏教の展開』第一部第六章にくわしい。
（8）『百論疏』巻二末（大正蔵四二・三〇二中）。
（9）『中観論疏』巻二末（大正蔵四二・三三上―三四上）。〔編者注：引用末尾「年」を「耳」に訂正した〕。
（10）『続高僧伝』巻一二（大正蔵五〇・五二〇上）。
（11）『続高僧伝』巻一〇（大正蔵五〇・五〇五中）。
（12）『続高僧伝』巻二三（大正蔵五〇・六二八上）及び『広弘明集』巻八（大正蔵五二・一三六中）、『集古今仏道論衡』巻乙（大正蔵五二・三七二上以下）など参照。
（13）『印仏研』一六―一、一九六七年一二月。
（14）『印仏研』一七―二、一九六九年三月。
（15）『国訳・中観論疏』（国訳一切経・論疏部六）解題、泰本融「中観論疏と中観論疏記の研究」一一頁参照。
（16）『三論玄義』（大正蔵四五・一〇中）。
（17）『大乗玄論』巻五（大正蔵四五・六八上）。
（18）『中観論疏』巻八末（大正蔵四二・一二三下）。〔編者注：「北方実相般若」は、大正蔵では「北方実相波若」。今はママ〕。
（19）『大乗玄論』巻五（大正蔵四五・六六下）。
（20）『中観論疏記』巻七（大正蔵六五・一九一下）。
（21）『大品義疏』巻八（続蔵三八・二・一一六左下）。
（22）『維摩義疏』巻一（大正蔵三八・九一二中）。
（23）『大智度論疏』巻一（続蔵一・八七・三・一九一左下）。

(24) 同巻一七（続蔵一・八七・三・二四一右下）。
(25) 『浄名玄論』巻四（大正蔵三八・八七七中）、『大乗玄論』巻四（大正蔵四五・四九下）。〔編者注：本引用は『大乗玄論』からと思われるが、その場合「実相般若性常住」は「実相波若性常住」が正しい。今はママ。もし『浄名玄論』からの引用であれば、「波若」を「般若」に改め、「実相般若性相常住」とすべき〕。
(26) 『大乗義章』巻一〇（大正蔵四四・六六九上下）。
(27) 鎌田茂雄『中国仏教思想史研究』（一九六八年三月・春秋社）第二部第一章「浄影寺慧遠の思想」三二七頁以下に慧遠の般若思想について詳論がある。
(28) 『中観論疏』巻一本（大正蔵四二・六中）。
(29) 同巻八末（大正蔵四二・一二六下）。
(30) 同巻八末（大正蔵四二・一二七中）。
(31) 『広弘明集』巻八（大正蔵五二・一三七上）。
(32) 『中観論疏』巻九末（大正蔵四二・一四〇上）。
(33) 『浄名玄論』巻四（大正蔵三八・八八一上）、『大乗玄論』巻四（大正蔵四五・五三中）。〔編者注：引用は『大乗玄論』から〕。
(34) 『大乗義章』巻一九（大正蔵四四・八三七下）。
(35) 『勝鬘宝窟』巻下本（大正蔵三七・六八中）。
(36) 『中観論疏』巻九末（大正蔵四二・一四二下）。
(37) 『大智度論疏』巻一四（続蔵一・七四・三・二〇五左上）。
(38) 同巻一七（続蔵一・八七・三・二三六左下）。
(39) 鎌田前掲書「浄影寺慧遠の思想」二七六頁以下参照。

〔編者注〕

(※1) 本論文の副題に「(1)北土智度論師」とあるものの、(2)以降は執筆されていない。

(※2) 『続高僧伝』巻一一「吉蔵伝」（大正蔵五〇・五一四下）。

(※3) 本文に「既に『印仏研』発表の「慧影の大智度論疏」なる二つの論文の中で」とある。しかし、この表記は二点の問題がある。一点目は論文のタイトルが正確ではないこと。二点目は「二つの論文」とあるが、一つの論文しか指示されていないこと。一点目については、「慧影の『大智度論疏』をめぐる問題点」が正しい表記と思われる。二点目については、「北土智度論師について」（『印仏研』一七—二、一九七九年三月）を補足する必要がある。両論文ともに本『著作集』第一巻に収録。

（※4）『大論』は『大智度論』の略称。
（※5）『中論』巻三「観法品」（大正蔵三〇・二四上）。
（※6）『論疏』は『大智度論疏』の略称。
（※7）原論文「風」を「学風」に訂正。

吉蔵の唯識大乗義批判

天台智顗が晩年（五九六年ごろ）に撰述した『維摩玄疏』（大正蔵三八・五二八中）には(1)地論師と摂論師、(2)地論師と三論師、(3)地論宗南道派と北道派の間のそれぞれの論争についての記事がある。これは当時、三論・地論・摂論などの学派が勢力を持ち、互に論争していたことを示すが、なかでも地論学と摂論学は共に無著世親系唯識仏教の流れであり、三論は龍樹の空観仏教の中国的展開である。ここで天台は唯識系仏教と三論学派との論争を指摘し、また吉蔵は江南の学を長安に移して空観仏教と瑜伽仏教との統合の端を開いたといわれる（横超慧日「中国南北朝の仏教学風」）。そこで三論学の大成者吉蔵の著作の中で、地論摂論などの唯識仏教がいかに批判されているかを見、その思想史的意味を考察するのがこの小論の意図である。

吉蔵の思想の展開は、興皇寺修行時代の後、会稽嘉祥寺時代・楊州慧日道場時代・長安時代の三期に分けられる。嘉祥寺時代は『法華』『般若』両経の講説、三論の研究を中心として彼の思想が成熟する時であり、慧日道場時代は晋王広（後の煬帝）に召され、仏教界の中心に出て意気にあふれている時であり、『三論玄義』や『勝鬘宝窟』がこの時代の代表作である。長安時代は三論『法華』『維摩』の諸経論の注疏および『大乗玄論』などの主要な著作が完成され、江南の学を長安に移して見事華開かせた時代である。当時北地仏教学の主流は地論学であったが、真諦三蔵のもたらした摂論学は江南には根付かず、曇遷などの努力によって次々に長安に持込まれ、地論学の浄影寺慧遠もその影響を受ける程であった。吉蔵が江を越えて楊州慧日道場に赴いた開皇一七年（五九七）ごろは彭城や長安で摂論学が新興の教学として研究されていたわけであり、先の天台の『維摩玄疏』の中の地論師と摂論師との論争の記事は、そのような摂論学興隆を反映している。

吉蔵の江南時代の著作（以下吉蔵の著作の前後関係は平井俊榮「嘉祥大師吉蔵の基礎的研究」『印仏研』一四―二、一九六六年三月に順ずる。）においては、『法華玄論』（大正蔵三四・三八〇中）などに八識説に関して摂論や地論の諸説を掲げ、教判・般若・仏性などに関して地論師の教学の引用は多いが、摂論の大幅な引用に対して摂論師として特別の教学を掲げていないことは、江南では摂論研究が盛んでなかったという教界の事情（「法泰伝」大正蔵五〇・四三一上参照）と同時に、江南時代の吉蔵は新興の摂論学を自己の対破教学として意識していなかったことを意味する。

慧日道場に転出した吉蔵には、江南の三論学を南北統一をはたした大隋国という広い場に解放し、しかも自分の立場をより一層明確にする使命があった。そこで第一に江南にそれまで盛えていた成実学・法華学・涅槃学などの教学に対して三論学の立場の顕揚、第二に北地の江南とは異質な仏教学に対し三論仏教の普遍性の主張、第三に北周の破仏から隋の統一にかけて起った新仏教・新道教・一般思想界の動きへの対処、などの大きな問題に直面した。慧日道場時代の代表作『三論玄義』は第一の問題に答えた成果であり、『勝鬘宝窟』では南北朝仏教学の諸異説の中でも特に多く北人の説を引き、特に浄影寺慧遠の『勝鬘義記』を遂一引用批判し、当時北地仏教の主要テーマであった如来蔵仏性説に対して三論の立場から見解を出して、第二の問題への努力を示した。第三の問題に関しては、『三論玄義』で老荘思想を批評して一般思想特に道教の動きに対しての意図がうかがわれる。

さて、慧日道場時代までの吉蔵は地論学摂論学に関して十分な知識を持ちながらも積極的に対破するまでには至っていない。開皇一九年（五九九）再び晋王広に従って長安に入り日厳精舎に住し、長安時代の最初の著作となった『浄名玄論』では不二法門を論じ、まず成実師の説を掲げ、次に当時長安仏教学の三つの流れであった⑴智度論師、⑵地論師、⑶摂論師の説をそれぞれ実相般若・阿梨耶識・阿摩羅識と要約的に列挙し批評し（大正蔵三八・

八五六下)、更に摂論の無塵有識説に関して、「唯識の教えはまさに大乗の中心であり、菩薩が大いに論じているのに、なぜ破折するのか。」と自問し、「世親の意はよく理解できるが、末学である現代の長安の摂論学者達がその宗旨をさとっていないから破折するのだ。[※3]」と答え、地論学派をしのぐ程であった新興の摂論学の特に識説を批評している。更に三論の注疏を見ると地摂二家の教学批判は随処に見られ、『中観論疏』では、「去来品」(大正蔵四二・五四上)、「行品」(一〇四下)、「業品」(一一八中)、「法品」(一二三下)、「因果品」(一三三中)、「成壊品」(一三七中)、「涅槃品」(一五五上)、などは地論摂論の教学の対破が主要な目的となっている。『十二門論疏』「観因縁品第一」では『中観論疏』の四重二諦を受けて、この四重二諦はまさしく地論摂論の中道説を対破するためのものであるという(大正蔵四二・一八四上)。また『百論疏』「破空品第十」では摂論・十地・地持の長安の三種の論師達が二無我三無性に執しているから、この一品は破二無我品・破三無性品とも名づけて、彼らの立場を破折するのだという(大正蔵四二・三〇二中)。このように吉蔵は江南における成実大乗義批判から長安においては唯識大乗義に批判の鋒を向けるが、単に批判破折に止らず、『中観論疏』では『中論』の偈の中に阿梨耶識説を読みとったり(大正蔵四二・一〇七上)[※4]、『百論疏』の序疏では三論教学の中にも唯識の義ありと言い(大正蔵四二・二三七中)、摂取の一面にも努力する。

以上のような吉蔵の唯識批判の意味を明確にするために天台の批判の仕方と比較する。『大本四教義』の中で天台は「地論師は阿梨耶識は如来蔵であるという。これは別教の有門の立場である。三論人は地論師が真空を見ていないと批判している。次に三論人は諸法は空無所有であるという。これは天台からいえば別教の空門に相当するが、地論師はこの三論人の考えはサーンキャの考えと同じであると批評している。この論争はなかなか和解しないが、融会できないものだろうか。」(大正蔵四六・七三〇下)と言う。天台も龍樹の空観仏教の伝統を受けて他の教学を徹底的に批判する立場を取るのであるが、単なる破折に止めず教判という仏教統一の理論体系の中にそれらの教学を融会せしめ、自己の法華一乗円頓の教学をより精緻なものに建立してゆこうとする。吉蔵はどこまでも破折を徹底させて、他の教学を融会する段階を超えて一気に自己の中道正観の立場を顕わにしてゆく。したがって今の唯識学批判に際しても摂取の面もあるが、天台が蔵通別円の別教の立場に位置づけたような努力はなされていない。むしろ、自己の立場とは異質であり、仏教教理としては最も体系的な、しかも実践的な唯識仏教に対したことによって、三論教学の再検討をせまられ、いわば他の教学批判を通して自己の教学批判に徹したとも言える。それは『中観論疏』の中で随処に異三論師・北土三論師に対する批評が見られ、更に江南の摂山三論の傍系である中仮師への鋭い批判などの姿勢に示されている。また看心や観心を強調し、禅師・律師・行道・苦節などの行者に対し無所得をすすめている（大正蔵四二・三一中）ことなども唯識説批判を媒介としての教学者の実践的反省の結果であろう。

吉蔵の唯識大乗批判の思想史的意味は唐代の玄奘の法相唯識学、更には法蔵の華厳学までをも含む広い視野から考察すべき問題である。それは中国仏教史の上に空観仏教から唯識仏教へという流れを見ることになるが、その研究を進める前に中国仏教史における法相研究の歴史を明確にしておく必要がある。隋唐新仏教の諸学派によって一様に小乗と判釈されて一見棄てられたかのように見えるが、法相アビダルマ研究は禅観などと一体となって根強い底流を形成し、南北朝仏教から隋唐新仏教への掛橋になっていると思われる。

〔編者注〕

（※1）　原文「無着」を「無著」に改める。
（※2）　横超慧日『中国仏教の研究』（法蔵館、一九五八年）。
（※3）　『浄名玄論』巻一（大正蔵三八・八五七下—八五八上）。
（※4）　典拠未詳。

吉蔵の教学と破邪の構造——唯識大乗義批判を中心として——

一　序

三論吉蔵の根本思想と彼の唯識学批判及びその仏教思想史的意義について考察してみたい。

天台智者が晩年（五九六年ごろ）に撰述した『維摩玄疏』には⑴地論師と摂論師、⑵地論師と三論師、⑶地論宗南道派と北道派の間のそれぞれの論争の記事(1)がある。これは梁陳代の成実学派の降盛にかわって三論学派が勢力を持ち、(2)北周武帝の破仏の結果多くの僧が南下し、(3)更に隋代になって文帝の仏教興隆の政策や煬帝の四道場建立(4)によって江南の学僧の多くが長安に集まり、(5)地摂三論各学派の間に、先ず江南の金陵を中心として、次に長安を中心に論争が行なわれたことを示している。天台の教学形成においても、これらの時代教学に対する対抗意識が重要な縁因になっていることは、安藤俊雄博士の『天台学—根本思想とその展開』(6)の随所に指摘されている。天台の批判する三論師は僧詮とその門流特に興皇寺法朗とであるが、(7)その門流につながり、天台と同時代の後輩である吉蔵において彼の根本思想と地摂二家批判との関係はどのようであろうか。吉蔵の根本思想の上で、これらの教学がいかに把握され、それによって彼の三論教学がいかに展開しているかについて考えてみたいのである。

インドの仏教史においては中観学派と唯識学派とが大乗仏教の二潮流であり、両者の間に空有の論争が行なわれるが、中国仏教史においても隋唐新仏教形成の先がけとして、中観に源をくむ三論天台と無著世親に依る地論摂論との間に論争が行なわれ、それぞれが中国仏教独特の学派として自己の教学を形成してゆくのである。隋代仏教史は一つには南北朝仏教学を全面的に批判する面と大隋国の南北統一という一大事を契機として南北の異質な教学が入り乱れて論争し、その中から南北朝時代には見られないが、唐以後の中国仏教思想史上で問題となってゆく独特のテーマを生み出すのである。今ここで取上げる三論吉蔵の唯識学批判というテーマも遠くインド仏教の空有の論争に対比できるとはいえ、あくまで隋代仏教史の上での問題であり、唐代の性相問題などに連なる中国仏教史上の大きな課題である。

さて、吉蔵の三論学がインドの空観仏教の中国的展開であることはしばしば言われるのであるが、いかなる面においてどのように中国的な展開をなしているかについて、平井俊榮助教授[※1]は中国三論宗の形成について歴史的背景を徹底的に精査され、更に吉蔵の著作の成立と本文批評を通して、二智説や二諦説に関して根本構造とその展開を論究されている。[8]また鎌田茂雄博士は『中国仏教思想史研究』の中で、吉蔵の仏性説が道教教理の道性説に及ぼした影響について詳論しておられる。[9]

私は吉蔵の教学における破邪門に注目し、昨年の『年報』では北土智度論師の教学を取上げ、吉蔵は特にその実相論と仏身論とを引用対破し自己の教学形成の土台としていることを見た。[10]彼の破邪門の構造は『三論玄義』では⑴摧外道、⑵折毘曇、⑶排成実、⑷呵大執、の四つにまとめられており、その中でも成実大乗義を小乗と判ずるための批判が中心であるが、長安時代には⑷呵大執の部分が増大し、しかも成実批判にかわって地論摂論の教学批評に精神が集中されている。[11]吉蔵の破邪門に注目し、対破教学を取上げる場合、対破されている各々の教学の全貌が解明されている場合にこそ、彼の顕正門の独自性を究明するために有効な方法となるが、それはこれからの課題とし、先学による解明に準拠して論を進めたい。地論教学については、心識説に重点を置いたものとして勝又俊教博士の「地論宗の人々の心識説(12)」があり、慧遠に関する全体的考察として鎌田茂雄博士の「浄影寺慧遠の思想(13)」がある。摂論教学に関しては宇井伯寿博士の『摂大乗論研究(14)』によって玄奘唯識学とは異質な真諦三蔵伝訳の唯識学研究の基礎が固められ、また最近博士の遺稿として出版された『西域仏典の研究(15)』には曇遷の研究と敦煌出土の摂論の諸注釈の国訳が発表されている。更に上田義文博士は『仏教思想史研究(16)』において宇井博士の成果をふまえて空観仏教との連関において摂論の本来の思想に肉薄され、それは真諦唯識には伝承されたが中国仏教者には理解されず、唐代の玄奘唯識は本来の唯識からは異質なものに変貌しているとされる。勝又博士は九識説を中心として真諦三蔵の教学を究明され、更に摂論学派の人々の心識説をも追求しておられる(17)。今、これらの先学の成果によって地論学や摂論学の教学を配慮しつつ、それらの教学を対破する吉蔵の根本的立場とその批判の意味について考察を加えたい。

二　八不義と破邪門の特色

吉蔵の思想の中で先ず八不を取上げる。彼の主著『中観論疏』では『中論』の八不に対して初牒の八不と重牒の八不に分けて説明し、初牒の八不については法朗の三種の方言を説明し、重牒の八不については十門に開いて詳論する。まず尋本門で、

波若方便為十方三世諸仏法身之父母也、以衆聖託二慧而生。二慧由二諦而発、二諦因八不而正。
即知、八不為衆教之宗帰、群聖之原本。(18)

と述べ、八不は一切の世間出世間法の根本であり、この八不によって二諦や二慧の正偏が定められる。次の得失門

では八不を得失に分けて論ずるが、失人の第四「小乗人廻心学大乗亦有三失」の項の「聞レ説レ大作二大解一成二有所得大一」とか「保二執大乗一遂撥二無小一」(19)などの表現は地論摂論批判においても彼の根本的姿勢である。

次に正宗門は八不によって世諦真諦二諦合の三種中道が成立することを明す。八不義十門の中で一番重要な所である。八不によって世諦中道を成ずる所では初章を出発点にして論を進め、真諦中道を成ずる所では中仮師を批判し、合明二諦中道では主として成実学派の二諦不相即を批評する。これらの所論の随所に三論の「破」の本質に触れている所に注目したい。先ず世諦中道を論ずる所では本性空と破性空とを論じ(20)、真の本性空は波若、仏性、実相などの異名であるが、種々に自性に執着しているから破性空を用いるという。次に真諦中道について、世諦の場合とくらべて、

問、世諦破二性生滅一明二不生不滅一。真諦破二仮生滅一明二不生不滅一以不。答、正意則不レ然、世諦破二実生滅一明二不生不滅一。真諦明二仮生宛然即是無生一、故不破也。(21)

と述べ、仮を執する中仮師のような立場を破するのであって、本来の真諦中道の正意は不破であるとする。そして正宗門の結びで、

今言レ破者為二其不レ知二所立性仮本来是道一、故用レ道為二非道一。今還令二其悟二非道一為レ道。故云レ破耳。実不破也。(22)

と言い、性仮を道なりと知っているならば徹底不破であるとする(23)。ここで『三論玄義』の破顕の四門すなわち(1)破不収、(2)収不破、(3)亦破亦収、(4)不破不収の四門によれば、最後の不破不収の実相を言うのである。いわば破邪も不破不収とされるところが正に八不の妙用であるが、不破不収の立場で破不収が世諦中道、収不破が真諦中道、亦破亦収が二諦合明中道と対置されるであろう。

次の浅深門では初章と中仮との区別から四重二諦に説き及ぶ。ここでは(※2)従来の一重二諦義に対して四重二諦を説

くのであるが、吉蔵の二諦説がいわば亦破亦収の形で他説を自由自在に批判摂収していることは後に改めて論じよう。

同異門では心無・本無・即色・不空仮名・空仮名・仮名空などの空の種々の解釈を列挙し、最後に「若し上来の有所得を封執せば、皆な須らく之を破すべし。若し心に所寄なく所得なくして、縁に適うて悟を取らば、皆な之を用うる事を得ん。(24)」と述べ、無所得の立場を主張する。

次の摂法門は十条に分けて八不の異名を論ずる。天台の『法華玄義』迹門十妙第五三法妙の第六類三法の十類(25)にも対比できる説相であるが、その第十条には無所得を論じ、毘曇・成実・有所得大乗及び禅師・律師・行道・苦節といわれる人々が有所得の断常生滅に堕しているから、それらを徹底的に破洗して実相を悟らしめるのだとする。(26)更に八不を十条にわたって釈したのは、それらの一つ一つを自己の心に看ぜしめんがためであって、八不を自心において看ずれば真に龍樹の門人だと結ぶのである。(27)

以下、次第門・料簡門・新通門となるが、最後の新通門は冒頭に、

余至二関内一得下三蔵師用二無上依経意一釈中八不上(28)

とあり、最後に、

真諦三蔵用二無上依経及摂大乗論意一、釈二八不一甚広。今略取二大意一耳。(29)

とあることによって、真諦三蔵の『無上依経』や『摂大乗論』による八不義が行なわれ、吉蔵は長安に至って始めてその説を知って、ここに入れたのであろうが、あえて不統一を犯してまで新通門として一門を設けたのは何故であろうか。これについては後に中道を論ずる所で改めて考えてみたい。

以上、いささか煩雑ではあるが、十門分別の各門にわたって、吉蔵の破邪門の特質をさぐってみた。(30)まず第一に吉蔵は八不を無所得観で理解している。これは、八不は縁起・無自性・空という龍樹の立場を論理的と呼ぶなら

ば、より実践的と言えるであろう。これは龍樹の『中論』と吉蔵の解釈の間に、吉蔵が料簡門第九で引用している北土三論師の学説(31)を置いてみるとよくわかるであろう。北土三論師の解釈は⑴空理釈、⑵縁起釈、⑶対執釈の三つであり、龍樹の立場をかなり忠実に継承しているが、吉蔵は徹底して無所得の立場から批判を加える。第二に、八不を無所得とおさえる所から必然的に有所得から無所得へという関係で二諦が論じられる。しかし二諦のそれぞれが龍樹の「四諦品」に見られるように独自の意味を持つ(32)のではなくて、体用に分ければ二諦は用で、この二によって不二の体に帰せしめるという。(33)龍樹における⑴世俗、⑵世俗諦、⑶勝義諦、⑷勝義空性、⑸涅槃という次第超出的な修道(34)を漸といえば、吉蔵の二諦の把握は頓といえよう。第三に八不によって二諦の真実性が帰結される所から、逆に八不(35)の不生不滅等に迷う人すなわち有所得人批判として破邪門が展開される。龍樹の破邪が論理的一貫性を持っているのに対して、吉蔵の破邪はその場に応じた多様性を持っている。それは先の正宗門で見たように、破といっても実は不破だと論じたり、『三論玄義』の破邪門に破顕の四門を立てる所や、更に四重二諦の教と理とを論ずる所で「皆な是れ転側、縁に適うて妨ぐる所なきなり。(36)」という表現などに示される。いわば吉蔵の破邪は方法の正しさよりも結果の正しさに重点があるといえよう。天台が晩年に撰述した『大本四教義』の中で「三論師が毘曇や成実を批判して、非有非無と言っているが、それで得道といえるであろうか。また三論師は、非有非無というのは有無を破すのであり、有無が破されれば正道であり畢竟清浄であって、無説無示だと言う。それが三論の考え方ならば、外道である長爪梵志や老子の立場と同じではないか。(37)」と三論批判を長々と展開しているが、破邪の方法よりも三論の大宗の主張を急ぎ、龍樹の努力した空の論理性よりも空の実践性に重点を置く吉蔵にも命中する批判といえよう。このような吉蔵の破邪門の根本的姿勢は地論摂論批判に際しても一貫して保たれているのである。

三　四重二諦説形成と唯識学批判

二諦説が吉蔵の教学に占める比重は大きい。最近、平井俊榮助教授は「吉蔵の二諦章の思想と構造(38)」という論文で、吉蔵の二諦説の根本構造を初章と規定され、『二諦章』を江南における『法華玄論』に先行すると位置づけられ、二諦説の発展形態としての四重二諦説をも解明されている。私はここで江南時代の三重二諦説から長安時代の四重二説への展開を地論摂論などへの対破とからみ合わせて考えてみたい。

先に述べたように、八不によって二諦が成立し、自性の病から因縁仮名(39)へ、次に仮病から仮名空(40)へ、更に二諦の用中から不二の体中(41)へという三段階があった。そして、その根底にあるのは有所得から無所得正観へという一貫した姿勢である。

さて、吉蔵によれば三重二諦説は師法朗の説であるという(42)。法朗が三重の二諦を立てる理由として『二諦章』では数意ありとし、『法華玄論』は『二諦章』の数意をまとめて六意としているが、その第六番目に即世の学者が三仮を世諦とし三仮の空を真諦となしているに対して三重二諦を立てるとする。この三仮は『中論観疏』で、

所言大乗因縁者、如㆕成論大乗明㆔世諦有㆓三仮㆒(43)。

とあるように成論学の説で、因成・相続・相待の三仮で天台も批判的に摂取して用いるのである(44)。さて、その天台が三論学の教学を取上げる時には、例えば『大本四教義』では、

如開善光宅五時明義、荘厳四時判教、地論四宗五宗六宗、摂山単複中仮、興皇四仮並無㆓明文㆒。…(45)

とあるように、摂山僧詮の単複中仮の学説、法朗の四仮の学説を取上げる。また『法華玄義』では梁陳二代の二諦説にふれ、

陳世中論破立不同。或破古来二十三家明二諦義自立二諦義。或破他竟約四仮明二諦。…(46)

と述べ、陳代の中論師達は梁代の成実学派の二諦説を批判して、自己の二諦義を立てたのだが、その中に四仮の立場で二諦義を明す人もいたという。これが法朗であることは前の『大本四教義』の記事によって明らかであるが、更に『二諦章』に、

大師約四悉擅明四仮義、四仮者因縁仮対縁仮就縁仮随縁仮、彼尚不識四悉檀、豈解四仮、以彼不識四悉檀故不解二諦相即義也。(47)

とあり、法朗が『智度論』の四悉檀によって四仮の義を明したとあることから明らかである。

以上によって、法朗が『智度論』の四悉檀によって四仮説を立て、その四仮によって二諦義を立てていたことがわかった。更に『三論玄義』では四仮を説明して、

一因縁仮者、如空有二諦、有不自有、因空故有、空不自空、因有故空、故空有是因縁仮義也。
二随縁仮者、如随三乗根性説三乗教門也、
三対縁仮者、如対治常説於無常、対治無常是故説常。
四就縁仮者、外人執有諸法、諸仏菩薩就彼推求検竟不得、名就縁仮。
此四仮総収十二部経八万法蔵。(48)

と述べる。一見して四仮が四悉檀に依っていることが明らかであり、(1)因縁仮は世界悉檀に、(2)随縁仮は各各為人悉檀に、(3)対縁仮は対治悉檀に、(4)就縁仮は第一義悉檀に対応している。

それでは天台が法朗は四仮によって二諦を明したと指摘しているが、今問題の三重二諦と四仮とがいかに連なるかを考える場合、先にも述べたが、『二諦章』で数義とされ、(※4)『法華玄論』で六義にまとめられている三重二諦を立てる理由(49)に注目したい。まず第一は根性不同による各々為人悉檀とあり明白に随縁仮である。次に第二は諸仏の二

諦による説法、第三は釈仏教不同であるが、この二つは四仮全体と対応する。次に第四は『二諦章』では漸捨義とあるが明らかに対縁仮である。(※3) 第五は三縁を引いて非凡非聖非小非大を悟らしむとあるから就縁仮に対応する。第六は三仮に対すとあるが、これは正しく法朗が成実学派の三仮四忘の二諦に対して四仮による三重二諦を立てたことを示している。(50) 以上によって『法華玄論』の六義はすべて四仮に収まり、天台の言葉が実証されると同時に、正しく三重二諦が法朗の四仮の立場から成実の三仮を対破するために立てられ、四仮が四悉檀によることから成実学派の二諦説に比較して随縁仮・対縁仮の二仮すなわち破邪誘引の方便門に特色のある二諦説であることが明らかとなった。

以上のように考えるならば、天台が単複中仮を僧詮の教学としていることから初章や中仮に関して吉蔵が著作の随所で展開する二諦説の原型は止観寺僧詮に由来するものであろう。(51) そして興皇寺法朗は四仮による三重二諦を展開して時代教学であった成実学派を批判したのであった。

吉蔵は『法華玄論』において師の三重二諦説を祖述する。従ってそこには長安におけるように地論摂論批判は展開されていない。(52)

慧日道場時代の代表作『三論玄義』では法朗の重要な教学であった四仮説は四論のそれぞれを分別するためのものとして片付けられ、破顕の四門が正面にすえられ、(1)外道(2)毘曇(3)成実(4)大乗という四つに対破の目標が明らかにされる。もちろんこれらも師の姿勢を継承したものであろうが、三論の破邪顕正の全貌を明確にした所に『三論玄義』の功績がある。

長安時代の第一作は『浄名玄論』であるが、その中で真俗を論ずる十二門中の第六門浅深門で、三重二諦にふれ、

如レ此三転二諦、皆是教門耳。至道竟不二曽三一、故云二是法不可示一。立二此三重一、凡有二五義一、法華玄中已

説。(53)

と述べる。これによって長安時代の最初期においても『法華玄義』の三重二諦に準拠し、四重二諦説は成立していないことを知ると共に、『中観論疏』の八不義十門浅深門第五で四重二諦を論ずるところで、

四者此三種二諦皆是教門、説二此三門一為レ令レ悟二不三一。無二所依得一始名為レ理也。(54)

とある表現と全く同一の内容であることから四重二諦形成への動きがあることがわかる。更に重要なのはこの『浄名玄論』から摂論学批判が本格的に始まることである。江南時代から慧日道場時代にかけて地論師批判は盛んに行なわれるが、摂論師の批判はしていない。(55)同時代の先輩である天台が江南にいて三大部講説時代から地論はもちろん摂論学をも批判するのと対照的であるが、ともかく吉蔵は『浄名玄論』において「即世所行の塵識四句」の第四として唯識無境説、(56)学摂大乗及唯識論人の三性三無性説(57)など摂論学の根本教理を取上げ批判する。吉蔵の批判の方法は先の破顕の四門でいえば「能迷の情を破して、所迷の教を収める。」という亦破亦収である。あくまで当時の長安の仏教界の主流であった摂論学者達に批判が向けられる。ここで天台と吉蔵との摂論教学引用の差異を見るに、天台の引用は一定して阿梨耶識依持説か阿摩羅識説の識説批判であるが、(58)吉蔵の批判は識説・三性三無性説・仏身論・涅槃説・十地説・般若説など広範囲にわたっている。これは正に吉蔵の長安での活動時代が摂論学の隆盛とかさなっていたからにほかならない。

さて、四重二諦を説く著作としては『中観論疏』『十二門論疏』『大乗玄論』の三つがある。説相から判断して『十二門論疏』の四重二諦(59)が他の二著におけるそれに先行するように思われる。そこで四重二諦を立てる理由について先に考察した『法華玄義』の六義と比較してみると、第一の各各為人と第二の諸仏二諦説法とが省略されているが、後の四義は残されている。そして第六の由来人の三仮すなわち成実学に対して三重二諦を説くとされていた所に、新たに地論師と摂論師とが中道を体とし、空有を二諦となし、非有非空を非安立諦となす説に対して四重二

諦を適用すると主張する。(※5)

次に『中論観疏』においては初章と中仮との弁別から四重二諦を説き進み、何故に四重二諦を作すかと自問し、『法華玄論』の六義と比較すれば、第一の各各為人悉檀と第三の釈仏教不同とを述べ、次に第六に対応する所では、

又為対由来但有一重二諦、故今明此四重意、又為破四病故説四門。(60)

と述べ、『十二門論疏』が成論師と地摂両論師との二病に対して適宜に四重二諦を用いるという余裕のある説であったのに対し、『中論観疏』では四重二諦は四病を破すためとし、より形式を整えると同時に四仮による法朗の三重二諦に較べると応病与薬的な性格から対破を中心とする方向へ性格が変化していることがわかる。

さて最後に『大乗玄論』「二諦義」における四重二諦を問題にしたい。説相は『中論観疏』と同一であるが、四重二諦を立てる理由について、

問、何故作此四重二諦耶。

答、対毘曇事理二諦明第一重空有二諦、

二者対成論師空有二諦、……

三者対大乗師依他分別二為俗諦、依他無生分別無相不二真実性為真諦、……

四者大乗師復言、三性是俗、三無性非安諦為真諦、故今明、汝依他分別二真実不二是安立諦、非二非不二三無性非安立諦皆是我俗諦、言忘慮絶方是真諦。(61)

と述べる。これらの四重二諦の中で第三第四の大乗師は共に摂論師であるが(62)、ともかく『中論観疏』で四重二諦説は四病を対破するのだというに対して、『大乗玄論』では各重に一病づつが具体的に組入れられている。しかも(1)毘曇(2)成実(3)大乗という対破の構造は『三論玄義』において示されたものであって、それが四重二諦に組入れられたところに、この『大乗玄論』の四重二諦説の特色があるが、同時に摂論師の説をこのように真俗で把握すること

は他の一重二諦に対して四重二諦を立てると言いながら自らも一重二諦に堕しているのではないかという批判も成立つであろう。

以上三重二諦から四重説への展開を考察したが、⑴三重説が成実師批判に向けられていたのに対し、四重説は特に唯識大乗に対するものであること、⑵三重説が四悉檀全体によるに対して、四重は対治悉檀のみに内容が変化していること、⑶『大乗玄論』の四重二諦が最後的なものであろうが、それは『三論玄義』の四宗批判を承け、しかも摂大乗師の教学に三四両重を対置している所に長安における吉蔵の対破意識の内容がうかがわれること、などを論じた。

四　中の考察

吉蔵の教学の根本的立場が中道にあることは、三種中道・八不中道・二諦中道・二智中道などが彼の著作の処々に説かれていることにより明らかである。今は他教学批判すなわち破邪門における吉蔵の中道説について考察を加える。(63) 八不の考察で見たように彼の破邪は不破の破として有所得に対する徹底破や二諦説におけるように亦破亦収の立場など破収を場合によって使い分けているが、根本は不破不収の実相であるとする。それならば不破不収の実相と他説に対する破収の関係はどうか。いわば批判や摂取が単に随意に行なわれているのではなく、正しく諸法実相に命中した形で行なわれているといえるかどうか、言えるとすれば、今のテーマである唯識大乗義批判にはいかなる形でその点の努力が示されているか考えてみたい。

先ず唯識大乗義に関する吉蔵の言及をまとめて考えると、『浄名玄論』に、

唯識之旨、蓋是方等之宏宗、菩薩之大論、何以排斥。答。考天親唯識之意者、蓋是借心以忘境、忘境不存心、粛然無寄、……末学不体其旨、故宜須斥之、故咎在門人、非和脩之過(64)。

とあるように、(1)無著世親及び彼らの仏教を将来した真諦三蔵と、(2)その当時長安を中心に活躍していた特に摂論学者とを明らかに区別し、前者に対しては三論の義ともよく一致するといったり(65)、三論にも唯識の義あり(66)と言ったりするが、後者に対しては露骨に有所得ときめつけるのである。何故に有所得かといえば、『中観論疏』で、

今摂大乗等学者備此二門……（中略）…無上根人義也。天親之意乃当有之、而学人不稟龍樹之風致闕此玄宗一句也(67)

と言うように、長安の末学達は龍樹の学風を受けていないからである。彼らを批判する吉蔵は長安における論争を越えて直接インドの空観唯識不二という立場を取る。天台が金口相承・今師相承を自己の教学の源流として釈尊の教法との一貫を主張し(68)、『維摩玄疏』において、

龍樹天親各有所説耶。皆是末代弘法失意執文偏朋耳。若得此意不応問与他何異也(69)。

と述べ、龍樹天親不二を主張し、更に『維摩文疏』では、

問曰、龍樹之学者何意用天親之義。答曰、龍樹天親豈不同入不二法門乎。今本為通仏教随義有所関而用釈、何得取捨定執也(70)。

と自問自答し、天台が正しく龍樹の学者であり、龍樹天親不二の根本的立場を認識しながらも、今は仏の教に迫るのであるから二者それぞれの教学を自由自在に用いるというのである。そして天台は結局唯識大乗を蔵通別円四教の中の別教におさめてゆく。

さて龍樹の風致の受不受によって唯識学を有所得大乗と批判する吉蔵は『三論玄義』において先述のように(1)外道(2)毘曇(3)成実(4)大乗という破邪の構造を示すと共に(71)、(1)人正(2)法正という顕正の構造をも示す(72)。龍樹を人正、三

論大宗を法正とする。経論相資以下は人法二正の諸門分別である。そして諸門分別の最後の『中論』の名題釈において中の考察が行なわれるが、そこで中の解釈に関して(1)外道明中、(2)毘曇明中、(3)成実明中、(4)大乗人明中、と列挙し、破邪門と同じ形で各々の中道義を明している点に注目したい[73]。しかもここでは批判を加えることなしに単に中仮師の説でしめくくっているのである。いかにも、おさまりの悪い論の結び方であるが、思うに吉蔵の意図はこの『三論玄義』の構成の中に三論の精神を示したのではないか[74]。この四種人の中道義に対する批判は更にもう一度冒頭からの破邪門において見るべきなのであろう。いわば破邪から顕正へ、顕正から中の考察へ、中の考察から破邪へという円環があるが、もっと明確に言えば、正から中へ、中から正へということになろう。正から中へという形で顕正門が論じられ、中から正へという方向で破邪門が展開される。従って『三論玄義』の構造は形式的には(1)破邪(2)顕正となっているが、内容的には中→正→中の形で考えられる。故にこの小論の冒頭で取上げた(1)破不収、(2)収不破、(3)亦破亦収、(4)不破不収の破顕の四門も、破邪門において用いられる場合は中から正へという方向で嘉祥大師の確信が仏陀の教法に対する時、正に対する邪を破す四つの方法と解釈され、また顕正門で用いられる場合は正から中へという形で正邪を正しく分別し邪をすて正に就くための四句分別である。以上のことから吉蔵の破邪は中の考察に裏付けられた破顕の四門によって展開されており、しかもその中が正による所に彼の確信があり、正による中からの批判であるが故に有所得の偏邪に対して徹底破があり、中が絶えず正を志向するが故に新しい教学である唯識学に対して亦破亦収もあり収不破の徹底吸収もあることが明らかになった。更に言えば、正は一正二正三正と開かれ、中は四釈の妙用によって一中二中三中四中と転じ、吉蔵の教学の骨格になっている。

　吉蔵の破邪が中から正へという形で中によって行なわれていることが明らかとなったが、実際に著作に就いて考察してみよう。『三論玄義』では先述の四宗が批評の対象となるが、長安時代になると先の二諦説において考察したように(4)呵大執の所が著しく増加する[75]。これは逆に言えば顕正門において正から中への深まりに結果する。吉蔵の場合それがいかに表現されているであろうか。

まず長安時代の第一作『浄名玄論』では、不二法門を論じて、

有人言、不二法門則真諦理也。有人言、不二法門謂実相般若。有人言、不二法門則性浄涅槃阿梨耶識。有人言、不二法門謂阿摩羅識自性清浄心。四宗之中、初二約レ境、後両拠レ心。雖二識境義殊一、而同超二四句一。[76]

と述べ、(1)江南の成実師、当時の長安の教学である(2)智度論師、(3)地論師、(4)摂論師の諸説を列挙し、以下批評してゆく。ここで単に諸家の説を列挙していることが重要なのではなく、吉蔵の不二の思想がこれら四説批判の上で形成され、しかもその批評と自説の展開が『三論玄義』に見られる「中↓正↓中…↓」の根源的姿勢に貫かれている所が大切である。

『中観論疏』では先述の八不義十門分別第九料簡門・第十新通門において、(1)成実師、(2)北土三論師[※6]、(3)真諦三蔵の八不義をかかげて論ずる。[77]ここに『摂大乗論』と『無上依経』とによる真諦三蔵の八不義を引用するのは一見奇異であるが、『三論玄義』の中の考察の最初に摂論師の中道を引くのと軌を一にするから不思議はない。更に「観法品」疏では実相の体を論じて、(1)外道九十六術、(2)阿毘曇人、(3)成論、(4)南土大乗・北方大乗・摂大乗学者などの諸説[78]を引き、当時の長安仏教界における異説の豊富さを示す。先学によって指摘されているように南北朝から隋にかけて大乗思想が興起する。[79]その原因として先ず教学史的には(1)菩提流支三蔵や真諦三蔵などによる新教学の導入、(2)禅や浄土教などの実践仏教への要求、更に政治史的には(3)南北統一への希求と大隋の成立、(4)北周破仏などいろいろの原因があるが、吉蔵が長安で活躍する時代は正に種々の大乗教学が論陣を張っていたのであり、その中にあって江南三論の吉蔵の教学が成熟するのである。吉蔵の長安時代の著作に見られる(4)呵大執の項の増大は当然この大乗思想の興隆の一線にあるのであり、この面での研究は後の課題にする。

吉蔵の著作の中では最も晩年のものといわれる『大乗玄論』では先に見た二諦説をはじめ[80]、仏性に関する十一家

の異説(81)、一乗の宗(82)、不二法門(83)などに関して種々の異説を出すが、涅槃を論じて、

> 今明、四句百非洞遣為涅槃体、常無常是用。(※7)諸法師但得其用不識深体。但解涅槃不同、外道三師小乗二説方等四計。(84)

と述べ、⑴外道⑵毘曇⑶成論⑷大乗のそれぞれの涅槃論を展開し批判するところなどに明白に『三論玄義』の中の考察の姿勢である「正→中→正」の精神が生きている。

天台は『維摩玄疏』で解脱の七異解を出す。すなわち⑴羅什、⑵道生、⑶僧肇、⑷関内旧解、⑸地論師、⑹真諦三蔵、⑺三論師の七師の異説を出した後で、それぞれを批判し、

> 五地論師……（中略）……正是別教明義也。……六真諦三蔵意同地論別教。七三論師釈解脱、雖作仮名虚玄之語、宗旨莫知所趣……（中略）……而天親多申別円、龍樹多申通円両家所申解脱同異義推可知。(85)

と言うように、天台は蔵通別円の四教の中に諸異説を批評包含することによって法華円頓の教を建立してゆく。吉蔵の他説批判が前述のように円環的とすれば、天台のそれは立体的とでも言えよう(86)が、共に龍樹の学者を以って任ずる天台吉蔵両家の教学はもっと種々の面で対置してみる必要があり、これからの課題にしたい。

五　結語

以上、八不・二諦・中道という吉蔵教学の代表的なテーマを取上げ、それらの教学の中に他の教学批判の構造がどのように形成されており、それは具体的に唯識大乗批判に際して如何に生かされているかを考察した。八不に関

しては仏教思想における否定論理の種々の形態及びその意味、二諦については吉蔵の二諦説の意図更には中仮の問題、中道の問題においては吉蔵以外の仏教者において中と正との関連がいかに考えられているか、等々のテーマがそれぞれ一段と究明されなければならない。最初に述べたように対破教学に注目することは、その所破の教学すなわち地論や摂論学の全貌が明解になればなる程、吉蔵の教学の特色を見るには有効であるから、今後の課題にしたい。更に天台吉蔵両家の地摂批判は後の玄奘唯識の伝訳とそれに対する諸家の批判と併せて考究する必要があると思われる。

（1）大正蔵三八・五二八中（―下）。
（2）僧詮門下の四友及び四友の弟子達の活躍による。
（3）例えば、地論の学者であった靖嵩は破仏によって三百余人と共に江左に南下した。『続高僧伝』巻一〇（大正蔵五〇・五〇一下）。
（4）摂論を始めて長安にもたらした曇遷は文帝によって五大徳の一人として召された。〔編者注：『続高僧伝』巻一八「曇遷伝」（大正蔵五〇・五七二下）か〕。
（5）山崎宏『隋唐仏教史の研究』第五章「煬帝の四道場」（法蔵館、一九六七年）八五頁参照。
（6）平楽寺書店・一九六八年六月。
（7）『大本四教義』巻一（大正蔵四六・七二三中）などを参照。
（8）平井俊榮「三論教学成立史上の諸問題」（『駒仏紀要』第二三号、一九六五年三月）、同「中国三論宗の歴史的性格」上・中・下（『駒仏紀要』第二四号・第二五号・第二六号、一九六六年・一九六七年・一九六八年各三月）、同「嘉祥大師吉蔵の基礎的研究」（『印仏研』一四―二、一九六六年三月）、同「吉蔵における二智の構造」（『印仏研』一五―二、一九六七年三月）、同「止観寺僧詮とその門流」（『印仏研』一六―二・一九六八年三月）、同「二諦章の思想と構造」（『駒仏紀要』第二七号・第二八号、一九六九年三月・一九七〇年三月）など。
（9）鎌田茂雄『中国仏教思想史研究』（春秋社、一九六八年三月）第一章「道性思想の形成過程」三〇頁以下参照。

（10）吉津宜英「嘉祥大師研究序説―対破教学の研究(1)北土智度論師―」（『駒澤大学大学院仏教学研究会年報』第三号、一九六九年三月）。
（11）吉津宜英「吉蔵の唯識大乗義批判」（『印仏研』一八―一、一九六九年十二月）。
（12）勝又俊教『仏教における心識説の研究』（山喜房仏書林、一九六一年三月）所収。
（13）鎌田前掲書・第二部第一章。
（14）岩波書店・一九三〇年七月。
（15）岩波書店・一九六九年十二月。
（16）永田文昌堂・一九五一年四月。なお博士は最近の久松真一・西谷啓治編『禅の本質と人間の真理』（創文社・一九六九年八月）に「仏教における心の概念」なる論文を載せられ、中国仏教における唯識思想の定着に疑問を呈しておられる。
（17）勝又前掲書・第三編第二第三第四の各章。
（18）『中観論疏』巻二本（大正蔵四二・二〇中）。
（19）同右（同・二一中）。
（20）同右（同・二三上～中）。
（21）同右（同・二四下）。
（22）同右（同・二七下）。
（23）『三論玄義』（大正蔵四五・一中、一〇上、一二中）三ヶ所で取上げる。〔編者注：厳密には、二番目は一〇上中、三番目は一二中下か〕。
（24）『中観論疏』巻二末（大正蔵四二・二九下）。
（25）『法華玄義』巻五下（大正蔵三三・七四四上）三種仏性・三種般若・三種法身・一体三宝などが明確に吉蔵の十条の中にも見い出される。
（26）『中観論疏』巻二末（大正蔵四二・三一中）ここに列挙されている禅師・律師・行道・苦節といわれる人々が具体的には、どのような仏教者であり、いかなる思想を持っていたかに注目したい。
（27）同右（同・三一下）。
（28）同右（同・三三上）。

(29) 同右（同・三四上）。
(30) 宮本正尊『中道思想及びその発達』（法蔵館・一九四四年）第一五編「空観と中道」第三章の四「無自性と空」参照。
(31) 『中観論疏』二末（大正蔵四二・三三下）安澄によれば北土三論師は探法師であるという（『中論疏記』大正蔵六五・一〇五中）が、よくわからない。
(32) 安井広済『中観思想の研究』（法蔵館・一九六一年）一七九頁以下参照。
(33) 『中観論疏』巻二本（大正蔵四二・二六下）。
(34) 平川彰「中観仏教」（『講座仏教』第三巻所収）一六五頁、宮本前掲書・第三編「次第超出道と涅槃無対」参照。
(35) 梶山雄一・上山春平共著『空の論理』（角川書店・仏教の思想3・一九六九年六月）七六頁参照。
(36) 『中観論疏』巻二末（大正蔵四二・二八中）、『大乗玄論』巻一「二諦義」（大正蔵四五・一五下）。
(37) 『大本四教義』巻五（大正蔵四六・七三六中下）。
(38) 『駒仏紀要』第二七号・一九六九年三月、第二八号・一九七〇年三月。
(39) 『中観論疏』巻二本（大正蔵四二・二二中以下）世諦中道のこと。
(40) 同右（同・二四中）真諦中道。
(41) 同右（同・二六上）二諦合明中道。
(42) 『二諦章』巻上（続蔵二・二・三・二六〇左下）、『法華玄論』巻四（大正蔵三四・三九六上）。
(43) 『中観論疏』巻一本（大正蔵四二・七中）。
(44) 『摩訶止観』巻五下（大正蔵四六・六三上）、『維摩玄疏』巻二（大正蔵三八・五二六上）など。
(45) 大正蔵四六・七二三中。
(46) 大正蔵三三・七〇二中。
(47) 続蔵・二・二・三・二七七右下。
(48) 大正蔵四五・一三上。
(49) 『法華玄論』巻四に「問何故用三種二諦耶。答略明六義是故説之」（大正蔵三四・三九六中）とある。
(50) 『二諦章』では「又所以明三重二諦者為対由来人、由来人明三仮是世諦四忘是真諦。」（続蔵二・二・三・二六一左上（大正蔵四五・九一中））とあり、『法華玄論』では「第六即世学者明三仮有為世諦、三仮空為真諦。」（大正蔵三四・三九六下）

とある。

(51) 平井俊榮「中国三論宗の歴史的性格（中）」（『駒仏紀要』第二五号、一九六七年三月）「五、僧詮の学風と三論の傾向」参照。

(52) 地論師の教学に関しては、例えば阿梨耶識説（大正蔵三四・二七四下・三八〇中）、教判（三八四下）、仏身論（四三八下）など、かなりの批判が見られるが、それが三重二諦説と直接結びついていない。〔編者注：「梨耶」の用例は「二七四下」ではなく「三七四下」と思われる〕。

(53) 大正蔵三八・八九六中。

(54) 大正蔵四二・二八中。

(55) 『法華玄論』で「晩見摂大乗論与一師大致符会」（大正蔵三四・三八一上）というように摂論の引用は多い。

(56) 大正蔵三八・八五七下。

(57) 同右・八九七中。

(58) 『摩訶止観』巻五上に「地人云、一切解惑真妄依持法性、法性持真妄、真妄依法性也。摂大乗云、法性不為惑所染、不為真所浄、故法性非依持、言依持者阿黎耶是也。」（大正蔵四六・五四上）とある。又『維摩文疏』巻二五には「十地論師説七識是智識、摂大乗説七識但是執見識、諍論云云、皆由不達了因種性義也。」（続蔵一・二八・二・一五二左下）などとある。

(59) 『十二門論疏』巻上本（大正蔵四二・一八三下）。

(60) 『中観論疏』巻二末（大正蔵四二・二八中）。

(61) 『大乗玄論』巻一（大正蔵四五・一五下）。

(62) 『中観論疏』巻八末「観法品」疏で摂論学者が三性三無性に二説を主張するというところを参照（大正蔵四二・一二七上）。

(63) 宮本正尊『根本中と空』（第一書房・一九四三年三月）所収「中の哲学的考察」はあらゆる角度から中の哲学的考察が加えられている。いずれ、このような方面への研究を進めなくてはなるまいが、この小論では吉蔵の破邪という場面にのみ限定する。

(64) 大正蔵三八・八五八上。〔編者注：「末学」は大正蔵本では「未学」。誤字の判断が難しいので、今はママ〕。

(65)『法華玄論』巻二（大正蔵三四・三八一上）、『中観論疏』巻二末（大正蔵四二・三四上）。
(66)『百論疏』巻上之上（大正蔵四二・二三七中）。
(67)大正蔵四二・二二七上中。
(68)『摩訶止観』巻一上（大正蔵四六・一中）に金口今師両相承を出す。
(69)大正蔵三八・五五二上中。
(70)続蔵一・二八・二・一〇〇左上。
(71)『三論玄義』（大正蔵四五・一上）
(72)同（同・六中）。
(73)同（同・一四下）。
(74)宮本正尊『大乗と小乗』第四「支那仏教に於ける小乗数論の研究」三「数論旧解・三論新智」参照、その中で博士は「かく外小破よりして三論中仮師には極はまる破邪の漸階的次第は、そのまま嘉祥大師の仏教思想開展観と見做し得るものである。」と述べられる。
(75)具体的には地論・地持・摂論・智度・北土三論師・禅師・律師などへの批判。
(76)大正蔵三八・八五六下。
(77)『中観論疏』巻二末（大正蔵四二・三二中―三四上）。
(78)同巻八末（大正蔵四二・一二三下）。〔編者注：「北方大乗」は大正蔵本「北方」である〕。
(79)横超慧日『中国仏教の研究』（法蔵館、一九五八年）所収「中国仏教に於ける大乗思想の興起」、常盤大定『支那仏教の研究』（春秋社、一九三八年）所収「周末隋初に於ける菩薩仏教の要求」、鎌田茂雄『中国仏教思想史研究』（春秋社、一九六八年）所収「浄影寺慧遠の思想」などの論文で究明されている。
(80)『大乗玄論』巻一（大正蔵四五・一五下）。
(81)同巻三（同・三五中）。
(82)同巻三（同・四二下）。
(83)同巻五（同・六六下）。
(84)同巻三（同・四七上）。

(85)『維摩玄疏』巻五（大正蔵三八・五四九下・五五〇上）。

(86)安藤俊雄『天台学』（平楽寺書店・一九六八年）第四章「天台の教判」五四頁以下参照。教判は中国仏教思想史上においても大きなテーマである。更にインド・日本にもわたる問題であるから、いずれ教判に焦点を合わせて仏教史全体を考えてみたい。

〔編者注〕

(※1)肩書は当時のママ。

(※2)原文「由来」を「従来」に訂正。

(※3)原文「悟らか」を「明らか」に訂正。

(※4)『二諦義』に「所以大師明此三種二諦者、有数意」（大正蔵四五・九〇下）。今は一般に用いられる大正蔵のテキストに従った。

(※5)『十二門論疏』に「為対十地及摂論師有法界体用以中道為体。空有為用。空有為二諦。非空為非安立諦故。今明此皆是我之第三重世諦耳。既未得真。何由有俗。」（大正蔵四二・一八四上）とある。

(※6)「北土三論師」は大正蔵本では「北主三論師」である。「主」は「土」の誤写と思われるが、一応記しておく。『中観論疏』巻二末（大正蔵四二・三二下）。

(※7)原文「用レ」の「レ」は判読できないが、原文を尊重してママとした。

吉蔵における『大智度論』依用と大智度論師批判

一　問題の所在

平井俊榮博士は『中国般若思想史研究――吉蔵と三論学派』の中で吉蔵の著作における経論の引用を精査され、(1) 経典では『涅槃経』の引用が圧倒的に多く、論部では『大智度論』(以下は『大論』と略称する)(※1) の依用が最も頻繁であることを示された。これら一経一論のうちで『涅槃経』については空観と仏性との融即を意図している「師子吼品」の引用は重要であり、単なる聖言量的な権威や荘厳として引かれたのではなく、吉蔵の思想の本質にかかわる問題を含んでいると結論される。その『涅槃経』の引用に比較すると、『大論』の依用は吉蔵にとって辞書的な役割を果たし、主要な大乗仏教教義の術語観念の資料典拠を与えるという面が強いと言われる。

確かに、吉蔵の著作における『大論』の引用を調べてみると、何らかの用語を説明するための典拠として引かれていることが多い。ただ『大論』の同じ場所が何回、何十回と、同じ目的のために引用されている用例が数例存在していることは、吉蔵の教学にとって『大論』が単なる百科事典以上の存在であったのではないかと思わせる。先ず、吉蔵の『大論』の依用の中で重要と考える五、六例について検討してみたい。

次に吉蔵の著作の中には多くの論師たちへの批判があるが、その一つとして北地の大智度論師（以下では、大論師と略称する）への言及が処々に散見する。この事実とその背景については既に小論を公にしてあるが、(2)今改めて吉蔵の教学に即して大論師の批判の意味を考えてみたい。これも既に述べたことではあるが、(3)吉蔵は真諦三蔵（四九九―五六九）訳出の『摂大乗論』の教学に関して三論の立場とよく符合するとか、三論の中にも唯識の義があると言いつつ、一方では摂論師を有所得大乗と厳しく批判する。これと同じことが『大論』と大論師との場合も言いうるのであろうか。この点について、吉蔵の著作に出ている大論師の批判の用例を検討しつつ考察してみたい。

実はこの大論師は単に吉蔵の脳裏の中でのみ仮想されたものではない。道宣（五九六―六六七）の『続高僧伝』をみると特に中国の北地に多くの『大論』研究者が輩出し、既に先学によって調査されているように、(4)彼らの中の数名のものは隋の文帝（在位五八一―六〇四）によって「大論衆主」として学界のリーダーに任命されたのである。それほどまでに『大論』が流行した理由は何であろうか。また、この大論学派と江南の三論学派の接点という問題の一つが正に吉蔵の著作における大論師批判という形で表面化しているわけである。吉蔵も表向きは三論と称しつつも、内実は四論として大論を重んずる。彼のような三論師たちの『大論』依用と北地の大論師たちのそれとどのように異なるのであろうか。特に大論師の一人であり、北周武帝の破仏に抗議して『二教論』を著わした道安（生卒年不詳）については、吉蔵が『中観論疏』の中で言及しているし、(5)『三論玄義』には『二教論』も引用しているか(6)ら、吉蔵の視野に入っていたわけである。それならば道安の弟子の慧影（―六〇〇）のまとめた『大智度論疏』(7)を吉蔵は参酌した可能性もありうるとも考える。この点をも含めて、特に長安に住してからの吉蔵の教学にとって大論師の存在がどれほどのものであったか考えてみたい。

私は吉蔵がやむをえざる事情とはいえ、江南から長安に来て教学を形成した意義は大きいと思う。(8)彼の著作をみるとわかるように、北地で流行した地論学や摂論学、さらには平井博士が論究されている北地の三論師などに吉蔵は敏感に対応している。このような異質な教学に対応しているうちに、逆にそれらの影響を受けて江南の三論学の綱格が変質したような面はないであろうか。私はこの小論における大論師の批判の検討を通して、吉蔵の破邪顕正の帰趣を見定めたいと考えている。

二 『大智度論』の依用

さて、吉蔵における具体的引用としての『大論』の依用を検討をする前に、『三論玄義』と『大乗玄論』「論迹義」とによって三論と大論との関係、一括していえば四論の分別について一瞥する必要がある。先ず『三論玄義』は大きく一通序大帰と二別釈衆品とに二分される。その第二別釈衆品は次のような一三の項目より成る。

一、経論相資
二、経論能所絞絡
三、造論縁起
四、諸部通別義
五、衆論立名不同門
六、衆論旨帰門
七、四論破申不同門
八、別釈三論
九、三論通別門

一〇、四論用仮不同門
一一、四諦対縁不同門
一二、三論所破之縁
一三、中論名題門

これらのうちで、「四、諸部通別義」以下で三論と『大論』の分別、一括して四論相互の差異が論じられる。それらの議論をまとめると次のような三点が指摘できよう。

(1) 書名に「三論」とあるように三論を一まとまりにして扱ってゆこうという姿勢はあるが、広く四論という立場で考えようという方向が存在する。

(2) しかし、『大論』はただ『大品般若経』を注釈するのみの大乗別論、三論は大乗を全体として把握する大乗通論という区別は重要であり、やや『大論』の独自性が過少に評価されていると思われる。

(3) 三論は大乗通論としては平等であるが、なかでも『中論』が重視されていることは明らかである。

次に『大乗玄論』「論迹義」をみよう。この「論迹義」の内容は『三論玄義』と密接な連関を持っているが、次のような五門より成る。

一、破申大意
二、四論宗旨
三、経論能所
四、釈中観論名
五、論縁起

これら五門の中で今の三論と四論とに関わるのは第二門である。先の『三論玄義』における三つのまとめに対応させてみると次のようになる。

(1) 広く四論で考えるという姿勢は変わらないが、『三論玄義』では四論全体で論じられていた種々のテーマについて、「論迹義」では主として三論相互の間のみで検討され、『大論』はそれらの議論から、しめ出された形になっている。

(2) 全体としては『大論』と三論とを大乗別論と大乗通論と分け区別することは、『三論玄義』と変わらないが、別に『大論』を「通の別論」とも称し、通論的な要素をも認めていることは注目されよう。

(3) 『三論玄義』よりももっと『中論』の顕揚がみられる。

以上の『三論玄義』「別釈衆品」および『大乗玄論』「論迹義」の検討から次のようなことが帰結されよう。すなわち、三論とはいうものの、広く四論を基盤にしているという面からは確かに『大論』は重視されているが、大乗通論としての三論を一括し、さらに特に『中論』を一段と高く顕揚する面からは『大論』はどうしても低く位置づけられる。つまり、『大論』は吉蔵の教学において高低両様の位置づけがあることになる。

このように四論における『大論』、すなわち三論と『大論』との対比という観点からすると、どうも形式的になり、なかなか吉蔵にとって『大論』の占める比重が分かりにくくなってしまう。そこでやはり具体的引用に眼を転じて、はたして『大論』の依用は他の経論の依用と比較して一体どれほどの重要さがあるのか、ないのかを検討する必要を感ずる。

ところで、吉蔵における『大論』の引用は大変な量に達するから、それらすべてを検討することはできない。今、私は引用回数も多く、また吉蔵の教学にとっても重要と思われる六例のみに限定して考察したい。六例を『大論』に出てくる順序で列挙すると次のごとくである。

(1)『大論』巻一「復次仏欲説第一義悉檀相故、説是般若波羅蜜経、有四種悉檀、一者世界悉檀、二者各各為人悉檀、三者対治悉檀、四者第一義悉檀、四悉檀中一切十二部経、八万四千法蔵、皆是実無相違背。」(大正蔵二五・五九中)

(2)『大論』巻四三「凡夫人雖復離欲、有吾我心、著離欲法故、不楽般若波羅蜜、声聞辟支仏雖欲楽般若波羅蜜、無深慈悲故、大厭世間一心向涅槃、是故不能具足得般若波羅蜜、是般若波羅蜜菩薩成仏時転名一切種智、以是故般若不属仏、不属声聞辟支仏、不属凡夫、但属菩薩。」(同・三七一上)

(3)『大論』巻四六「菩薩初発意所行、為求仏道故、所修集善法随可度衆生、所説種種法、所謂本起経、断一切衆生疑経、華手経、法華経、雲経、大雲経、法雲経、弥勒問経、六波羅蜜経、摩訶般若波羅蜜経、(一一)如是等無量無辺阿僧祇経、或仏説、或化仏説、或大菩薩説、或声聞説、或諸得道天説、是事和合皆名摩訶衍、此諸経中般若波羅蜜最大故、説摩訶衍。」(同・三九四中)

(4)『大論』巻六三「是声聞人、著声聞法仏法、過五百歳後、各各分別有五百部、従是已来、以求諸法決定相故、自執其法、不知仏為解脱故説法、而堅著語言、故聞説般若諸法畢竟空、如刀傷心、皆言決定之法、今云何言無。」(同・五〇三下)

(5)『大論』巻一〇〇「問曰、更有何法甚深勝般若者、而以般若嘱累阿難、而余経嘱累菩薩、答曰、般若波羅蜜非秘密法、而法華等諸経説阿羅漢受決作仏、大菩薩能受持用、譬如大薬師能以毒為薬。」(同・七五四中)

(6)『大論』巻一〇〇「問曰、先見阿閦仏品中嘱累、今復嘱累有何等異、答曰、菩薩道有二種、一者般若波羅蜜道、二者方便道、先嘱累者為説般若波羅蜜体竟、今以説令衆生得是般若方便竟嘱累、以是故、見阿閦仏後説漚和拘捨羅品、般若波羅蜜中雖有方便、方便中雖有般若波羅蜜、而随多受名、般若与方便本体是一、以所用小異

故別説、譬如金師以巧方便故以金作種種異物、雖皆是金而各異名。」（同・七五四中下）

それでは順次具体的な引用の場面とその意義を考察してみよう。まず第一の用例は四悉檀である。これは天台教学においても重視されているが、吉蔵も頻繁に引用する。特に二諦に関わる議論では必ず言及される。また『二諦義』巻上（大正蔵四五・八一中）では単なる引用や言及の域を越えた吉蔵独自の四悉檀釈といったものも見出される。さらに『中観論疏』巻一本では、

第一義悉檀は是れ八不なり。（大正蔵四二・一〇上）

とも、また、

此の八不正に是れ第一義悉檀なり、故に第一と名づく。（同・三四下）

とも言い、八不と第一義悉檀とを結びつける。これは『大論』の第一義悉檀の所に『中論』「観法品」第一八の第七、八の両偈が引用され、その第七偈が『中論』では「無生亦無滅」（大正蔵三〇・二四上）となっているのを『大論』では「不生不滅」（大正蔵二五・六二頁中）として、『中論』冒頭のいわゆる八不の偈に類似したことからの連想でもあろうが、単なる典拠としての引用以上の活用の仕方である。

次に⑵の用例に移ろう。『大論』は『大品般若経』の注釈書であるから、般若の解釈や智慧についての所説は多く、また吉蔵もしきりに引用する。この一文は『般若経』が三乗通教であるとする南地の五時判を破析する際に必ず引用される。例えば『三論玄義』では次のように引用される。

次に大品是れ三乗通教と云うは是れ亦た然らず。釈論に云わく「般若は二乗に属さず、但だ菩薩に属す」と。若し大品が是れ三乗通教ならば、則ち応に通属すべし。何が故に二乗に属さざるや。（大正蔵四五・五下）

これは確かに般若が三乗共学であるとするのを破すにはよい一文であるが、しかし経典には三乗共に般若を学ぶべしとも言っているので、また会通する必要が生じた。吉蔵は摩訶般若はただ菩薩の所学であり、単に実相の境を

般若とする場合には三乗共学であると、般若に質的差異を認めて会通する。

このような般若の質的差異を論じたり、また般若の有翻無翻を語る時に、よく次の『大論』の一文が引用される。

不可称者、称名智慧、般若定実相、甚深極重、智慧軽薄、是故不能称、又般若多智慧少、故不能称。（大正蔵二五・五五二上）

例えば吉蔵の『金剛般若経疏』では経宗を弁じて、智慧をそれと認定する人を責めて、次のように言う。

若し智慧を以て宗と為さば、大智論に云わく、「般若は深重にして、智慧は軽薄なり、」と。今、既に深重なる般若を説く、何が故に深重なる般若を取りて宗と為さずして、軽薄なる智慧を取りて宗と為すや。（大正蔵三三・八八上）

さらに般若に関する引用としては、『大論』巻一八のラーフラバドラの般若頌、(9) 巻四三の般若の定義、(10) 巻八三の般若が仏心では薩婆若となるという説(11)などがしばしば引用される文句である。このように様々な般若義を引用する吉蔵の態度の一端は次のような『金剛般若経疏』の一文などから窺うことができよう。

若し学者にして定んで経論の一文を執して以て一家の義を成ぜば、皆な是れ魔に繋属せる人なるのみ。（大正蔵三三・九〇上）

次に第三の文例に移ろう。実はこの文例は第五の文例と一緒に考察すると、その意味の把握がしやすい。第五の文例は『法華経』と『般若経』とを比較して、二乗作仏を説く『法華経』の方が秘密の法であり、より深いというのに対し、第三の文例では『法華経』などの一〇種の経典名を挙げ、それらの中で『般若経』が最大とするのであるから、同じ『大論』の中で両経の価値判断は逆になっているわけである。そこで吉蔵は例えば『法華玄論』巻三などでは両文及び関連の典拠を引き、会通につとめ、両経の顕道は不二であることを証明する。今は『法華玄論』

巻三冒頭の一文を引用してみよう。[12]

問う、(1)『釈論』に「問乗品」を解して云く、「十種の大経を列ぬ。所謂る、雲経、大雲経、華手経、法華経等なり。是の摩訶波若経を中に於いて最も深大と為す」と。

(2)又、『論』の第百巻に云わく、「法華は是れ秘密の法にして、阿羅漢の受記作仏を明かす。波若は秘密の法に非ず、二乗の作仏を明さず」と。

(3)又、『論』に「畢定品」を釈して云わく、「須菩提は、法華経に一切衆生皆作仏と明かすを聞き、又、波若経の中に退ありと聞く。是の故に、今、仏に問いたてまつる。是れ菩薩は畢定なりとや為ん、不畢定なりとや為ん」と。

(4)又、『釈論』の「大明品」に云わく、「諸余の善法は波若の中に入る」と。『論』に云わく、「諸余の善法とは謂わく法華経なり」と。

(5)又、云わく、「法華は是れ波若の異名なり」と。

是の五処の論文に三の相違有り。初めの文は、般若は勝にして、法華等は劣なりと列ぬ。第二の文は、般若は浅く、法華は深し。余の三は浅深を別たず。此の三つの相違、云何が会通するや。

答う、五時の説・四宗の論に依るに、言は此れ相害して鉾楯なり。会通すべからず。（大正蔵三四・三八二頁中）

南地の五時や北地の四宗の教判では共通して『法華経』は『般若経』より深広であるとするから、これらの『大論』の矛盾する諸文を会通することはできないと吉蔵は言う。そして、両教判を批判しつつ、両経の顕道に差異はないということを論証してゆくのが、右の引文以下の『法華玄論』の行論の流れである。

さて、右の引文のうちで(1)の部分がまさに第三の『大論』の文例の要約されたもので、大乗経典の中で『般若経』が最も深大だと言うわけで、『般若経』を注釈した『大論』における判断としては当然のものといえよう。

むしろ、第五の文例、すなわち『法華玄論』の中の(2)の引文のように『大論』の中で『法華経』が『般若経』よりも優れているという言い方のあることは不思議であろう。しかし、『大論』における『法華経』の引用は多く、しばしば『法華経』のすぐれた所が強調されている。実は先の『法華玄論』の(3)の一文はその例で、吉蔵もこの一文をよく引用する。『大品般若経』の中では前半の「阿毘跋致品」では退転も不退転もあると言っているので、それでは『法華経』に一切が成仏するということと矛盾するではないかというわけである。そこで須菩提はこの「畢定品」で仏に畢定不退なのか、退なのか、と質問し、仏はここではじめて畢定不退を説き示す。一般の教判では『法華経』と『般若経』の説示の時期について、後者が早いとされるが、吉蔵は今の(3)の一文を根拠にして、『般若経』の説示は『法華経』の前後に互っているとし、むしろ前後を明示できないというところまで主張しようとする。

また、第五の文例の秘密法であるか否かに関連して、次の『大論』の一文もよく引用される。

仏法有二種、一秘密、二現示。（大正蔵二五・八四下）

諸仏事有二種、一者密、二者現。（大正蔵二五・五一七上）

例えば『法華玄論』巻一で(14)『法華経』を説く意義を論ずる中で、

復た次に仏法に二種有り、一には顕示法、二には秘密法なり。顕示法とは、謂わく三乗の教なり、三種の因をもって三種の果を得ることを明かす。故に顕示と名づく。秘密法とは謂わく三乗の人、皆な作仏を得るなり。『釈論』の第百巻に云うが如し、「法華は阿羅漢の受記作仏を明かすが故に秘密法と名づく」と。昔より来た已に顕示法を説き竟わんぬ。今、秘密法を説かんと欲するが故に此の経を説くなり。（大正蔵三四・三六八下）

とある一文には、第五の文例と秘密・顕示二種仏法説が巧みに結びつけられて、『法華経』の意義の顕揚に利用されている。教理内容の面では『法華論』が吉蔵の法華解釈の支えとなっているが、他経との関連や位置づけなどの形式的な側面では『大論』が有力な典拠を与えていることが知られる。

次に第四の文例の検討に進もう。この一文も吉蔵が好んで引用する。この一文の文意は仏滅後五百年に五百の異部が生まれ、諸法の決定の有相に執着し、彼らは『般若経』が空を説くのを聞いて、刀で心臓を傷つけられたぐらいにショックを受けたというものである。吉蔵はこの文例のうち、五百歳、五百部、法執、如刀傷心の四項それぞれを典拠として使いわける。まず、五百歳(15)については『中観論疏』巻一末に

後五百歳者、此是五百歳後耳、智度論釈信毀品云、仏滅度後五百歳後有五百部、則其証也。(大正蔵四二・一八中)

とあるものなどが引用典拠の例(16)であろう。

また五百部の典拠としての引用は例えば『百論疏』巻上之上に、

広五百部者、智度論云、仏滅度後有五百部、各執諸法有決定相、不知仏意為解脱故、聞大乗法説畢竟空如刀傷心、即是言有所当。(大正蔵四二・二三五上)

として引用されているものなどが相当する。『法華玄論』などでは外国でいかに小乗を学ぶ人が多いかを示す典拠として引かれたりする(17)。

さらに法執を証する典拠としては『中観論疏』巻一末に、

問、小乗人聞畢竟空云何耶、答、大乗執畢竟空、排撥有法、小乗人執決定有、斥畢竟空、故智度論云、五百部聞畢竟空、如刀傷心、即其証也。(大正蔵四二・一九下)

とあるのは好例であろう。また如刀傷心のショックの様子に焦点をあてた引用としては『中観論疏』巻四末の一文、

第二両偈、歎美畢竟空、小乗五百部、聞五陰畢竟空、如刀傷心、大士聞之即生歓喜、是故称歎。(大正蔵四二・六六下)

などがあてはまるであろう。菩薩大士は畢竟空を聞いて歓喜しこそすれ、如刀傷心ではないことが強調されているからである。このように、この『大論』の一文も、空有の争いや『中論』の位置づけ、また『中論』の文文句句の解釈の場面で活用されていることがわかる。

では、最後の第六の文例について検討してみよう。これは例えば『法華玄論』巻四[18]に、

問う、何を以てか空を鑑るを実と為し、有を照らすを権と為すは亦た衆経に通貫すと知るや。

答う、『浄名』に云わく、「智度は菩薩の母、方便を以て父と為す。一切衆の導師は是れに由って生ぜざること無し」と。智度は即ち是れ波若、方便は即ち権の義なり。龍樹、大品を釈して分かちて二道と為す。一には波若道、二には方便道なり。若し爾らば、浄名の二慧は即ち是れ大品の二慧なり。而して『浄名』に既に「一切衆の導師は是れに由りて生ぜざること無し」と云えり。即ち知んぬ、此の二慧は衆経を貫通することを。（大正蔵三四・三九四下）

と引用されている。『維摩経』「仏道品」の一文と『大論』の二道の一文とが並列して引用されているが、この両文が吉蔵の二智二慧説の有力な典拠になっていることは明らかである。『浄名玄論』[19]『中観論疏』[20]『三論玄義』[21]『大乗玄論』[22]等にこの二道説とそれを金と金細工で表わした比喩がよく引用される。

以上、『大論』から吉蔵がよく引用する六例に限定して、若干の引用例の検討を試みたが、それによってどのようなことが知られようか。何といっても吉蔵の教学は般若を中核とするものであるから、第二の文例に代表されるような般若をめぐる諸説は大切であろう。吉蔵の般若学の形成にとって『大論』は単なる百科事典の役割以上の存在であることは実感されるところであるが、更に細かい検討は必要である。

次に第三、第四、そして第五の文例は一括することも可能であろう。それらのうち、第三と第五とは『法華経』と『般若経』との関係を考える重要な典拠となっていたし、第四は『中論』の造論の因縁とかさなるものであり、

三例ともに吉蔵教学の主要経論の位置づけに関わる典拠となるものであった。平井博士によれば吉蔵の『涅槃経』「師子吼品」の多用は般若学と涅槃学の融即を支える思想史的役割を担っていたといわれる。先の『法華玄論』の引用でみたように『大論』の第三や第五の文例を駆使して、吉蔵は般若と法華との相即を示そうとしていた。それは南北の教判の批判ということを通してではあったが、般若学に裏づけられた新しい法華学を世に示そうとする試みであり、その際に『大論』の果たした役割は決して小さいものではなかったと思う。むしろ、『大論』の法華依用という事実を十二分に証明に活用したと言いえよう。

最後に第一と第六の文例は二諦と二智という吉蔵の教学の重要な綱目の形成にとって大きな典拠の一つとなっている。特に二道は大きく『大品般若経』と『大論』の綱格そのものが内容となっているわけであるから、単なる一文の引用という以上の重みがある。この点に関して、平井博士は吉蔵が従来の二智説を二道説として展開し、それを修道論の中核にすえ、二諦の教体に対して教用として位置づけたが、その教理的根拠はまさに『大品般若経』と『大論』にあると既に指摘されている。(23)

ところで、第一の四悉檀については既に吉蔵の師である法朗（五〇七―五八一）がそれによって因縁仮、対縁仮、就縁仮、随縁仮という四仮説を立てたと『二諦義』(24)に出ている。そして、この四仮説は『三論玄義』(25)でも取り上げられ、吉蔵はこの四仮説の典拠になっている四悉檀をよく知ることが二諦相即を理解することになるという。この四悉檀の教理は従来天台の教学の研究ではよく取り上げられているが、三論教学においても優るとも劣らぬほどの比重を有していると考えられ、さらに細かな検討が必要となろう。

さて、本節では吉蔵における『大論』の依用ということを検討したが、全体としての吉蔵の『大論』観ということになると、やはり『三論玄義』の「別釈衆品」の中の「衆論の旨帰を明かす門」(26)のところで把握せざるをえないだろう。その『大論』の旨帰を論じたところによると、やはり先の般若と方便の二道が中心になっている。そして、両者は体用の関係として相即することが強調され、特に方便の用は聖をも超える行として高く位置づけられている。

このような『大論』観や『大論』の依用と吉蔵の著作の処々に散見する大論師への批判とはどのように関連するのであろうか。節を改めて考察してみよう。

三　大智度論師の批判

さて、大智度論師、つづめて大論師への吉蔵の言及や批判の用例を一括して出して、その後で若干の解説を加えよう。

(1)『中観論疏』巻八末「問、智度論亦引此偈解[※2]、第一義悉檀、第一義悉檀既絶四句、云何将四句釈第一義悉檀、答、智度論師亦無好通、今所明者如前釈之義。」（大正蔵四二・一二七中）

(2)『同』巻九末「次北土智度論師、仏有三身、法身之仏即是真如、真如体非是仏、以能生仏故、故名為仏、如実相非波若、能生波若故名波若、報化二身則世諦所摂、故雖有三身、摂唯二諦。」（同・一四〇上）

(3)『同』同「二者諸大小乗人執仏是有、今偏是大乗人執空是仏、如江南尚禅師、北土講智度論者、用真如是仏。」（同・一四二下）

(4)『大乗玄論』巻五「問、諸仏菩薩体不二、能応者未詳不二、是何等法、答、成論師真諦謂為不二法門、智度論師謂実相般若、地論師用阿梨耶識、摂論師真諦三蔵即阿摩羅識、四宗之内、初二約境、後二拠心、雖識境義殊、而同超四句、故釈迦掩室於摩竭、浄名杜口於毘耶、斯皆謂為神御故、口以之而黙、豈曰無弁弁所不能言也、今明、乃是不可言境心、不可言不境心、中道仏性理也。」（大正蔵四五・六六下）

(5)『大品経義疏』巻八「成論師、明如是真諦理、遍即万法、故言大如、但如是頑境、非是智慧、北釈論師亦云如是実相般若、亦是頑境、此二如皆言非是善法、地論師云真如仏性法界真諦故、如是智慧但非修習。」（続蔵三八・一一六左下）

(6)『法華統略』巻二「依江南法華師、不得云居法身地見、以法華経未弁常住法身故也、依関東智度論師、亦不得云居法身地見、彼以実相為法身、実相体非覚故、法身体非見、但能生於覚、故名覚、能生於見故名見、摂論師云、法身是真如、亦非見義、応身乃是見耳、今用金光明三身品、以釈此文。」（続蔵四三・三四左上下）

(7)『同』巻四「余見南北諸師、互布抑揚、深用嘆息、南方諸徳、用四五時、及北土四五宗者、皆毀般若而歎法華、晩弘智度論師、多毀法華而歎般若、皆失経旨。」（同・六三左下）

(8)『同』巻六「非実非虚者、智度論師、用実相為仏、成実論師、用世諦虚仮為仏、今並異之故倶非也、非如非異者、江南尚禅師、用真如為仏、摂論師亦然、謂仏出二諦外者、謂仏異於真如、真如是妙無、仏果是妙有、今並非之。」（同・八二左上）

これらの用例から、まず大論師が北地で活躍したことが知られる。さらに「関東」とか「晩弘」という形容によって、吉蔵の脳裏には必ずや具体的な大論師の人物名があったと思われるが、今はそれを指摘することはできない。

これら八例のうちで、第一の例は大論の四悉檀について好い会通が無いというものであり、第七例は大論師が『法華経』をけなして、『般若経』を讃歎したとするもので、これら二例には大論師の具体的教説は示されていない。他の六例では具体的教説が示されているが、そこに共通する一つの主張がある。それは真如実相の主張である。

第二の文例では三身説の解釈で、法身仏を真如とし、真如そのものは仏とはいえないが、能く仏を生み出すので、仏といいえるのだとする。第六の文例では実相を法身とするが、説明の仕方は同じである。第三の文例では真如を仏とし、第八の文例では実相とするが、本質的な差異はないのであり、第四や第五の文例のように、実相般若はまた、不二法門とも真如とも称せられる。ともかく、第五の文にみられるように、真如実相を「頑境」と称するほどに徹底的に対境として扱い、その実相を観ずることによって仏が出現すると大論師は考えたようである。

このような独特の真如実相説を大論師が唱えたということが明らかになってみると、吉蔵の著作で特に大論師となっていなくても、例えば「北人」、「北土」、「北方人」、「有人」となっている諸説の中にも大論師の説が含まれていることが知られる。(27) 例えば、『浄名玄論』巻四の次の一文などは、『大乗玄論』巻四にも同一文が見出されるが、(28)「北土論師」の解釈となっていても、明らかに北土の大論師の説だとわかるのである。

有人言わく、仏に三種有り。一には法身仏、二には報身仏、三には化身仏なり。実相は即ち法身仏なり。実相は軌とすべきを、之を名づけて法と為す。此の法に体有るが故に名づけて身と為す。而るに実相は仏に非らず。能く仏を生ずるが故に、所以に仏と名づく、二には報身とは即ち修行して実相の理に会す。実相既に常なれば、報仏も亦た常なり。法は常なるを以ての故に、諸仏も亦た常なり。三には化仏は即ち物に応ずるの用なり。此は北土の論師の釈なり。（大正蔵三八巻・八八一上）

この文例と先に列挙した文例のうちの第二、あるいは第六などと比較すると、この北土の論師が確かに大論師であり、より体系的に三身説を示した内容であることが知られる。

さて、この大論師の説と現存する慧影抄撰の『大智度論疏』との関係はどうであろうか。この本は二四巻であったものが、七巻ぐらいしか残存していないので明確なことはいえないが、確かに実相説は処々にみられるものの先の吉蔵所引の大論師の説の文字どおりの文章は見当たらない。慧影の師の姚の道安はその伝記の中で「涅槃を崇尚し、以って遺訣の教と為し、博く智論に通じ、用いて弘道の基を資く。(29)」と言われるように、本書の「師言」の部分には多く「大本経」と称して『涅槃経』が引用される。すなわち仏性説が多く主張されるが、それは阿梨耶識と同一視される。[30]これは地論師たちと同じ態度である。したがって、多くの実相説も仏性説と結びつけられ、本有性の強いものとなっている。[31]この点は先の吉蔵所引の大論師の説の中で実相般若が「顛境」と表現されていたことと通うものがある。

ただ、一つだけ吉蔵と共通する点のあるのは、道憑（四八八―五五九）の五時教判を批判しつつ、[32]大乗経に優劣を弁じてはならないとしていることである。[33]しかし、その結果として、一切の大乗経が実相常住、常住仏性、真智で貫かれているというような常住論に傾いているので、常に中道を志向する吉蔵の説とは径庭のあることは明らかである。

それでは、先に列挙した大論師の実相般若説について吉蔵は具体的にいかに批判しているかをみよう。今は先にも引用した『浄名玄論』巻四の一文を検討してみる。この一文は二智を十門分別するうちの第二釈名門の中で、三種般若を問題にし、実相般若は境か智かという問いに対しての答えの部分に出る。そこで、右に引いた北土の論師（大論師）と南方の尚禅師、そして南方の成実論師の諸説を出し、南北諸師共に実相を境とし、実相によって般若の智慧が生ずる、いわば両者は果中説因の関係であり、実相の因を般若の果に寄せて説いているとする。確かに先の大論師も実相自身は覚知ではないが、覚知（般若）を生み出すとして、実相を因としていた。また南方の尚禅師は空無相を修して実相の理に会するとし、南方の成論師は真諦の理を実相とし、この理に会すれば煩悩は尽きるとしているので、三者共に実相を境とし、般若の智の生ずる原因と見ていることがわかる。

これに対して、吉蔵は『大論』巻四三[34]に由来するところの一文を典拠として、

論の実相を釈する文に云わく「因は是れ一辺、果は是れ一辺、此の二辺を離るるを名づけて中道と為す。縁は是れ一辺、観は是れ一辺、此の二辺を離るるを名づけて中道と為す」と。故に知りぬ、実相は未だ曾て因果に

あらず、亦た境智に非らず、而も縁に随い義を逐うて、上の四句の不同有り。衆師は応に汎く引き文を集めて以って円旨に通ずべがらざるなり。（大正蔵三八・八八一上中）

と述べる。

この吉蔵の批評は、二諦や二智を重んじ、中道を主張する、いわばバランスのとれた教学からすると当然であろう。吉蔵の眼からみれば、大論師を含めて三師ともに実相は境（縁）の一辺に執し、般若は智（観）の一辺に着しているようにみえる。

先の『大論』巻四三の離二辺の項について、『大智度論疏』巻一七では次のように解釈している。

「復次離是二辺」已下は、次に観照波若を釈す。二有るが為の故に以て中と説くべしと論ぜんと欲す。今は既に二を離れたれば、亦復た中も無し。何が故に説いて中観の智と言うや。若し般若の解を為して言はば、既に其れ二無し、亦復た中も無し。但だ二に対して二を取らざるが為の故に、仮に説いて中実と為す。亦た中道の観ずべき無きが故に、此の無相の智慧を以て、以って波若と為す。（続蔵八七・二四一頁左下）

この一文の直前に「仏性性浄涅槃」という内容で実相般若が示されている。それとの対応で今の観照般若の一文をみると、中道が仮説とされ、軽く扱われていることがわかるし、やはり実相般若の方が重要であることが知られる。実相般若の常住なる相を観照するところでは二もまた一辺、不二もまた一辺となる。吉蔵もぎりぎりのところでは、強いて名づけて中とも説くと言うが、先の引文中の議論ほど単純ではない。吉蔵はむしろ実相般若のところに中を位置づけ、さらに三般若相互の関係を自在に論ずる(35)。

このような自由自在な議論を展開する吉蔵の視点からすれば、やはり常住なる実相般若を強調する大論師は、他の地論師や摂論師などと同様に「有所得大乗」と呼ぶべき部類に入るのかもしれない(36)。ただ、議論としては大論師の実相説は明解であるともいえるし、実践には向いているだろう。大論師の眼からみれば、吉蔵の議論は晦渋で、とうてい実践できるような教理ではないと映じたかもしれない。

以上、本節では吉蔵の著作の中から大論師への言及および批判の用例を示し、現存の『大智度論疏』の内容との接点をさぐってみた。吉蔵の批判した教学者たちの群像としては大論師たちよりもはるかに地論師や摂論師たちの方が量も多く、内容的にも重要ではあるが、南北朝から隋にかけての北地の大論師たちの動きは無視できない思想史上の役割を果たしたのではないかと思われる。次節ではそれらの大論師たちの群像を示し、吉蔵の批判の背景を明らかにし、その批判の意味を考える手がかりとしたい。

四　大論研究者の輩出

南北朝の特に北朝の方に大論の研究者、つまり大論師たちが輩出した。今、『続高僧伝』の記述に拠って北土の大論師を列挙してみよう。まず五群に分けて法系図で示し、後にその他の大論研究者たちを羅列したい。法系図の中で枠で囲った人々は『大論』研究者であるが、特に二重枠の付してある高僧は自他共に「北土大論師」と認められてもよいのではないかと私が規定した人々である。なお、僧名の下の丸カッコの中は大正蔵五〇巻の頁数である。

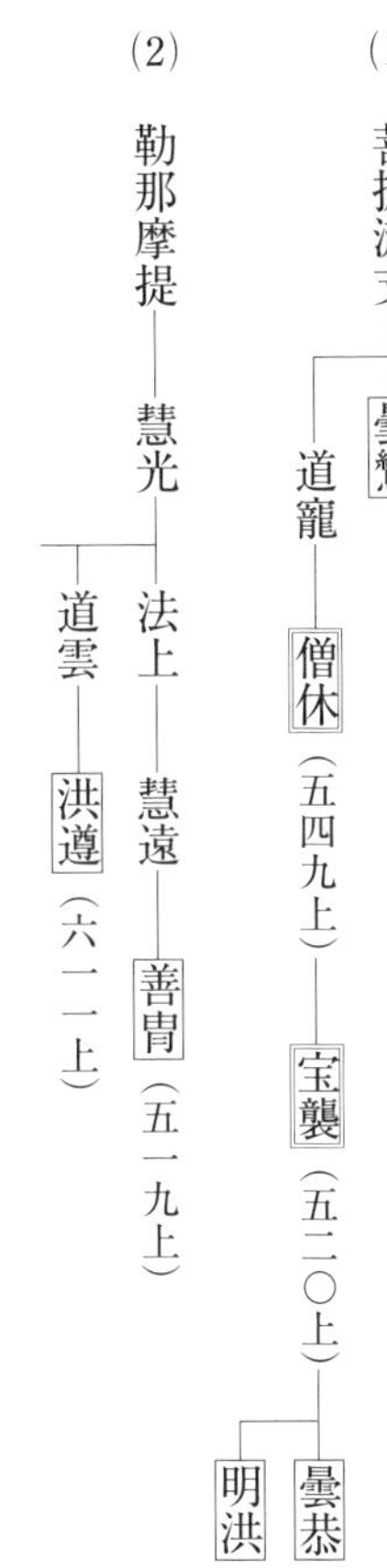

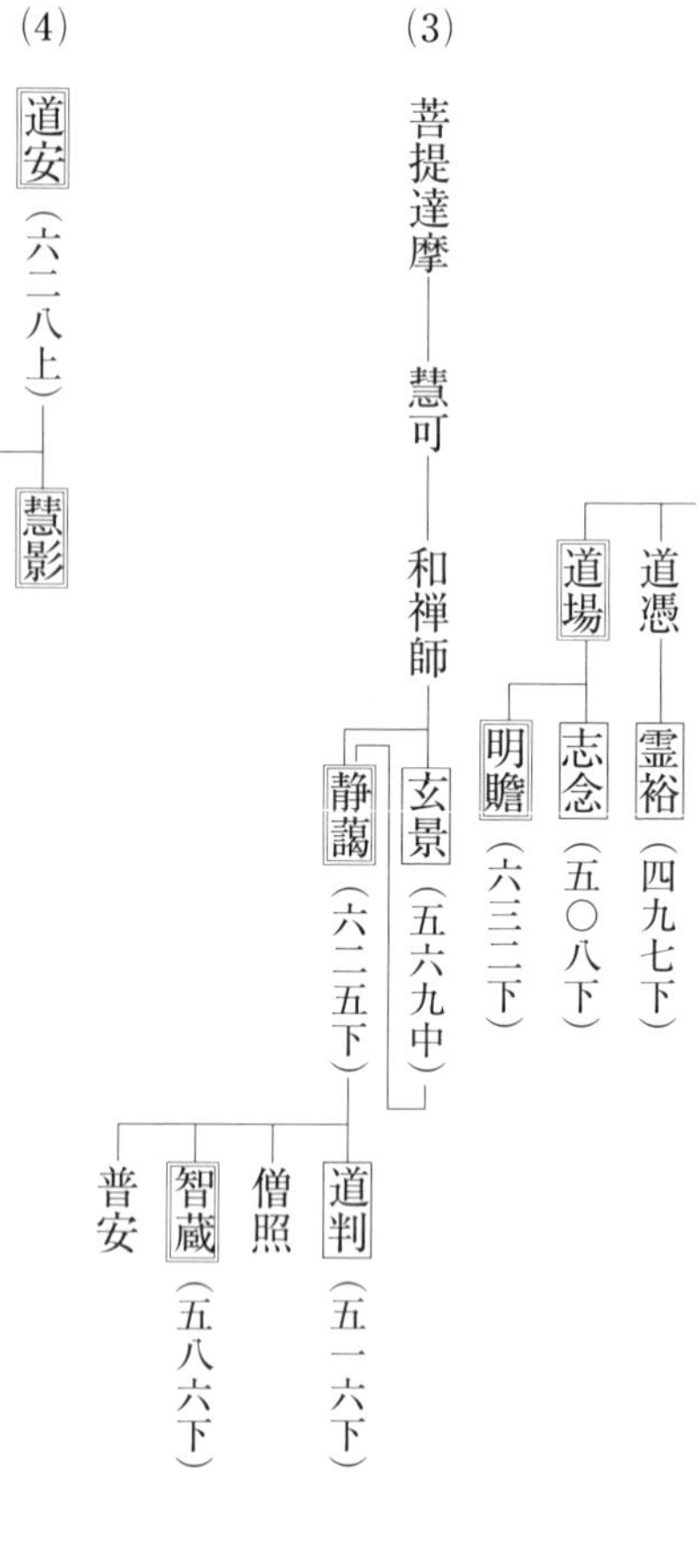

(4)　道安（六二八上）
慧影
栄　法曠（六八三中）
超
無礙（五九九上）

(5)　慧蔵（四九八上）
法彦（五〇五中）
智隠（六六八上）
僧朗（五〇七下）

その他の北地の『大論』研究者たちを列挙しよう。

玄琮（四三六中）、慧浄（四四一下）、慧善（四八六中）、曇延（四八八上）、明舜（五一〇下）、智梵（五一一上）、道宗（五一二上）、神迥（五二六上）、明曠（五二七中）、霊蔵（六一〇中）、道亮（六一九中）、宝積（六六九中）、曇遂（六七二中）、弁寂（六七五上）、曇良（六七六上）

以上のように約四〇名ぐらいの『大論』研究者を取り出すことができる。因みに南地の『大論』研究者も「大論」「智論」、あるいは「四論」の文字に注目して取り上げることができるが、それらの大半はいわゆる江南の三論学派にかさなるのである。

逆に、北地の方で「四論」という記述は曇鸞（四七六―五四二?）、静藹（五三四―六〇二）そして道判（五三二―六一五）の伝記に見出されるが[※3]、これら二、三の人々の存在を根拠にして、北地に四論学派があったとか、これらの人々が北土の三論師であるなどということはできない。なぜならば、江南の三論学派は『続高僧伝』の記述の整理より成る法系と吉蔵の著作に見られる法系意識とがよく呼応し、実際に自他共に認めた学派が実在したことが証明されるのに対して、北土関係の四論という記述には学派の実在感はないからである。

それでは、『大論』についてはどうであろうか。結論的に言えば、これについては江南の三論学派ほどの隆盛、人脈そして成果は無いが、一応自他共に認めた一つの学派の存在を認定してよいようである。

まず第一には、すでに前節でみたように吉蔵が著作の中で「北土智度論師」として引用していたから、学派の名称が少なくとも他称としてはありえた一つの証拠となろう。さらに他称に属する用例としては、智顗も「釈論師」(37)と言い、また『歴代三宝紀』では先の法系図(4)に出した道安を「周世の智度論師」(38)と呼んでいる。十分ではないが、大論学派という名称が存在した証拠にはなるだろう。

更に第二には、すでに指摘されている隋の文帝による五衆の勅任である(39)。五衆とは五つの研究グループといった意味であるが、講論衆・講律衆・涅槃衆・十地衆と並んで大論衆が立てられている。そして、その研究グループのリーダーとして各衆に「衆主」が勅任され、先の法系図(1)に出る宝襲（五四七―六二六）と、同じく(5)の慧蔵（五二二―六〇五）門下の法彦（―五四七―六〇七―）の二名が大論衆主になっている。このグループがどの程度のものであったかは不明としても、地論や涅槃といった研究グループと並んで、『大論』の研究グループが公認されていることは大きな意味がある。この大論衆及び大論衆主の存在と先の吉蔵などの呼称と併せて、『大論』研究者が他から一つの存在として認められていたことは明らかであろう。

では、そのグループのメンバーの自覚としてはどうだったのであろうか。先の法系図(4)の道安が講説し、弟子の慧影がまとめた『大智度論疏』(40)の中に次のような話が述べられているのは参考になるだろう。すなわち、『大品般若経』の科文の問題に関して、先の法系図(2)に出した道場の物語を道安が述べたのである。つまり、光統律師慧光の弟子である道場はのちに菩提流支の論説を聴き、何故かは分からないが流支の瞋りに触れ、ついに嵩山に入って一〇年間『大論』を読んだ。そして町に出て、この論を講じようとしていた時に、たまたま一人の尼僧がその論を読みたいというのに出会い、その尼僧は檀越を勧募して、道場に『大論』を講じさせた。『大論』の興起は正にこの道場法師の講説によるのだと道安は述べる。

それでは道安はこの道場の説に拠るかというと、そうではなく、鳩摩羅什の意を体しているはずの姚秦時代の人々の説に拠るという。しかし、他から智度論師とも称せられる程の道安の言葉として「大論研究の濫觴は道場師である」と語られていることの意味は大きい。多分、道場は主として鄴都で活躍し、道安は長安を講説の場としたから、両者に師弟関係は存在しないであろうが、この物語の伝承は共に『大論』を大切にする者同志(※4)のような気分があり、一つの学派の自覚を傍証するものであろう。

このように南北朝末期から隋代にかけて、北地の『大論』研究はもり上がり、一つの学派として自他共に認めるところとなったとしてよいであろう。ただ、一部の人々を除いて、他の多くの人々は、江南の三論の人々が位置づけたように四論というベースでの大論という立場を取らず、ある人々に至ってはアビダルマ研究と『大論』の講説を両立させていたのである。

前にも触れたように先に列挙した人々の中で四論と明記しているのは曇鸞、静藹そして道判の三人ぐらいなものである。彼らを四論学派として認定しないにしても、彼らが江南の三論学派に通うものを持っていたとしてもよいであろう(41)。それ以外の多くの人々が他の経論と『大論』とを兼ねて学び、併せ講説する中にあって、五、六人の人々について「偏えに」大論を「宗」としたとか、「弘めた」とか言われていることも注目に値しよう。例えば、明舜（五四七—六〇六）は「偏えに智論を以て名を著わす」とされ、大論衆主に任じられた宝襲は「偏えに智度を以て宗と為す」とあり、静藹の弟子智蔵（五四一—六二五）は「盛んに導化を開くに、智論を以て、言先と為す」と評され、また道亮（五六九—）も「偏えに大論を弘む」と言われている(※5)。これら数人の人々は確かに大論師と称してもよい高僧たちである。

ところで、現存の『大智度論疏』にみられる道安や慧影の学風はどうであろうか。これは前節でも少々触れたように、道安の伝記の中で『大論』と『大乗涅槃経』とを重んじたとあることと符合し、後者が「大本経」の呼称でしばしば引用される。さらに、『十地経論』や『摂大乗論』の教学も援用されており、仏性・阿梨耶識・如来蔵といった側面が『大論』の空観理解に十二分に加味されている。

以上のように、北地の『大論』研究者たちの群像は、偏えに『大論』を弘めた人や四論をベースにして『大論』も研究した人を左右に配し、多くの人々は異質な経論と『大論』とを兼修していた。では、この南北朝の末から何故に『大論』研究が北地に流行したのであろうか。これは、すでに先学によって指摘されているように(42)、特に『十地経論』等の無著・世親系仏教の伝来を契機にして、先来の羅什三蔵による龍樹・提婆系仏教との比較がなされ、ここに真の大乗とは何かを問う動きが興った。この大乗への問いは仏教界内部の動きに止まらず、儒仏道三教全体の大きなテーマでもあった。

すなわち、南北朝末から隋代にかけての中国は政治的には北周武帝（在位五六〇—五七八）の全国統一への意欲、そして、その具体化としての北斉併呑によって大きく動く。その政治的意図のために武帝は仏教教団の弾圧を行なったが、その際彼は還俗僧である衛元嵩の意見を容れ、「平延大寺(43)」の理想と称する、徹底した在家仏教主義を真の大乗であるとして唱道し、出家教団の破壊を合理化した。この平延大寺の理想に関連して、北朝に一貫して流れる皇帝即如来の議論の一つの形態として「天王仏の政令」(44)ということが指摘されるが、この「天王仏」は『大論』巻三五の四天王奉鉢の物語に由来するといわれる。(45)武帝や衛元嵩たちは皇帝が如来の自覚を持って政治を行ない、人々が僧侶の威儀を行ずる覚悟で生活すれば、出家教団など無くても、立派に大乗は実現される、いや、それこそ真の大乗だと考えたのである。

このように、大乗は教団の内外を通じての大きなテーマであった。そして、『大論』はその論の名称からしても、また内容からしても大乗とは何かを教えてくれるものとして注目されたといえよう。先に道場の物語を取り上げたが、彼の『大論』志向は慧光や菩提流支などの地論系の人々への一種の反撥によることが窺われる。ただ、それだけならば単に教団内の問題であるが、彼の門下で「専ら大論を学ぶ」(※6)といわれる明贍（五五九―六二八）が北周武帝の仏教弾圧に遇い、以後徹底した王者不拝の姿勢を貫いたのを知り、また静藹や道安の激しい護法の物語を見る時には、彼ら大論師たちの活動は先の武帝の平延大寺への反撥と考えられ、彼らの『大論』研究もその反撥と無縁ではありえないだろうと思う。彼ら三人の大論研究者が共に『続高僧伝』の「護法篇」に収められていることは、当時の『大論』研究を単なる流行としては済ませられないものを感ずるが、『大論』のどの内容が護法の姿勢に結びつくのかは分からない。先にみたように吉蔵所引の大論師の所説では「実相を観ずる」ことが彼らの特色とされていた。この実相の立場から武帝の平延大寺の邪説を批判したのだと言えないこともないが、やや想像の域に入るので示唆するに止めたい。(46)

五　依用と批判の意義

さて、まとめとして、吉蔵の『大論』依用と大論師批判の意義を考えてみよう。そのうち依用については前に述べたように多くは語句の典拠として引用される中にあって、よく引用される数例の引文は吉蔵の教学にとって重要な役割を果たしていた。特に『大論』によく『法華経』が引用され、しかも高く評価されているという事実は、吉蔵における『法華経』と『般若経』との融即を論ずるところに全面的に活用されたといってよいであろう。その他、般若に関する定義、二智説の典拠、四悉檀の二諦説への活用など、『大論』の引用は単に量的な多さだけでなく、質的に重要なものを含んでいる。

ところで、この『大論』を専門に研究する大論師への批判の意義はどのように考えられようか。まず批判の前提として、確かに北朝に多くの大論師たちが輩出した事実を確認し、その輩出が大乗義探求の一翼を荷う時代の趨勢と深く関わっていることを推測した。

すでに私は吉蔵がいかに地論師や摂論師たち、すなわち唯識大乗の人々を批判しているかをみたが(47)、今の大論師批判も同様の視点から考察することができよう。周知のように、吉蔵の思想の展開は、興皇寺修行時代の後、会稽嘉祥寺時代、楊州慧日道場時代、そして長安時代の三期に分けて考えられる。この三期に分けて、唯識大乗家への批判をみると、地論師については会稽時代からその呼称をみるが、摂論師という呼称については長安時代からと思われる。この摂論については、あるいは吉蔵の真諦三蔵への個人的好意の表明かもしれないが、摂論の教学は三論一家の立場と符合するとも述べるほどである(48)。

今、問題の『大論』ともなれば、符合するどころか、最初期から大切な典拠として扱ってきたことは明らかである。しかし、大論師への批判は依用とは別である。先にみたところでは『大品義疏』、『浄名玄論』、『中観論疏』そして『法華統略』などに大論師への批判がみられた。これらのうち、開皇一五年（五九五）撰述という『大品義疏』は嘉祥寺時代の著作であるから、吉蔵がそのころから大論師批判を行なっていたと認めざるをえないが、やはり盛んに批判するようになったのは『浄名玄論』以降、すなわち長安に行ってからだと思われる。(49)『法華統略』では「関東智度論師」とか「晩弘智度論師」ともあり、あたかも眼前に、具体的人名を出してもよい程の大論師が居たことを窺わせるのである。

さて、地論師や摂論師ほど多くはないし、彼らに対しての批判ほどに激しさも感じないのではあるが、これらの大論師たちへの批判の意味をどのように考えるべきであろうか。すでに横超慧日博士は「吉蔵は江南の三論学を長安に移して空観仏教と瑜伽仏教との統合の端を開いた」と指摘された。(50)ところが先にみたように現存の『大智度論疏』をみると、吉蔵の形態と径庭はあるとはいえ、『大論』の中心教学である空観と地論や摂論の瑜伽仏教とが結合されている。私は北地の大論師たちの成果は形としては吉蔵が長安で形成する教学の先駆的役割を果たしたのではないかと思うのである。

確かに吉蔵は長安に入ってから、例えば『中観論疏』などにみられるように、「有所得大乗、有所得大乗」と連呼しつつ、激しく唯識大乗を批判する。その一方では、『中論』の偈の中に阿梨耶識説を読みとったり、(51)三論教学の中にも唯識の義があると言ったりして、(52)会通にも努力する。先に『法華玄論』の中で摂論の内容は三論一家の立場と符合すると言っていた延長線上の発言とも受け取れるが、批判したものに逆に影響を受け、『三論玄義』にみられるような破邪と顕正の「けじめ」をやや逸脱しているのではないかと思われる面も窺われる。

このように批判と摂取という形で、吉蔵は横超博士の言われる総合を果たしたと思われるが、その時に最も意識したのが道安と慧影との『大智度論疏』の存在だったのではあるまいか。吉蔵の現存の著作の中には前に指摘したように『三論玄義』に道安の『二教論』を引用し、『中観論疏』「序疏」で道安に言及するのみで、『大智度論疏』の引用は見当たらない。ただ日本の安澄の『中論疏記』で、あれだけ『大智度論疏』を引用し、関説するのは何故であろうか。[53] 私は「序疏」の一文だけからでも、吉蔵が若干の尊敬の念を込めて道安の教学に接していたことを証しうるのではないかと思う。

したがって、大論師に対して、あからさまに「有所得」と冠してはいないものの、吉蔵の立場からはその実相般若論もやはり一辺に堕するものと思われ、中道実相論の立場からは批判せざるをえなかったものと思われる。ただ、その吉蔵の教学から、静藹や道安や明贍たち北土大智度論師のような護法の行動、帝者の非を諫めて、プロテストする言動が出てくるのかどうかについては改めて考察しなくてはいけない。

(1) 平井俊榮『中国般若思想史研究――吉蔵と三論学派』(春秋社、一九七六年三月)「第二篇　吉蔵における三論教学の思想的研究、第三章　吉蔵の経典観と引用論拠、第三節　吉蔵著作の引用経論、四『涅槃経』と『智度論』」を参照した。
(2) 拙稿「北土智度論師について」(『印仏研』一七―二、一九六九年三月)を参照していただきたい。
(3) 拙稿「吉蔵の唯識大乗義批判」(『印仏研』一八―一、一九六九年一二月)を参照していただきたい。
(4) 山崎宏『支那中世仏教の展開』(清水書院、一九四二年一〇月)「第一部第六章　隋の高祖文帝の仏教治国策、四　五衆の設定」(三〇九頁以下)に拠る。
(5) 『中観論疏』巻一本「序疏」に「関内姚道安学智度論云、此是龍樹引衆生令入初地、而実是十地人也。」(大正蔵四二・一下)とあるによる。「姚」とは道安の俗姓。『続高僧伝』巻二三に「釈道安、俗姓姚、憑翊胡城人也。」(大正蔵五〇・六二八上)とある。
(6) 金倉圓照訳注『三論玄義』(岩波文庫、一九四一年三月)二八頁の脚注を参照。
(7) 拙稿「慧影の『大智度論疏』をめぐる問題点」(『印仏研』一六―一、一九六七年一二月)を参照していただきたい。
(8) 平井博士の注1所引書、「第一篇第三章第四節　北土三論師について」(二一七頁以下)を参照。この論文で博士は「三北土智度論師と北土三論師」という一項を設け、北土の三論師は北土の大論師や四論学者とは別な、特定の学者たちであることを論じられている。

（9）『大論』巻一八（大正蔵二五・一九〇中二〇―一九一上一）。

（10）同、巻四三（同・三七〇中二一）。

（11）同、巻八三（同・六四三中五）。

（12）この一文の読みは平井俊榮『法華玄論の註釈的研究』（春秋社、一九八七年二月）「第二篇　訳註篇」三七三頁以下に拠る。ただし、論述の便宜のために参照番号を付した。

（13）『大論』巻九三（大正蔵二五・七一三中）。

（14）注12所引の平井・前掲書、二四七頁以下に拠る。

（15）吉蔵の後五百歳の解釈の全体的検討については、丸山孝雄『法華教学研究序説――吉蔵における受容と展開』（平楽寺書店、一九七八年三月）「第二部　法華教学研究上の諸問題、第二章　吉蔵の三時説と後五百歳、第三章　中国における末法思想と後五百歳」二九二頁以下を参照した。

（16）この引文の中の「後五百歳」とは『中論』巻一の青目注の部分「仏滅度後、後五百歳像法中、人根転鈍、深著諸法、求十二因縁五陰十二入十八界等決定相、不知仏意、但著文字、聞大乗法中説畢竟空、不知何因縁故空、即生疑見、云云。」（大正蔵三〇・一中下）の一句である。この青目の一文と今の『大論』の一文とは説相が類似している。したがって、ここで『大論』が引用されているのは当然といえよう。

（17）『法華玄論』巻一（大正蔵三四・三六二中）。なお『中観論疏』巻三本（大正蔵四二・三七中）や『三論玄義』（大正蔵四五・一〇上）などにも五百部をめぐる同文の引用例がみられる。

（18）注12所引の平井・前掲書、四九四頁を参照した。

（19）『浄名玄論』巻四（大正蔵三八・八七七上、八八一中）、巻五（同、八八七下）など。

（20）『中観論疏』巻一末（大正蔵四二・一七中）、巻二本（同、二〇下）など。

（21）『三論玄義』（大正蔵四五・一〇下―一一上）など。

（22）『大乗玄論』巻四（大正蔵四五・四九中、五二下、五三下、五九中）など。

（23）注1所引の平井・前掲書「第二篇、第四章　三論教義に関する二、三の問題、第二節　二智の構造」五九三頁以下を参照した。

(24)『二諦義』に「然原由来人不解二諦相即者、凡有両失故不解、一者不識四悉檀故、不解二諦相即、言二諦相即、是何物悉檀耶、四悉檀是通経之要術、解四悉檀、則一切経可通、若不解四悉檀、一切経即不可通、大師約四悉檀明四仮義、四仮者、因縁仮、対縁仮、就縁仮、随縁仮、彼尚不識四悉檀、豈解四仮、以彼不識四悉檀故、不解二諦相即義也。」(大正蔵四五・一〇六上)とあるによる。

(25)『三論玄義』「四論用仮不同」(大正蔵四五・一三上)。

(26)同右(同・一〇下)。

(27)『浄名玄論』巻一「有人」(大正蔵三八・八五六下一二)、同「北土」(同、八六〇下一三)、『維摩経義疏』巻一「有人」(同・九一二中一二)、ただし、この文例〔編者注:『維摩経義疏』〕では割注で「此は智度論師の所立なり」とある。この割注は吉蔵より後人の手になるものと考えて、この文例を本文中には列挙しなかった。『中観論疏』巻三本「北土」(大正蔵四二・三四下七)、同巻八末「北方」(同・一二三下二七)、『大乗玄論』巻四「北人」(大正蔵四五・四九下一九)、『法華統略』巻二「北方人」(続蔵四三・二〇左下一二)、同巻三「北土」(同・五〇左下六)などに出ている。

(28)『大乗玄論』巻四(大正蔵四五・五三中)。

(29)『続高僧伝』巻二三(大正蔵五〇・六二八上)。

(30)『大智度論疏』巻一七に「然師云、如此言二乗不見仏性者、即不見此阿梨識智耳、若然者便成智慧、見於智慧復成智慧為境義、若此真常識即是仏性、而言菩薩見仏性者、復成菩薩更有一智見、此真智復成二種波若、撿論中開宗唯明其二」(続蔵八七・四二右上)とあり、また巻一四に「師言、大本経云、下智観故不見仏性、以不見故得声聞菩提、中智亦爾故、大本経云、仏性者名第一義空、第一義空名為智慧、又言仏性者、亦因亦因因、亦果亦果果、因者謂十二因縁、因因者六波羅蜜、明此十二因縁、即是法空、法空即是第一義空也、名為智慧者、即是智空、謂阿梨耶識、波若真智慧、此只以法空為因、智空為因因、故云因者十二因縁、因因者六波羅蜜、今者法性義攬受照、仏性義攬能照、即是阿梨耶識、以声聞但得転識、不得此識、故言不見仏性。」(続蔵七四・二〇五左上)とある等による。

(31)『大智度論疏』巻一七に「観無量法性相者、明此之法性既即是実相、実相即涅槃、涅槃即如来蔵、如来蔵即是仏性、故亦名涅槃性、亦名安楽性、安楽性即仏性、論云、法名涅槃、当知、法性即涅槃性、即云謂如来蔵性浄涅槃、当知、涅槃性即是蔵性、蔵性即仏性。」(続蔵八七・二四一右下)とあり、また同巻に「此経乃句句、明常及以仏性性浄涅槃義、何以然論

自言、波若是一切法実相常住、此経之意、則以実相為宗、句句之中皆明波若、豈非句句明常也」（同・二四一左下）等とあるによる。

（32）『大智度論疏』巻一七に「道憑法師、読於此経、以見令三乗同学波若故、造五時教義、以於此経為通教、若以出生三乗名通教者、一切大乗経乃皆出生五乗、亦応並是通教、此経言、欲得刹利等四姓乃至六天声聞辟支仏菩薩者、当学波若、……（中略）……一切大乗皆出生五乗、無非通教、何独此経、此経乃播生五乗、今但説三耳、師言、波若乃是阿梨耶識、実諦真心、二乗浄智、但是転識、不得此智、云何乃言当学波若波羅蜜、此是論三乗同観実相、挪常住波若為語、非論真智、真智二乗不得、如涅槃経云、二乗之観不見仏性也。」（続蔵八七・二三六左下）とあるによる。

（33）『大智度論疏』巻二四に「什師解云、所以慇懃嘱累者、以宝重故、防深所以校量広潤者、以功高故、校広一切大乗諸経皆爾、非但一部而已、但以時処衆別故、令聖説有殊無妨、法理是同、大乗諸経皆爾、何有涅槃為勝法華劣也、故姚主問什師云、来至秦地、有何播益、答云、貧道至此、翻二百二十六部大乗経、皆明常住仏性因果理、足以此為益、一切大乗経典、西国尽名為法身、故経云、若此経典所在之処、当知此処即為是塔、皆応恭敬作礼囲繞、以諸香華而報其処、而今豈可於大乗経中弁其優劣、言五時差別故、遂有常無常義、可謂頽網既駅、設救為難也。」（続蔵八七・二六二左上）とあり、羅什の言葉を藉りて、大乗経典の同質性を述べる。

（34）『大智度論』巻四三（大正蔵二五・三七〇上中下）。文字どおりの文章は存在しないが、吉蔵が自らの教学の主張に合うように言いかえたもの。この一文もしばしば吉蔵の著作で援用されている。

（35）これらの議論は『三論玄義』の「別釈中論名題門」（大正蔵四五・一三中）以下の内容に拠る。

（36）例えば『中観論疏』巻一に「聖失者、執小乗乃有所得大乗者也。」（大正蔵四二・二下八）とあるなど、盛んに用いる。大論師にはそれが形容詞として付いた例はないが、地論師や摂論師の場合には頭に「有所得大乗」と冠せられていることも多い。

（37）『菩薩戒義疏』巻上（大正蔵四〇・五六五上三）。〔編者注：ただし『菩薩戒義疏』には作者の真偽問題がある。本書を除くと、智顗の著作に「釈論師」の用例は無いようである〕。

（38）『歴代三宝紀』巻第一二（大正蔵四九・一〇六下二）。

（39）注4所引の山崎博士の所論。

（40）『大智度論疏』巻二四（続蔵八七・二六五右上）。

(41) 法系図には示さなかったが、江南の三論学派の人である慧布は慧可に会っているから、この静藹の四論学は間接的には江南の三論学と接点を持つ。
(42) 横超慧日「中国仏教に於ける大乗思想の興起」(『中国仏教の研究』所収、法蔵館、一九五八年一月)、鎌田茂雄「浄影寺慧遠の思想」(『中国仏教思想史研究』所収、春秋社、一九六八年三月)を参照。
(43) 『広引明集』巻七「十七　衛元嵩」(大正蔵五二・一三一下)を参照。〔編者注:特に一三二上〕。
(44) 同右。〔編者注:特に一三二上〕。
(45) 大正蔵二五・三一四下—三一五中。
(46) 常盤大定「周末隋初における菩薩仏教の要求」および「隋の天台大師の教学及び天台山の古今」(いずれも『支那仏教の研究』所収、春秋社、一九三八年六月)を参照。特に後者では天台の色心実相説をもって、武帝の一切皆道説(今の平延大寺の理想)への批判として位置づけている。
(47) 拙稿「吉蔵の唯識大乗義批判」(『印仏研』一八—一、一九六九年一二月)参照。
(48) 『法華玄論』巻二「晩見摂大乗論与一師大致符会」(大正蔵三四・三八一上)。
(49) 平井博士の注1所引書、「第二篇第一章　吉蔵の著作、第二節　撰述の前後関係、四　長安日厳寺時代の撰述書」(三七四頁)に長安時代の最初の著作は『浄名玄論』八巻であろうと述べられる。
(50) 横超慧日「中国南北朝の仏教学風」(『中国仏教の研究』所収、法蔵館、一九五八年一月)。
(51) 『中観論疏』巻七本(大正蔵四二・一〇七上中)。
(52) 『百論疏』巻上之上(同・二三七中)。
(53) 『中論疏記』八巻(大正蔵六五巻)における『大智度論疏』の引用は約六〇回に及ぶ。

〔編者注〕

(※1) 原文「以下は、カッコ無しで大論と略称する」とあったが、『著作集』収録に際して書式を統一する。

(※2) 原文「此偈解、」は「此偈、解第一義…」か。

(※3) 『続高僧伝』「曇鸞伝」(大正蔵五〇・四七〇上)、「静藹伝」(同・六二六上)、「道判伝」(同・五一七上)。

(※4) 原文「同志」は「同士」か。

（※5）『続高僧伝』「明舜伝」（大正蔵五〇・五一〇下）、「宝襲伝」（同・五二〇中）、「智蔵伝」（同・五八六下）、「道亮伝」（同・六一九中）。

（※6）『続高僧伝』「明贍伝」（大正蔵五〇・六三二下）。

中国仏教におけるアビダルマ研究の系譜

周知のようにアビダルマ（Abhidharma）は三蔵の一つを構成し、インド部派仏教時代を通じて、各学派にいろいろのアビダルマ仏教論書の伝承があった。アビダルマの本義は『倶舎論』冒頭において定義するように、無漏の智慧によって諸法を観じ、涅槃に向うことであって、法（Dharma）に主体的に向って行く修道法をも併せ持っており、小乗仏教といわれるべきものではない。もちろん小乗と自称したアビダルマ仏教は一つもないのであって、後に大乗仏教が興るにあたって、アビダルマ仏教の小乗性が徹底的に破析せられたのである。しかしインドにおいては、玄奘三蔵の『大唐西域記』などによって報告されるように、大乗が興り、アビダルマ仏教が小乗と批判された後も、両者は共存共栄し、むしろ小乗と批判されたアビダルマ仏教諸学派の勢力の方が堅固であった事実に注目したい。

さて、中国におけるアビダルマ仏教を考える時、安世高などによるアビダルマ仏教諸経論の伝訳と支樓迦讖などによる般若仏教はほとんど同時にもたらされ、その両者の摂取に応接いとまなく、釈道安の教学に見られるように、大小乗すべてを仏説として理解しようとしており、彼においてはアビダルマ小乗論は展開されていない。

横超慧日博士が「中国仏教に於ける大乗思想の興起」(※1)で論ぜられるように、羅什三蔵の新訳経論訳出によって、中国に「大乗と小乗」という問題が持込まれ、特に有部アビダルマ仏教の小乗性が明示される。以後、大乗という言葉が真の仏教の代名詞のごとく人口に膾炙され、特に南北朝の末期から隋唐にかけて、大乗思想は異常な高揚を見せる。隋代における慧遠・智顗・吉蔵などは各々独自の立場から大乗思想を展開するのであるが、彼らによって一様にアビダルマ仏教は小乗の範疇に入れられ、更に羅什三蔵訳出の大乗論とされていた『成実論』が徹底的に小乗論の烙印を押された。宮本正尊博士が「支那仏教における小乗数論の研究――天台嘉祥当時における大小乗の一問題」(※2)において明確にされたように、従来アビダルマ論書を意味していた「数論」という言葉を、吉蔵や智顗は数と論とに分け、数でアビダルマ仏教、論で成実論を意味せしめ、「数論」あるいは「数人論人」という形で、彼らの有所得小乗性を究明する。

智顗や吉蔵は彼ら以前の南北朝仏教学を批判することによって一家の正意を建立してゆく。吉蔵は『三論玄義』で⑴外道、⑵毘曇、⑶成実、⑷大乗という四宗批判を展開する。智顗もだいたい同様にまとめられるであろうが、問題は、彼らの教学批判の背景に具体的な研究講説者の人脈があって、それぞれ独特の教学を宣揚していたという事実である。例えば、成実に関しては梁の三大法師、大乗については地論大乗や摂論大乗というように、吉蔵や智顗の教学批判には必ず具体的な人脈とその教学があり、しかも先学によってかなり論究されている。しかしアビダルマ小乗論の背景については、その法系も学説も論究されていないように思う。今、『高僧伝』と『続高僧伝』によって南北朝から隋初唐にかけての中国仏教におけるアビダルマ研究者を調べてみると、意外に多くの人々が見出される。詳細な法系表はスペースの関係で略すが(※3)、著作があったと伝えられている人々を便宜上南北に分って羅列すれば、まず南地では、竺僧度（毘曇旨帰、大正五〇・三五一上）、慧遠（阿毘曇心序など、三五七下）、曇徽（六識旨帰、三五六中）、僧鏡（毘曇玄論、三七三中〔・下〕）、曇宗（数林、三七三中）、智林（毘曇雑心記、三七六上〔・中〕）、慧通（雑心毘曇義疏、三七四下）、慧集（毘曇大義疏、三八二中〔・四八二下〕）、智蔵（阿毘曇心義疏、四六五下〔・四六七中〕）、道荘（集数、四九九下〔・五〇〇上〕）などがあり、北地では霊裕（毘曇抄・四九五中〔・四九七下〕）、浄願（舎利弗毘曇疏・五〇四中）、志念（迦延雑心論広疏・五〇八中〔・五〇九上〕）、靖嵩（雑心疏・五〇一中〔・五〇二上〕）、慧休（雑心玄章抄疏・

五四四中）、道基（雑心玄章・五三二中）などがある。(※4) また法系表によると、南においては成実・三論、北においては地論・大智度論、摂論などの諸論宗と常に相関的に研究されており、特に吉蔵・智顗時代の南北朝の末期から隋初唐にかけてはアビダルマ研究者は北地の方に多く、天台六祖湛然が「江南盛んに成実を弘め、河北ひとえに毘曇を尚ぶ」（『法華玄義釈籤』、大正三三・九五一上）と述べる記事と一致する。以上の調査から吉蔵・智顗などが著作の中で展開するアビダルマ小乗論の背景には他の教学批判の場合と同様に批判の対象となる人脈と前述の著作などによる教理学の存在があり、単なる形式的批判ではないことが明らかになった。

それでは何故に、大乗思想の興起が論じられ、隋唐新仏教の誕生といわれ、中国仏教独自の思想の出現が主張される時代に、羅什以後小乗仏教として扱われてきたアビダルマ仏教研究講説の流行があるのか。まず最初に、南北朝から隋にかけての中国の政治の大きな変動が及ぼした仏教教団に対する影響を考えなくてはならない。北周武帝の破仏の思想史上の意味は種々の角度から論究されているが、『続高僧伝』を見ると北周武帝の破仏、特に北斉圧迫によって鄴都あたりの多くの学僧が建業に難をのがれている。そして真諦三蔵による新しい摂論学は隋代になると彼ら南下僧によって長安にもたらされる。以上のような南北仏教学の交流に加えて、隋代高祖文帝の仏教治国策による二十五衆・五衆の勅任による仏教研究の奨励、更に煬帝による楊州四道場などの内道場の建立による仏教研究対論講説の場の拡充が、彼ら種々の義解僧の交流対論を可能にし、特に長安は羅什系、菩提流支系、真諦系などの各種の大乗学のるつぼとなり、その中から大乗思想が次第に成熟してゆく。アビダルマ研究の高揚もそのような自由研究の風潮の中で、特に大乗思想研究の基礎学としての位置を占めていたがためである。従って前に列挙したアビダルマ研究者も必ず何か他の大乗学の研究者なのである。『続高僧伝』巻一一「弁義伝」(※5) を見るならば、煬帝建立になる長安日厳寺において吉蔵などの南北の学僧が集会対論し、その場で弁義や志念は『雑阿毘曇心論』を講説し、道岳は真諦訳『倶舎論』を開講しているが、志念は『大智度論』の研究者でもあり、道岳は『摂大乗論』の宣揚者であった。次に、アビダルマ仏教の内容そのものに、その研究流行の原因を求めてみたい。禅数の学といわれるように、インド以来、アビダルマ研究の根底には必ず禅観がその基盤として存在する。水野弘元博士が「禅宗成立以前のシナの禅定思想史序説」(※6)（『駒仏紀要』第一五号）で詳論されたように、南北朝を通じて各種の禅観が行なわれ、特に菩提流支・勒那摩提・仏陀扇多などの禅師とその門流達が盛んに禅風を挙揚していた。彼らの禅の内容は大乗禅とは称しながらも多分にアビダルマ的な観法の禅であったであろうから、彼らの禅風の挙揚がアビダルマ研究を捉進せしめたことは大いに考えられる。十分の論証はできないが、『続高僧伝』巻一三「神素伝」(※7)の中で、彼が種々のアビダルマ論書によって『安般念観』という座禅観法の書を編集したとある記事をあげておく。

鎌田茂雄博士は『中国仏教思想史研究』(※8)において『道教義枢』におけるアビダルマ法相名目の導入を詳論されている。従ってこのテーマも広い視野で研究を進めなくてはならないと考えるが、まず以上論述したアビダルマ研究の系譜の末期に位置し、しかしながら最大量のアビダルマ文献を伝訳した玄奘三蔵の仏教学に焦点を合わせ、直接には南北朝仏教学の集大成ともいうべき慧遠の『大乗義章』の内容に検討を加えて、中国仏教においてアビダルマ研究の果した役割を明らかにしてゆきたい。そのような基礎研究がなされた上でこそ、天台学や華厳学などの中国大乗教学成立の必然性とその内容の独自性が解明されるのである。

〔編者注〕

（※1）　横超慧日「中国仏教に於ける大乗思想の興起」（同『中国仏教の研究』所収、法蔵館、一九五八年一月）。

（※2）　宮本正尊『大乗と小乗』（八雲書店、一九四四年）。

（※3）　吉津宜英「中国における大乗と小乗」の「付録」参照（本『著作集』所収）。

（※4）　吉津博士による大正蔵の指示は、伝記の冒頭部である。著作名については〔　〕に補足した。ただし、一部の著作名は正確ではない。慧通「雑心毘曇義疏」→「…雑心毘曇等義疏」、智蔵「阿毘曇心義疏」→「…阿毘曇等、各著義疏」、

霊裕「毘曇抄」→「成実毘曇智論、各抄五巻」、浄願「舎利弗毘曇疏」→「舎利毘曇…乃造疏十巻」、志念「迦延雑心論広疏」→「撰迦延雑心論疏及広疏各九巻」、道基「雑心玄章」→「雑心玄章并抄八巻」。

（※5）『続高僧伝』「弁義伝」（大正蔵五〇・五一〇中下）。

（※6）水野弘元「禅宗成立以前のシナの禅定思想史序説」（『駒仏紀要』第一五号、一九五七年三月）。

（※7）『続高僧伝』「神素伝」（大正蔵五〇・五二九下・五三〇上）。

（※8）鎌田茂雄『中国仏教思想史研究』（春秋社、一九六八年三月）。

中国仏教におけるアビダルマ研究の発達

中国への仏教の伝来、受容、変容の問題は、中国宗教思想史上の大きな課題である。異国の宗教としての仏教を中国人自身のものとするために種々の努力がなされたが、その中で最大の功夫は教相判釈であった。新しい教判を形成することが新しい教学の誕生であった。天台学における五時八教判、華厳学の五教十宗判のごときはその代表的なものである。

それらの教判論の中で共通しているのは、アビダルマ仏教小乗論である。我々がそれらの教判の精緻さに目を奪われるあまり、その背後にある複雑多岐な歴史を見落したり、視点を誤ったりしてしまうのである。アビダルマ仏教に関しても中国大乗論師達の小乗論にふり回わされて、二つの盲点ができた。一つは、アビダルマ小乗論という視点でインド仏教を見るために、インドにおける大乗小乗問題の解明を困難にさせていると思う。インド仏教においては大乗小乗問題と仏説非仏説問題が複雑にからみ合うのであって、アビダルマ仏教小乗論だけではインド仏教の一面の解明すらも不可能である。もう一つの盲点は、それぞれの教判の意図を知ることで満足した結果、中国仏教史自体を見る眼にもくるいを生じ、特にアビダルマ小乗論がむしろ中国仏教史の上で考えられなくてはならない問題であることが見落されていた。そこで本研究では、アビダルマが小乗と判釈されるに至った経緯を七つの場面に分って考察し、アビダルマ研究史の一側面を明らかにしたい。

(1)　龍樹。『中論』において徹底的にアビダルマを破し、法華・維摩・般若などの第一期大乗仏典におけるアビダルマ教学批判を論理化し、ここから部派諸教学と初期大乗との仏説非仏説をめぐる正統と異端の問題が起こる。

(2) 釈道安。安世高のアビダルマと支婁迦讖などによる般若学の忠実な研究者であった彼においてはアビダルマ小乗論はない。

(3) 羅什三蔵。特に『中論』等の龍樹・提婆系空仏教の伝訳は、徹底したアビダルマ小乗論を中国仏教界に導入した。

(4) 廬山慧遠。釈道安の高弟であった彼も般若学とアビダルマ学との熱心な研究者であったが、羅什教学との接触によって、理論と実践との問題に苦しみ、アビダルマ学と般若仏教との矛盾になやんだ。

(5) 梁の三大法師。成実の三大法師とも言われる智蔵・法雲・僧旻などは羅什訳『成実論』によって、教学的には慧遠の矛盾を解消すると同時に、『成実論』を高めるために徹底したアビダルマ小乗論を展開した。

(6) 北斉志念。北朝においては北魏末からアビダルマ研究が異状に興隆する。その中心人物が志念であった。この時代のアビダルマ研究流行の原因は①インド仏教において大乗アビダルマの自覚のもとに生れた瑜伽唯識仏教の興起、②北朝におけるアビダルマ仏教に精通したインド西域の三蔵法師禅師達の自由な往来、③五衆・二十五衆・四道場制度などの隋代文帝煬帝の宗教政策などが考えられる。

(7) 玄奘三蔵。右のようなアビダルマ研究流行と地論学、摂論学の盛行の中で自己の教学を形成した彼は、長年のインド留学の後、①法相唯識学、②『大般若経』と共に、③膨大なアビダルマ文献を伝訳した。しかし彼以後、三論学、大智度論学さらにアビダルマ学はあまり振わず、しかも国内的偏向を国際的視野の下に解消せしめた玄奘ではあるが、彼以後はますます国内的偏向の度のはげしい華厳教学や禅・浄土教などが主流となる。ここに大きな問題があると思う。

以上、七つの場面と人物を摘出して、中国仏教におけるアビダルマ研究を点描したが、更に問題点をあげるならば、①インド的思惟の重要な側面であるアビダルマ仏教は、はたして中国人の思惟に定着したのか。②中国仏教者における大乗小乗問題の把握と大乗の自覚の問題、などが提起される。

中国仏教における大乗と小乗

一　問題の所在

ここでは主として、いわゆる中国仏教における準備時代と研究時代といわれる南北朝時代に焦点をあてて考察をすすめる。(1)この時代は仏教教団史の面でも教学史の面でも種々の矛盾に満ちていた。教団史の面では仏教教団が中国社会に浸透するにつれて、仏教の出世間性と中国社会との矛盾相克、特に仏法と王法という対立によって、熱狂的仏教保護政策から徹底的仏教弾圧政策に至るまで、極端から極端へと動揺した。(2)

教学研究の面でも種々の矛盾や不均衡があった。なかでも大きなものが今問題の大乗小乗に対する中国仏教者の把握の仕方ではないかと思う。インドでは大小乗問題は宮本正尊博士が種々の観点から論究されたように、(3)仏説非仏説をめぐる正統と異端との深刻な論争史であり、小乗（Hīnayāna）とは特にアビダルマ仏教に投げつけられた貶称であるが、小乗と自称する経律論は一部もないように、小乗自体何ら実体を持ってはいない。しかし、中国での大小乗の把握は、すべてを仏説として実体的であった。(4)『出三蔵記集』所収の「小乗迷学竺法度造異儀記」はその好例である。(5)また『高僧伝』「智猛伝」にはインドに遊学した智猛が婆羅門から中国にも大乗学があるかと質問され、「中国はすべて大乗学だ」と答え、婆羅門が希有だと歎じたという挿話がある。(6)大乗経論やアビダルマ文献が無秩序に乱雑に伝訳された初期時代の中国仏教者に大乗小乗に関する正しい認識を要求するのは無理であろう。むしろ、無秩序と混乱の中から中国仏教者自身の努力によって中国仏教流の秩序が建設され、中国仏教が成立する。

インド仏教では三蔵（Tri-pitaka）は法宝として教団の共有財産であり、戒定慧の三学は修行の基幹であった。『高僧伝』『続高僧伝』を見るならば、特に初期の中国仏教史において三蔵や三学の認識にも大きな矛盾を露呈し、しかもこの面での矛盾が大小乗問題と関係するので、ここで一括して問題点を摘出しよう。

まず、定と慧との乖離の問題がある。「安世高伝」〔編者注：「安清伝」〕には「博く経蔵を暁らめ、尤も阿毘曇の学に精し、禅教を諷持して略其妙を尽す(7)。」とあり、その学は博く三蔵三学にわたっていた。また安世高を敬慕した釈道安も、大小乗は等しく釈迦牟尼仏の説法として信受し(8)、仏教を戒定慧三学の上より全面的綜合的に領受し実践しようとした(9)。次に「僧伽跋澄伝」に「符堅の建元十七年（三八一年）来りて関中に入る。是より先、大乗の典いまだ広からずして、禅数の学甚だ盛んなり(10)。」とあり、符秦時代は大乗経論の研究はまだ盛んでなかったが禅数の学が非常に盛んであったという。事実、先の安世高系統の禅数の学に加えて、この符秦時代は大部なアビダルマ文献の伝訳があった(11)。次に姚秦時代の長安学界の状態を示す資料として僧肇の『答劉遺民書』には「大乗禅師一人（仏陀跋陀羅）、三蔵法師一人（仏陀耶舎もしくは弗若多羅）、毘婆沙法師二人（曇摩耶舎・曇摩掘多）を請ず。什法師大石寺に於て新しく至れる諸経を出す。法蔵淵曠にして日に異聞あり(12)。」とある。これは当時の長安仏教界の盛況を示すが、種々の問題が出てきたのもこの時代からであった。先に「僧伽跋澄伝」に禅数の学が盛んだとあったが、釈道安の高弟盧山の慧遠は『盧山出修行方便禅経統序』で禅数の教が伝わらないことをなげく(13)。それは当時の長安仏教界の長老僧叡の禅法への希求(14)と相呼応する。羅什三蔵はそこで『禅法要』三巻を訳出し、菩薩禅と称したという。後に『続高僧伝』「習禅篇」の論で道宣は僧叡の言葉を引いて、更に『大智度論』に禅法についての説示があるので依用したとある(15)。これは盧山の慧遠が『大智度論』が初学には難かしいので要文を摘出して二〇巻にしたということと関係があるのだろうか。ともかく、『大智度論』によって禅法を高揚したのは北斉慧文―慧思―智顗と師承する法脈であった。特に「慧思伝」を見ると「江東の仏法、義門を弘重してより、禅法に至っては蓋し蔑如たり。(16)」とあり、智顗の禅法は当時の金陵仏教界を瞠目せしめた。(17)これによって南朝においては禅法と義門、すなわち定と慧との分離が深刻であったことがわかる。(18)北朝では水野弘元博士が明示された(19)ように各種の禅観が流布していたが、アビダルマ研究の大家「道傑伝」を見ると、「慧を起すには定によらなくてはと反省し、真慧禅師によって坐を学び、同時に自分が研究したアビダルマ諸文献によって安般念観を修した」とある。(20)また浄影寺慧遠も禅那を高く評価しながらも自らは調心しなかったと述懐する。(21)これによって一般に禅法が盛んであった北朝でも義解に属する高僧達は禅定に欠くる所があったことがわかる。従って釈道安の頃には戒定慧三学一体として把握され、アビダルマ仏教も禅数の学として禅定を根底に持つものと考えられたが、南北朝時代には戒定慧のバランスが崩れ、特に義解と禅定との分裂が大きくなったのである。そして義解の面でも、経典より論書の研究が偏重され、一般知識人の批判すら被る。特に梁武帝の下で『御講般若経序』を作った陸雲は「宿学耆僧偏執に亟淪し、専ら数論に杖って未だ経文を了せず。(22)」ときびしく批判する。

更に数論研究者は律の実践者とも対立し、定と慧の分裂に加えて、戒と慧の乖離も見られる。『高僧伝』の「明律篇」の論で慧皎が指摘している(23)のでわかる。後に四分律宗を大成する道宣も大乗を楽う者が奉律者を軽蔑して小乗だと言うのは大きな誤りだとしている。(24)ここでも大小乗問題が表面に出ているが、戒と慧との分離、教学と実践との不一致に対する鋭い批判が伺われる。

これまでの考察から大乗小乗をすべて仏説として実体的に把握するのと表裏して、あるいは大小乗問題を縦とすれば横に位置して、三学及び三蔵に対する把握の問題があり、しかも南北朝時代には特に三学三蔵の各々が相資の関係ではなく、矛盾相克の関係にあることを見た。数論小乗論・小乗戒と大乗戒・声聞三蔵と菩薩蔵などの問題がそのような矛盾相克の中から発生し、中国仏教独自のテーマを形成する。逆に言えば中国仏教独自の戒学定学慧学及び経蔵律蔵論蔵の成立には、どうしてもインド的な枠組みを解体する必要があったともいえる。そして、今まで戒定慧の分裂解体の論述の資料とした『高僧伝』や『続高僧伝』の十科の枠組みこそが、まさに南北朝から隋初唐にかけての中国仏教研究の視点である。[25]大乗と小乗という視点は中国仏教史研究においては万能ではない。多くの縦糸の一本であって、先の十科では訳経・義解・明律・習禅を見る視点の一つにはなりえても、神異・感通などを考える座標にはなりえない。ただ南北朝から隋初唐にかけての、教判論の成立、更に教判論の批判、[26]及び大乗思想興隆の種々相などの諸問題の解明には、中国仏教における大小乗問題の特殊性に対する認識なくして考察を進めることはできない。

二　大小兼学について

先に南北朝仏教においてインド仏教の枠組みが次第に崩壊してゆく一端を見た。大小乗もすべて仏説として把握されたというが、ここで小乗とは主としてアビダルマ仏教であり、大乗とは大乗諸経論である。インド仏教的常識から考えれば全く異質な仏教思想体系を同じ仏説という範疇で包括してゆく態度は、どのようにして形成され、それは何を結果したか考えたい。『高僧伝』を見ると処々に「善大乗経兼明数論」とか「通明数論・貫大小乗」などの表現がみられる。[27]小乗から大乗へと思想的転回をなした羅什三蔵や求那跋陀羅三蔵の伝訳した経論が流布し、[28]そしてそれらの経論では盛んに大乗が挙揚され、二乗声聞の小乗性が批判される。しかし慧皎の『高僧伝』では、後にのべる捨小入大すなわち小乗を捨てて大乗にはいるという中国人の高僧はない。大小乗を博く学んだことが一種のほめ言葉になっており、大乗と小乗との扱いに差をつける場合でも兼とか傍とかの文字が用いられる。(29)このような大小乗通学あるいは兼学の態度、更に伝記作者慧皎の姿勢には、六朝士大夫の精神生活が玄儒文史四学の兼習を理想とし、更に経学以外のあらゆる事象に通ずる人間「通人」をめざしたといわれる、(30)そのような時代精神が背景にある。五時教判論や梁代の二諦論の考察(31)もこの通の精神あるいは価値併存の時代風潮に合致するものであった。(32)

先に「中国仏教におけるアビダルマ研究の系譜」なる論文を発表し、アビダルマ仏教は隋代諸師によって一様に小乗の烙印が押されているが、南北朝時代から隋初唐にかけて多くのアビダルマ研究者が輩出し、南においては成実と三論、北においては地論・智度論・摂論などの諸論宗と常に相関的に研究されていることを示した。(33)その流行の理由について更に補足すれば、アビダルマ仏教の持つ独特の輪廻応報思想(34)が直接的に識者の関心を引き、そしてアビダルマの多元的価値観(35)がこの時代の風潮に合致したとも言える。

さて、大小乗兼学の結果、種々の教判論と共に大小乗比較研究が進められたことに注意したい。五時教判の主眼は頓漸論と通別論とであるが、先述の通の立場と表裏して別の意識があり比較研究を推進した。智脱（五四一—六〇七）の『釈二乗名教』(36)や道弁（北魏時代）の『大乗義』と『小乗義章』(37)更に霊裕（五一八—六〇五）の『大小乗同異論』(38)などの著作は大小乗比較研究の成果である。また先のアビダルマ研究の系譜にはいる人達も単に一小論の研究者ではなく、必ず大小両論を講説する。例えば慧善（北周天和中卒）は『阿毘曇心論』を善くしたが「大智度論を以って毎に小乗を引いて相証して義を成ず。(39)」とあり、浄願（—六〇九）は『舎利弗阿毘曇論疏』一〇巻を造ったが「正時は摂論、晩夜は雑心、或は涅槃を統解し、或は四分を判銷し、余暇を択ぶなく、後賢に軌範す。(40)」とあり、更に北地アビダルマ研究の第一人者志念（五三五—六〇八）は「前に智度を開き、後に雑心を発す。(41)」とあるように、大小乗論比較研究講説が中心であった。この傾向は特に北朝の方が顕著であるが、(42)この大小乗比較研究が慧遠の『大乗義章』に集大成され、目的は大乗義の顕揚でありながら、内容はアビダルマ・成実・地論涅槃など大乗経論の比較研究である。

これまでのところから、通の立場であれ、別の立場であれ、大小乗を共に研究してゆこうとする立場が南北朝の主流であり、それが種々の教判論や各種『大乗義章』成立の要因となったことを明らかにした。

三　捨小入大の高僧達

ここでは南北朝末から隋代にかけて明確に小乗を捨て大乗に入ったと『続高僧伝』に記載される数人の高僧とその意味を考察する。まず南朝系では慧弼（五三七—五九九）はもと成実の学者であったが後に「小を去って大に従い、旧章を徒轍して、紹隆哲公の四論を弘持するを聴く。」[43]とあり、四論の学者になった。次に道荘（大業初年卒）は始め有名な陳代成実学の元匠宝瓊に就いたが、後に「小乗を鄙め、大法に帰崇し、興皇朗法師に従って四論を聴酌す。」[44]とあり、後吉蔵と同様に隋代煬帝の内道場から日厳寺に止住する。次に慧覩（五六四—六三七）も日厳寺に入った人であるが、成実小道を捨てて龍樹に帰崇し、大乗を弘揚したとある。[45]次に慧眺（六三九年卒）は常に小乗を業となし初め大乗を信じなかったが象王哲公の三論を聴いて大乗に転向した。[46]更に真観（五三八—六一一）も初めは成実の学者であったが、霊夢によって小道の非を悟り、興皇寺法朗によって摩訶衍を聴受した。[47]これら南朝の捨小入大の人々は成実学から三論四論の学へという転回があるが、陳から隋にかけての三論学と成実学との対立論争については「霊睿伝」にも記事がある。[48]

次に北朝系では霊詢（北斉初卒）は成実論研究の大家で註釈も作ったが、後に小道を棄て光統律師慧光を崇仰した。[49]次に慧暢は『雑阿毘曇心論』を学び大乗を信じなかったが、後に浄影寺慧遠によって大乗に転心し涅槃に達解

した。(50)

これら一連の高僧達を見ると、先述の羅什三蔵のアビダルマ仏教から龍樹仏教への転入、更にこの当時真諦三蔵によって訳出された『婆藪槃豆法師伝』における世親菩薩の小乗から大乗への転回(51)などと同類ではあるが、またそれらの挿話が大乗思想興起に与えた刺激(52)は大いに認めるとしても、この捨小入大の高僧達の事跡はやはり中国仏教史の自然な流れの中で考察しなくてはならない。まず『続高僧伝』「法泰伝」に「梁武は大論を宗崇し兼ねて成実を翫ぶ。学人声望風に従いて帰靡す。陳武の好は前朝と異り、広く大品を流し、尤も三論に敦し。故に〔法〕泰、しばしば演ぶと雖も道俗受くるなし。(53)」とある。陳武帝は梁武帝と異り『大品』や三論を重んじたので、法泰が真諦訳『摂大乗論』『倶舎論』を開講しても道俗共に見向きもしなかったという。ここに明らかに成実から三論への動向が帝者の好みという形で語られる。梁武帝の成実が三大法師を中心とするものであったのに対し、陳武帝の三論は僧詮門下の四友の中でも特に法朗を中心とするものであった。法朗の伝を見ると陳武帝の永定二年（五五八年）勅によって興皇寺に住し華やかな講説を行ったことがわかる。(54)先に列挙した捨小入大の高僧達が成実を小乗として捨て三論四論に転じた背景には右のような有力な事情がある。更に江南仏教界の働きを見ると、陳の宣帝は智顗を支持し、(55)智顗は著作で三論教学特に僧詮・法朗師資の教学を鋭く批判する。(56)ここに成実―三論―天台の流れが、単に仏教教学の歴史だけではなく、帝者の護持の歴史でもあることがわかる。

次に北朝系の捨小入大の高僧が慧光―法上―慧遠の法系の大乗に転じているが、これは隋代文帝の仏教治国策の一環としての五衆などの背景を考慮する必要がある。五衆とは大論・講論・講律・涅槃・十地の五種の僧伽であり、しかも衆主に勅任されたのは主として北朝系の有力な僧またはその弟子達、特に慧光―法上―慧遠につながる高僧が優遇された。(57)北朝は地論大乗が隆盛をきわめるのであり、北朝系の捨小入大の人々がアビダルマ仏教を捨てて地論学に投ずることは理解できる。

次の煬帝は文帝とは一転して江南の学僧を優遇して、慧日道場・日厳寺に止住せしめた[58]。彼は天台大師智顗を尊崇したが、智顗なき後は吉蔵など江南三論四論学の高僧達が多く内道場に参集した[59]。

このように先に列挙した捨小入大の高僧達が積極的に大乗主義を推進する背景には南北朝から隋にわたる国家の仏教政策の転変がある。国家の仏教政策と三論や地論を大乗として選びとるということが一見無関係でありながら、各高僧にとっては不離なる状況であったという事実こそが中国大乗思想成熟の基盤である。これら捨小入大の高僧達は先の大小兼学の人々にくらべれば確かに大乗思想の高りを象徴するのであるが、彼らの主張した大乗思想の内容が何であり、それはインドの大乗の自覚内容とどのように違うものであったかについて考究を進めなくてはならない。

四　超大小乗の種々相

先には国家の仏教政策との連関の下に、小乗を捨て大乗に転入した高僧達を見たが、そのような捨小入大の態度をきびしく批判したのが『続高僧伝』の著者道宣（五九六―六六七）であった。彼は「明律篇」の論で大乗学の行きすぎを批判する[60]。先の捨小入大の問題との連関で戒律を考える場合、当時捨戒と菩薩戒の成立という大問題があるが、それらを含めて「大を愛し小を憎む[61]」のは大きな誤りだとし、毘尼即大乗学を主張する。そして道宣が無限の親愛の情をこめて描く玄奘（六〇二―六六四）の伝記と彼の訳業も、これまで述べた種々の中国国内の偏向に対する批判であり、それらの偏向を大唐国の国際的視野のもとに解消せしめようとするものではあった[62]。しかし、これらの道宣や玄奘三蔵の大小乗を正しく位置づけようとの努力に反して、国内的偏向はますます増上していった。いや、それらは既に国内的偏向といわれるべきではなく、まさに中国仏教の種々なる特色といわれるべきである。今問題の大小乗問題においても、超大小乗すなわち大小両乗をこえて自己の立場を建立しようとする。大小両乗をインド仏教の総括とすれば、それに対して中国仏教の面目を顕わそうとする。そのような努力の一面を考察してみたい。

まず道正は禅者であるが六行を立てたという。(63) それは①凡夫罪行、②凡夫福行、③小乗人行、④小菩薩行、⑤大菩薩行、⑥仏果証行の六行で、略せば一巻広くは二〇巻であった。また開皇七年（五八七）文帝に謁し、「東夏の釈種多く名教に沈み、帰宗附することまれに、流滞して返るを忘る。普く筌を捨て理会し、一を抱き宗を知り、道を守り禅を行い、通済神爽ならんことを欲す。」と上奏した。六行では小乗行菩薩行に対し仏果証行を立て、仏教治国政策を取った文帝に理や一の自覚・禅道の実践を上奏する所に新しい息吹を感ずる。次に慧峯（陳天嘉年卒）は止観寺僧詮の三論を聴き、『十誦律』を弘めた人であるが、ある人が「大乗を学んで、しかもどうして律を講ずるのか。」と問うたのに対して、「此の致、汝の知る所にあらず。豈に正法を学んで、大小乗あい乖んや。(64)」と答えた。問者には律は小乗という意識があるが、慧峯は大小乗にかかわらない正法の意識を持っている。

さて、南北朝時代の種々の教判に対して、隋代の諸師は批判を加えながら、自らも教判を建立する。浄影寺慧遠（五二三―五九二）は『大乗義章』の中で「衆経教迹義」を立て五時判を批評し、自らは声聞蔵菩薩蔵の二蔵いわば大小乗併立説にありながら、「二諦義」中の四宗判では自己の立場を真宗として顕彰する。(65) 更に天台大師智顗（五三八―五九七）は『法華玄義』で南三北七の教判批判をし、自らの教相の大綱は頓漸不定の三種であって、名前は南北朝諸師と同じでも義が異るとする。(66) また『維摩経玄疏』や『大本四教義』では四教を立て、蔵通別に対して円教の立場を明らかにし、地論人の四宗義と今の四教の差異を顕わす。(67) 嘉祥大師吉蔵（五四九―六二三）は『三論玄義』で破邪顕正の二門を設け、破邪門では外道・毘曇・成実・大乗の四宗批判を行う。成実小乗論は先述の成実から三論へという教界勢力の移行を反映しているし、大乗批判は先の捨小入大の人々を含めて、更に後には地論大乗摂論大乗などの有所得大乗に対したものである(68)。顕正門では、「内外ともに呵し、大小ともに斥けたならば、この論の宗旨は何かと問い、内外ならびに冥じ、大小ともに寂して始めて正理であり、正観がおこり、苦輪が滅するのが三論の大宗である(69)」という。ここに明らかに、先の道正の一理、慧峯の正法、慧遠の真宗、智顗の円頓そして吉蔵の大宗などの表現が大小乗をこえた新しい地平に開拓された立場を示している。また『三論玄義』の「造論縁起」では『中論』出現の歴史的背景について真諦三蔵訳出の『部執異論』によって詳論している所に注目したい(70)。このように多くの異部と大乗諸部との雑居の現実は後に玄奘三蔵によって詳しく伝えられるわけであるが、吉蔵が早くも『中論』の背景にアビダルマ諸部派の存在を主張したことは、直接的には『中論』の卓越性の証明ではあっても、間接的には当時の軽薄な大乗主義へのするどい批判であって、道宣の仏教史観や玄奘三蔵の実際の見聞と連結する一面があるのである。

五　結　語

以上、中国仏教における大小乗をめぐる問題を三つの場面に分けて考察した。問題は多岐にわたったが、今後の課題をかかげて結びたい。まず第一は大小乗通の意識に基く各種教判論の成立と隋代諸家の批判の意味、第二に大小乗別の意識によって行なわれた大小乗比較研究の解明、第三は大小両乗の教に対して一道清浄なる理の自覚の問題、第四に教理をにない行くものとしての主体性の自覚、などの諸問題がある。

(1) 常盤大定『支那仏教の研究』第三（春秋社、一九四三年）「中国仏教史概説」参照。
(2) 塚本善隆「シナにおける仏法と王法」（『仏教の根本真理』所収、三省堂、一九五六年）。横超慧日「中国仏教に於ける国家意識」（『中国仏教の研究』所収、法蔵館、一九五八年）。
(3) 宮本正尊『大乗と小乗』（八雲書店、一九四四年）。なおこの小論は本書所収の「支那仏教に於ける小乗数論の研究」に多くの示唆を受けた。
(4) 横超慧日「中国仏教に於ける大乗思想の興起」（『中国仏教の研究』所収、法蔵館、一九五八年）。
(5) 『出三蔵記集』巻五（大正蔵五五・四一上）、『高僧伝』巻一（大正蔵五〇・三二九下）。
(6) 『高僧伝』巻三（大正蔵五〇・三四三中）。
(7) 『高僧伝』巻一（大正蔵五〇・三二三中）。
(8) 塚本善隆『中国仏教通史』第一巻（鈴木学術財団、一九六六年）第七章「中国仏教史上の道安」四九一頁参照。
(9) 横超慧日「広律伝来以前の中国に於ける戒律」（『中国仏教の研究』所収）一四頁。
(10) 『高僧伝』巻一（大正蔵五〇・三二八中）。
(11) 境野黄洋『支那仏教史講話』上巻（共立社、一九二七年）第二篇第七章「小乗三蔵の訳伝」四一八頁参照。
(12) 僧肇『肇論』（大正蔵四五・一五五下）塚本善隆編『肇論研究』（法蔵館、一九五五年）四三頁、一〇〇頁参照。
(13) 木村英一編『慧遠研究』遺文篇（創文社、一九六〇年）一〇二頁参照。
(14) 『高僧伝』巻六（大正蔵五〇・三六四上）「常歎曰、経法雖少足識因果、禅法未伝厝心無地。什後至関。因請出禅法要三巻」。
(15) 『続高僧伝』巻二〇（大正蔵五〇・五九六上）「時翻大論有渉禅門、因以情求広其行務」。
(16) 『続高僧伝』巻一七（大正蔵五〇・五六三下）。
(17) 『続高僧伝』巻一七（大正蔵五〇・五六四中下）「顗便詣金陵、与法喜等三十余人、在瓦官寺創弘禅法。…（中略）…一代高流江表声望、皆捨其先講欲啓禅門。率其学徒、問津取済」。
(18) 横超慧日「中国南北朝時代の仏教学風」（『中国仏教の研究』所収）「三、講経偏重の由来とその功罪」。
(19) 水野弘元「禅宗成立以前のシナの禅定思想史序説」（『駒仏紀要』第一五号、一九五七年三月）。
(20) 『続高僧伝』巻一三（大正蔵五〇・五二九下）。

(21)『続高僧伝』巻八（大正蔵五〇・四九一下）、鎌田茂雄『中国仏教思想史研究』（春秋社、一九六八年）「浄影寺慧遠の思想」三〇五頁参照。

(22)『広弘明集』巻一九（大正蔵五二・二三五下）また周顒も「抄成実論序」（『出三蔵記集』巻十一所収）において同様の批判をのべる。

(23)『高僧伝』巻一一（大正蔵五〇・四〇三下）。

(24)『続高僧伝』巻二二（大正蔵五〇・六二一中）。

(25)『高僧伝』は①訳経②義解③神異④習禅⑤明律⑥亡身⑦誦経⑧興福⑨経師⑩導師の十科より、『続高僧伝』は①訳経②義解③習禅④明律⑤護法⑥感通⑦遺身⑧読誦⑨興福⑩雑科の十科より成る。『宋高僧伝』は『続伝』と同様であるが③習禅篇の異状な膨張がみられる。

(26)慧遠『大乗義章』「衆経教迹義」（大正蔵四四・四六五上）、智顗『法華玄義』巻一〇上（大正蔵三三・八〇一上）、吉蔵『法華玄論』巻第三（大正蔵三四・三八二中）などに南北朝時代の各種教判への批判が見られる。

(27)『高僧伝』「道温伝」（大正蔵五〇・三七二下）「善大乗経兼明数論」、「道猛伝」（三七四上）「三蔵九部大小数論皆思入淵微無不鏡徹。」、「僧遠伝」（三七七下）「通明数論貫大小乗」など。

(28)『高僧伝』巻二「羅什伝」（大正蔵五〇・三三〇下）「吾昔学小乗、如人不識金以鍮石為妙、因広求義要、受誦中百二論及十二門等」、『高僧伝』巻三「求那跋陀羅伝」（大正蔵五〇・三四四上）「及受具足博通三蔵、為人慈和恭恪事師尽礼。頃之辞小乗師進学大乗。大乗師試令探取経匣、即得大品華厳。師嘉而歎曰、汝於大乗有重縁矣」。

(29)たとえば『高僧伝』「法瑗伝」（大正蔵五〇・三七六下）「篤志大乗、傍尋数論、外典墳素頗亦披覧」、「智秀伝」（三八〇下）「大小兼明、数論精熟、尤善大小涅槃浄名波若」、「僧肇伝」（三六五上）「学善方等兼通三蔵」など。

(30)吉川忠夫「六朝士大夫の精神生活」（岩波講座、『世界歴史』5、古代5）一二四頁、一二八頁参照。『高僧伝』に見られる伝教と玄儒文史兼習の例としては、『高僧伝』「僧肇伝」（大正蔵五〇・三六五上）「歴観経史、備尽墳籍、愛好玄微、毎以荘老為心要」、「曇度伝」（三七四上）「善三蔵及春秋荘老易」、「弘充伝」（三七六上）「通荘老解経律」など。

(31)『広弘明集』巻二一（大正蔵五二・二四六下以下）に収録、なお『高僧伝』には道生「二諦論」（大正蔵五〇・三六六下）、僧導「空有二諦論」（三七一中）、智林「二諦論」（三七六中）などの二諦に関する著作が伝えられている。

(32)吉川氏前掲論文、一二五頁。

(33)　拙稿「中国仏教におけるアビダルマ研究の系譜」（『印仏研』一九―一、一九七〇年一二月）二四三頁、なお、スペースの関係で法系表を略したが、本稿とも関係するので注の最後に付録として法系表をかかげる。〔編者注：本論文末尾に収録〕。

(34)　惑業苦の流転生滅がアビダルマ仏教の重要な側面である。津田左右吉「神滅不滅の論争」（『津田左右吉全集』第一九巻、岩波書店、一九六五年）などに論究される神滅、不滅論争と独特の煩悩論や業報論を持つアビダルマ仏教との関係はもっと考察されなければならない。

(35)　アビダルマ仏教では、例えば五位七十五法などといわれるように、法（dharma）の多元性と実在性を主張し、この点で空仏教と鋭く対立する。梁陳代の三論学興隆までは、空仏教があまり流行しなかった事情と平行して考察しなくてはならない。

(36)　『続高僧伝』巻九（大正蔵五〇・四九九上）。

(37)　同右巻六（同・四七一下）。

(38)　同右巻九（同・四九七下）。

(39)　同右巻八（同・四八六下）。

(40)　同右巻一〇（同・五〇四中）。

(41)　同右巻一一（同・五〇八下）。

(42)　湯用彤『漢魏両晋南北朝仏教史』（上海商務印書館、一九三八年）「第二十章　北朝之仏学」参照。

(43)　『続高僧伝』巻九（大正蔵五〇・四九五上）。

(44)　同右巻九（同・四九九下）。

(45)　同右巻一四（同・五三四上）。〔編者注：「帰崇」は大正蔵「帰宗」〕。

(46)　同右巻一五（同・五三九中）。

(47)　同右巻三〇（同・七〇二上）。

(48)　同右巻一五（同・五三九下）。

(49)　同右巻八（同・四八四下）。

(50)　同右巻一〇（同・五〇八上）。

(51)　『婆藪槃豆法師伝』（大正蔵五〇・一八八上）。

(52) 横超慧日「中国仏教に於ける大乗思想の興起」(『中国仏教の研究』所収)三〇九頁。
(53)『続高僧伝』巻一(大正蔵五〇・四三一上)。
(54) 同右巻七(同・四七七中)。
(55)『国清百録』巻一(大正蔵四六・七九九上)「陳宣帝勅留不許入天台第八」などの書簡参照。
(56)『大本四教義』巻一(大正蔵四六・七二三中)「摂山単複中仮、興皇四仮並無明文」など。その他、三論師、中論師への批判は非常に多い。
(57) 山崎宏『支那中世仏教の展開』(清水書店、一九四二年)第一部、第六章、四「五衆の設定」。
(58) 山崎宏『隋唐仏教史の研究』(法蔵館、一九六七年)第五章「煬帝の四道場」。
(59) 平井俊榮「中国三論宗の歴史的性格(下)」(『駒仏紀要』第二六号、一九六六年三月)冒頭参照。
(60) 池田魯參「菩薩戒思想の形成と展開」(『駒仏紀要』第二八号、一九七〇年三月)三、「菩薩戒思想の展開」参照。
(61)『続高僧伝』巻二二「明律」中「論」(大正蔵五〇・六二一下)。
(62) 横超慧日「中国南北朝時代の仏教学風」(『中国仏教の研究』所収)二八九頁参照。
(63)『続高僧伝』巻一六(大正蔵五〇・五五八下)。
(64) 同右巻二五(同・六五一下)。
(65)『大乗義章』「衆経教迹義」(大正蔵四四・四六五上)、「二諦義」(四八三上)。
(66)『法華玄義』巻一〇上(大正蔵三三・八〇六上)。
(67)『維摩経玄疏』巻三(大正蔵三八・五三三上)、『大本四教義』巻一(大正蔵四六・七二一中)。
(68) 拙稿「吉蔵の唯識大乗義批判」(『印仏研』一八―一、一九六七年一二月)。
(69)『三論玄義』(大正蔵四五・六下)。
(70) 同右(大正蔵四五・八上)、金倉圓照訳註・岩波文庫本『三論玄義』一〇八頁以下参照。

○付録…中国仏教におけるアビダルマ研究の系譜

〔I〕特に南朝系、成実学、三論学との交流を中心にして

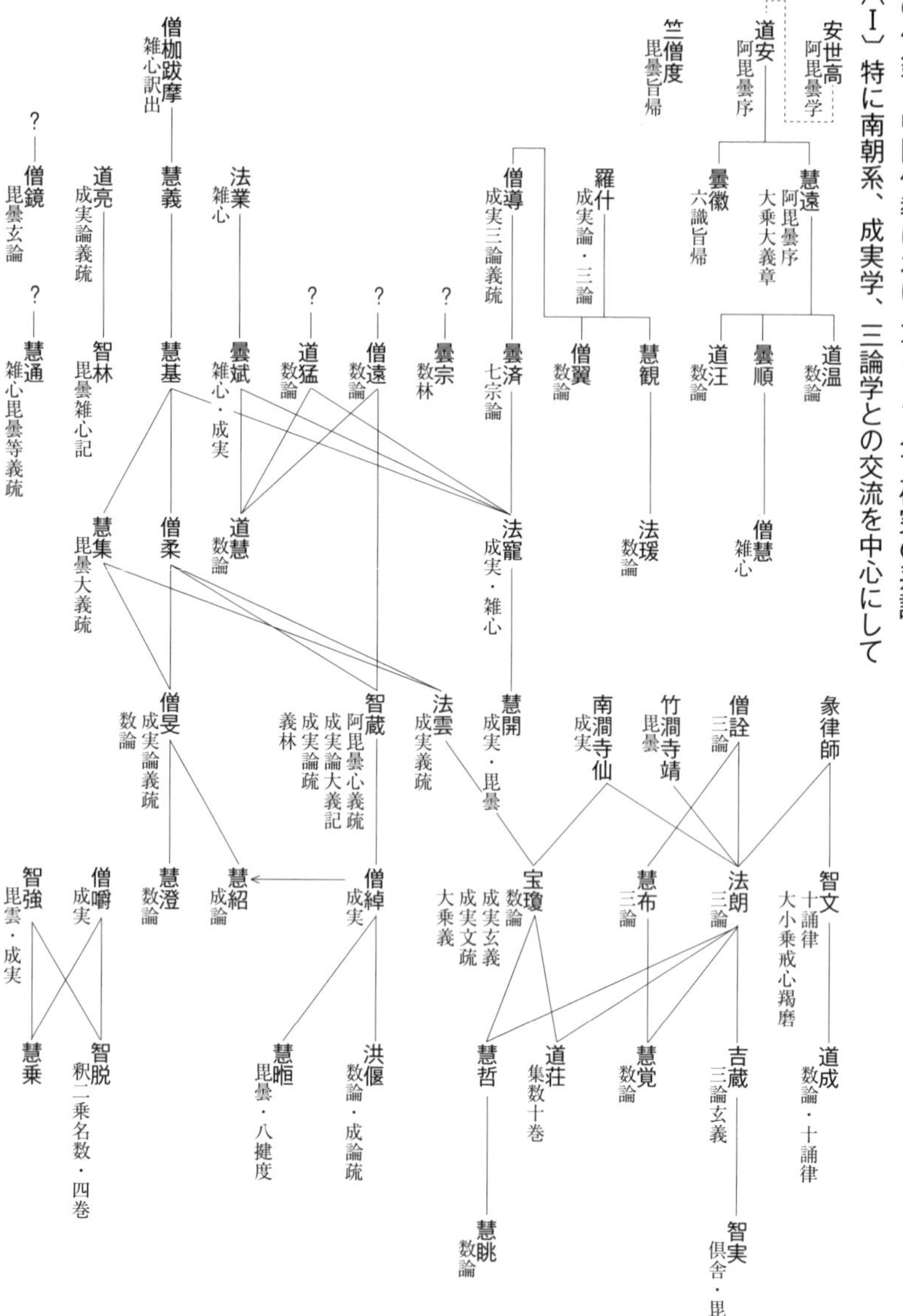

〔II〕北朝系、地論学、摂論学との交流を中心にして

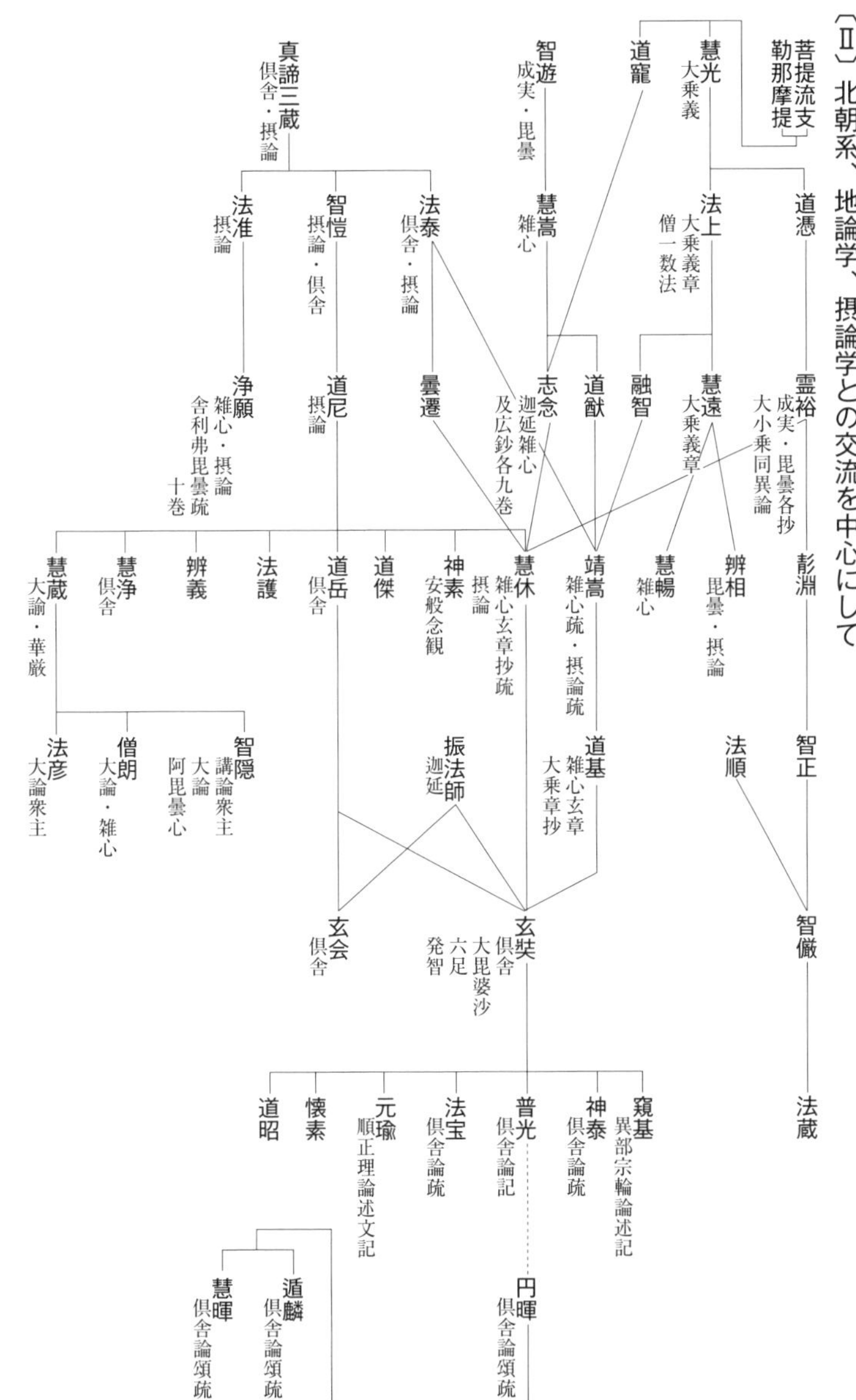

隋唐新仏教展開の基調　その一――教と理との相関――(※1)

一　問題の所在

吉蔵は『三論玄義』の冒頭で

夫適化無方、陶誘非一。考聖心、以息患為主。統教意、以通理為宗。(1)

と言う。仏の教化は無限であるが、その意図は凡夫の病患を除くのが中心であって、種々の教法教門があるが理に通じることが宗旨であるという。

中国仏教史を考える時、教法把握の面ではまず格義の問題がある。異国の教を受けとめる場合のやむをえぬ方法であった。釈道安や僧肇は格義仏教を鋭く批判する。しかし、インドの言葉を中国語に移す翻訳、すなわち訳経そのものが、広くいえば格義的性格を持っていた。中国にはない思惟方法、思想構造を仏教が持ち、そして、その結果として中国語に転化しにくい仏教語の場合、その翻訳は困難であった。釈道安は五失本三不易を内容とする仏典翻訳論を展開する。(2)その精神はできるだけ原典の本文に忠実でありながら、しかも中国語として文質宜しきを得、更に根本精神を失わないことを目指した。原典遵守主義に立つ彼にも、仏陀の真意に直接迫ろうとする意欲は強く、そこで、できるだけ根本に帰ろうとする。しかし、根本を主張しようとすれば、彼が批判する達意主義に堕する傾向がある。釈道安においては、根本に迫るという姿勢において、原典遵守主義と達意主義は統一されているが、後には義解と実践との分離という形で、大きな矛盾が生じる。

格義と翻訳論が外国の教たる仏教の受容をめぐる内容形式両面での、初期教法把握の問題とすれば、教判は当然次にくるべき問題であった。翻訳と格義を通してもたらされた一切の教法をいかに理解し、決択をつけてゆくかということである。教判が形式的整理体系化とすれば、講経注釈は内容分析である。講経偏重と特色づけられる南朝の仏教学は、頓漸・通別・一乗三乗など各種のテーマの下に教判論として講経注釈が盛んであった。(3) 一方、北朝は西域との交通が盛んであって、戦乱によって、あるいは破仏によって、一時的断絶はあるにしても、たえず西域文物が流入し、従って新しい仏典や三蔵達が往来していたため、南朝とは異った教学が形成されたのは当然であり、経典の注釈などでも素朴であり、慎重であった。(4) そして羅什系の中観仏教に対し、無著世親系の唯識仏教の受容は、北朝仏教学を大きく展開した。そして、慧遠の『大乗義章』に見られるような幅広い教法の比較研究が華開いた。いわば南朝が玄学を中心とする達意主義とすれば、北朝は新たに原典主義がおこった。(5) 煩鎖なアビダルマ文献の地道な研究が、北魏末から隋にかけて興る(6)のも、原典主義の結果であり、釈道安が活躍した(※2)苻秦時代と対置できるのである。しかし、北朝の仏教の特色は、重禅軽講であって、経論研究よりも禅律の実践が重視された。ここにおいて南朝とは別な形で北朝の達意主義があることを知るが、ともかく菩提流支三蔵などの翻訳事業を境にして、釈道安時代と同様の原典と達意の論争が起った。(7) この問題は、後の玄奘三蔵の大翻訳事業によって、一応の落着を見る。しかし、このインド伝来の教法を原典中心に把握するか、達意的に把握するかによって、中国仏教は左右に動揺しながら、中国仏教自体の指針を生みだしてゆくのである。

これまで述べた、格義・翻訳論・教判・講経・注釈・比較研究などの努力によって、教法は次第に整理体系化されると共に、その内容は中国人の血肉と化する。先の釈道安が根本と言ったのは、インドの原本であり仏陀の根本教説に迫ることと同時に、根本の把握であった。しかし当時の彼は、その博学をもってしても、なお、靴をへだて痛痒の観あり、弥勒に決を正したいと言う。(8)南北朝仏教は、この釈道安の胸中にあった原典遵守主義と根本把握への志向の間をあやしく動揺しながら、先述の教判などの努力がつみかさねられる時代である。そして、その間に、いわゆる中国仏教の体質も決められるのである。そのような内から、自覚されたのが、先の吉蔵の文でいう理、すなわち、一切の教法の根源性であった。この理は釈道安のいう根本に通じながら、しかし彼のインドの原典遵守主義が教判注釈などの中国的作為によって一度否定され、その上で新たに自覚された響きがある。釈道安は原典に帰ることによって根本を自覚する。吉蔵は根本を自覚して原典に向う。ここに南北朝の教法研究約二〇〇年の展開があるのではないか。ともかく、原典を含めて一口に三蔵十二分教といわれる教法に対して理の自覚がいかにして生れ、その当体が何であり、それが何を結果したかについて、二、三の角度から論究を試みたい。

二　排仏の理論と理の自覚

南北朝から隋唐にかけての仏教者が理の自覚を深めていった背景には、北魏・北周の二度にわたる破仏と、神滅論争をはじめとする儒仏道三教相互の論争がある。特に北周破仏が隋唐仏教成立の要因となったことは種々の角度から論究される。また三教を共に学んでいく姿勢は通人をめざした六朝士太夫の精神から由来し、しかも、この三教を一致として把握するか、別異のものとして把握するかによって、儒仏道兼習か排仏かに別れるわけであるが、両者は共に同一の理論構造に立つといわれる。それは『荘子』「天運篇」に由来する「跡」と「所以跡」の論理である。(9)すなわち、三教それぞれに表面的説相である教の「跡」は異っていても、「跡する所以」根源的理法においては一致するのだとして、三教一致論が成立する。仏者及び親仏派の思想家の主張である。更に三教一致論者と対立する排仏論者にも、この論理が見られるが、ただ三教一致論者が、跡に注目しつつも所以跡に力点をおいたのに対し、彼らは跡、すなわち教の差異の方を強調した。

確かに、この論理は仏教を中国固有の諸思想の中に定着するには有力なものであった。ただ問題は、三教一致の論理がそのまま破仏の理論に転用された場合はどうなるのか、ということである。排仏の立場である范曄や顧歓も一応は儒仏道あるいは仏道の一致を認めているという。これを逆に考えれば、仏者が三教一致、あるいは儒仏二教の一致（たとえ条件つき一致でも）を認めた場合、それは排仏家への反撃の糸口を与える。根源的理法が同じであるとすれば、中国に本来あった儒者あるいは道教だけで、異国の教たる仏教は不必要だ、すなわち仏教の必要性はない、従って仏教は排してもよいのだ、ということになる。この種の論争がまさに深刻にとり上げられたのは、北周武帝の破仏の前後であった。

北周武帝が最終的に仏道二教を排した背景には種々の国家政策上の要請があり、単に思想上の問題ではない。しかし、彼の破仏は仏教思想の展開成熟に大きく影響した。武帝は何回も宮殿で三教相互の討論会を行った。そして衛元嵩の上書に力を得て、次第に「但だ百姓をして楽を得せしめば、朕また地獄の諸苦を辞せず。」とか、あるいは「事に即して言わば、何の処か道にあらざらん。」との確信に立つ(10)。先の言葉でいえば、一切の教は所以跡の所で一致しているから、一切はみな道だというわけである。衛元嵩の上書では、北周の皇帝すなわち武帝が如来であって、道を体しているから、自分は仏道二教には事えないで周祖に事えるという(11)。ここに明らかに、跡と所以跡の論理が逆用され、三教一致論者の一理の体現者として周祖（即如来）を持ち出すことによって、仏道二教の排止という現実に結びついていることを知る。要するに、儒仏道三教それぞれの教の区別は捨象されて、一理のみが取出される。このような議論に対して、仏者は（道者にしても）三教それぞれの区別をくりかえすだけでは衛元嵩や武帝の一切皆道の理解に対することはできない。それは単に三教の区別を説くぐらいでは全然通じない程の有力な理論であり、そして北周の国家的現実がその理論を支持して、更に強固なものにしていた。そこで仏者は、どうしても、仏教独自の根源的道理の自覚とその普遍性の主張を出さなくてはならなかった。そして、衛元嵩が出した大乗主義を中心とした平延大寺の理想を批判しなくてはならない。常盤博士の「隋の天台大師の教学・及び天台山の古今」では、天台智顗の教学の形成の背景に北周武帝の廃仏、その一切智道説及びそれらへの批判を指摘され詳論される(12)。今は、武帝をして一時代にせよ排仏を思いとどまらせたといわれる姚道安の『二教論』冒頭「帰宗顕本」において、彼がいかに仏教独自の理の解明に迫っているかを見よう。

『二教論』は東都逸俊童子と西京通方先生の問答で進行する。まず童子が儒道仏三教それぞれの興起の因縁を述べ、

然三教雖殊、勧善義一。塗迹誠異、理会則同(13)。

と三教一致の理論を展開する。ここに先述の跡と所以跡の論理が明確に表現される。なぜ道安が冒頭にこの論理をかかげるのか。それは、まさにこの理論が仏教を守る理論としてではなくて、仏教打倒の理論として用いられ眼前に仏教弾圧への動きがあるからにほかならない。南北朝の初期ならば仏者も、この理論を平気で語り、得得としていたであろう。しかし、北周ではその論理は自滅へと導かれる。童子は続ける。三教は一義であるのに、教にとらわれている人（拘滞の流）は視野が広くない（未馳高観）ために、三教は別異のごとくにならしめている。どうか先生、この点を明確にして下さい、と。

姚道安の分身である通方先生は答える。君の問は激しいが、まだ理を尽していない。まず根本的立場は、

夫万化本於無生而生、生者無生、三才兆於無始而始、始而無始、然則無生無始物之性也。〔編者注：大正蔵五二・一三六下〕

である。これは『大智度論』の僧叡の序[14]を引いたもの。『智度論』研究の大家であった道安の面目が出ている[15]。無始無生の諸法実相こそが万物の姿だという。これが道安の理であるが、それでは教をどのように考えるか。教は人間が形神両面から成っているように、内外の二教、すなわち儒教と仏教の二教であって、儒道仏の三教ではない。それを更に『漢書芸文志』の九流説で補足する。部派には九流あるが、それらはすべて儒宗に属すのである、と。

次に仏教の立場を出す。

　仏教者窮理尽性之格言、出世入真之軌轍。論其文則部分十二、語其旨則四種悉檀。理妙域中、固非名号所及。化擅繫表、又非情智所尋。〔編者注：同右・一三七上〕

始めの部分は僧叡の『小品般若経序』の引用であろう[16]。「窮理尽性」は有名な『易』の言葉である[17]。そして「四種悉檀」は『大智度論』の所説である[18]。更に、続ける。

　至於遺累落筌、陶神尽照、近超生死、遠証泥洹、播闡五乗、接群機之深浅、該明六道、弁善悪之昇沈。夐期出世而理無不周、邇比王化而事無不尽。能博能要不質不文、自非天下之至愚、熟能与斯教哉。雖復儒道千家墨農百氏取捨駆馳、未及其度也。唯釈氏之教理富権実。有余不了称之曰権。無余了義、号之為実。通云善誘、何成妙賞。〔編者注：同右・一三七上〕

ここでは、出世間が理とし、王化が事として述べられ、仏教は理事兼備、文質双尽、更に権実に富むと規定される。そして、先に三教は勧善の義が一であると言ったが、はたして儒道二教などが仏教の権実二門による方便を施し、機根に応じた妙果（妙賞）を成ずることができるかと批判する。そして、童子が先に「三教は殊といえども勧善の義は一である。」との主張に反論し、

　余謂、善有精麁優劣宜異。精者超百化而高昇。麁者循九居而未息。安可同年而語其勝負哉。〔編者注：同右・一三七中〕

と述べる。問者が究極的な立場（理）として考える善にも優劣精麁の異があるという。従って問者の「教迹は誠に異なれども、理会すれば則ち同じ」との主張も批判される。

教者何也、詮理之謂。理者何也、教之所詮。教若果異、理豈得同。理若必同、教寧得異。筌不期魚、蹄不為兎、将為名乎、理同安在。〔編者注：同右・一三七中〕

ここで、教と理との相関が示される。二教は道理としてはまさに二理、三教は三理となる。その理論によって仏教の理の卓越性を主張し、結局、仏教の優越性に帰着する。以下の所論は『涅槃経』や『維摩経』を引きながら、いかに儒道二教よりも仏教が優れているかを述べる。

姚道安も、先述の跡と所以跡の論理にしたがいながら、三教一致論者が安易に所以跡の一義を主張する所をつき、その異質性を示すことによって、かえって教法の差異の必然性を論証したのである。そこに仏教独自の理の自覚と主張がある。ただ問題は、理の別異性は当然仏教の理の至上主義へ志向する方向にありながら、しかも儒教を外教（救形之教）として認め、二教並存を主張するところにある。ここに道安の活躍した北周王朝が周礼制復古を標榜したという国家の現実を考慮しなくてはならない(19)。儒教を思想体系の内にくみ入れることは国家的要請であった。道安の『二教論』に見られる、教と理の論理は、一方では仏理の至上主義の主張、他方では仏教と儒教との並存の主張という矛盾する二つの意図を持っていた。そこから、道教は見事にはじき出されている。しかし、矛盾する二つの意図は理論ではありえても、現実にはありえない。『続高僧伝』「護法篇」に収められる道安の伝記は、彼が現実には仏理の至上、いわば出家主義に徹し、後に、通道観学士となることを拒否したことを示している(20)。彼の門人を訓した『遺誡九章』は出家主義と共に当時の仏教界への悲憤がこめられている。

三　理と行

圭峯宗密の『禅源諸詮集都序』の冒頭で、禅源を論じて、

> 禅是天竺之語、具云禅那、中華翻為思惟修。亦名静慮。皆定慧之通称也。源者是一切衆生本覚真性。亦名仏性、亦名心地。悟之名慧、修之名定、定慧通称為禅那。此性是禅之本源、故云禅源。亦名禅那理行者、此之本源是禅理、忘情契之是禅行。然今所集諸家述作、多談禅理、少説禅行。故且以禅源題之。(21)

と述べ、禅那理行に対して禅源と題する理由を説く。更に禅に浅深階級ありとして①外道禅、②凡夫禅、③小乗禅、④大乗禅、⑤如来清浄禅の五つを開く。そして教禅一致の論証を開陳する。中唐はまさに禅宗が大きく興起する時代である。そのような教界の動向の渦中にあって教学と禅とに通路をつけようとしたのが宗密であった。(22)

中国に仏教が伝来した時、まず識者の関心を集めたのは、異国情緒に満ちた仏像と寺であったが、彼らを深く感動せしめたのは禅律の実践であった。インド僧はそれらを身に体して中国に来るのだから問題はないが、中国僧が禅定や戒経を希求するのは当然であった。羅什三蔵を迎えた姚秦時代、僧叡は禅法の少ないのをなげき、そこで羅什は『禅法要』三巻を訳出し、菩薩禅と称した。(23) 東晋時代、廬山慧遠も同様に禅法を欣求し、仏陀跋陀羅三蔵は『達摩多羅禅経』を訳出した。(24) これらの禅経はまさに旱天の慈雨ではあったが、それによって禅が根付いたとはいえず、後の中国禅の成立には幾多の紆余曲折がある。特に講経偏重の傾向にあった南朝では禅門は夢也未見在の状態であった。後に智顗が金陵で禅門を開いた時、道俗あげて称嘆した。北朝はどうか。西域の三蔵の往来が多かった北朝では各種の禅観の流布があった。(25) 問題はただ外国僧が往来し、禅観を宣布するだけでは、中国人自体の行法として禅定は定着しない、どうしても主体的自覚とその自覚が現実化される行の実践、いわば真理に命中しながら

も、しかも中国人の体質に合った行法が必要であった。先の宗密の言葉では禅源・禅理・禅行という言葉であらわされるものである。先述したように、南北朝から隋唐にかけて、インド伝来の教法を、まず中国流に組みなおす努力がなされ、その努力の過程に三教一異の論争や破仏の経験が加って理の自覚がうながされる。そして理の徹底は行の実践に移行する。ここで始めて宗教としての仏教が中国の地に定着する。禅宗史諸研究は、その定着が道宣の『続高僧伝』編集の時代と前後して、『宋高僧伝』の時代までに行なわれたと論証する。(26)その定着の要因は種々の角度から研究しなくてはならぬであろうが、ここでも理の自覚が大きくクローズアップされる。まず達摩の『二入四行論』を見よう。

夫入道多途、要而言之、不出二種。一是理入、二是行入。理入者、謂藉教悟宗、深信含生凡聖同一真性、但為客塵妄覆、不能顕了。若也捨妄帰真、凝住壁観、自他凡聖等一、堅住不移、更不随於文教、此即与理冥符、寂然無為、名之理入。行入者、所謂四行、其余諸行、悉入此行中。何等為四、一者報怨行、二者随縁行、三者無所求行、四者称法行。(27)

『続高僧伝』が、斉鄴下南天竺僧という達摩の思想である。ここでは明らかに如来蔵思想の形で理入が語られる。(28)虚宗を法とする般若思想も重要な側面であるが、(29)実践的には如来蔵思想の影響が大きいのではないか。宗密が一切衆生本覚真性、仏性などというのも禅源として如来蔵思想を志向している。

次に同じく『続高僧伝』「習禅篇」に収められる隋滄州﨟若沙門釈道正の伝を見よう。(30)彼は滄州渤海の人であった。『成実論』にも精通していたが、常に禅行を修していた。彼は『六行』を造ったという。六行とは①凡夫罪行、②凡夫福行、③小乗人行、④小菩薩行、⑤大菩薩行、⑥仏果証行の六つの行である。更に彼は開皇七年（五八七）隋文帝に謁し、次のように奏聞する。

意以東夏釈種、多沈名教、(31)帰宗罕附、流滞忘返。普欲捨筌検理抱一、知守道行禅通済神爽。

ここに当時までの仏教界が多く文字を主とした教学であったことへの批判がある。先の達摩の「文教に随わず」の語と響きあう。そして、文字の筌蹄を捨てて一理を把握し、禅道を行ずることを勧め、行の内容の優劣として先の六行を立てるのである。ここに理の自覚が直接に行の実践を要請する事実を見る。逆に言えば、行の実践の具体性が、理の自覚をうながすのである。道正の『六行』にくらべると、達摩の四行はより具体的で中国人に血肉化された行法である。行法が具体的であればある程、根源への志向は強烈となる。達摩の理入の自覚は深信という表現によって、その趣旨を表現している。隋唐新仏教の中で最も中国的形態を示す禅思想の根底にも理の自覚が明確であり、しかも、それが教よりも行を要請し志向する方向であった所に、禅宗成立の要因が認められる。

四　二諦と不二の理

吉蔵の思想において二諦説のしめる比重は大きい(32)。同時に彼は処々で不二を主張する。更に、この二と不二の相関の問題は隋代諸家共通のテーマであった(33)。今吉蔵の二諦の考察の中に二と不二の相関がいかに説かれ、それはどのような意図があるかをみたい。

『広弘明集』に梁代諸家の二諦義が収められているように、梁代を中心に二諦の考察は非常に盛んであった(34)。それらの成実家に対して三論家、特に今の場合吉蔵は二諦に対して、どのような態度を取ったのか。智顗は『法華玄義』の中で陳代の中論師が梁代の成実師の二諦説を批判したことを指し、

陳世中論破立不同、或破古来二十三家明二諦義、自立二諦義。或破他意約四仮明二諦。古今異執各引証拠自保一文不信余説。今謂不爾。夫経論異説悉是如来善権方便。知根知欲種種不同(35)。

と論じ、後に彼独自の七種二諦を開く。この文に四仮とあるのは興皇寺法朗の教説で、吉蔵が述べる三重二諦もこの四仮説に基く(36)。この智顗の指摘によっても、三論家がともかく梁代の二諦義を破す立場にあったことがわかる。では、破して何を主張したのか。

『大乗玄論』「二諦義」大意の段を内容によって次のように整理できる。

1、梁代三大法師等の二諦に対して、三論家の教の主張。
2、教諦と於諦（転凡成聖）
3、他家（成実）と今家の二諦説の差異（理教異など十条）
4、教と理との転側適縁
5、四重二諦の意図（破邪の構造）
6、教諦の意図（以指指月）
7、於諦の意図（仮有仮無）
8、凡夫と聖人との弁別

以上の整理によって、吉蔵の二諦説は転凡成聖の修道論への理論的根拠（2・6・7・8）と破邪による認識の転回（3・5）の二面の意図を持つことがわかる。理の二諦に対して教の二諦の主張（1）に深意ありといわれるのはそのためであろう。ところで、教と理との転側適縁（4）とは何を意味するのか。この部分は『中観論疏』の方が少し詳しいので、その方を引いて考えてみよう。

四者此三種二諦皆是教門、説此三門為令悟不三、無所依得始名為理也。問、以前三皆是世諦。不三為真諦以不。答、得如此也。問、若爾理教何異(37)。答、自有二諦為教不二為理。若以二為世諦不二為第一義、世諦是教、第一義為理。皆是転側適縁無所妨也。

ここで、世諦を教となし、真諦を理となすのは普通の形であろう。次に世諦真諦の二諦をすべて教となし、不二を理となす所に特色がある。しかも、ここに先述の教於の関係が加えらえる。聖人の方からは二諦共に教であるが、凡人への説示は凡から聖への誘引の形で於諦を成ずる。『唯識三十頌』に「現前に少物を立てて、謂くこれ唯識性なりと。有所得を以ての故に。実に唯識に住するに非ず。[38]」と言われるように、凡夫は理を眼前に立ててかえって有所得を成じてしまう。そこで破邪の形で、『大智度論』の言葉では対治悉檀の形で、その理も教であることが示される。この時にはすでに真の理は第一義悉檀として不二無所得であることが前提である。いわば、聖人は不二をよく知るが故に、二諦を教として各各為人悉檀を成じ、また凡夫の理（凡の於諦）を聖人の教として摂取し対治を成ずる。この凡聖をめぐる教理二面の無限循環を転側適縁というのであろう。ここにおいて不二の理は世諦に対する真諦としての面と教に対する面との二面で把握される。しかも世諦と真諦は共に教であるから、二と不二の理とを連結するものは教であった。そして不二の理は真諦としては二諦の教に内在しながら、同時に不二の理として二諦を超え、かえって、月を指すものとしての教の意図を明らかにする。

ここで先述の姚道安の『二教論』の教と理の論理を想起する。道安は教と理との相関を示して、三教一致説を破し、教が異なれば理も異るとした。従って、二教は二理になる道理ではあるが、現実には彼は一理（無所得なる出家）の実践に趣く。理論的には彼の教理論には破綻があった。吉蔵の不二の理は教の異質性として二諦を把握しながら、しかも二理に堕しない巧みな理論であった。現実的には道安とは逆に煬帝に従うことによって隋朝の国家政策に積極的に参加する。[39]また道安は理を出世間とし事を王化として区別し、衛元嵩が上書で主張する皇帝即如来の考えを暗に破している。ここで吉蔵も凡夫は聖人でないと明言することによって、北周破仏を支えた平延大寺の思想への批判をなしたとも考えられる。不二の理の自覚は、その体現者としての聖人（仏陀、仏祖）の自覚と参究につながるのである。

理をめぐる問題は仏教内では華厳学における理事相関の教学として最高度の議論に達し、更に宋代新儒学展開にまで至る大きなテーマである。この小論は全くの点描ではあるが以後この面の諸問題を考察してゆく問題提起である。

五　結　語

（1）『三論玄義』（大正蔵四五・一上）

（2）横超慧日「中国仏教初期の翻訳論」（『中国仏教の研究』所収、法蔵館、一九五八年）。

（3）横超慧日「中国南北朝時代の仏教学風」（同右、横超書所収）二四六頁。

（4）横超慧日編『北魏仏教の研究』（平楽寺書店、一九七〇年）所収、横超「北魏仏教の基本的課題」五六頁参照。なお吉蔵の『勝鬘宝窟』と慧遠の『勝鬘経義記』との対照によってもそれはわかる。

（5）北周道安の弟子宝貴は『合部金光明経』を造り、三家の『金光明経』を一本になした。なお「道安伝」には「貴翫閲群典、講律為務。見晋世支敏度合五家首楞厳為一本八巻、又合三家維摩経為一本五巻、隋沙門僧就合四家大集為一本六十巻。貴乃合三家金光明為一本八巻。復請崛多三蔵、訳銀主陀羅尼及属累品、以之成部。沙門彦琮重覆梵本、品部斯具焉」（大正蔵五〇・六三〇中）とある。このような原典主義の風潮が後の玄奘三蔵の大翻訳につながってゆく。

（6）拙稿「中国仏教におけるアビダルマ研究の系譜」（『印仏研』一九―一、一九七〇年三月）参照。

（7）『十地経論』の伝訳をめぐる三蔵法師間の対立は確かにインドにおける学派の違いの反映であろうが、南北二道の対立は原典と達意の立場の違いがあるのではないか。坂本幸男『華厳教学の研究』（平楽寺書店、一九五六年）「十地論の別訳本並に翻訳者について」三六七頁。勝又俊教『仏教における心識説の研究』（山喜房仏書林、一九六一年）特に「十地経論の訳出について」六四四頁。

（8）僧叡『毘摩羅詰提経義疏序』（『国訳一切経』和漢選述部、史伝部一）二三五頁「先匠（道安）章を輟めて遐かに慨き、決言を弥勒に思う所以のものは、良に此に在るなり。」による。〔編者注：『出三蔵記集』巻八・大正蔵五五・五九上〕。

(9) 吉川忠夫「六朝士大夫の精神生活」（岩波講座『世界歴史』5、古代5、一九七〇年）一三八頁。なお『荘子』「天運篇」には「孔子謂老聃曰。丘治詩書礼楽易春秋六経。自以為久矣。熟知其故矣。以奸者七十二君。論先王之道而明周召之迹。一君無所鉤用。甚矣夫。人之難説也。道之難明邪。老子曰。幸矣。子之不遇治世之君也。夫六経。先王之陳迹也。豈其所以迹哉。今子之所言。猶迹也。夫迹。履之所出。而迹豈履哉」とある。福永光司『荘子』「外篇」（朝日新聞社、一九六六年）三二五頁及び解説参照。

(10) 『広弘明集』巻一〇（大正蔵五二・一五三下及び一五五上）。

(11) 同右巻七（一三二中）「嵩以理通我不事二家。惟事周祖。以二家空立其言。而周帝親行其事。故我事帝不事仏道」。

(12) 常盤大定『支那仏教の研究』（春秋社、一九四一年）二四九頁以下、「色心実論とその背景として、隋の天台大師の教学と、その背景をなせる北周武帝の思想並にその思想より惹き起された廃仏とにつきて、卑見を開陳する。」と述べる。

(13) 『二教論』（『広弘明集』巻八、大正蔵五二・一三六中）。以下『二教論』本文の注は略す。

(14) 僧叡『摩訶般若波羅蜜経釈論序』（大正蔵二五・五七上）「夫万有本於生生而生、生者無生。変化兆於物始而始、始者無始。然則無生無始物之性也」。なお吉蔵『中観論疏』巻五末（大正蔵四二・八一上）参照。これによると、前半は小乗批判、後半は老子批判だという。

(15) 『続高僧伝』「道安伝」（大正蔵五〇・六二八上）「進具以後、崇尚涅槃、以為遺訣之教。博通智論、用資弘道之基」なお、拙稿「北土智度論師について」（『印仏研』一七―二、一九六九年三月）参照。

(16) 僧叡『小品経序』（大正蔵八・五三六下）「般若波羅蜜経者、窮理尽性之格言、菩薩成仏之弘軌也」。

(17) 『易経』「周易説卦伝」（岩波本、下、二八七頁）「昔者聖人之作易也、幽賛於神明生蓍。参天両地而倚数。観変於陰陽而立卦、発揮於剛柔而生爻、和順於道徳而理於義、窮理尽性以至於命」。なお、僧肇は『注維摩詰経』巻九（大正蔵三八・四一〇上）の有名な「観身実相観仏亦然」の釈で「仏者何也、蓋窮理尽性大覚之称也」とこの言葉を引く。

(18) 『大智度論』巻一（大正蔵二五・五九中）。なお慧遠『大乗義章』「四悉檀義」（大正蔵四四・五〇九下）、智顗『維摩経玄疏』巻一（大正蔵三八・五二〇中）参照。また、興皇寺法朗はこの四悉檀によって四仮説を立てたと言う（『二諦章』）から、この時代における四悉檀義の流行を知る。

(19) 塚本善隆『魏書釈老志の研究』（仏教文化研究所、一九六一年）「附篇第一「北周の廃仏」、第二章「北周の古典的性格―

周礼制の復古の標榜―」」参照。

(20)『続高僧伝』巻二三「道安伝」（大正蔵五〇・六二九中）「至建徳三年歳在甲午五月十七日、乃普滅仏道二宗。別置通道観。簡釈李有名者、並著衣冠為学士焉。事在別伝。安削迹潜臂逃于林沢。帝下勅捜訪、執詣王庭、親致労接、賜牙笏綵帛、幷位以朝列。竟並不就、卒于周世」。

(21)『禅源諸詮集都序』（岩波〔文庫〕本、一四頁）。

(22)鎌田茂雄『中国華厳思想史の研究』（東京大学出版会、一九六五年）「第二部、第七章、第一節「宗密の思想とその特質」四、教禅一致説の形成」参照。

(23)『高僧伝』巻六「僧叡伝」（大正蔵五〇・三六四上）。なお羅什三蔵は『注維摩詰経』巻九（大正蔵三八・四〇七上）で「什曰、禅定有三種、一大乗二小乗三凡夫。凡夫禅生高慢我心。小乗禅独善求証能焼衆善壊無上道根。於菩薩則為悪趣故視之如地獄也」と、三種禅を説く。

(24)『廬山出修行方便禅経統序』（木村英一編『慧遠研究』遺文篇、一九六〇年、一〇一頁）。なお、安藤俊雄「廬山慧遠の禅思想」（同、研究篇、一九六二年、二五四頁）参照。

(25)水野弘元「禅宗成立以前のシナの禅定思想史序説」（『駒仏紀要』第一五号、一九五七年三月）三〇頁以下。柳田聖山「ダルマ禅とその背景」（横超編『北魏仏教の研究』所収、一九七〇年、平楽寺書店）六、七「北魏より北斉にいたる習禅者の系譜」一四五頁以下、参照。

(26)柳田聖山『初期禅宗史書の研究』（法蔵館、一九六七年）「第一章・第一節『続高僧伝』より『宋高僧伝』へ」九頁、「中国仏教史の後半を大きく変え、日本近世文化の主流となる禅宗の形成は、正しく『続高僧伝』より『宋高僧伝』への中間期にあることを知るのである」。

(27)柳田聖山『達摩の語録』（禅の語録Ⅰ、筑摩書房、一九六九年）三二頁。

(28)小川弘貫「シナ如来蔵思想」（『印仏研』一八―一、一九六九年）八二頁下段。

(29)柳田「ダルマ禅とその背景」〔編者注：前注25参照〕十、ダルマ禅の思想、一七四頁。

(30)『続高僧伝』巻一六「道正伝」（大正蔵五〇・五五八下）。

(31)名教とは元来儒教のことを示すが、ここでは名相の教の意で、文字による仏教を意味する。同じ用例として『中観論疏』巻二末（大正蔵四二・三二上）に「大乗無所得意」に対して「数論名教」とある。更に『禅源諸詮集都序』（岩波〔文庫〕

本、二四頁）に「若不了自心、但、執名教、欲求仏道者、豈不現見識字看経元不証悟。」とあるのもその意味である。

(32) 平井俊榮「吉蔵『二諦章』の思想と構造」正、続（『駒仏紀要』第二七号及び二八号、一九六九年及び一九七〇年）、参照。

(33) 慧遠『大乗義章』には「二諦義」と共に「入不二門義」が収められる。ここで隋代における『維摩経』に対する異常な研究があることに注目する。隋の三大法師といわれる慧遠、智顗、吉蔵は共に『維摩経』の注釈に全力をそそいでいる。

(34) 『広弘明集』巻二一（大正蔵五二・二四七下）。また法身義も多く論じられる。

(35) 『法華玄義』巻二下（大正蔵三三・七〇二中）。

(36) 拙稿「吉蔵の教学と破邪の構造」（『駒澤大学大学院仏教学研究会年報』第四号、一九七〇年）、「三　四重二諦説形成と唯識学批判」参照。

(37) 『中観論疏』巻二末（大正蔵四二・二八中）。

(38) 『唯識三十頌』（大正蔵三一・六一中）。

(39) 『続高僧伝』巻一一「吉蔵伝」（大正蔵五〇・五一四上）「開皇末歳、煬帝晋蕃置四道場、国司供給、釈李両部各尽搜揚。以蔵名解著功、召入慧日、礼事豊華優賞倫異。王又於京師置日厳寺。別教延蔵往彼居之」。侯外廬主編『中国思想通史』第四巻（人民出版社、北京、一九五九年）「第三章第二節「三論宗吉蔵的二諦論和天台宗智顗的止観論」㈡吉蔵二諦論的宗教哲学」の末尾では吉蔵を「対俗世的封建礼法制度恭順馴伏的儒臣」と評価する。ともかく、この『通史』の立場は新しい視点からなる成果であり、今後の研究途上で一度は通過しなくてはならぬ大きな関門である。

〔編者注〕

（※1） 本論文は「その一」とあるものの、「二」以降は執筆されていない。

（※2） 原文「の」を「した」に訂正。

中国隋唐時代における大法の形成——教・宗・教宗一体の流れを考察して——

Ⅰ　はじめに

仏教の総体を仏法僧の三宝で把握することは妥当であろう。現在世界に残っている南方上座部にも大乗仏教にも共に大きな三宝、大仏・大法・大僧が成立していると私は思う。ただ、南方上座部の大きな三宝の形成と、大乗のそれとは歴史的展開と意義が異なる。

南方上座部は釈尊滅後から根本分裂、そして部派形成の歴史的持続性が認められ、大きな三宝の成立も上座部内部の展開として相互に関係している。釈尊は自分が寂滅した後は法を拠り所にして修行せよと遺誡した。弟子たちはその遺誡を守った。経典の結集に加えて多くの注釈書、副注釈が作成され、その集大成は大きな法宝となった。また戒も膨大な律蔵を形成し、厳粛な教団は大僧と称されよう。それ以上に釈尊への思慕の念は大きく、その結果として多くの大仏の存在が見られる(1)。

それに対して、大乗の場合は先ず経典の成立事情が上座部と異なる。それぞれの大乗経典が独自の成立史を持っている。ただ、大乗の大仏思想の成立は大乗仏教の共通した必然的な内容として認められる。一切衆生を救済する仏は必然的に大仏思想を出現せしめた。これは仏像の出現、図像の展開としても確認されている(2)。

これに対して大法と大僧はどうであろうか。大乗であるから、その命名からして大きな教法としての法、つまり大法は大乗経典成立時から存在していたという考えもありえる。ただ、私は中国仏教においてはインド大乗の存在よりももっと大きな教法が成立したので、その内容を大法と呼びたいのである。

また、一切衆生が発心すれば仏を目指す菩薩になり、その大菩薩衆の存在が予想され、すでに大乗仏教教団が成立し、大乗経典が出現した時点で、大僧は存在したと言いうるかもしれない。ただ、私は大乗仏教教団以上に結束が強く、多重な階層性を持ち、セクト的な、原理主義的と言ってもよいほどの教団が日本で成立した。それを大僧と呼びたいと思う。

この論文では中国において、紀元後一世紀の仏教伝来以来いかに大法が成立し、それはいかなる意味を持つものであるかを点描したい。

Ⅱ　儒教による法宝批判と教判の成立

インドからの外来宗教である仏教は中国で儒教から批判された。家を基盤とする倫理を重んじる儒教からすれば出家し、家を捨てることなど反社会的行為であった。これに対して仏教が出家こそは儒教の孝以上の大孝であると主張し、現在まで出家を中心とした教団が続いていることは、日本のように教団が全く在家化した国から見れば不思議という外はない。これは三宝で言えば僧宝への批判である。

また、釈尊自体が聖人であるかどうかも問題にされた。孔子や老子、荘子などが中華の聖人であるが、釈迦は夷狄の聖人に過ぎないなどというような現代から見れば不毛とも思えることが大いに議論されたが、これも古の伝統に正しい教えの根拠を尋ね、教主を重んじる中国の思想風土からすればやむを得ない。これは仏宝批判に属する。

この教主論と関連して、教えが不統一であることも論難された。これは法宝批判である。この不統一はインドでは歴史的展開を見ることができる異質な部派仏教や大乗仏教が、中国への伝来では同時に、アットランダムに到来した結果である。大乗にもアビダルマにも関心を持っていた釈道安（三一二―三八五）が大乗と部派の異質性に苦慮して、兜率天に往生して、未来仏である弥勒に質したいと言ったのは有名な逸話である。

その釈道安の弟子である廬山の慧遠（三三四―四一六）は鳩摩羅什（三五〇―四〇九ごろ）になぜ大乗が優れているのか、大乗とアビダルマの教義の違いについて盛んに質問をしている(3)。しかし、慧遠は釈然としない。ただ、中国仏教において大乗が部派よりも優れた仏説であることを明言し、中国に定着させた鳩摩羅什の存在は大きい。

ただ、我々は鳩摩羅什や慧遠両人の弟子筋の慧観（生没年不詳）が、後の伝承ではあるが、大乗を上位としながらも、大小乗ともに仏説であるとする五時の教判を主張していることに驚く。インド仏教において、大乗と部派は、前者は後者を小乗と批判し、後者は前者に非仏説との論難を行い、相互に仏教の正当性を競ったことを知っている我々は、この「大小乗共に仏説」との判定には驚かざるを得ない。

慧観の五時の教判を吉蔵（五四九―六二三）の『三論玄義』（大正蔵四五・五中）によって紹介すれば、次ぎのようになる。

- 頓教――華厳経
- 漸教
  - 三乗別教
    - 声聞人のために四諦を説く
    - 縁覚人のために十二因縁を説く
    - 大乗人のために六度を説く
  - 三乗通教――般若経

抑揚教――維摩経・思益経
同帰教――法華経
常住教――涅槃経

大きくは頓教と漸教に分かれ、漸教の中に三乗別教として二乗小乗と菩薩乗があり、他の四教は純粋な大乗である。これは釈尊の成道の時に説かれた『華厳経』と、最後の説法としての『涅槃経』との間に主たる経典を配列して、仏陀の伝記に即して一切の大小乗教を配置し、説法を聞く衆生の機根をも配慮して、説得性を持たせようとしている。

他の浄影寺慧遠（五二三―五九二）の『大乗義章』巻一（大正蔵四四・四六五上）には南斉の隠士劉虬（四三八―四九五）の『無量義経序』[4]による慧観と同類の五時説を紹介するが、そこではもともとの『無量義経序』には出ていない経典の説時年代まで入っている。すなわち、そこでは三乗別教の前に人天教を設定する。『華厳経』頓教の後に提謂などのために人天教を示し、そのあとで十二年間三乗別教を説き、成道後三〇年目に『般若経』を説示し、四〇年目に『法華経』を開顕し、入滅時に『涅槃経』を吐露したという。誠に整然とした説明である。

天台智顗（五三八―五九七）の『法華玄義』巻一〇上（大正蔵三三・八〇一上）では有名な「南三北七」（南地の三種、北地の七種）の教判の紹介とその批評がある。そこでは南北共通に「頓教、漸教、不定教」の三種教相の教判があるとし、「成道後十二年の後に大乗人のために、五時の般若乃至常住教を説いた」（趣意引文）とある。ここではただ十二年の年数のみが出ているが、頓教にも漸教にも所属しない「不定教」を設定していることが注目される。

いずれにしても、全体としては仏陀の一生の間に、特に成道後の説法の中で一切の大小乗教を矛盾のないように配列しようとの意図は明白である。これらの南北朝の教判に比較すると、智顗の五時八教や法蔵（六四三―七一二）の五教の教判は仏陀一代の教説というベースは変わらないが、釈尊の伝記にはあまり拘らないで、彼らの教義や宗義を中心とした主体的な教判の論証が目立つのである。

Ⅲ　「仏教」の成立

このように、儒教からの批判は三宝全般にわたる広範なものであったが、そのポイントは仏陀の思想を「教」として認定するかどうかにあったと指摘される。(5) 中国においては「教」であるかどうかは為政者が人々を教化、指導する際のキーワードでもあり、もちろん思想信条の正しさを保証する要件にもなった。

特に儒教は前述のように仏陀の人格性への疑念、出家の反社会性、そして教えの整合性の欠如などの点から「仏陀の説は教ではない」との批判を行なった。ある思想が「教」と呼ばれるのは、聖人という人格者が存在し、古典としての経典が整い、社会を利益するものであると儒者は考えた。仏陀は中国の聖人ではないし、経典（特に大乗経典）は奇矯であり、出家である僧侶や寺院に莫大な出費がかかるのに、僧侶は農業をせず、兵役にも就かないから社会に利益をもたらさないどころか、まったく生産性もなく、仏陀の説は「教」とは称されないとの批判である。

この批判は北周武帝（五六〇―五七八在位）の破仏頃を中心に盛り上がった。武帝は儒教の理念により国を治めようと志した。盛んに儒教、仏教、道教のリーダーたちを宮廷に呼んで論争させた。武帝は元僧侶で還俗した衛元嵩の平延大寺のイデアを取り上げた。すなわち皇帝が仏であり、出家や在家の区別はなく、皆が平等であることが大切であり、夫婦の和合が聖衆であり、城郭そのものが寺院であるという在家仏教中心の大乗主義を重視し、(6) 仏教の出家主義を破壊しようとした。

結果的には建徳三年（五七四年）に仏教と道教の二教を共に破却することになった。ただ、その前に『大智度論』研究者としても高名であった道安は天和四年（五六九年）に『二教論』[7]を著し、武帝に奉呈した。これは仏教を内教とし、儒教を外教と規定し、この内外二教により、宗教と政治の両立を提案したものであった。この『二教論』の論理は説得力があり、武帝も仏教破却に着手する気持ちが揺らいだともいう。

結果的には道教をも巻き込んだ宗教弾圧が行われ、それは後に隣国の北斉を滅ぼした際、その地にも同じ政策が行われた。建徳七年（五七八年）に武帝が逝去したことにより、この弾圧も終息した。中国の歴史では何回かの宗教弾圧、特に仏教弾圧があるが、この北周武帝の弾圧は単に皇帝の私的な心情に因るということではなく、真の宗教とは何かを問うものであり、思想的に重要であると評価される。この際、三教対論の中では「仏陀の思想は教に値するか」という問いが出され、武帝はそれを否定し、弾圧した。

しかし、道安のように積極的に「教である」と主張する仏教者も出た。また、この廃仏に直面した仏教者たちは真に中国の人々の救いになる仏教とは何かの問いを出し、それに答えようと努力した。その努力の結果が隋から唐にかけての仏教の新しい動きになる。天台智顗の活動や禅宗の動きはその事例である。また、為政者も仏教を儒教と並ぶ「教」の範疇に入れ、積極的に教化の便宜に供した。武帝の弾圧に対して仏教復興に努力した隋の文帝や、唐初期の玄奘（六〇一―六六四）の翻訳活動を支持した唐の太宗などにより、仏陀の教説が仏教、聖教、大教などと呼ばれ、中国における「教」の一翼を担うことになった。

Ⅳ　教と宗

先述のように智顗の『法華玄義』では南北朝の教判が「南三北七」と一括して紹介され、批評されている。具体的には南地の方では岌師、宗愛師、柔・次二師の三教説、北地からは五時教、菩提流支の半満二教、慧光（四六八—五三七）の四宗（因縁宗、仮名宗、誑相宗、常宗）、有る師の四宗に法界宗を加えた五宗教、凛師の六宗（四宗に真宗と円宗を加える）、北地禅師の二種大乗教、北地禅師の一音教などが列挙される。ここで、教判と一般に呼ぶ事例の中に教と宗とが混在していることが分かる。

ただ、教と宗とは次第に区別されていく傾向を無視してはならない。これは先に述べた「仏教」が一般に認められて、仏陀の教が重い概念となってゆくにつれて、「宗」はまたある種の限定を受け、独立した概念として自立し、やがて禅宗においては重要な役割を演じることになる。

智顗自身も五重玄義と言われるように、名体宗用教の五つの概念を明確に区別し、最後の教のところで今言及した南三北七の紹介と批評を行っている。智顗においては、教は仏教であり、宗は因果と規定され、「修行の喉衿」[8]とあるように修行者の向かう内容を意味していた。教が仏陀から衆生へという方向で示されるのに対して、宗は衆生が教に向かってそれをいかに受け止め、いかに修行していくかに関わる。そして、禅宗では宗が教をも併呑してしまう。この危険性を察知して、教と宗とのけじめと合一の構造を明示し、中国仏教の態勢を確立したのが宗密（七八〇—八四一）と言えよう。ここに大小乗仏説と禅宗が全体融合して成立した中国独自の大法の成立を見る。

さて、教と宗との区別の事例として浄影寺慧遠の『大乗義章』を引用しよう。その「衆経教迹義」は先述の劉虬の五時教判が紹介され、批判されるところである。この題名の「衆経の教の足跡」という意味が、正に「仏教」を意味している。そこで慧遠は劉虬の五時教判と菩提流支の一音教とを批判した後で、正義を述べる。正義は第一に「聖教を分かつ」と、第二に「宗別を定める」とに区別される。最初が慧遠の教判論である。図示すると次のようである。

- 聖教
  - 世間
  - 出世間
    - 声聞蔵
    - 菩薩蔵

これが慧遠の教判である。単純であるが、大小乗すべて聖教、仏説であることが分かる。また世間も仏説に入れているので、仏教以外の儒教も仏説に包含され、後の宗密の三教一致に既に道を開いていることが分かる。他の文献では、例えば『大般涅槃経義記』巻一（大正蔵三七・六一三上）のように声聞蔵と菩薩蔵がさらに分けられることもある。

- 聖教
  - 声聞蔵
    - 声聞声聞
    - 縁覚声聞
  - 菩薩蔵
    - 漸入菩薩
    - 頓悟菩薩

そして、『大乗義章』の第二「宗別を定める」項はそれぞれの経典の宗趣論である。『華厳経』『法華経』『無量義経』などは三昧を、『般若経』などは慧を、『維摩経』などは解脱を、『金光明経』などは法身を、『勝鬘経』などは一乗を、『涅槃経』などは仏円寂妙果をそれぞれ宗とすると述べる。

この経典の宗趣という「宗」の用例も大切である。この宗趣の用例は後に経典の解釈の玄談では、「能詮教体」と「所詮宗趣」という対応で用いられる。前者は仏陀が説法された教えの本体は何かという議論であり、音声であるか、文字であるかなどが議論される。後者では『華厳経』などの教えの中心的な内容が論議される。後者に関して法蔵の『華厳経探玄記』巻一（大正蔵三五・一二〇上、以下参照）を見ると、十種類の宗趣論のうち、半分は慧光、慧遠などの個人名が出ており、彼らが『華厳経』の宗趣をどのように把握したかが紹介され、批評されている。

ところで、一方「能詮教体」の方を見ると、やはり十段の分別のうちで最初の第一段にのみ小乗と大乗、その小乗の項目に説一切有部の部派名が出るだけである。この対比から判断しても、教は仏陀から衆生へ、具体的には経典として示される内容を表し、宗は衆生から仏陀へ、具体的には特定の仏者が経典の内容をどのように受け止めるかを意味することが知られる。したがって、教（仏陀の教法）↓能詮教体↓経典↑所詮宗趣↑宗（個人なり、学派なりの仏教観）という図式が成り立つであろう。教と宗とは具体的には経典を中間において対峙し、対論する関係にあると言いえよう。

さて、そこで、慧遠の四宗を見よう。これについてはすでに検討したことがある。(9)『大乗義章』巻一「二諦義」（大正蔵四四・四八三上）に次ぎのような四宗が紹介されている。

立性宗、または因縁宗――アビダルマの説
破性宗、または仮名宗――成実の説
破相宗、不真宗――大乗の中の浅い教え
顕実宗、真宗――大乗の中の深い教え

先の『法華玄義』の四宗の紹介の名称と同異がある。慧遠は立性宗の流れの四宗を常用する。この四宗は明らかに学派、宗派を意識している。慧遠自らが顕実宗の立場であることを明示したと言ってよい。しかし、他の宗を否定していると考えるのは行き過ぎであろう。顕実宗の立場から他の三宗を位置づけていると見るべきである。その姿勢は先の聖教の分類とも通じる立場である。区別しながらも、一切を包含しようという姿勢は中国仏教の教学者には共通の姿勢である。禅宗の人々は独自の宗で対峙し、問答という対論により自覚を深めたが、語録は新しい教えの形成となった。語録は経典と同じ役割を演じるようになり、次第に経典も語録も一体化して、教禅一致の形となり、経典の大法が一層大法化していくことになった。

さて、宗と教の区別の事例をもう一人取り上げよう。それは玄奘門下の基（六三二―六八二）である。彼の『大乗法苑義林章』巻一「総料簡章」（大正蔵四五・二四五上、以下）を検討しながら考察しよう。この章は五門分別であるが、「第二時利差別」と「第三詮宗各異」の二門を取り上げよう。「第二時利差別」において重要なのは、『解深密経』巻二「無自性相品第五」（大正蔵一六・六九七上中）に出る三時教を仏陀の教法の根幹に据えていることである。唯識思想家としては当然とも言えるが、その三時教をベースにして、次ぎの「第三詮宗各異」では宗を論じることになる。三時教とは仏陀が三時の段階で説法したという一種の教判である。第一時には仏陀はベナレスで声聞乗の機根の人々に四諦の法輪を説いた。しかし、その内容は充分ではなく、それを巡って争論が起きた。次に仏陀は第二時に『般若経』などにより一切皆空、無自性の教えを説いた。これは大乗ではあったが、やはり不十分であり、争論の元となった。そこで、仏陀は第三時にこの『解深密経』によって明確な大乗了義無上の法輪を説き給い、これによって争論は無くなったとするものである。後の簡略化された言い方では、第一はアビダルマ中心の有の教えであり、第二は空の教え、第三は唯識中道を説くというので、有・空・中の三時教とも呼ぶ。この三時教が基の教判である。

その教判に基づいて宗を明らかにするが、ここには玄奘が訳出した『異部宗輪論』（大正蔵五一・一五上、以下）の影響が窺われる。この論では仏陀の教えが上座部と大衆部に根本分裂してから、どのように学派が展開したかを示す。この一派、一派が宗として把握されていることが分かる。先ず宗の定義から見よう。

第三に宗を詮ずるに各の異なりあり。夫れ宗を論ずとは、崇と、尊と、主の義なり。聖教の崇する所、尊する所、主とする所を名ずけて宗と為すが故なり。（大正蔵四五・二四九下）

聖教は仏陀の教えであるが、それをいかに崇拝し、尊敬し、主張するかに宗の意義があるとする。基は以下でインドの九十五種の外道を十六異論としてまとめ、一つ一つを例えば「因中有果宗」というように宗の字を用いてまとめた。次に小乗教は『異部宗輪論』に基づいて二〇部を一一類にまとめる。これは後の文献で見るように八宗に総括されてゆく。

最後に大乗であるが、ここでは宗の三義の「主」の字を活かして、龍樹などによる空観仏教を「辺主」と呼ぶ。自らの唯識を「中主」と呼称するから、ここに先の三時教も反映し、空の教えはまだまだ中道ではなく、一辺に堕した不十分な教えであるとの価値判断が出ている。

この教と宗との対応は例えば『法華玄賛』巻一本（大正蔵三四・六五七上）などでは三教八宗として、コンパクトにまとめられる。その内容を図示して示せば、以下のようになる。その前提として、先に紹介した慧遠の立性宗以下の四宗が批判的に取り上げられていることは注目される。

三教─①多く有を説く宗
　　　②多く空を説く宗
　　　③空有に非ざる宗

八宗─①我法倶有─犢子部など
　　　②有法無我─薩婆多など
　　　③法無去来─大衆部など
　　　④現通仮実─説仮部など
　　　⑤俗妄真実─説出世部など
　　　⑥諸法但名─説一部など
　　　⑦勝義皆空─『般若経』や龍樹などの『中〔論〕』『百論』
　　　⑧応理円実─『法華経』や無著などの中道を説く教

ここで、三教の方に宗とあったり、宗の説明に教の用語が入っていたりするが、三教が仏陀の説いた『解深密経』

に拠ることは明らかであり、八宗が部派六派と大乗の中観・瑜伽の二派を示していることは明らかである。基の立場としてはもちろん三教の第三に依拠するが、八宗の第八応理円実宗の主張の方にアクセントがあるように思う。

この基の三教八宗を大いに意識して、五教十宗を主張したのが法蔵である。かれの『華厳五教章』玄談の「第四分教開宗」（大正蔵四五・四八一中、以下）では次ぎのような五教十宗を示す。

五教
①小乗教
②大乗始教
③終教
④頓教
⑤円教

十宗
①我法倶有宗――犢子部など
②有法無我宗――薩婆多など
③法無去来宗――大衆部など
④現通仮実宗――説仮部など
⑤俗妄真実宗――説出世部など
⑥諸法但名宗――説一部など
⑦一切皆空宗――大乗始教
⑧真徳不空宗――終教
⑨相想倶絶宗――頓教
⑩円明具徳宗――円教、別教一乗

法蔵が基の八宗のうち六宗を全面的に受け入れ、他の四宗は自分の主張する五教にあうように改変し、新設していることがわかる。法蔵にとっては五教が中心であり、特に円教・別教一乗が『華厳経』の教えであることを強調した。十宗は付録のようなものであるが、法蔵から弟子の慧苑の教判へ、また澄観の慧苑批判へという展開の中で、この法蔵においては基への批判のためだけの付録のような十宗が次第に重要な役割を演じることについては既に論述した。(10)

この後の教判の展開は法蔵の弟子慧苑が五教判を否定し、独自の四教を立て、その慧苑を批判する澄観（七三八—八三九）は法蔵の五教十宗を一応継承するが、その位置づけなどは法蔵とは変貌したものになる。これは既に論述したので参照していただきたい。(11)

私は教判が正面に出る時代は法蔵において、一区切りを迎えると思う。その理由は教の体系を全面的に批判する禅宗の出現である。法蔵は禅宗に言及しないが、確実に意識していたことが論じられている。(12)このような視点を考慮して、慧苑の法蔵五教判の批判も考察しなおす必要性を感じている。ましてや、澄観は伝記によると多くの禅者に学んでいる。澄観における禅宗の影響は絶大である。ただ、澄観は禅宗と華厳教学との間に一線を画した。しかしもはや禅宗の絶大な影響の無視できない時代であり、禅宗を何らかの形で位置付けなくてはならない状況にあった。それほどまでに、禅宗は中国の人々の心を捉えたのである。その禅宗のキーワードこそは「宗」であったと思う。

Ⅴ　禅宗の出現

禅宗の濫觴は菩提達摩にあるという。達摩の伝記について従来は梁の武帝と問答したりすることが当たり前のようになっていたが、近時までの禅宗史研究はそれらのエピソードがすべて後代の創作であることを明らかにした。事実判断を重視する歴史的研究は不明なことは不明と明言する。しかし、達摩が存在しないと言い切る人はいないようである。道宣（五九六―六六七）の『続高僧伝』巻一六（大正蔵五〇・五五一中、以下）の菩提達摩の伝記があるからである。

ところで、禅宗という呼称は中唐より五代に至ってようやく現れると指摘される[13]。今ここでは達摩から流れる新しい仏教運動を「禅宗」と呼ぶ。この運動のキーワードは「宗」にあったように思う。

先ず、達摩の語録である『二入四行論』にも次のようにある。

> 夫れ道に入るは途多けれども、要して之を言えば、二種を出でず。一は是れ理入、二は是れ行入なり。理入とは、教に藉りて宗を悟り、深く含生の凡聖同一真性にして、但だ客塵に妄覆せられて、顕了すること能わざるのみなることを信ずるを謂う。若し妄を捨てて真に帰し、壁観に凝住して、自他凡聖等一に、堅住して移らず、更に文教に随わざれば、此に即ち理と冥符して、分別有ること無く、寂然として無為なるを、之を理入と名づく[14]。

この一文に「教に藉りて宗を悟り」（藉教悟宗）とあり、教と宗の関係が示される。ただ後に「更に文教に随わざれば、」（更不随於文教）とあるところは、後の成句である「不立文字、教外別伝」を連想させる。この一文は『続高僧伝』の達摩の条にもほとんど同文で引用されている。

更に『続高僧伝』「習禅篇」のまとめの論賛の部分でも達摩と僧稠（四八〇―五六〇）とを比較しているが、そこにも以下のように宗に絡む用例がある。

> 属に菩提達摩というものあり。神化は宗に居し、江洛を闡導す。大乗壁観の功業は最高なり。（大正蔵五〇・五九六下）

道宣の達摩への位置づけは高い。その説明に「素晴らしい教化が宗をすわりとしている」（神化居宗）という。宗の字には次第に重みが加わる。また、次の一節では僧稠の修行と達摩のそれとの比較を行う。

然るに彼の両宗を観るに即ち乗の二軌なり。（僧）稠は（四）念処を懐い、清範は崇ぶべし。（達）摩は虚宗を法として、玄旨は幽賾なり。〔編者注：同右〕

僧稠は伝統的な四念処観に徹して、人々の尊崇を受け、達摩は般若の虚宗を中心として、奥深い教えであったと描写する。ここでも達摩の立場には「虚宗」という宗が用いられる。道宣の眼にも達摩の禅が宗を中心とした独特の新しい運動として映っていたのであろう。

さらにもう一箇所、『続高僧伝』巻二五（大正蔵五〇・六六六中）の「法沖伝」が注目される。法沖（五八七?―六六五）は僧詮→法朗→大明→慧嵩→法沖と次第する三論系の禅者である。彼が達摩の弟子の慧可（四八七―五九三）の弟子たちと交流し、特に『四巻楞伽経』を重んじたとある。その一文の中に、慧可に出会って親しく伝授を受けるものは「南天竺一乗宗」に依って『四巻楞伽経』を講義したという。また、もともと達摩自身がこの経典を南北に広め、「言を忘じ、念を忘じ、無得正観を宗とした」とも言う。この一文の中の「無得正観」などは三論的な色彩の強い言葉であるが、先の南天竺一乗宗と共に、無得正観の宗の一句に注目する。

自らの悟りの境地を教に依りながらも、宗に託して教化していく菩提達摩を祖師と仰ぐ運動が興ったことは間違いない。道宣は後に禅宗四祖と称せられる道信（五八〇―六五一、〔『続高僧伝』〕巻二〇、大正蔵五〇・六〇六中、以下）や、三論系の禅者であり、またあるいはその道信門下の異色の禅者法融（五九四―六五七、〔『続高僧伝』〕巻二〇、大正蔵五〇・六〇三下、以下）などの伝記をも収録し、確実に新しい仏教運動である禅宗の濫觴を活写している。

多くの敦煌出土の初期禅宗文献の出現とその研究により、達摩禅の正体は次第に明らかになった。達摩の思想を伝えるという『二入四行論』などにも既に言及したが、『楞伽師資記』『伝法宝紀』『歴代法宝記』などの文献が、いかに達摩の禅法の流れが多彩であったかを示している。

そして、その多彩さが一回、神会（六八四—七五八）による「南宗」を正統とする「北宗」批判という運動により、整理された。ここでもキーワードは宗である。神会はもともと北宗の中心人物として後に批判の正面に据える神秀（?—七〇六）の弟子であったが、後に南宗第一の人物として顕彰する慧能（六三八—七一三）に就いて大悟する。滑台（河南省）の大雲寺で開元二〇年（七三二年）に行った無遮大会において北宗批判を大々的に行った内容が『菩提達摩南宗定是非論』といわれるが、この表題自体に達摩の正系を南宗の名の下に定めるという神会の意図が明らかである(15)。

禅宗の歴史的展開の中で問題の文献は、一群の達摩関係のものから、慧能の説法を収録したという『六祖壇経』に移る。この書物がこれからの禅宗史の動向の出発点であるが、またこのテキストほど禅宗の歴史に翻弄されたものは無いとも言えよう。私たちは敦煌から出たテキストによってその内容を知るが、もっと古いものも在ったとも言われ、またその内容の慧能への帰属の程度は、そこにいかに神会が介在しているかを認定することにより、複雑な判断が求められる。ただ、ここでも、「宗」もしくは「宗旨」ということが要所要所で中心的な立場を表明するキーワードになっていることは疑いない(16)。

南宗と北宗の対立があったという。先学は北宗とは神会が批判のために作り上げた架空の存在であると言うが、神会が北宗と批判する神秀や普寂（六五一—七三九）たちも自らは達摩の流れを汲むものであると信じていたことは疑いない。歴史の流れは南宗が勝利し、後に馬祖（七〇九—七八八）に代表される祖師禅へと展開するが、神会に批判された人々もすぐに消滅したのではなく、中唐時代まで命脈を保ったようである。それは澄観や宗密の引用によって知られる。彼らは神会の批判を知りながらも、その批判意識を表に出さないで中立的な立場から北宗に言及する。

いずれにしても、天下は禅宗の隆盛を迎えた。南宗は五家七宗の展開を見せる。どんなに展開しても、禅宗の中心は徹底的にお互いに宗や宗旨を問い合う。「あなたは仏法をいかに理解しているのか？」という究極的な問いである。例えば、『歴代法宝記』で無住（七一四―七七四）に体無という僧が「和尚は是れ誰の弟子か？　是れ誰の宗旨か？」と問う。無住は「是れ仏の宗旨にして、仏の弟子なり」と答える。[17]『景徳伝灯録』巻六の馬祖道一の章では僧たちと馬祖が「是れ何の宗旨か？」と問いあいながら修行する様子を示す（大正蔵五一・二四六中）。

Ⅵ　教禅一致説の主張

禅宗は自らの宗や宗旨を示しながら、師匠と弟子とが問答を繰り返した。また、生活の面でも百丈（七四九―八一四）以降は寺院生活の規定、清規も作られ、一般の僧侶はやらない耕作などの作務も積極的に行い、自給自足の生活に努めた。

後の成立であるが禅宗は「不立文字、教外別伝、直指人心、見性成仏」（経典などの文字に拠らず、教えとは別に仏心を伝え、直接に人間の本性を示し、本性を見て仏に成る）であると言う。当初の禅宗は問答を中心とした言葉の宗教であったと言ってよいであろう。しかし、前節で扱ったように次第に達摩の言葉も、慧能の言葉も文字化してまとめられた。後には個人の語録が編纂され、また『宝林伝』（八〇一年成立）や『祖堂集』（九五二年成立）、さらに『景徳伝灯録』（一〇〇四年成立）などのような多くの禅者たちの言葉を集大成した灯史という文献も出現した。

経典に依らないとか、文教に随わないとか言っていた禅宗が語録や公案を集大成した文献を大切にしてゆくようになった。禅宗を支える疑偽経典も沢山作られた。このように禅宗が次第に独自の古典を形成してゆくと、その構造は天台や華厳と変わらない教えの形態となってくる。当初は儒者であり、禅者になり、また教学にも造詣の深い宗密が教禅一致説を提唱したのは時宜を得た主張と言えよう。もちろん、宗密の時代にも、教学など顧みない、深山幽谷に坐禅だけの生活を送る禅僧は多かったであろう。ただ、宗密は澄観の影響も受けて、禅者も教学に対する認識が必要であり、またこれは本来禅者であった宗密が一歩進めて教学者も禅宗への認識を深めてもらいたいと考えて、教禅一致説を提案したと考える。さらに、宗密は儒仏道三教一致にも道を開く。中国仏教史は宗密という禅仏教者を迎えて、大きく今日までの歴史の軌跡を決定することになったと判断しても良い程である。

さて、具体的に宗密がどのように教禅一致説を展開したかを見よう。私は教禅一致説という言い方に異を唱えて「華厳禅」[18]という呼称を提案したが、これは成功しなかった。それは華厳と禅とを一緒に学んだという意味では、北宗系の禅者普寂とか、また高麗の知訥（一一五八―一二一〇）の教学も華厳禅と言いうるのである。私は教禅一致説という言い方では教でもあり、禅でもあるように聞こえるが、宗密思想は三教一致説に道を開いた段階で、もはや「教でも禅でもないイデア」、仏教からも禅からも異質な思想体系になったところを華厳禅と称してみたが、普寂や知訥との違いをもっと明確にしてから、論じるべきであった。そこで、この小論では教禅一致説という一般の呼称に従う。また教判から禅宗の流れの中で、教から宗への展開を概観し、教と宗とをキーワードとした私の小論からは教禅一致説を教宗一体論と称しても良いと考える。そこで副題に「教・宗・教宗一体の流れを考察して」と添えた次第である。

彼の教禅一致説は『禅源諸詮集都序』に明らかに出ている。そこで、教の三教と禅の三宗を以下のように対配し、相互に一致すると論証する。

禅の三宗　　　　教の三教

①息妄修心宗………①密意依性説相教（人天因果教、断惑滅苦教、将識破境教）

②泯絶無寄宗………②密意破相顕性教
③直顕心性宗………③顕示真心即性教

以上対応するおのおのが宗と教とで一致すると説く。若干の補説を行う。息妄修心宗は妄念を止めて心性を磨く禅宗であり、北宗禅などが当てられる。それと唯識無境を説く将識破境教とを合一させているのは歴史的に見ると不思議な感じもするが、もともと南北朝時代の地論宗などが北宗禅の背景にあったことを考えてみると、広く唯識教学を北宗禅に相当させることも可能かと思う。密意とは第三の顕示に対する。顕示が明白に心性を説いているとすれば、密意とは仏陀の意図が隠れていて、よく明示されていない教えの謂いである。法の自性によりつつも、結果的には法の表面的な様相を説くに止まるのである。密意依性説相教には第三の唯識以外に、仏教以外の教えである人天教、アビダルマ仏教である断惑滅苦教（惑を断じ、苦を滅する教え）も含むという。宗密の『原人論』（大正蔵四五・七〇八下、以下）では①人天教、②小乗教、③大乗法相教、④大乗破相教、⑤一乗顕性教の五教を説くが、ここでの最初からの三教が密意依性説相教に収められていることが分かる。

次に泯絶無寄宗とは石頭希遷（七〇〇―七九〇）などの禅に対応させている。それに対する教は密意破相顕性教であるが、龍樹の空観仏教、三論教学などがアビダルマの法相を空じて、一切の空性を顕すことになる。牛頭禅などは三論系とも言われるので、この対応にも一分の説得性はあるが、少し無理な感じも受ける。

最後の直顕心性宗は馬祖に由来する洪州宗と神会に遡る荷沢宗とに分かれる。いずれも心性を重んじるが前者が頓悟そのものであるのに対して、後者は頓悟漸修であり、本性を抑えて、しっかり修行（悟後の漸修）を積む荷沢宗に宗密は最高の位置づけを与える。その禅宗の教学的な裏付けは顕示真心即性教となる。『原人論』では一乗顕性教というものである。宗密は『華厳経』や『円覚経』などを最高の仏教と考えるが、高い教えである『華厳経』よりも実践性に優れていると考える『円覚経』を宗密が重んじていることは周知のことである。同じく顕示真心即性教に対配させ、禅宗の直顕心性宗を洪州宗と荷沢宗とに共通するものとしながらも、その二宗を区別することに最大の努力を注いでいる。

この禅の三宗と、教の三教の対応の説明は禅宗の歴史的展開と、厳密な教学的見地からすれば、かなり大雑把なものであり、それほど説得性を感じないが、この教禅一致の試みそのものは大きな流れとなって、それからの仏教史を貫いたと言ってよいであろう。前述のように宗密は『原人論』などでは人天教から向上して一乗顕性教に到達した暁には、向下的に儒教や道教などの仏教以外の人天教にもある一定の位置付けを与えることが出来るとする三教一致説にも道を開いた。これも後代に大きな影響を与える。

本論のテーマから総括すれば、初期禅宗において、宗や宗旨の自立が見られ、多くの禅者が輩出して、多くの語録や灯史が編纂されたが、それらの文献が経論と対等なものに成り、禅者の古典となって文献化し、今の宗密の教禅一致の弁証により教学も禅宗も相通ずる道が開拓されて、インド伝来の大小乗教の経論と中国成立の禅宗文献が同居しうる理論が構築されたと言えよう。ここにインド伝来の漢訳大蔵経という呼称よりも、中国大蔵経と呼ぶに相応しいすべてを網羅した大法の成立が可能になったということが出来る。次節では本来は漢訳大蔵経であった世界にいかに禅宗文献が加えられて、いわば中国大蔵経と呼ぶべきものが成立したことを示そう。

Ⅶ　中国大蔵経の成立――経録による確認――

中国には儒学の伝統として目録学が漢代から成立している。仏教にも経録と呼ぶ目録の伝統が成立した。前に述べたように儒学から仏教の典籍の乱雑さ、不統一などが指摘された。その批判は釈尊の聖人としての人格にまで及ぶことでもあったので、仏者たちは教判により大小乗が仏説であることを合理的に示そうとした。この経典目録、つまり経録の努力もいかにインド伝来の経律論の三蔵が整然としたものであるかを一見して分かるように配列した努力と言えよう。

現存する主な経録は以下に列挙する十一種であるが、第一の僧祐（四四五―五一八）の『出三蔵記集』以前に東晋の釈道安が経録を作成していたことに注目する。釈道安は大乗とアビダルマの価値判断に悩んだというが、鳩摩羅什以前の段階で伝来していた経律論の三蔵を整理して、事実としての仏典の広がりを確認していたことの意義は大きい。

十一種は以下のようである。

①『出三蔵記集』一五巻（梁の僧祐撰）
②『法経録』七巻（隋の法経等撰、五九四年）
③『歴代三宝紀』一五巻（隋の費長房撰、五九七年）
④『仁寿録』五巻（隋の玄琮撰、六〇二年）
⑤『静泰録』五巻（唐の静泰撰、六六四年）
⑥『大唐内典録』一〇巻（唐の道宣撰、六六四年）
⑦『古今訳経図紀』四巻（唐の靖邁撰）
⑧『大周刊定衆経目録』一五巻（大周の明佺等撰、六九五年）
⑨『開元釈教録』二〇巻（唐の智昇撰、七三〇年）
⑩『貞元新定釈教目録』三〇巻（唐の円照撰、八〇〇年）
⑪『至元法宝勘同総録』一〇巻（元の慶吉祥等撰、一二八九年）

これらの経録は原則的にインド伝来の経律論の三蔵を収録したものである。存欠や真偽の判定も入る。その真偽論に関して、北周破仏の影響を受けた費長房は儒教や道教に対して仏教の優位性を示すために、あまり検討しないで多くの真偽不明の経典などを採録した。その影響はもっとも権威のある『開元釈教録』においても払拭できなかった。

中国の仏者の著作は『出三蔵記集』から経典の序文や個人の論文なども収録されている。それぞれの経録で出入りがある。『開元釈教録』では巻二〇（大正蔵五五・七二二上、以下参照）にそれ以前の経録を収め、さらに『高僧伝』『続高僧伝』などの高僧伝類、『法顕伝』『大唐西域記』『大唐南海寄帰内法伝』などの旅行記、『弘明集』『広弘明集』などの三教交渉に関するもの、『経律異相』『諸経要集』『一切経音義』などのように経律論全体に関わるものなどが収録されている。これらのものは梵本翻訳の後で「此方撰集」（中国で撰述、あるいは収集されたもの）とけじめを付けて紹介されている。原本である高麗版のテキストには無く、重出の明版テキストにより大正蔵経に収められたので、智昇が後に加えたか、後人が加えたのかもしれない。

『貞元新定釈教目録』第三〇巻（大正蔵五五・一〇四五中、以下）で『開元釈教録』を受けて「此方撰集」として同様の書目を載せている。ここまでの経録には特定の教学の書物は収録されていないことを確認できる。もちろん、禅宗を含めてのことである。

ところが、『至元法宝勘同総録』になると唐・五代を過ぎ、また南北宋代をも経過し、四〇〇年以上が過ぎているので、巻一〇の「東土聖賢集」（『昭和法宝総目録』第二巻、二三五頁中以下）では一一八部の典籍を収めるが、僧祐の『釈迦譜』一〇巻から始まって、『開元釈教録』以来の典籍に加えて、澄観の『華厳経疏』四〇巻など華厳教学、基の『成唯識論述記』一〇巻などの唯識教学、『摩訶止観』一〇巻などの天台教学、などに加えて『景徳伝灯録』などの禅宗文献が収録されている。

宋代から禅宗文献が大蔵経にいかに入蔵されていったかについては先学の研究に拠る(19)。そして、現在私たちが活用している『大正大蔵経』や『卍続蔵経』に見られるように多くの禅宗文献が大蔵経の中に収録され、インドからの三蔵に伍するか、それを圧倒するほどのものになっている。もはや漢訳大蔵経と言うよりも中国大蔵経もしくは中華大蔵経と呼んだ方が相応しい内容である。ここにおいて中国における大法は成立するが、これは現在も形成の途上にあり、まだまだ未来永劫にその発展は続くと言ってよいと思う。

Ⅷ　大法成立の意義と課題——大僧への展開の視点から——

この中国、または中華大蔵経、大法の形成の意義は何であろうか。先ずインドからの三蔵を徹底的に漢訳したことがベースになっていることが指摘できよう。全く文化的、思想的背景が異なる仏教文献を漢代から営々と千年以上にわたって訳し続けた努力はただただ尊敬するのみである。また経録による真偽の判定がありながらも、多くの中国成立三蔵が堂々と存在していることも特筆に価しよう。

最初に指摘したことであるが、異質な仏教である部派系統も大乗仏教もともに仏説としたこと、また教学の伝統とそれに異議を唱えた禅宗の文献も結果的に大蔵経の中で共存したことも特色の一つになろう。これは中国思想の根底にある天地同根、陰陽循環的な極と極との共存を許す傾向に仏教も収まったと言えよう。この結果、これは日本の極めて宗派性の強い仏教から見ると、あまりセクト的ではない、総合仏教的な立場が現在でも仏教界に流れることになった。大きく仏教の特質が問われ、儒教や道教との違いが問題にされる。しかし、三教一致的な立場が強くなると、一体何が仏教なのかが問われなくなり、曖昧模糊としたものとなる弱点もあると思う。政治的に強烈なイデオロギーが出てくると、仏教のもろさが露呈する。

さて、この中国で成立した大蔵経を新羅・高麗以来の朝鮮仏教も、また日本も継承した。現代の韓国仏教までの歴史を見ると、曹溪宗などは華厳教学の上に禅宗が載っている形である。大仏と大法の影響を受けたが、日本で成立する大僧の影響は日本の占領下だけの限定したものであるから、ほとんど深く受けてはいないと考えてよいであろう。曹溪宗の他にも宗派があるが、日本ほどのセクト性、原理主義的な面はないようである。檀家制度も無い韓国仏教では僧侶が修行し、その結果を信者が崇拝する。日本の寺院中心、宗派中心の仏教に比較すると、韓国は人物中心の仏教になっている。

それに比べると日本は南都（奈良）の仏教以来、セクトが生命になった。宗派的である。また出家と在家の問題では在家仏教を謳歌している。これも中国や韓国との違いである。この日本の在家仏教化については別な考察が必要と考える。禅者のセクトの強さについて私は日本において大僧が成立したと認識する。大僧とは大きな教団という意味だけではない。宗派性の強い、排他的な教団が成立したということである。

それならばインドの部派と大乗の対立も排他的ではないかと反論するかもしれないが、インドの場合は釈尊の共有性が存在する。「仏説ではない」と批判された大乗もいかに「大乗も仏説である」かを弁証する努力を行う。日本の宗派性は宗祖絶対主義であり、宗派間で本尊をも共有しない激しさを有する。

なぜこのような日本の宗派性が強い仏教が生まれたかについては「元暁・法蔵融合の教学」もしくは「全一のイデア」というテーマで論じたことがある。[20] 華厳教学から発信する強烈な一乗思想が日本仏教を流れている。それが日本にセクトの強い大僧の仏教国を結果した。

日本の仏教研究者はインド以来の大仏・大法・大僧の伝統と、明治以来のヨーロッパからの近代仏教学の到来の流れの両者に対峙しなくてはならない状況である。中国大蔵経に由来する大法と近代仏教学の将来した大法（パーリ、サンスクリット、チベット文献の総体）はかなり異質である。この異質な両方の流れの前で研究者も、実践者もどうしたらよいかとたじろいでいるのが日本仏教界の現況である。

（1）楠本香代子『スリランカ巨大仏の不思議―誰が・いつ・何のために―』（法蔵館、二〇〇四年）参照。
（2）宮治昭『仏教美術のイコノロジー―インドから日本まで―』「巨大仏の思想―弥勒仏と盧遮那仏―」（吉川弘文館、一九九九年）参照。
（3）『鳩摩羅什法師大義』（または『大乗大義章』）、大正蔵四五・一二二中、以下）参照。
（4）『出三蔵記集』巻九（大正蔵五五・六八上）所収。
（5）以下の教のあり方をめぐる議論については小林正美「三教交渉における〈教〉の観念」（吉岡博士還暦記念『道教研究論集―道教の思想と文化―』所収、国書刊行会、一九七七年、後に小林正美著『六朝道教史研究』所収、創文社、一九九〇年に所収）の教示による。
（6）『広弘明集』巻七「十七衛元嵩」（大正蔵五二・一三一上）参照。
（7）『広弘明集』巻八（大正蔵五二・一三六中、以下）所収。
（8）『法華玄義』巻九（大正蔵三三・七九四中）参照。
（9）拙論「四宗判と空義」（『印仏研』二四―二、一九七六年三月）参照。
（10）拙論「法蔵の四宗判の形成と展開」（『宗教研究』五三―一、一九七九年六月）。
（11）拙著『華厳禅の思想史的研究』（大東出版社、一九八五年）参照。
（12）石井公成「則天武后「大乗入楞伽経序」と法蔵『入楞伽経心玄義』―禅宗との関係に留意して―」（『駒澤大学禅研究所年報』13・14合併号、二〇〇二年）参照。
（13）柳田聖山『初期禅宗史書の研究』「禅と禅宗―その二―」（法蔵館、二〇〇〇年、四四七頁）参照。
（14）柳田聖山『禅の語録①　達摩の語録』（筑摩書房、一九六九年、三二―三三頁）。
（15）小川隆『唐代の禅僧②　神会―敦煌文献と初期の禅宗史―』（臨川書店、二〇〇七年）参照。
（16）中川孝『禅の語録④　六祖壇経』（筑摩書房、一九七六年）参照。

(17) 柳田聖山『禅の語録③　初期の禅史Ⅱ』（筑摩書房、一九七六年、二二六頁）参照。

(18) 前注11所引拙著。

(19) 柳田聖山「大蔵経と禅録の入蔵」（『印仏研』二〇―一、一九七一年、後に柳田聖山集第二巻『禅文献の研究　上』所収、法蔵館、二〇〇一年）、椎名宏雄『宋元版禅籍の研究』（大東出版社、一九九三年）参照。

(20) 拙著『華厳一乗思想の研究』（大東出版社、一九九一年、二〇〇三年再版）、拙論「全一のイデア―南都における「華厳宗」成立の思想史的意義―」（鎌田茂雄博士古稀記念『華厳学論集』大蔵出版、一九九七年）、拙論「東大寺大仏造立の意義」（『印度哲学仏教学』二一号、北海道印度哲学仏教学会、二〇〇六年）参照。

第二部　浄影寺慧遠の『大乗義章』と地論師

経律論引用より見た『大乗義章』の性格

一　問題の所在

インド伝来の仏教が中国人の宗教として、中国仏教として成立するには幾多の紆余曲折があった。中国に伝った経律論の三蔵は膨大な量であるが、それでもインド成立の経律論全体に比較すれば、その一部分が伝来したにすぎないであろう。しかもインドにおいては釈尊の転法輪を基点にして根本仏教・原始仏教・アビダルマ仏教・大乗仏教と一応思想史上の系列が明らかであり、それぞれの成立した地域や時代に多少のずれはあるにしても、ある場合は前者を継承し、ある場合は前者を批判し、またある場合には前者を超克する形式で、膨大な経律論の三蔵を成立させ、教理大系を樹立したのであった。しかし中国においては、インドにおける教理の展開を尺度にすることはできない。中国に来た三蔵法師はインドの教理の歴史を熟知していたとはいえ、やはり経律論の翻訳に関しては自己の教学が中心であった。また三蔵法師がこれは大切な経論だと考えても、中国人の要請は別な経論にあった場合も多々あったと思われる。

またインドにおける成立の時代が異なるものが、ある場合は同時に、ある場合には前後逆に翻訳されたことは、中国仏教史の上に種々のあやもようを生むのである。また『大品般若経』『涅槃経』『維摩経』『十住経』『法華経』

『解深密経』『楞伽経』『華厳経』『摂大乗論』『大毘婆娑論』などのように何回も重訳された経論は、その経論自体の研究史が大きなテーマとなるし、また、それらの経論は中国独特の学派の成立となり、従って特有の教学を成熟させるに至るのである。

さて、『大乗義章』は『十地経論』を中心とする、いわゆる地論学の大成者とされる慧遠（五二三―五九二）の著であるが、これを前述のような中国仏教の教理形成の独特な歴史の上に位置づけてみたいと思う。中国仏教が成立するには、まずインド仏教の遺産を消化吸収する必要があったが、それはつまりインド的教理思想の解体・組みなおしの作業であった。そして新しい教理思想を創造してゆく。しかも、そのためには中国成立の経典、いわば偽経をも作成した。更に経律論への注釈注疏は、この消化・吸収・解体・創造の明らかな証拠である。我々は中国仏教者の注釈を読むことによって、インドの釈尊に源を発する仏教の流れを懸命にさかのぼり本源に到り、その泉から直に法水を飲もうという努力を見ると同時に、中国仏教史の大きな流れの中で、その時代の要請、教団史上の諸問題、その他個人的諸事情によって、逆に流され、はからずも全く新しい問題意識とそれをめぐる新しい教理思想の形成をなしている面との両面を見るのである。

横超博士が指摘されたように南北朝から隋にかけて大乗思想が興起し、『大乗義章』に類した書物が多くあらわれる。(1) しかし現存するものとしては、この慧遠の『大乗義章』が唯一のものである。(※1)『大乗義章』は経律論の注釈ではないが、その副産物といえるであろう。辞典ではあるが、しかし単なる辞典以上の教学上の重要な側面もある。ともかく、全体が経律論の要文の抜き書によっており、経律論を慧遠なりに整理したものであることは明らかである。ここでは、その経律論の引用の仕方を見ることによって、経律論と『大乗義章』の構成とのかかわりを考え、『大乗義章』の性格を考察し、南北朝から隋にかけての教理研究の一断面に光をあててみたいと思う。

二 『大乗義章』の構成について

『大乗義章』は五聚から成る。教聚・義法聚・染法聚・浄法聚・雑法聚の五つであるが、現存本では最後の雑法聚は欠けている。教聚は『大乗義章』の内容の源となる教法をあつめたもの。三門に分かれ、第一の「衆経教迹義」とは教判批判を行ない、特に南地の五時教判を批判して、声聞・菩薩の二蔵義をのべる。種々の経典も結局、内容的に考えれば二蔵を出ないというのである。第二の「三蔵義」は経律論について、第三の「十二部経義」は文字通り九部経、十二部経の分別であって、先の「教迹義」が内容面からの教法の分類とすれば、この二門は教法の形式的分類といえる。

次に義法聚は「仏性義」から「二十二根義」まで、目録上では二六義であるが、「四空義」が重複しているから二十五義となる。配列の順は、他の所もそうであるが、一法から順次増数する形式を取る。この形式はインドにおいても『長阿含経』「衆集経」などを始めとして一般に広く用いられた教法の整理の方法であった。しかし、慧遠の師法上（四九五—五八〇）の著作に『増一数法』四〇巻、『仏性論』二巻、『大乗義章』六巻、『衆経録』一巻などがあり、特に『増一数法』は一法から始めて十法百法千法にまで至るといわれるから、(2) 慧遠も直接的には法上の方法に順じたのであろう。さて、この義法聚が『大乗義章』の中でも特色ある部分と考えられるが、この中で、アビダルマ仏教の中で広く論究されたものが多い。三有為・三無為・四縁・五果・六因・二十二根などがそれである。四諦・十二因縁は原始仏教以来のものである。二無我・三解脱門・四優檀那なども大乗仏教の教理以前のものであるが、大乗仏教において深められたものである。他の仏性・仮名・入不二門・二諦・如法性実際・四空・四悉檀・四真実・五法三自性・六種相門・八識・十因・十一空・十八空の一四義は特定の大乗経論を明示している場合もあるように、だいたい大乗の教理と考えられる。この中で「仏性義」と「八識義」とは表裏の関係で密接な内容上の連りを有し、共に主体的側面の論究にかかわるテーマであるが、「十因義」と「六種相門義」との二門を別にして他の十義は空を体とする真実境を説くテーマ群と考えられる。慧遠は「仏性義」で体を弁じて、能知性と所知性との二分説を立てるが、それに従えば、「仏性義」や「八識義」は能知の列に属し、空や如法性実際などは所知の側に入るのである。

このように考察を進める時、この義法聚二五門の分類は、やはり「二諦義」中の四宗の分類によるべきことがわかる。すなわち⑴立性宗（因縁）、⑵破性宗（仮名）、⑶破相宗（不真）、⑷顕実宗（真）、の四宗である。慧遠はここでこの四宗判は教法の内容の分類であって、経典の分類ではないと、天台大師が『法華玄義』で言うのと同様のことを言っているが、一応立性宗にはアビダルマ仏教、破性宗には『成実論』をあて、破相宗と顕実宗には特定の経論を当てず、ただ大乗中の浅が破相、深が顕実と定義する。そして、ある人が『大品経』『法華経』を不真宗とし、『華厳』『涅槃』『維摩』『勝鬘』などを真宗とすることを否定する。従って、先の義法聚の綱目の中でも、四空とか十八空などは『大品般若経』に出るから不真宗に属するとはいえず、十一空は『涅槃経』に出るからといって真宗に属するとはいえない。空を単に空無相の意に解釈すれば確かに破相宗の分斉に属するであろうが、顕実宗に属するような解釈をすれば、それこそが真実だというのである。従って先に義法聚二五門のだいたいの分類をしてみたが、それはあくまで現代の我々の眼からの分類であって、この四宗判の眼から分類することが必要であり、それが当時の学会の特殊なあり方を見ることにもなるであろう。『成実論』をアビダルマと大乗とから別立している所などは正に中国仏教の特殊事情なのであろうが、このような所が『大乗義章』は南北朝教学の集大成といわれる理由である。

この四宗判を考慮してみるならば、顕実宗を基点として義法聚の一切の義科があることになるであろう。顕実宗の依持門として「八識義」があり、縁起門として「仏性義」がある。顕実宗の前提としての破相宗に属する各種の空無相義があり、破相宗の前段階として『成実論』による破性宗の仮名義がある。更に破性宗の前提として立性宗（因縁宗）としてアビダルマの教学があり、六因四縁五果とか十二因縁などがそれである。(※3) 我々の用いる原始仏教という概念は明治以来のパーリ仏典の批判的研究によって、釈尊とその弟子達を中心とする仏教を明確にしようとして出てきたものであったが、中国仏教において釈尊の直説であるとか、あるいはそれへの歴史的遡源への意識はいかに自覚されているのか。先の教聚の冒頭における「教迹義」の迹ということばは、その辺の自覚をうかがわせる。五時判が何の経典でも仏陀一生の中におしこめようとする試みであったのに対し、「教迹義」は各々の経典の独立性、統一性、完結性を主張する。五時判においては各々の経典が仏陀の経説の一面を代表したのに対し、「教迹義」では経典は仏陀の教説の全面を主張するものとする。経典が仏陀の一生から各々独立し遊離することによって、仏陀の一生は解体してしまったわけだが、では教法の源泉をどこに求めるか。いわばインドの論師達が阿含量（āgama）として、所依としていたようなものを中国の仏者はどこに求めたのか、という問題である。この南北朝から隋にかけて大乗思想が興ったといわれるが、名は同じでもインドにおける大乗思想とは内容が異なるであろう。大乗という名の下に中国仏教独自の要求とテーマが出てきて、それの解決に迫まられたと考えるべきであろう。今問題の経律論に対する認識の問題もその一つである。後の唐代におけるように、積極的に自分はこの経によるのだと主張するのも一つの解答であろうが、何が真実かと模索して、道を求める方法もある。慧遠の「教迹義」における思索はまさにそれであり、衆経の雑多な内容を雑多なままで認めながらも、その底流に一貫したものを見ようとの努力であった。今の四宗判もそうである。種々様々の教法は四つの範疇に分類できるが、それぞれを顕実宗の立場から検討してゆく、いわば真実義の立場から、あらゆる教法を解釈する、これが『大乗義章』の根底を流れる基調といえる。義法聚二五門は、その基調の具体化である。しかも一切の教法の中で最も基本的なものが選択され、以下の染法聚・浄法聚などの基盤になる。

以上のことから義法聚の構成は方法論的には「二諦義」を中心に、内容的には「仏性義」と「八識義」を柱にして、以下の染浄二門の基盤となる教法が集められたといえる。次に染法聚は三門に分かれ、煩悩義が三〇義、諸業義が一六義、苦報義が一四義で、全体で六〇義が収められる。この煩悩業苦の三分類はアビダルマ仏教によるものであるが、その内容を細かに見るならばアビダルマ仏教の教理とはだいぶ異なることがわかる。アビダルマ仏教では、たとえば『大乗義章』によく引用される『雑阿毘曇心論』を見てもわかるように、「業品」「使品」の二品がこの部分に当たるであろうが、前後が一応の脈絡を持ちながら種々の教理が展開される。それに対して『大乗義章』では経論から煩悩や業や苦に関する所を引いてくるのだから必然的に前後の連絡はないし、彼自身の煩悩観・業観・苦観をうかがうことができない。またアビダルマ仏教では五陰・十二入・十八界の三科は一切の考察の基礎として冒頭にあり、『雑阿毘曇心論』でも、それを継承した『倶舎論』でも「界品」（dhātu の考察）で論究される。ここに『雑心論』などの論述の意図があるわけであるが、『大乗義章』では単に苦報義におさめられて、あまり重視されていない。『雑心論』でいえば「行品」第二、『倶舎論』でいえば「根品」第二で論述される六因・四縁・五果や心心数法（三有為）が義法聚に摂せられて、より基本的なものとせられ、アビダルマ仏教では六因・四縁などより基本的とされる五陰・十二入・十八界の三科説が単に染法聚の苦報義に入れられる。このようなアンバランスは種々の面にあると思われるが、これはその一例である。

次に浄法聚に二門に分れ、因法は一一五義、果法は一八義ある。浄法聚の因法とは特に菩薩の修行綱目を集め、この部分が量的にいえば『大乗義章』の中で一番大部である。内容的に言えば戒定慧の三つに分類できるであろう。この部分が量的にずば抜けて多いということはやはり、当時の菩薩仏教への要求を反映しているのであろう[4]。この因法の中にも種々の問題点はあるが、その一つを取上げるならば、「一乗義」がある。これは慧遠の『法華経』

観とも関係する問題であるが、この「一乗義」が義法聚に入れられないで浄法聚・因法に入れられていることは不思議である。あるいは浄法聚・果法に入れてもよい教法ではないか。吉蔵の『大乗玄論』「一乗義」や智顗の解釈などと対比して考えるならば、逆の面から慧遠の教学の特質を闡明できると思う[5]。

果法は仏陀の果徳に関する教法をまとめたのである。『大乗義章』と他の慧遠の著作との引用関係の問題は後に触れるが、『大乗義章』内部でも説明を後にゆずったり、前にすでに説明したとしている場面が多い。それをすべて整理してみると、先述の義法聚の「仏性義」と「八識義」とが、この浄法聚・果法の「涅槃義」と相呼応していることがわかる。すなわち「涅槃義」は「八識義」を予想し、また「仏性義」も「八識義」を予想しつつ教説を展開し、結局「八識義」を中核として「仏性義」と「涅槃義」とが内容的に結合する。先述のように四宗判の第四顕実宗（真宗）の両翼を構成するのが「八識義」と「仏性義」とであったが、この両者の教法の背景に「涅槃義」のあることが知られる。そして、これら仏性・八識・涅槃の三義が、『大乗義章』の中でも特色ある教学であるし、また『大乗義章』の基本的立場を示すともいえる。

最後に雑法聚は現存本では欠けているが、『続高僧伝』の「慧遠伝」によれば「大乗義章十四巻合二百四九科。分為二五聚一。謂教法義法染浄雑也。[※4]」とあり、現存本[※5]は二六巻二二二科であるから、多分雑法聚は二七科より成っていたのであろう。しかも、もともとは最後の一巻が雑法聚にあてられ、現存本の巻類にすれば二巻に相当する。この部分にいかなる内容の教法があったのか不明だが、あるいは、この部分にユニークな教学、経論によらない彼独自のテーマが列挙されていたかもしれない。

以上で『大乗義章』の構成を概観したが、内容的に見れば義法聚と浄法聚・果法とが重要であり、量的には浄法聚・因法に重心があることが明らかである。ただ個々の内容についてみれば配列の面で問題点もあるが、『大乗義章』のような増一的形式の配列で前後の脈絡が無視され、その意味では全く辞典の体裁を取っている書物としてはやむをえないことであった。後の窺基の『大乗法苑義林章』や智儼の『華厳経内章門等雑孔目章』などの説目と比較するならば、より一層『大乗義章』の構成の特色が明らかになると思う。

三　経律論の引用をめぐる諸問題

a　引用経律論一覧

『大乗義章』の内容が経律論からの抜粋・引用によることは一見して明らかである。今、その経律論を列挙するが、もちろんこれですべてではないであろう。ただ主要な経律論は指摘できるであろう。玄奘三蔵（六〇〇―六六四）の大翻訳以前の段階で、南北朝末から隋にかけて活躍した慧遠の教学を支えた経律論のだいたいの輪郭はわかるし、また他の同時代の教学者の経律論引用を見る基準になるだろうと思う。

A　経部

1　『長阿含衆集経』（大正蔵一巻）後秦仏陀耶舎共竺仏念訳
2　『長阿含十上経』（〃）同右
3　『長阿含善生経』（〃）同右
4　『長阿含梵動経』（〃）同右
5　『仏開解梵志阿颰経』（〃）呉支謙訳
6　『中阿含舎利弗教化病経』（〃）東晋瞿曇僧伽提婆訳

7 『中阿含福田経』（〃）同右
8 『雑阿含経』（大正蔵二巻）劉宋求那跋陀羅訳
9 『鴦掘魔羅経』（〃）同右
10 『増一阿含経』（〃）東晋瞿曇僧伽提婆訳
11 『仏説普曜経』（大正蔵三巻）西晋竺法護訳
12 『大品般若経』（大正蔵八巻）後秦鳩摩羅什訳
13 『金剛般若経』（〃）同右
14 『仁王般若経』（〃）同右
15 『法華経』（大正蔵九巻）同右
16 『華厳経』（〃）東晋仏駄跋陀羅訳
17 『十住経』（大正蔵一〇巻）後秦鳩摩羅什訳
18 『勝鬘経』（大正蔵一二巻）劉宋求那跋陀羅訳
19 『仏説無量寿経』（〃）曹魏康僧鎧訳
20 『大般涅槃経』（〃）北涼曇無識訳
21 『仏説大般泥洹経』（〃）東晋法顕訳
22 『遺教経』（〃）姚秦鳩摩羅什訳
23 『大方等大集経』（大正一三巻）北涼曇無識訳
24 『阿差末菩薩経』（〃）西秦竺法護訳
25 『奮迅王問経』（〃）元魏瞿曇般若流支訳

26『賢劫経』（〃）西秦竺法護訳
27『維摩詰所説経』（大正蔵一四巻）姚秦鳩摩羅什訳
28『仏説五王経』（〃）失訳
29『楽瓔珞荘厳方便品経』（〃）姚秦曇摩耶舎訳
30『首楞厳三昧経』（大正蔵一五巻）姚秦鳩摩羅什訳
31『七巻金光明経』（大正蔵一六巻合部金光明経所収）陳真諦訳
32『大方等如来蔵経』（〃）東晋仏陀跋陀羅訳
33『不増不減経』（〃）元魏菩提流支訳
34『楞伽阿跋多羅宝経』（〃）劉宋求那跋陀羅訳
35『入楞伽経』（〃）元魏菩提流支訳
36『深密解脱経』（〃）同右
37『相続解脱経』（〃）劉宋求那跋陀羅訳
38『正法念処経』（大正蔵一七巻）元魏瞿曇般若流支訳
39『大方等陀羅尼経』（大正蔵二一巻）北涼法衆訳
40『提謂経』(6)

B　律部

41『摩訶僧祇律』（大正蔵二二巻）東晋仏陀跋陀羅共法顕訳
42『四分律』（〃）姚秦仏陀耶舎共竺仏念等訳
43『四分律比丘戒本』（〃）姚秦仏陀耶舎訳

44 『菩薩瓔珞本業経』（大正蔵二四巻） 姚秦竺仏念訳
45 『優婆塞戒経』（〃） 北涼曇無讖訳

C 論部

46 『大智度論』（大正蔵二五巻） 後秦鳩摩羅什訳
47 『金剛般若波羅蜜経論』（〃） 元魏菩提流支訳
48 『法華論』（大正蔵二六巻） 菩提流支共曇林等訳
49 『十住毘婆沙論』（〃） 後秦鳩摩羅什訳
50 『十地経論』（〃） 後魏菩提流支等訳
51 『阿毘曇毘婆沙論』（大正蔵二八巻） 北涼浮陀跋摩共道泰等訳
52 『鞞婆沙論』（〃） 符秦僧伽跋澄訳
53 『舎利弗阿毘曇論』（〃） 姚秦曇摩耶舎共曇摩崛多等訳
54 『阿毘曇心論』（〃） 東晋僧伽提婆共慧遠訳
55 『阿毘曇心論経』（〃） 高斉那連提耶舎訳
56 『雑阿毘曇心論』（〃） 劉宋僧伽跋摩等訳
57 『菩薩地持経』（大正蔵三〇巻） 北涼曇無讖訳
58 『菩薩善戒経』（〃） 劉宋求那跋摩訳
59 『転識論』（大正蔵三一巻） 陳真諦訳
60 『唯識論』（〃） 後魏瞿曇般若流支訳
61 『摂大乗論』（〃） 後魏仏陀扇多訳

62 『摂大乗論』（〃）陳真諦訳
63 『摂大乗論釈』（〃）同右
64 『究竟一乗宝性論』（〃）後魏勒那摩提訳
65 『成実論』（大正蔵三二巻）姚秦鳩摩羅什訳
66 『解脱道論』（〃）梁僧伽婆羅訳
67 『大乗起信論』（〃）梁真諦訳

D　その他

68 『註維摩経』（大正蔵三八巻）
69 『阿育王伝』（大正蔵五〇巻）西晋安法欽訳

以上の経律論であるが、直接に名前を明示しているのがこれだけで、他に内容を出しながら名前は出さない経論も多いと思う。ここに出ていない経典で、『温室経』とか『観無量寿経』の注釈も現存しているから、それは当然考えられると思うが、一応の基準として、慧遠が『大乗義章』の著述に際して主として典拠とした経律論の範囲は明らかだと思う。

この一覧表には引用の頻度は出していないが経典では『涅槃経』、論部では『大智度論』『十地経論』『雑阿毘曇心論』『地持論』『成実論』が多く引用され、慧遠と匹敵しうる博引傍証の教学者吉蔵（五四九―六二三）の『中観論疏』にみられる経律論の引用の傾向と一致する面も多いが、『十地経論』や『地持論』の引用の多いことは地論学の面目を発揮したと言えるであろう。(7) 両者に共通する『涅槃経』『大智度論』『成実論』『雑阿毘曇心論』の四つの経論は、経論自体が仏教に関する総合的な見地を含む教学を有すると同時に、当時の流行の教学の所依の経論であった事実も重視しなくてはならない。

次に三階教の信行（五四〇—五九四）の『三階仏法』や『対根起行法』にみられる経律論の引用の傾向と比較する[8]ならば、逆に信行の教学の特色を浮彫りにすることができる。慧遠の引用経律論の中で疑経は『提謂波利経』のみであり、他の経論はすべて由緒正しいのに対し、信行の引用経律論には『像法決疑経』『最妙勝定経』『浄度三昧経』など、多くの疑惑経典が含まれている。慧遠も信行も共に北斉鄴都を中心に修業した同時代人であり、ともに『涅槃経』などによる如来蔵仏教の思想系列にある人であるが、教学の形式内容には大きな差異がある。信行の研究のためにも、慧遠研究のためにも、両者の教学の比較検討が必要であるが、他日の課題としたい。

b 『大乗義章』の義目と経律論

前項では『大乗義章』全体における引用経律論の傾向を見た。それと重複することにはなるが、ここでは『大乗義章』の義目に焦点を合わせて、経律論を中心にまとめてみたい。『大乗義章』の義目はもともと二四九科あったといわれるが、現存本では二二二科である。そのうち「〇〇経に出ず」とか「△△論に依る」と冒頭で明記してあるものが一一四科ある。これはその教理が特にその経律論に特有のものであって、慧遠が取上げて『大乗義章』に収録したものである。他の一〇八科は特別の経論によらないものである。すなわち、多くの経論に出ている教理であって、伝統の古いテーマともいえるであろう。（まず経律論を中心に一一四の科を列記してみよう。経典の頭番号は先の経律論一覧表による。義目の頭番号は、大正蔵四四の『大乗義章』の目次の番号、カッコ内はそれぞれの経律論の頁）

1『長阿含衆集経』　120四種道（五一上）

3『長阿含善生経』　73十四垢業（七〇上）、197離十四垢業（七〇中）、198離隠六方離四悪友摂四善友（七一下）

4『長阿含梵動経』　58六十二見（八八中）

6『中阿含舎利弗教化病経』173十種慰喩（四五八中）

8『雑阿含経』78四有義（一七八上）

12『大品般若経』9如法性実際（二一九下）、28十八空（二一九下）、57十六神我（二三二下）、13四空（二五〇下）、221十八不共法（二五五下）、190三乗共地（二五九下）、138五種菩提（二七一中）、56十四難（三二四中）

14『仁王般若経』137五忍（八二六中）

16『華　厳　経』181十住（四四四下）、182十行（四四六中）、176十無尽蔵（四七四下）、183十廻向（四八八上）、23六種相門（五四五中）、174十願（五四五中）、177信等十行（五四六中）、180十無生忍（五六四中）、178十明（五七八上）、179十忍（五八〇下）、189菩薩十無畏（六四九下）

18『勝　鬘　経』76二種生死（二一九下）、38五住地（二二〇上）

20『涅　槃　経』112人四依（三九六下）、48八慢（四二八下）、141五行（四三二上）、88二十五有（四四八中）、122四種味（四六一上）、26十一空（四六一中）、147六念（四六八上）、185十功徳（四八七上）、46七漏（四九六下）、92金剛三昧（五〇九中）、186見性十法（五二六中）、115四親近行（五二八下）、74十六悪律儀（五三八中）、187涅槃十因（五四九上）、116転業四行（五五二上）、56十四難（五九六下）

22『遺　教　経』165八大人覚（一一二一中）

25『奮迅王問経』201菩薩十八不共法（九四五下）

27『維　摩　経』6入不二門（五五〇中）

34『四巻楞伽経』24八識（四九六上）、22五法三自性（五一〇下）

37『相続解脱経』33三使（七一七下）、107三量智（七一九中）

42『四　分　律』144五徳挙罪（八三六上）

46『大智度論』15四悉檀（五九中）、110三種住（七五下）、128菩薩四無畏（九九中）、105三種般若（一三九上）
75飲酒三十五失（一五八中）、192十一智（二三二下）、188菩薩十力（二四五下）、221十八不共法（二四七中）
106三智（二五八下）、150六種善法（二五九下）、28十八空（二八五中）、20六因（二九六下）
9如法性実際（二九七中）、57十六神我（三一九中）、13四空（三九四上）、138五種菩提（四三八上）
56十四難（五四六下）、190三乗共地（五八五下）

47『金剛般若経論』208三仏（七八四中）

50『十地経論』148六種決定（一二六下）、55十障（一二七上）、98証教二行（一二九中）、208三仏（一三八中）
177信等十行（一四一中）、132五品十善（一四八下）、108同相三道（一七九上）、109別相三道（一七九上）
180十無生忍（一七九中）、202二十種法師徳（一八九下）

51『阿毘曇毘婆沙論』200十六特勝（一〇六下）

56『雑心論』20六因（八八三上）、19五果（八八五上）、65曲穢濁業（八九六下）、47七使（八九七下）
45六垢（九〇四中）、169九断智（九〇六上）、120四種道（九三七上）、78四有（九四六中）

57『地持論』16四真実（八九二下）、50八妄想（八九五中）、124四種求知（八九五下）、209三智（九〇一中）
110三種住（九〇一下）、25十因（九〇三上）、19五果（九〇四上）、202二十種法師徳（九〇五上）
145五種教誡（九〇五下）、49八種悪覚（九一一中）、144五徳挙罪（九二四中）、175十種供養（九二五上）
195十二巧方便（九三〇上）、125四陀羅尼（九三四上）、130五願（九三四中）、14四優檀那（九三四下）
139五種方便（九三六上）、166八法摂摩訶衍（九三七中）、158七種大乗（九三七中）、196十三住（九三九下）
193十一浄（九四五中）、142五生（九五三上）、154六摂（九五三中）、159七地（九五四上）
222百四十不共法（九五五上）、212四一切種浄（九五六上）、164八行観（？）

65『成実論』119四堅（二五〇中）、123四徳処（二五〇下）、120四種道（二五二中）、122四種味（二五二中）
118四不壊浄（二五三上）、172十聖処（二五三中）、68六業（三〇〇中）、71九業（三〇四上）
48八慢（三一四中）、37四種身結（三二〇中）、42五慳（三二一上）、43五心撤（三二一中）
44五心縛（三二一下）、117四修定（三三五下）、134五聖支定（三三七下）、135五聖智三昧（三三八上）
153六三昧（三三八上）、200十六特勝（三五五下）

以上の一一四義目が明らかに特定の経律論を指示しているが、その経律論の引用の仕方、解釈の方法には、おのおのの義科ごとに種々様々である。大別すれば、第一に単なる経論からの抜粋、第二に経論の内容に大部分よりながら、それにコメントを加えてゆくもの、第三に経論にヒントを得ながらも大部分独自の解釈を施すもの、など三種になる。問題は経論に典拠を求められぬ程に独創的なものがあるかということであるが、これは別な角度から考究しなくてはならない。

先に羅列した以外の一〇八門は、特定の経律論を指示せず、各種の経律論によりながら論じているものである。義法聚のなかでは、仏性・仮名・二諦・二無我・三解脱門・三有為・三無為・四諦・四縁・十二因縁・二十二根などの諸義がそうである。「仏性義」は『涅槃経』による大乗特有のものとも考えられるが、他の諸義は大乗小乗に共通の大きなテーマであることがわかる。これらの諸義の分別において慧遠は、アビダルマと成実と大乗との三者の間で比較分析を行なうのである。この三者の比較研究も『大乗義章』の特色の一つと考えられる。

次におのおのの名義に対して行なわれる諸門分別であるが、ここに慧遠の独創性が発揮される。天台大師の名体宗用教の五重玄義はすぐれた解釈法であるが、慧遠はもっと自由な形式で諸門分別を展開し、諸義を解釈していく。インド伝来の経律論においては、単に羅列的に法数名目がならんでいたり、あるいはその経律論自体においてはそれほど重要でもない教理が、慧遠によって抽出され、諸門分別を加えられて、その意味が拡大され、深化されるのである。

たとえば「四悉檀義」は『大智度論』に出ているが、原典では単に羅列的に説明されているにすぎないのに、慧遠は釈名弁相一、定別其相二、通局義三、相摂義四の四門分別によって立体的解釈を施す。ただ天台大師におけるように、「四悉檀義」が方法論にまで高められてはいない。

次に「八識義」は『四巻楞伽経』に、

大慧白仏、世尊不立八種識耶。仏言。建立。〔編者注：大正蔵四四・五二四中、大正一六・四九六上〕

とある一文を手がかりにして立てられた義科であるが、釈名一、弁相二、根塵有無三、大小有無四、真妄依持五、真妄薫習六、迷悟修捨七、迷悟分斉八、修捨分斉九、対治邪執十の十門分別によって、縦横に八識を開いてゆく。そして「八識義」は諸門分別によって、単なる八識の説明ではなくて、真妄義といってよい程の内容に転化していくのである。

次に「六種相門義」は『華厳経』の本文では、「十地品」初歓喜地で、

又一切菩薩所行広大無量不可壊無分別。諸波羅蜜所摂。諸地所浄生諸助道法。総相別相、有相無相、有成有壊、一切菩薩所行諸地道……（大正蔵九・五四五中）

とある「総相別相有相無相有成有壊」による。この一文が菩提流支訳『十地経論』の経文では「総相別相同相異相成相壊相」となるが、その所の論では解釈されず、むしろ巻一で、

一切所説十句中、皆有二六種差別相門一。此言説解釈応レ知除レ事。事者謂陰界入等。六種相者。謂総相別相。同相異相。成相壊相。総相者是根本入。別相者余九入。別依二止本一満二彼本一故。同相者入故。異相者増相故。成相者略説故。〔壊相者広説故。〕如世界成壊。（大正蔵二六・一二四下―一二五上）

と解釈されるが、しかし意味は明らかではない。慧遠は「六種相門義」で、まず六種が体の義であるとし、一色陰

を例にとって説き、同体具有なる恒沙の仏法が一色を成ずるのが総であり、この総の中で無量の仏法を開出する差別の相を別相とし、別相とはいえ有色の義があるから同相とし、同とはいえ各々の不同があるから異相とし、異とはいえ体不別であるから成相であり、成とはいえ義門の別異があり一色も多色になるから壊相であるという〔編者注：大正蔵四四・五二四上〕。事に対する体の上に六相を位置づけ、しかも後の六相円融義成立の萌芽が見られる。(9)

以上のように、各種の経律論によりながら、それらを横に並列的に比較研究し、さらに縦に諸門分別を加えて、縦横から議論が展開されるのが『大乗義章』の内容構成である。『大乗義章』に代表される慧遠の教学は南北朝仏教学の集大成といわれるが、(10)では『大乗義章』の中に南北朝教学の歴史がいかに反映し、慧遠以前の教学者の意見がいかに扱われているか、更に比較研究の横糸と諸門分別の縦糸によって織り成された『大乗義章』という布地に、どのような慧遠独特な綾模様が浮きでたのか、そして後の教学の歴史にいかに影響したのか、いわば『大乗義章』の布地を後代の教学者はいかに裁断して用いたのか、などの諸問題が更に論究されなくてはならない。

四　結　語

玄奘三蔵の大翻訳以前において、『法華経』『大智度論』『成実論』などや『中論』『百論』『十二門論』などを訳した鳩摩羅什、『涅槃経』を訳した曇無讖、『華厳経』を訳した仏駄跋陀羅、『勝鬘経』『楞伽経』を訳した求那跋陀羅、『十地経論』はじめ世親教学を将来した菩提流支、『摂大乗論』『倶舎論』を訳した真諦、これら六人の三蔵法師が、南北朝から隋唐にかけての教学史の上に大きな展開を与えた人々として浮び上がる。しかし、苻泰時代（三五一—三九四）に釈道安（三一四—三八五）が中心となって推進し、多量のアビダルマ文献を訳した僧伽跋澄などや、更には『雑阿毘曇心論』を訳した僧伽跋摩などの一連のアビダルマ伝訳者も無視できないことは先に列挙した『大乗義章』の引用経律論からも明らかである。

ただ、問題は、一つ一つの経論を見れば、その教理なり思想なりはそれだけで完結しているとはいえ、その内容を異にする種々様々の経論を見る時、混乱し、一体何が真実なのか、どの経論によるべきなのかという選択に迫まられることである。先にあげた人々は三蔵法師と称せられ、その当時までのインドの教学には一応精進し、その上で自己得意の経論を伝訳したわけであるが、しかしインド仏教の歴史から見れば、ある一方向の教学を伝訳したにすぎないことになる。姚秦王朝の国運をかけた鳩摩羅什三蔵の大翻訳も結局は般若空観の仏教であり、アビダルマ仏教は小乗という烙印を押され、唯識仏教はもちろん伝えられていない。また仏教保護全盛の北魏を代表する菩提流支三蔵の大翻訳も結局は世親の唯識教学を中心としたものであった。

このような個々の伝訳の一面性が中国仏教の教学史をインドとは全く違ったものにしたことは事実である。しかし、南北朝時代においても仏教を全体的に把握しようとする努力は種々の方法で行なわれた。インドの原典に則り、原点に帰るという姿勢で、インド伝来の教学の欠を補い、短を伸す方向で、中国仏教も分析から総合へ、部分から全体へ、批判研究から実践活動へと躍動的展開をはじめる。

南北朝から隋唐にかけて大乗思想が興起したといわれる。その内容は二面から見なくてはならない。それはまず仏教の総合的見地をめざしたものであった。インド伝来の仏教思想の一面性・雑居性・超歴史性を一度清算して、総一整理して統一的見地に立つ必要があった。そのような全体性から真実に迫まろうとする、いわば大乗思想興起の遠心的側面である。他の面は、その当時の中国人の内面的要求に答えるべき新しい教学の建立であり、いわば求心的側面である。

伝訳の歴史においても、『部執異論』を訳し、『倶舎論』を訳し、そして『摂大乗論』を伝訳した真諦三蔵の訳経の内容及び姿勢には、右に述べたような中国の仏者の総合性への志向に答えると同時に、南北朝時代の偏った大乗主義への批判がみられる。しかし真諦の伝訳した教学の総合性は、その当時の一般の仏者の注目を集めていない。真諦の姿勢を継承し、大唐国の力をバックにして、インドの教学を総合的に伝訳したのは、まさに玄奘三蔵であった。彼の教学は般若空観とアビダルマ仏教と唯識仏教との三つの柱によっている。その総合性こそは中国の仏者の求めていたものであり、そのスケールの大きさは偏頗な大乗主義を打破するに十分であった。しかし、その当時の仏者の真に欲していたものは、すでにインド伝来の般若仏教やアビダルマ仏教、さらには唯識仏教、確かにそれら三者はインド仏教教理の精華ではあるが、それら三者にも、またそれらの総合にもなかったのではないかと思う。

『大乗義章』が南北朝から隋唐時代にかけての大乗思想興起の一つの側面である総合性をめざしたことは、先の経律論引用と『大乗義章』の構成及び義目との相関から見て明らかである。ではその総合が、いかなる視点から成されたのかということを問題にするならば、大乗思想興起の他の側面である新しいテーマ、新しい教学、当時の中国人（慧遠自身を含めて）の要求に答えた面は何であるかという問題に導かれる。中国仏教とは何か、中国仏教はインド仏教とどのように違うのか、どのような面を開発したのか、このような問題を考える場合、中国では隋代が一つの分岐点となるが、その隋代の教学の中でも『大乗義章』を中心とする慧遠の教学を基点として、信行・智顗・吉蔵など隋代諸家の教学を念頭に置いて考察を進めなくてはならない。

（1）横超慧日「中国仏教に於ける大乗思想の興起」（『中国仏教の研究』所収、法蔵館、一九五八年）。
（2）『続高僧伝』巻八（大正蔵五〇・四八五下）。
（3）『法華玄義』巻一〇上（大正蔵三三・八〇六上）「諸大乗経、如此意義類例皆名二頓教相一也。非二頓教部一也」。
（4）『続高僧伝』巻一「菩提流支伝」には「時西魏文帝大統中、丞相宇文黒泰、興二隆釈教一崇二重大乗一、雖レ摂二総万機一而恒二-揚三宝一。第内常供二百法師一、尋二-討経論一講二摩訶衍一。又令二沙門曇顕等一。依二大乗経一撰二菩薩蔵衆経要及百二十法門一。

始従二仏性一終尽二融門一。」〔編者注：大正蔵五〇・四二九中〕とある。東魏・北斉と同様、西魏・北周の方にも菩薩仏教への高りがうかがわれる。なお曇顕などが撰述した『菩薩蔵衆経要及百二十法門』の内容も仏性から融門までとあるから、『大乗義章』が仏性から義法聚の配例をしているのと同様の形式であったことがわかる。

(5) 宮本正尊教授によれば、インドにおける大乗仏教の自覚は『法華経』において明確になり、しかも中国・日本において新しい仏教運動の背景にはかならず『法華経』があるといわれる。『東域伝灯目録』〔編者注：大正蔵五五・一一四八下〕には慧遠の『法華疏』七巻があったとされるが、『大乗義章』を見るかぎり『法華経』の教学には冷淡である。これは北朝教界一般の傾向なのか、慧遠個人の教学における問題なのか、更に考えなくてはならない。

(6) 塚本善隆「支那の在家仏教特に庶民仏教の一経典—提謂波利経の歴史」(『東方学報京都』十二の三、一九四一年)、牧田諦亮「敦煌本提謂経の研究(上)」(『仏教大学大学院研究紀要』創刊号、一九六八年)、牧田諦亮「北魏の庶民経典について」(『北魏仏教の研究』所収、一九七〇年)。

(7) 泰本融「国訳中観論疏・解題」(『国訳一切経』論疏部六、大東出版社)九頁。

(8) 矢吹慶輝『三階教の研究』(岩波書店、一九二七年)五九三頁「三階教と所依経典」参照

(9) 法蔵『華厳一乗教義分斉章』巻四(大正蔵四五・五〇七下)。

(10) 鎌田茂雄「浄影寺慧遠の思想」(『中国仏教思想史研究』所収、春秋社、一九六八年)三五三頁、結語で「彼の学問は北朝における仏教思想の集大成であって、円融や相即を論じても、未だ徹底した大乗思想とはならなかったのである。」と述べられる。

〔編者注〕

(※1) 今日では敦煌出土地論宗文献の発見により事情は異なる。

(※2) 原文「教典」を「経典」に訂正した。

(※3) 原文「顕実性」を「顕実宗」に訂正した。

(※4) 『続高僧伝』巻八「慧遠伝」(大正蔵五〇・四九一下)。

(※5) 原文「現在本」を「現存本」に訂正した。

『大乗義章』の構成について

インドで成立した仏教が中国に伝来し中国人の宗教として定着するには幾多の紆余曲折があった。教理思想の側面においても格義とか種々の教判の試みは、インドの教理思想を中国独自の思惟に近づけたり、あるいは時代と内容との面でバラバラに流来した一大蔵経を自分なりに把握しようとの努力であった。また経律論を科文を設けながら注釈することも中国において特に発達し、天台大師の『法華玄義』にみられるように経題釈が行なわれるまでに徹底した。それらの努力によってインド仏教の教理大系の解体・消化・吸収そして新しいテーマの発見、さらにそのテーマをめぐる教理の形成は中国仏教成立の必須の道程であった。

『大乗義章』は南北朝から隋代に活躍した浄影寺慧遠の著作であるが、この書物を右に述べたような中国仏教史の内に位置づけてみたいと思うのである。そこで『大乗義章』の構成、いわば内容に対する形式の分析をすることから着手する。『義章』は五聚よりなるが、最後の雑法聚は欠けている。教聚が三義、義法聚が二六義（実際は二五義）、染法聚が六〇義、浄法聚が一三三義で、合計二二二義より成る。[※1]その中で一一四義は冒頭で明確にその義の出典を明記する。それ以外の諸義は「諸経論多出」であって、種々の経論によって分別解釈する。『大乗義章』所引の経律論をまとめると、『長阿含経』『中阿含経』『雑阿含経』『大品般若経』『仁王経』『華厳経』『勝鬘経』『涅槃経』『遺教経』『奮迅王問経』『維摩経』『四巻楞伽経』『相続解脱経』『四分律』『大智度論』『金剛般若経論』『十地経論』『阿毘曇毘婆沙論』『雑阿毘曇心論』『地持論』『成実論』など約七〇の経律論による。その経律論の扱い方としては、⑴単なる経律論からの抜粋、⑵経論の内容に大部分よりながら、それにコメントを加えたもの、⑶経論にヒントを得ながらも大部分独自の解釈をほどこしたもの、この三種ぐらいに分類できる。『大乗義章』の性格からして、経論に典拠を求められぬ程に独創的なものは直接的にはないが、それぞれの義門における諸門分別には経論に拠らない独創性がある。例えば「八識義」は冒頭で『四巻楞伽経』に出づとしながらも、『起信論』や『摂論』の教理によって議論を進めるが、その十門分別の内容である、体相・大小・真妄・依持・熏習・迷悟・修捨などのテーマは経論の内容を超えた独自性を持っている。

さらに内容面での構成の特色としては、先述の諸経論の中で、アビダルマと成実と大乗との三つを柱にして解釈されるが、このそれぞれが、南北朝仏教諸学派の反映であり、また慧遠当時流行の教学であったことに注目したい。すなわち、慧遠が学を修めた北斉の鄴都は当時アビダルマ研究の中心地であり、『成実論』は梁の三大法師などによって深く研究され、大乗では地論学はもちろん、智度論学、涅槃学、更に新しい摂論学など、種々の大乗教学が開華し、それらがすべて『大乗義章』の内容に結びついている。それ故、『大乗義章』は一見辞書的ではあるが、南北朝仏教学の集大成ともいうべきであり、逆に南北朝仏教学研究には欠かせぬ面を持っている。

以上のことから、インド伝来の経律論を注釈する副産物として経律論の要文を集め整理する形式で、しかも南北朝時代の大乗思想の興起にともない、大乗経論の研究を中心として他のアビダルマ研究・『成実論』研究の成果を包摂して『大乗義章』が成立したといえる。更に、慧遠特有の教学もその中に包含されていると考えられるが、どの面が彼独自の教説であるかを明らかにするには、同時代の智顗や吉蔵の教学、さらに慧均の『大乗四論玄義』の教学などとの比較検討、また後代の智儼の『孔目章』や窺基の『義林章』などとの内容比較分析が要請される。慧遠の教学の解明とあわせて、そのような諸問題も同時に意識しながら研究を進めてゆきたい。

〔編者注〕

（※1）　義法聚を「二五義」と数えるのは、現行本『大乗義章』に「四空義」が重複して収録されているからである。従って現行本『大乗義章』の合計は正確には二二一義である。

『大乗義章』「八識義」について

一　はじめに

『大乗義章』は隋代浄影寺慧遠（五二三—五九二）の著作である。今、その『大乗義章』のなかでも中心的内容を含んでいる「八識義」について考察する。これまでの「八識義」研究をみると、後代の華厳学の先駆として扱う立場と、他方インドから中国に伝来した唯識教学の一派として心識説の歴史から考究する立場との、だいたい二つの立場がある。それらは、慧遠の教学を、ある教学の先駆思想として扱い、あるいはある教学への過途的位置にあると規定するから、慧遠の教学そのものの全体的研究としては不十分である。慧遠の教学は、彼が活躍した中国南北朝時代、特に北朝（北斉）から隋にかけての学界の動向を無視しては扱いえない。そこで慧遠教学研究の基礎作業として「八識義」を取上げ、その教学が南北朝から隋にかけての学界の中でいかに形成されたかを考えてみたい。そのために、「八識義」の中でも特に対治邪執門に見られる彼以前の種々の教学批判に注目し、それらの批判を整理しながら、彼の教学形成の背景をさぐり、彼の教学を南北朝から隋への歴史展開の渦中にできるかぎり還元して、その教学の意図を尋ね、ある視点からの先入見を排して自然に浮上ってくる思索の軌跡をたどりたい。

二　「八識義」の構成と対治邪執門の内容

「八識義」は釈名門第一・弁相門第二・根塵有無門第三・大小有無門第四・真妄依持門第五・真妄熏習門第六・迷悟修捨門第七・迷悟分斉門第八・修捨分斉門第九・対治邪執門第十の十門分別よりなる。釈名・弁相の二門を総論とすれば第三から第九は各論で、以上の九門を顕正門とすれば対治邪執門第十が破邪門となる。(※1) 今特にこの対治邪執門第十に注目するが、他の弁相・真妄依持・真妄熏習の各門にも有人釈を引いて批評するし、慧遠の著作とされる『大乗起信論義疏』（巻下之下、大正蔵四四、一九六頁以下）にも対治邪執門があり、これらをも考慮して整理する。対治邪執門は⑴事識（六識）、⑵妄識、⑶真識の三識のそれぞれについて邪執を対治する。まず事識については、六識の一異・断常・有無・心外における心数法(※2)（心所法）の有無の八つが邪執とされる。ここでは毘曇（アビダルマ）と成実の教学が問題となる。次に妄識については六つの邪執があるが、第一は第七妄識は存在しないという説を破す。ここで第七妄識主張の経証として『楞伽経』と『勝鬘経』とを引く。ここに引かれた『勝鬘経』の「七法刹那不住」の経文の解釈をめぐって、吉蔵は『勝鬘宝窟』（巻下末、大正蔵三七・八三中）で有人釈として慧遠の説を引き、この七法不住を第七妄識存在の証経として引用するのは、慧遠が『摂大乗論』を見ていないからだと批判する。しかし「八識義」をみると慧遠が『摂論』を見たのは明らかであるから、吉蔵の批判は直接はあたらない。ただ『勝鬘経』解釈としては吉蔵の方がすなおであるから、『摂論』を見た見ないにかかわらず、第七妄識の存在証明を『勝鬘経』に読みとったところに慧遠の独創性があり、第七妄識安立の苦心がうかがわれる。次に第七識に別体ありとの説を破す。勝又俊教博士（『仏教における心識説の研究』山喜房仏書林、一九六一年、六七八頁）によれば、これは地論宗北道派の説と言われる。第三に七心界中の意根界を第七妄識と考える邪執を破す。第四は微細な第七識を麁重な六識所摂の執著心と見誤る説を破す。第五と第六とは第七識の滅不滅の問題を扱い、第七妄識は終に滅するものではあるが、妄心が真心を熏習する力は不滅であるという。ここでも真妄論と熏習論とが表裏一体であるが、それらの複雑な議論を解く鍵は第七妄識にあることがわかる。

最後に真識については『起信論』の対治邪執と内容的にはほとんど同じだが、二、三の問題点があげられる。まず凡夫人の邪執の中で、第一に真識を外道所取の神我と同一視する説を破す所であるが、慧遠は「八識義」冒頭で「いう所の識とは神知の別名なり。」と定義する所からはじめて、処々で神知という語で識を説明する。普通、識（vijñāna）は了別などと訳され、認識の意味を持つが、神知の別名とするとかなり意味が異ってくるように思う。第八識を真識とし、しかも識は神知の別名と定義しながら、外道の神我と同じではないと主張する。この表現を矛盾なく把握することが「八識義」の思想の根本構造理解には不可欠であるが、真とか神とかの概念は老荘玄学の世界の中心概念であり、しかも神滅不滅の論争などの思想戦で種々の角度から論究された。従って中国思想史の視野から考察しなくてはならない。真識についての邪執で次に問題になるのは真識を空無と執する説を破すところである。『起信論義疏』（大正蔵四四・一九八上）では空義と法身と真如との三種の邪解をあげるが、「八識義」では空義のみをかかげる。この考えは珍海が『研習抄』（大正七〇、六九一中）で指摘するように『大品般若経』の十八空などを聞いて邪執をおこすのである。慧影は『大智度論疏』（巻一四、続蔵一・七四・三・二〇五左上）で法空に対して智空を立て、その智空を阿梨耶識としている。慧影やその師『二教論』の道安などの大智度論学派（拙稿「北土智度論師について」『印仏研』一七―一、一九六九年三月参照）の教学を真識を空無と執する説に対比できるであろう。慧遠はこれに対して真識不空を主張する。

三　南北朝諸学派と「八識義」

南北朝仏教学は諸種の論を中心に学派が形成され、その学派によって展開した。経典律文の研究はもちろん行なわれるが、研究の主体は論であり、そのような論書偏重の研究態度は一般の人々からも批判されたし、後に『法華経』を中心に教学を展開する智顗も、経よりも論を重んじ、論によって経を解釈する方法を厳しくいましめる（『維摩経玄疏』）[※3]。「八識義」は冒頭で八識は『楞伽経』に出づとしながらも、その主要な教理は『起信論』により、しかも前節にあげた種々の問題点から考えると、南北朝仏教をいろどる諸種の論宗の教学が根底にあることがわかる。

まず毘曇学と成実学について。「二諦義」中の四宗判に見られるように、共に小乗の範疇に入れられるが、智顗や吉蔵のように数論とくっつけて呼称することはない。『大乗義章』全体は毘曇と成実と大乗との比較研究が主要な内容である。今の「八識義」対治邪執門でも事識の所では毘曇と成実の教学をふまえての議論であった。中国仏教史における毘曇学は安世高の時代以来古い伝統を持ち、釈道安が学界の長老であった苻秦時代の長安は毘曇学の全盛であったが、次の姚秦時代は一転して羅什三蔵による般若空観仏教が盛んで、毘曇学は下火になる[※4]。しかし北魏から東魏・北斉にかけて鄴都を中心に志念などの活躍で再び毘曇学が興る。成実学は梁の三大法師などによって成論大乗学として展開され、また北地でも成実学は盛んであった。後の玄奘三蔵の初期の参学を見ると、これら北地の毘曇成実両学の根強い研究の跡をうかがうことができる。これら両学は慧遠にとっても眼前の時代教学であった（拙稿「中国仏教におけるアビダルマ研究の系譜」『印仏研』一九―一、一九七〇年一二月）。毘曇成実両教学のアビダルマ的組織と内容が『大乗義章』全体の根底を形成している。今の「八識義」でも特に心意識説に関して慧遠の思索の基盤となっている。

次に勝又博士の御指摘の北道派の説を批判する問題であるが、北道派に属する著作がないので研究を進めることは難しい。これまでのように地論南北二道両派の説の違いを摘出するだけでは限界があり、インドの世親の『十地経論』を所依とする地論教学の歴史と教理との全体性と特殊性とを明らかにしなくてはならない。

次に智度論学について。隋代文帝が勅任した五衆主の中に地論や涅槃とならんで大論衆主があることから大論学の隆盛がわかるし、智顗や吉蔵の教学形成への影響の大きさは先学によって指摘されている。今問題の「八識義」の成立の背景に大論学があるとは積極的にはいえないが、第七妄識なしとの邪執や、真識を空無とする邪執への批判は、四宗判でいえば第三の不真宗すなわち般若空観の教学を予想してはじめて理解される。

次に弁相門第二で引かれる有人釈（五三一中）が曇延の『起信論疏』の説である点について。『起信論』については撰述・翻訳をめぐって、以前に深刻な論争があった。それも大きな問題であるが、「八識義」の思想の根幹に『起信論』があることは明らかだし、『起信論』の注釈として曇延のものが慧遠のものに先行することも事実であるから、そこで曇延の注釈と慧遠のそれとの比較検討が必要である。曇延・慧遠・元暁・法蔵など諸家の注釈史をたどることによって『起信論』の内容の取捨撰択、意味の添加増広が行なわれてゆく過程、その内容の変容に注目したい。先に慧遠が曇延の説を批判する所は三細六麁と心意識との組合わせにおける意見の食い違いであって、第七妄識証明のためには慧遠にとっては重要な点であった。

最後に『摂大乗論』であるが、慧遠の他の著作あるいは『大乗義章』の他の義門にも『摂論』の引用はほとんどみられない。「八識義」に特に引用がみられる。『続高僧伝』が伝えるように慧遠が長安で曇遷の『摂論』の開講を聴受したとすれば、慧遠の『摂論』の引用することに何の不思議はない。ただ引用があるから地論学の慧遠が新興の摂論学の影響を受けたと速断することはできない。

四　まとめ

以上「八識義」に見られる諸批判を手がかりに慧遠の意図をさぐろうとした。第七妄識の存在が問題解明のための鍵であると考えるが、内容の更に深い考察は他日に期したい。ただ「八識義」の成立が、毘曇・成実・智度論・地論の別流としての北道派・『起信論』、そして新来の『摂論』など南北朝時代の各種の論宗(※5)を広く批判的に摂取した一種の総合を成しとげたと同時に、それらの諸論宗に対して自己独自の立場を示したと言えよう。従って研究の方向としては先に列挙した各学派の教学を浮きぼりにしつつ慧遠の教学にひきくらべ、更に同様に南北朝教学の総合と批判をなした智顗・吉蔵との同異を明確にする、縦横の分析が要請される。

〔編者注〕

(※1)「顕正」と「破邪」とによって「八識義」を二分する方法は、珍海『八識義章研習抄』(大正蔵七〇・六五〇上)をモデルにしたもの。吉津「『大乗義章』「八識義」研究」(本『著作集』収録)参照。

(※2) 文意を明確にするために「おける」を挿入。

(※3)『維摩経玄疏』巻三「軽経重論甚可傷也」(大正蔵三八・五三八上)の周辺か。

(※4) 原文「学会」を「学界」に訂正。

(※5)「智度論」「地論」「摂論」は学派名(論宗)と理解し『　』をつけず、「起信論」「摂論」は文献名と理解し『　』をつけた。

『大乗義章』「八識義」研究[※1]

一　問題の所在

中国仏教では、南北朝から隋初唐にかけて、三論・天台・法相・華厳さらに禅・浄土など中国仏教の主要な諸宗が成立し、それらにより中国仏教の基本的課題が提示された。中国仏教の特質を見るには、まずこの時代に注目しなくてはならない。今、地論学の浄影寺慧遠（五二三―五九二）を取上げるのは、彼の教学の研究を通して中国仏教形成の歴史と内容の特質に迫りたいためである。

中国仏教の教学史では、第一に姚秦時代、鳩摩羅什三蔵が『般若』『法華』など第一期大乗仏典と共に龍樹・提婆の中観仏教の論書を伝訳したことが注目される。次に北魏の菩提流支・勒那摩提・仏陀扇多などや、梁陳時代の真諦によるインド第二期大乗仏典および無著・世親の唯識仏教論書の伝訳である。そして第三に唐代の玄奘による般若・アビダルマ・唯識にわたる総合的伝訳がある。この三つの訳経が大山脈を形成し、そこから直に法水をくみながら中国仏教は生育する。

先の諸宗は第二と第三の間に成立するが、それらは何らかの形式で第二の唯識教学に対決し、そして影響を受けている。浄土教の曇鸞は世親の『浄土論』を四論の精神で注釈する。[1] 智度論学派の道場は菩提流支に反発し、『智度論』研究に志した。[2] 天台智顗は『法華経』により、北地の智度論学の成果を摂取し、新興の地論摂論の教学を批判しながら教学を建立する。[3] 三論吉蔵は真諦所伝の経論に精通していたが、煬帝に従い長安に行くと、地論摂論の教学を盛んに批判し、江南三論の立場を顕揚する。[4]

さて、それでは地論学や摂論学は、どのような問題意識により、どのような教学を形成し、それは批判した三論天台などの教学とどのように差異があり、逆に類似性もあるのか。「八識義」を研究するにあたり、これらの諸点を中心に考えたい。

従来「八識義」研究は二つの方向から試みられている。一つは地論学を後の華厳学の先駆思想として扱う研究である。[5] 他は地論学を中国伝来の唯識思想の一派として後の法相唯識教学との関連からの研究である。[6] 本研究はこれら諸研究による点が非常に多いが、ただそれらの方法だけでは地論教学そのものの全体的研究としては不充分であると考える。地論学の解明には、その教学自体の構造を明らかにしつつ、同時に多角的な視点を設け、教学の所依・背景・意図・形成・変容などの諸相を見逃してはならない。これらの面に留意しながら先の問題点を考察し、「八識義」研究を進めたい。

二　慧遠教学における「八識義」の位置

慧遠には多くの著作があるが、現存するものは、『大乗義章』[7]『大乗起信論義疏』[8]『温室経義記』『無量寿経義疏』『観無量寿経義疏』『大般涅槃経義記』[9]『維摩経義記』[10]『勝鬘経義記』[11]『地持論義記』[12]『十地経論義記』『仁王経疏』の一一部である。他に『続高僧伝』では『華厳疏』があったとするが現存しない。これらの中で、『無量寿』『観無量寿』『涅槃』『維摩』『勝鬘』『地持』『十地』の七部の著作では教理の説明を多く『大乗義章』にゆずっている。(13)これにより『大乗義章』が慧遠の教学の最も基礎に位置していることがわかる。

次に、『大乗義章』の二二二の法門においても、説明を前後にゆずっている所が多い。それらをすべて整理すると、義法聚の「仏性義」と「八識義」、浄法聚果法の「涅槃義」、この三つが『大乗義章』の内容上の支柱であることがわかる。(14)「仏性義」と「涅槃義」とは共に慧遠の重視した『涅槃経』を所依とする教理であり、『大乗義章』の構成の中心に位置づけられることも理解できるが、「八識義」はどうであろうか。以下の論述によって内容面から順次「八識義」の重要性を明らかにしてゆきたい。

三　「八識義」成立の背景

a　「八識義」の構成

八識義は十門より成る。平安末の日本三論宗の珍海の『八識義章研習抄』に従って整理すると次の如くである。

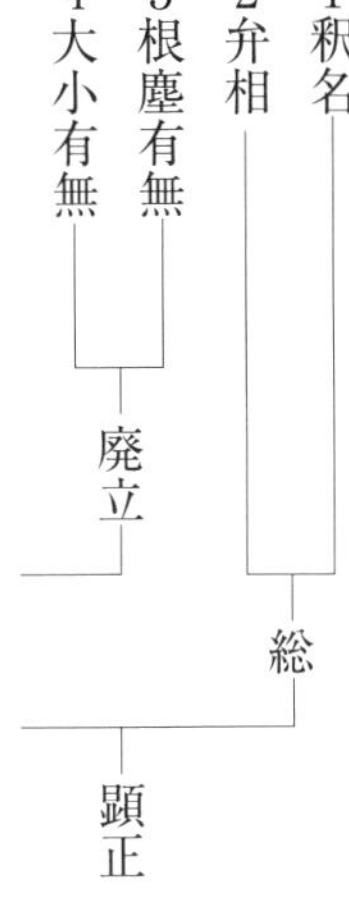

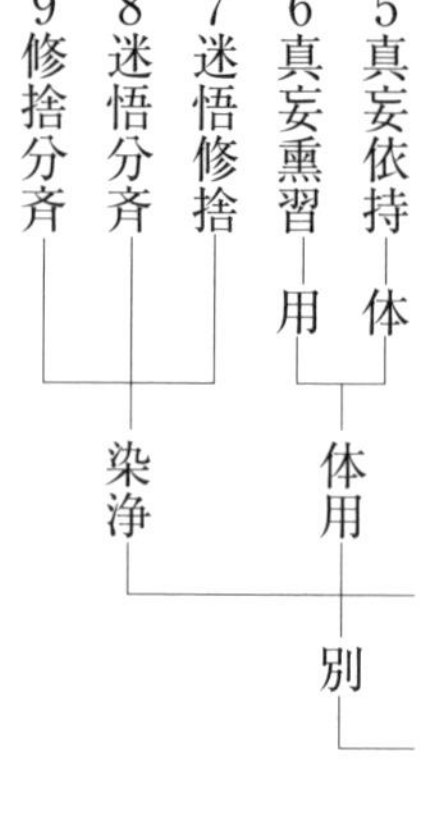

三論宗の人の分科であるから破邪顕正を表に出すが、慧遠はそれ程破邪顕正を意識しない。最後の対治邪執は『起信論』に準拠したものである。吉蔵の『三論玄義』の破邪門のような意図はないし、それ程の内容もないが、この対治邪執門によって「八識義」成立の教学史の面からの背景をうかがうことができる。内容上の中心は弁相門第二にある。根塵有無門以下の七門の内容はすでに弁相門中の処々で考察されているが、改めて諸門を開いて分別したものである。

以下の論述では、「八識義」の材料になっている諸経論については釈名門第一を中心に、「八識義」成立の意図および教学史的背景については対治邪執門第十を中心に、「八識義」の中心テーマである真妄論については弁相門第二を中心に論じてゆきたい。

b　「八識義」のもとづく諸経論

「八識義」は冒頭で「八識の義は楞伽経に出ず。」とし、『四巻楞伽経』に依ると明記する。しかし実際の内容は他の多くの経論による。特に釈名門で第七識と第八識との正翻と異名を列挙する所にそれがよく現われているので、表示してみよう。

第七阿陀那識

正翻　無　解―出典不明⒂

義翻　無明識―『起信論』

業　識―〃

転　識―〃

現　識―〃

智　識―〃

相続識―〃

妄　識―〃

執　識―真諦訳『摂大乗論』『転識論』

第八阿梨耶識

正翻　無　没―出典不明⒃

義翻　蔵　識―『四巻楞伽経』『勝鬘経』

聖　識―『楞伽経』

第一義識―『四巻楞伽経』

浄　識―『勝鬘経』

真　識―『四巻楞伽経』

真如識―『起信論』

これによって、八識の識名は主として『起信論』『摂大乗論』『転識論』『楞伽経』『勝鬘経』によったことがわかる。

- 家　識―仏陀扇多訳『摂論』、真諦訳『転識論』
- 本　識―『十巻楞伽経』、真諦訳『摂論』

問題点としては、阿陀那識および阿梨耶識の正翻とされる無解および無没が、共に諸説あるものの、出典不明であること。次に第七識の呼称として多用される妄識は『起信論』では妄心となっていること。また第八識の呼称として常用される真識は『四巻楞伽経』のみに見出され、他の十巻七巻両経にはないこと、[17]などがあげられる。

次に弁相門以下の内容は先の諸経論の他に『華厳経』『十住経』『涅槃経』『遺教経』『維摩経』『如来蔵経』『不増不減経』『智度論』『十地経論』『地持論』『宝性論』『成実論』などを経証としながら論述を進めるが、これらの経論による説示は部分的であって、全体的には『起信論』と『摂大乗論』とが二大法源となっており、『起信論』を中心にして『摂論』を適当に用いることが基調となっている。[18]

c　南北朝仏教学と「八識義」

南北朝仏教学は、国自体が二分三分四分する混乱を反映してか、その学派形成の面でも多岐にわたっている。一、二の例をあげれば、同一の曇無讖訳『涅槃経』によりながら南本と北本とができてからは、それぞれを所依として南北両派の涅槃学が成立する。また同じく羅什三蔵訳出の経論によりながらも、成実学派・三論学派・智度論学派[19]・法華学派などが別々に形成され、しかも後者は前者を批判し継承する。

さらに菩提流支などによる無著・世親系論書の伝訳は南北朝末からの学派形成を益々複雑にする。同じ『十地経論』によりながらも南北二道の学派に分裂し論争する。また真諦訳『摂大乗論』は訳出された江南の仏教界には受入れられず、むしろ北地において摂論学派が隆盛をきわめる。これによって地論師・摂論師・三論師などが互いに論争したことが、智顗や吉蔵の著作からもうかがわれる[20]。そして地論学南道派に属する慧遠も、まさにこのような諸学派のいわば戦国時代に自己の教学形成を行なうことに注目したい。

ここで慧遠以前の中国仏教における心識研究を概観する。まず宋代明帝（四六五—四七二）の勅により陸澄が集めた『法論目録』第十二帙所収の『色心集』[21]九巻に注目する。それらを列挙する[※2]（カッコ内は人名）。

神本論（支曇諦）・命源論（釈慧静）・識三本論（謝慶緒）・友道人書与謝論三識并答・戴安道書与三識幷答往反三首・四執論・問精神心意識（王稚遠什答）・問十数法（王稚遠什法師答）・弁心意識（釈慧遠）・釈神名（同上）・験寄名（同上）・問論神（同上）・問釈道安神（竺法汰）・問神識（王稚遠什答）・五陰三達釈（郗嘉賓）・問後識追憶前識（釈慧遠什答）・神不更受形論（庾仲初）・更生論（羅君章孫安国難羅答）・習鑿歯難・神不滅論（鄭道子）・桓君山新論論形神・書与何彦徳論感果生滅五往反（顔延年）・山巨源問・摯元礼諮・顔答山摯二難

これらの中で内容不明のものも多いが、だいたい二つに分けて考えられる。一つは単に心識に関する法論であり、他は神滅不滅に関するものである。この時代までの心識研究はアビダルマ文献によっていたと思われる。道安門下で盧山慧遠と同門の曇徽に『六識旨帰』[22]という著作があるように、六識説中心の心識研究であった。

次に神滅不滅の論争については津田左右吉博士が詳論される[23]。要点を抜き出すと、

(1) この論争は仏者が輪廻転生の主体として中国思想の神を用いた所から始まる。いわば仏教思想の理解の不徹底からくる。

(2) 結果的には無意味な論争に終った面があるが、仏教が中国仏教となるためには是非必要な試行錯誤であった。

(3) 輪廻転生の主体としての神から一歩進めて法身仏性の義としての神も説かれるが、この神の把握にもシナ

思想が力強くはたらいている。

この三点になる。このような性格を持つ神滅不滅の問題が、先の『法論目録』により、心識論の重要な側面であることがわかる。南北朝の心識研究は、単に心識の性質の追求に止らず、神滅不滅の論争の結果、輪廻の主体から解脱の主体に至るまで、主体をいかに把握するかという問題を中心に展開されたのである。浄影寺慧遠の「八識義」も南北朝仏教における心識研究を継承し、彼独自の解答を示したものである。慧遠は識を定義して「神知の別名なり。(※3)」とし、他の所では「無明は真心をはなれず、共に神本となる、これを本識とも言い、阿梨耶識とも云う。(※4)」などと説き、法身仏性の義としての神を用いている。

南北朝における心識研究に大転換を与えたのは無著・世親系唯識仏教の伝来であり、これより後は諸学者によって論究されるように、地論―摂論―法相―華厳という一連の歴史的展開をする。表面的な心論研究にだけ注目すれば中国仏教における心識研究はそれらの諸宗の教学の羅列で充分であろうが、先の神滅不滅の論争で提起された輪廻から解脱への主体の問題を心識研究の重要なテーマとすれば、他の三論・天台・禅・浄土などの教学までをも視野に入れて考察しなくてはならない。

以上のことから慧遠の「八識義」は南北朝仏教の種々雑多な学派の成立の時代にあって、地論学の伝統の中で、同時代の主体性の確立の問題について彼独自の立場を示したものといえる。彼独自の立場を示すにあたり、他の学派の心識説を批判しているが、それは「八識義」中の対治邪執門などに見られる。整理すると、毘曇学・成実学・智度論学・地論学の別流としての北道派・曇延の起信論学さらに新来の摂論学などの諸学派の心識説が批判される。(24)これについては別に論究したので、そちらにゆずる。(25)慧遠独自の立場とは何か、これが次の問題である。

四　『起信論』と『摂大乗論』

「八識義」の内容上の中心は弁相門第二にあり、そこでは識相を一識から六〇識に分別して開いてゆく。必要な範囲内で整理してみよう。(※5)

①　一心
②a 1別（六識）
　　2通（七・八識）
　b 1妄（六・七識）
　　2真（八識）
　c 1体（心真如門）
　　2相（心生滅門）
③a 事妄真離分
　　1事識
　　2妄識
　　3真識
　b 真妄離合（摂論）
　　1分別性
　　2依他性
　　3真実性
　c 真妄和合（摂論）
　　1生起六識
　　2阿陀那識
　　3本識
④a 開妄合真
　　1識
　　2意
　　3心 ｝妄識
　　4真識
　b 開真合妄
　　1妄識
　　2体
　　3相
　　4用 ｝真識
　c 真妄倶開
　　1事識
　　2妄識 ｝妄
　　3阿梨耶識
　　4阿摩羅識 ｝真
　b 体相不同（起信論・摂論）
　　1心真如門
　　2本識
　　3阿陀那識
　　4生起六識 ｝心生滅門
⑤（摂論）
　　1分別性
　　2生起六識

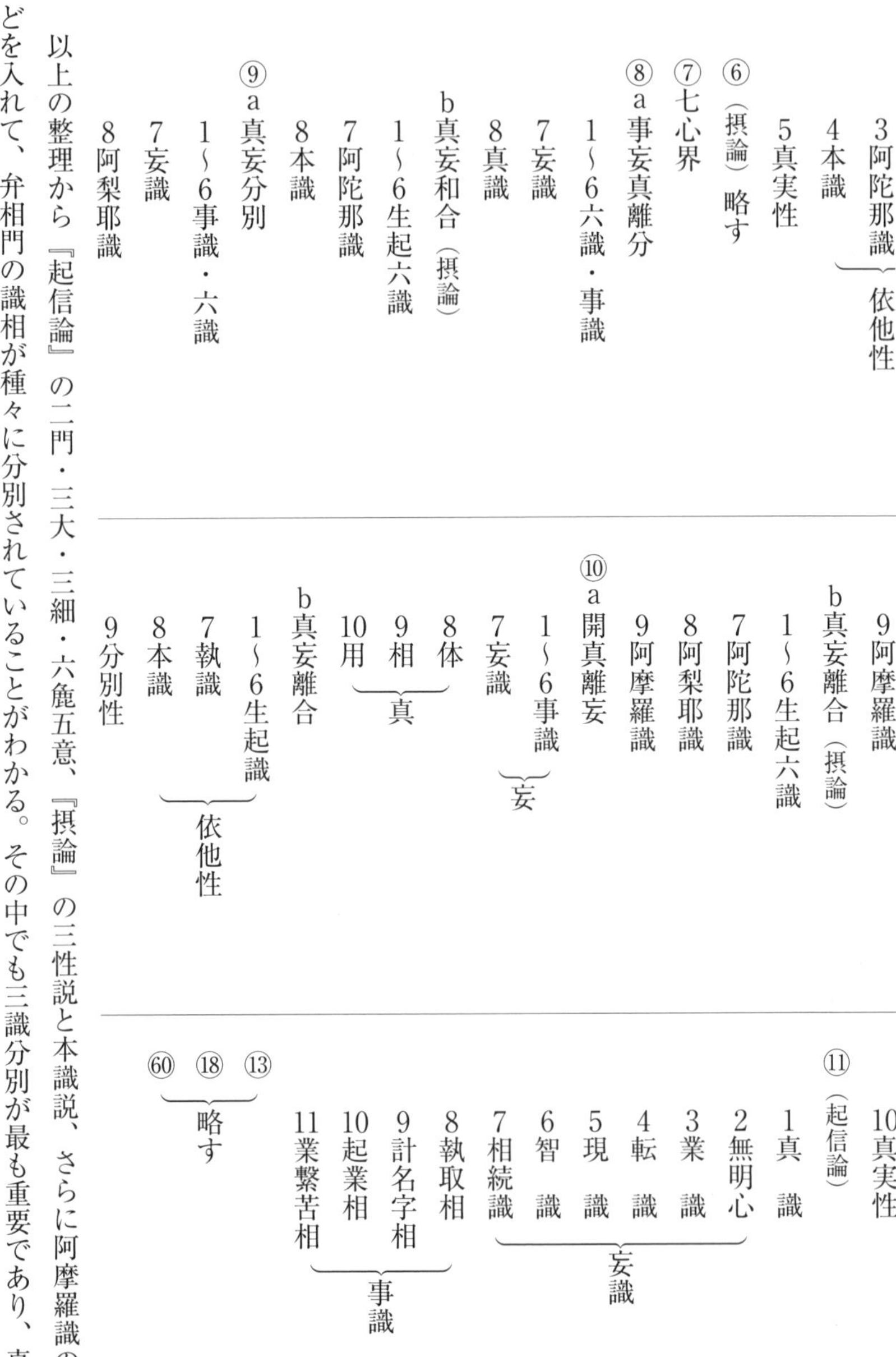

以上の整理から『起信論』の二門・三大・三細・六麁五意、『摂論』の三性説と本識説、さらに阿摩羅識の考えな[26]どを入れて、弁相門の識相が種々に分別されていることがわかる。その中でも三識分別が最も重要であり、真妄離合

説と真妄和合説は『摂論』によるが、慧遠の意図は第一[※6]の事妄真離分にある。そして結局釈名門で列挙された六識と阿陀那識と阿梨耶識との八識説の主張になるが、ここで第七識を阿陀那識とすることは『摂論』の反映である。弁相門では阿陀那識は真妄和合識の意味で本識に対するもの、妄識は真妄離分の意味で真識に対するものとして、両者を区別するが、釈名門では妄識は阿陀那識の義翻、真識と本識とは阿梨耶識の義翻として同一視される。しかし、それらを同一視し、同義と把握する所に意図があるのではない。先述のように種々に識相を分別し、諸識の意味の差異を明確にしながら、真妄事特に真妄二識の意味内容の限定に主題がある。『摂論』の三性説や本識説を真妄離合とか真妄和合とかのいわゆる真妄論で把握する所にもそれは明らかである。また十一識分別で、曇延の『起信論疏』の説を破しながら、三細六麁五意を真妄事三識に配当する所[27]にも、この三識の概念規定への意図が明らかである。

以上のことから、弁相門では『起信論』と『摂論』の心識説を種々に分類分別して、真妄事なかでも真妄二識の内容の規定に意図があることが明らかである。このことは「八識義」の内容が実は真妄論であることを示しているが、それは後の真妄依持・真妄熏習の両門によって一層明らかになる。それでは慧遠における真識と妄識との内容はどのようなものか。特に妄識に慧遠教学理解の鍵があるのではないかと思う。

五　真妄論をめぐる諸問題

a　第七妄識の存在論証について

インド仏教の心識論の歴史において、アビダルマ仏教では六識説であった。そのアビダルマ仏教を基盤にして業

(karma) 論を中心に、いかに唯識思想が成熟し、八識説が大成したかについては結城令聞博士の『心意識論より見たる唯識思想史』(28)に詳しい。八識説といえば『成唯識論』が代表的であるが、その第七マナ識に関し、宇井伯寿博士に「成唯識論の性質および立場と第七識存在の論証」なる論文(29)がある。ただし両博士の間には特に真諦所伝の唯識学の解釈をめぐって、唯識思想史全般にわたり意見の相違があることは周知のことである。

ここで「八識義」中の第七妄識の問題を考えるのだが、勝又俊教博士と坂本幸男博士は共に第七識と第八識とに考察を加えられ(30)、同一の結論を得ておられるので、それを借用すると、

(1) 慧遠のいう第七阿陀那識は真諦訳『転識論』などから名称を得ている。

(2) しかし、内容は全く『起信論』により妄識と規定する。

(3) 従って、第八阿梨耶識は真識ということになり、インドの唯識思想の伝統からは全く異る解釈になった。

この三点になる。慧遠の「八識義」がインドの唯識教学からは異質なものだとの指摘を受入れた上で、彼の意図と独自性に向って考察を進める。

そこで対治邪執門第十の妄識に関する邪執を破す所で、第七識なしという邪執に対し、第七識の存在を論証している所に注目する。ここで第七識存在の積極的経証として『楞伽経』と『勝鬘経』、消極的経証として『維摩経』の三経が引かれる。

『勝鬘経』の「世尊、若無二如来蔵一者、不レ得下厭レ苦楽中求涅槃上。何以故。於二此六識及心法智一、此七法刹那不レ住、不レ種二衆苦一、不レ得三厭レ苦楽二求涅槃一」(※7)という文の如来蔵を第八識、心法智を第七識とし、七法不住の七法を七識説の根拠とする。

吉蔵は『勝鬘宝窟』で、慧遠のこの解釈を批判し、『摂論』を見ていないから誤った説を立てるのだという(31)。

珍海の『研習鈔』では、この吉蔵と慧遠の意見の相違を取上げ、吉蔵の解釈が経旨には合うが、慧遠の解釈も仏

教の義勢に会すとして、両者を融会している(32)。

次に『維摩経』観衆生品に「如二第五大一、如二第六陰一、如二第七情一、如二十三入一、如二十九界一……」(※8)とあり、無自性空の比喩として説かれている所を引用し、ここで第七情なしとは六識事識中にないというので、第七妄識を否定しているのではないという(33)。

このように三経によって論証するが、『摂論』や『成唯識論』のように論理的論証ではなくて形式的論証である。問題は、『摂論』の内容を知っていた慧遠がどうして『楞伽経』や『勝鬘経』などの如来蔵経典によって第七識の論証をしたのかという所にある。

b　妄識の内容について

第七妄識は名前の面では真諦所翻の『転識論』などにより、その内容は『起信論』により、その論証は如来蔵経典による形式的なものであった。その内容を『起信論』によるとは、先に弁相門の十一識分別の所で見たように、三細六麁五意のうち、無明心・業識・転識・現識・智識・相続識の六つを妄識の内容とする。これにより確かに妄といわれる面は理解できるが、六識や第八識と同じように識といわれる面が不明確である。

根塵有無門第三に、

問曰、前六依レ根了レ塵、可二名為レ識。後二常通、不レ説三依レ根了二別諸塵一、云何名レ識。
釈言、後二雖レ無三随レ事了別之用一、而是衆生神知之性、了別之体、故名為レ識。
問曰、神知了別体、名レ之為レ識、体是識不。釈言、此二心識之体、体即是識。〔大正蔵四四・五三一下〕

とある。六識は随事了別の用によって識というに対して、第七第八の二識は衆生神知之性であり了別の体であるから識であり、体そのものが識といえると述べる。『起信論』によって妄識の内容を規定しながらも、慧遠の意図は体としての妄識、いわば妄そのものへの追求にあることがわかる。

次に慧遠の『摂論』理解が真妄論、特に妄識の把握にどのように反映しているかをみよう。まず真妄和合として把握された『摂論』の本識説について、

次第三門、真妄和合、本末分レ三、……（中略）……初定二其相一、如二摂論説一、一是本識、二阿陀那識、三生起六識、此三猶前依他性中之差別也。拠レ妄摂レ真、真随レ妄転、共成二衆生一。於二此共中一、真識之心、為二彼無始悪習一所レ熏、生二無明地一。所生無明、不レ離二真心一、共為二神本一、名為二本識一、此亦名為二阿梨耶識一。故論説言、如来之蔵、不生滅法、与二生滅一合、名二阿梨耶一。此阿梨耶、為二彼無始我見一所レ熏、成二我種子一。此種力故、起二阿陀那執我之心一。依二此我相一、起二於我見我慢我愛一。（大正蔵四四・五二九下）

と述べる。文中の「論」は『起信論』であり、珍海も指摘するように『起信論』を引いて『摂論』を解釈したものである。(34) その結果が真妄和合ということになり、唯識思想を如来蔵思想によって理解することになる。

結城博士がいわれるように、(35)『摂論』冒頭の『大乗阿毘達摩経』の偈、

此界無始時　一切法依止

若有諸道有　及有レ得二涅槃一（大正蔵三一・一一四上）

の界に対する解釈によって、この偈の内容は阿頼耶識釈ともなるし如来蔵釈ともなる。そして真諦訳『摂論世親釈』には両方がある。しかし、そこでは両方には区別がされている。慧遠の解釈は『起信論』により、真妄論を導入したため両者の区別がなく、結局真妄和合という表現による理解の仕方となった。むしろ、これは『摂論』の誤解というよりも、本文中の「妄によって真を摂し、真は妄に随って転ず……」とあるように真妄論のために『摂論』が材料として使用されていると考える。

次に『摂論』の三性説について、

言二分別一者、就レ妄論レ妄、妄心虚構、集起情相、随而取捨、故曰二分別一。……（中略）依他性者、約レ妄弁レ真、妄起託レ真、真随レ妄転、故曰二依他一。性相同レ前。真実性者、就レ真論レ真、真体常寂、無二妄可一レ随、故曰二真実一。〔大正蔵四四・五二八上〕

と述べる。三性説をすべて真妄論で把握している(36)。逆にいえば真妄論を三性説によって明確にしたと言える。特に依他性の説明で「妄に約して真を弁ず、妄の起るは真に託す、真は妄に随いて転ず。」とある所が中心である。『摂論』の教学を妄に立って真を弁ずる、いわば妄識中心のものとして把握している。

以上のことから、妄識は了別としてのものよりも了別の体として考えられていること、また慧遠の『摂論』理解は『起信論』により真妄論が導入されるが、そのことは真妄論を『摂論』の教学によって明確化した。特に妄識の内容規定に対して『摂論』は大きな役割をはたしたと考えられる。先に一般には妄識の内容は『起信論』によるといわれていたが、依他性の理解を中心として『摂論』が慧遠の妄識理解に及ぼした影響も無視できない。

c 真妄依持について

「八識義」の内容は真妄論に落着く。この地論学の真妄論は、それが慧遠のものだとは明示しないが、吉蔵や智顗によって多く引用批判される。吉蔵著作中の地論師の教説批判は、阿梨耶識説・真妄・法界観・教判論・仏身・仏性・般若・涅槃・六相義など多方面である(37)。特に長安時代に最終的に成立した三論の注疏に真妄論は集中的に扱われる。

次に智顗は重要な所で地論の真妄依持説を引用批判する。すなわち、『摩訶止観』観不可思議境の一段で一念三千の法門を述べ、その三千の法門は心によるのか縁によるのかと問い、

地人云、一切解惑真妄依二持法性一、法性持二真妄一、真妄依二法性一也。摂大乗云、法性不レ為レ惑所レ染、不レ為レ真所レ浄、故法性非二依持一。言二依持一者阿黎耶是也。無没無明盛持二一切種子一。（大正蔵四六・五四上）

と地論・摂論の依持説を引用し、経証・理証・譬喩証とをあげて両者を批判する。

さて、慧遠の真妄依持の定義は、

真妄相対依持如何、前七妄識、情有体無、起必託レ真、名レ之為レ依。……（中略）第八真心、相隠性実、能為二妄本一、住二持於妄一、故説為レ持。〔大正蔵四四・五三二下〕

とある。前七妄識が第八真心によるものが依で、第八真心が妄識の根本となって保持するのが持だという。真妄の間に依持を説くのであり、真妄と法性との間にではない。

慧遠は依持の義と縁起の義を区別する。「二諦義」弁体門で第四顕実宗の法について、

第四宗中、義別有レ二。一依持義。二縁起義。若就二依持一以明レ二者、妄相之法以為二能依一、真為二所依一。能依之妄、説為二世諦一。所依之真、判為二真諦一。……（中略）……若就二縁起一以明レ二者、清浄法界、如来蔵体、縁起造二作、生死涅槃一。真性自体、説為二真諦一、縁起之用、判為二世諦一。[38]

と述べる。ここで明らかに、依持義は真と妄との間で説かれ、縁起義は真性自体と生死涅槃の用とに関して説かれる。先の智顗の『摩訶止観』所引の依持説は実は縁起説である。一般に真如随縁だとか如来蔵縁起とか言われる場合も依持説ではなくて縁起説であり、体用論である。

それでは体用論である縁起説と真妄論である依持説との区別は何であり、何を意図するか、先の「二諦義」の文からわかるように、縁起門は真性自体によって生死と涅槃とを造作するというように、迷悟と迷悟を貫く本性との論理であり、依持門は迷と悟との論理である。両者は相よって地論教学の根底をなし、縁起門により一切法に如来蔵仏性の基礎を与えながら、同時に依持門によって迷から悟への修行の必然性を示す。この二門によって頓悟と漸

修とを説くのである。

d　真妄熏習について

真妄依持説が如来蔵縁起説における修道論の論理的基礎づけであることは既に述べた。しかし真妄依持も単にそれだけでは理論に止る。また迷悟修捨(※9)などの諸門は具体的な行位行法の問題を扱う。理論が具体的な修道論に展開するためには、真妄依持に対して真妄熏習(※10)による真と妄との相互作用の面が示され、修行者のあるべき姿が提示されなくてはならない。真が妄を持し、妄が真に依るとはいえ、真はあくまでも真、妄はあくまで妄ならば、真が妄になり、妄が真になる関係論は説かれていないに等しい。そこで妄は妄でありながら真になり、真は真でありながら妄になる論理、いわば真妄相対して相互に関連する現実性を説くのが熏習論である。

真妄熏習門では

熏習義者、如衣無レ香、熏レ之令レ有、心亦如レ是。真中無レ染、妄熏令レ有。妄中無レ浄、真熏使レ有。故彼妄中、得レ有二方便対治行起一。〔大正蔵四四・五三三下〕

と説く。熏習義によって妄識は始めて真識と接し、方便対治の修行の場となる。

この熏習義も二段に分れ、第一は『起信論』により真妄別相識の熏習を論じ、第二には『摂論』によって真妄共相識の熏習を論ずる。前者の説相は『起信論』とほとんど同じである。大きくは起染と起浄の二門に分れ、起浄が真熏妄と妄熏真に分けられる。そこで、もし真がよく妄を熏じて善行を起すならば、一切衆生は悉く真如があるのにどうして等しく熏習して発心修行し涅槃に入らないで、一切衆生に有信不信優劣前後の差別があるのかと問い、『起信論』によりながら、因と縁の二つが具足しなければ、たとえ真如の性が本来あったとしても涅槃を成就できないという。『起信論』自体が本来成仏と修行という頓悟漸修の論理化をはたしているのであるが、慧遠もそれに由りつつ、さらに真妄依持・体用縁起の二面から修道論を展開する。

次に妄心が真心を熏習して浄法を生ずるということも『起信論』による。普通妄が真を熏習すれば染法が生ずるはずであるが、妄心自体に生死を厭い涅槃を求める力が具っているから浄法が発生するという。徹底した性善説の立場にあることがわかる。

第二段の『摂論』による真妄共相識の熏習は熏相と能熏所薫差別と受熏不受熏異の三つに分けて論ずる。(※11) まず熏相については、はじめに阿陀那識と本識との熏習の相を論じ、次に六識と本識との熏習相を説く。いずれも染法の生起と浄法の生起の両方から熏相を説く。

先の別相識の場合は対治修行の場は妄識であった。この共相識の場合は六識が修行の場となる。弁相門(※12)の真妄和合三識段の起修不起修の項で論じられるように、本識は修行の因であり、修行により転回されるべきものではあるが具体的修行の場ではない。阿陀那識も修行によって転回されるものであり、修行の場ではない。六識中の無我行が正修とされる。

次に第二の能熏所熏差別(※13)は『摂論』と同様に、能熏には言説と我見と有分の三種、そして所熏には本識の異名を四種または十一種あげている。

次に三識受熏不同義(※14)については、熏生・熏転・熏成の三項に分ける。熏生とは種子が善悪業を生ずる意味で、本識・阿陀那識・六識共にこの義がある。熏転とは現行の善悪業が種子を転回する意味で三識共にその義がある。最後に熏成とは熏習を受けて種子を保持・生長・成就する意味で、これは本識のみの義である。

以上で真妄熏習門を一覧したが、前半の『起信論』による熏習義と後半の『摂論』によるものとはどのように関係するのだろうか。『起信論』の熏習義は本来成仏と修行との問題に答えたものであった。一方『摂論』の熏習義は種子説を中心として有漏から無漏への転依を中心としている。『起信論』は本有真如の顕現を目的として悟から迷への方向で熏習を説く。『摂論』は本識の転回を目的にして迷から悟への形式で熏習を説く。これは如来蔵思想と唯識思想との構造の差によるのであり、慧遠はこの真妄熏習義において両思想の結合を試みたといえる。しかし、あくまで『起信論』による真妄別相による熏習義が主題であって、『摂論』は妄の立場にあって真を論じ、迷から悟への熏習を示すことによって、特に現実の迷妄を端的に説き、それがかえって『起信論』の立場を際立たせる役割をはたしている。

e　迷悟修捨について

真妄論は迷悟論に転じ、より具体的な修道論になってゆく。「八識義」では迷悟修捨門第七・迷悟分斉門第八・修捨分斉門第九の三門で説かれる。まず迷悟修捨門第七では事妄真三識のそれぞれで、どのように観法するかを論ずる。事識中の前五識には特別に迷悟修捨を開かない。第六意識には迷悟があり、観法として一生空観・二法空観・三如観の三観がある。次に第七識については、一妄想依心之観・二妄想依真実観・三真実離妄想観の三観がある。更に第八識には、一息相観・二実性観・三真用観の三観がある。このなか第二の実性観については、

二実性観、内照二真実一、如来蔵性、唯是法界、恒沙仏法、同体縁集、互以相成、不離不脱、不断不異。良以諸法、同体縁集、互相成故、無レ有三一法、別守二自性一。雖レ無二一性一、而無レ不レ性。無有一性、即是如如、一実之門。而無レ不レ性、即是真実、常示二浄等一、法界門也。体性常然、古今不変。〔大正蔵四四・五三六下〕

と述べる。いわゆる法界観である。

真用観については、

三真用観、観察一切、諸仏菩薩、化用之門、是用門中、備含染浄、三乗諸法、法既円具、依レ之成レ徳、徳無レ不レ施、是以大聖、善入随二順世間一故、能現二一切煩悩等事一、……（中略）……又復善入二一切菩薩作用門一故、雖レ得二涅槃一、畢竟不レ捨二菩薩所行一。乃至善入二諸仏如来作用門一故能以二八相一、示二成正覚一、充二満法界一、而無二窮尽一。〔同右〕

と述べる。無礙なる徳用を行ずる世界である。慧遠の修道論は、この実性観と真用観、いわば体と用との二面にきわまる。

次に迷悟分斉第八(※15)では事妄真三識に分けて十地説を導入して迷悟の区別をする。

最後に修捨分斉第九(※16)では、煩悩を修捨してゆく道程がやはり十地説によって論じられる。この二門に十地説が用いられていることは、世親の『十地経論』を所依とする地論学の慧遠としては当然であるが、十地説は「般若経」以来大乗仏教共通の教学であり、それを慧遠がどのように把握しているかについては別の課題として考察してみたい。

六　まとめ

以上の論究から、『大乗義章』「八識義十門分別」の内容が種々の意図を持ちつつも、承前起後の論理的必然性を持って構成されていることは明らかである。

そこで、この「八識義」を大きく、中国仏教の上に位置づける場合、どのように考えたらよいのであろうか。

まず思想一般にかかわる面からの問題として神滅不滅の論争は南北朝を通じての課題であった。津田博士のいわれるように、それが仏教の誤解に始まり、みじめな結果に終ったとしても、中国思想の方から言えば仏教という異質な宗教思想に接して自らの論理をきたえ、仏教の方からいえば中国の現実に生きる仏教への模索を始めたのであった。どのような思想であれ、それが社会に力あるものとして生きるためには、その思想が他のものにない独自性を持つこと、すなわち主体性の側面と、すべての現象に普遍妥当すると同時に、すべての人々に受容される客観性とを持たなくてはならない。仏教が中国の人々に受用され、中国思想の中でそれらを凌駕してゆくにも、この二つの側面を保持する必要があった。

中国仏教は最初から、その主体性と客観性との二面にわたる努力の連続であり、『高僧伝』に収録される高僧たちの努力も必ずその二つの要素を持ち、神滅不滅の論争もそのような努力の中から中国の現実に合う仏教が生れる過程での一つの波瀾である。すでに僧肇は『肇論』の中で、慧遠の「八識義」の中の重要概念でもあった神とか真とかの言葉をさかんに使用し、そしてそれらの言葉が老荘思想によることはすでに指摘されている[39]。僧肇は羅什三蔵の般若空観仏教の独自性を顕そうとして、当時流行の老荘思想を借用して、その客観性を示そうとしたのである。陳の慧達が『肇論』をまとめ、吉蔵はそれを盛んに引用し、さらに中唐になると僧肇は再び教学史の表面に出ると指摘される[40]。慧遠は僧肇の著作をあまり引用しないが、「八識義」の教学は僧肇に通う一面を持っている。慧遠は地論学の人であるが、唯心を説く『起信論』や唯識を説く新来の『摂大乗論』の教学によりながら、それらを彼独自の教学体系に組みなおし、しかも古く老荘に由来する神とか真とかの概念を活用してインド伝来の心識説を中国的思惟に移植しようとする。識を主体的に神知と定義しながら、真妄論を導入して、神威不滅の論争で論点とされた業報と主体の問題に対して一つの解答を出したと考えられる。思想史からの問題として今は神滅不滅の問題しか指摘できなかったが、中国固有の諸思想によって「八識義」のような仏教教学に種々の角度から照明を与える必要がある[41]。

次に仏教教学の歴史の面から「八識義」を見ると、頓漸の問題と二諦の問題が重要である。頓漸論は道生が学界に提起してから南北朝仏教学の大きなテーマであった。『高僧伝』を見ると道生以外にも頓漸論について著作を残している人が多いし、(42)また陸澄の『法論目録』の慧蔵の項に収録されている。(43)この頓漸論は教判論と表裏をなし、教法をいかに把握するかという問題であると同時に教法と修行との問題である。経典など有形なものを最初に受け入れた中国仏教界が、それらの教法と文字ではどうにもならない修行との矛盾に苦労し、そこから頓漸の問題も出る。智顗は南北朝の教判論や修道論を批判して円頓の立場を建立する。慧遠の「八識義」も頓悟漸修の理論化を目指していることはすでに処々で述べた。

次に二諦について、四諦説が大乗仏教になると『中論』に見られるように二諦説に展開する。しかし二諦が大きな問題となったのは中国仏教の特に南北朝においてであった。仏法と王法、世間と出世間、国外の教えとしての仏教と儒道二教、有の仏教と空の仏教、大乗と小乗、そして南北に国家が分裂している現実そのものが二諦を考えさせる基盤であった。そして『広弘明集』に収められている諸家の二諦説が流行するが、(44)隋代にはその二諦の相即相入が大きな課題となる。すでに二諦説の流行を批判する偽経『妙勝定経』(45)なども出現し、『仁王般若経』や『瓔珞経』では第三の諦を立てて三諦を説く。智顗はそれらの経典によりながら三諦円融を説く。吉蔵など三論家の人々も成実師の二諦説を批判して二諦の相即を説き、吉蔵は二諦中道を主張する。(46)「八識義」の内容が、先述のように真妄論であり、しかも真妄依持、真妄熏習を説き、真妄の相起相摂を説く所に真妄の相即が論じられる。『大乗義章』には別に「二諦義」があるが、それよりもむしろ「八識義」の方が二諦の主旨にかない、二諦相即の論理を詳細に展開している。

以上のことから「八識義」の内容は、表面的には新来の摂論学に対して自己の主張を明確にしたと言えるが、教学史の上から考えれば、南北朝仏教の課題であった頓漸と二諦との問題に答える面を持っている。そして、それは南北朝仏教学にたいする隋代諸家共通の努力でもあった。

次に教団史の側面からいえば、北周武帝の破仏の断行はこの時代の仏教教団に大きな刺激を与え、この破仏が隋唐新仏教の誕生をうながしたとまで指摘されている。(47) 慧遠の一生においてもこれは無視できない事件であり、北周に続く北斉破仏の断行に際し慧遠は武帝と対論したといわれる。慧遠は理論的には武帝を破したが、武帝は最後に「私は人民を安楽ならしめることができれば、地獄の苦をも辞さない。(48)」との決意を示した。また任道林との問答で武帝は「事実に即して言えば、すべて真理（道）ではないか(49)」とまで言う。さらに排仏を武帝に上奏した衛元嵩の考えは平延大寺の思想という徹底した現実肯定的なものであった(50)。武帝や衛元嵩がそのような現実と理想との相即を主張して、破仏を断行した時に仏者はいかに対処するか。「八識義」における妄識の内容と主張は、破仏を中心とする国家と教団の中で考える時、その意味が鮮明に把握されると思う。三階教の信行に生盲仏法の主張があり(51)、智顗は介爾の一念に三千の諸法を具足するとし(52)、吉蔵は理の二諦に対し教の二諦を主張しつつ、そこに凡聖二種の於諦を立て、教法に対して機の自覚を強く打出している(53)。慧遠の師法上の阿梨耶識観が真妄和合であったのに対し、慧遠は真と妄とを区別し、阿梨耶真識に対して妄識を張く主張する。そこには、現実の迷妄に即して真実を見てゆく姿勢と同時に仏法にかかわる慧遠自身の機の自覚がこめられている(54)。

以上のように「八識義」は単に心識説の羅列ではなく、南北朝の思想・仏教教学の課題に答え、しかも当時の要請にも対処した成果であることが明らかである。この「八識義」の後代への影響および「八識義」の持っている課題を後代の人々がいかに扱っているかを考察しなくては、真に「八識義」を中国仏教史の上に位置づけた全体的研究とはならないが、それは別な研究課題として論究してゆきたい。

（1）塚本善隆『支那仏教史研究・北魏篇』「支那浄土教の展開・六　曇鸞浄土教の母胎」六四〇頁以下。『続高僧伝』巻六「曇鸞伝」「便即出家、内外経籍、具陶二文理一、而於二四論仏性一、弥所二窮研一」（大正蔵五〇・四七〇上）。

（2）慧影『大智度論疏』巻二四（続蔵八七・二六五右上）。拙稿「慧影の『大智度論疏』をめぐる問題点」（『印仏研』一六―一、一九六七年）。

(3) 安藤俊雄『天台学―根本思想とその展開』（平楽寺書店、一九六八年）の随所で地論教学に関説される。
(4) 平井俊榮「嘉祥大師吉蔵の基礎的研究」（『印仏研』一四―二、一九六六年）参照。
(5) 高峯了州『華厳思想史』「第八章　南道地論系の思想」（百華苑、一九四二年初版、一九六三年改訂二刷、一九七六年）。
坂本幸男『華厳教学の研究』「第二部第二篇第二章　地論学派に於ける心識説」（平楽寺書店、一九五六年）。

鎌田茂雄『中国仏教思想史研究』「第二部　華厳思想史の諸問題・第一章　浄影寺慧遠の思想」（春秋社、一九六八年）。
(6) 深浦正文『唯識学研究・上巻』「第二部第二章　地論宗」（永田文昌堂、一九五四年）。
勝又俊教『仏教における心識説の研究』「第三篇第一章　地論宗の人々の心識説」（山喜房仏書林、一九六一年）。
(7) 『続高僧伝』巻八「慧遠伝」では「又選二大乗義章十四巻一、合二百四十九科、分為二五聚一、謂教法義法染浄雑也。」（大正蔵五〇・四九一下）とある。大正蔵本では雑聚を欠く。
(8) 古来より疑選説がある。鎌田・前掲書（三一一頁、注16）参照。
(9) 曇延の『涅槃大疏』と比較される。『続高僧伝』巻八「曇延伝」（大正蔵五〇・四八八中）参照。なお平井俊榮「吉蔵著『大般涅槃経疏』逸文の研究（上）」（『南都仏教』第二七号、一九七一年一二月）によれば、吉蔵は慧遠の疏を引用批判していると言われる。
(10) 智顗の『維摩経文疏』（続蔵二八巻所収）、吉蔵の『維摩経義疏』（大正蔵三八巻所収）ともに慧遠の『義記』を引用批判する。
(11) 吉蔵の『勝鬘宝窟』に多く引かれる。但し上巻のみで下巻を欠く。〔編者注：現在、藤井教公氏により、新纂続蔵経第一九巻に収録。吉津博士は、「地論師という呼称について」（本『著作集』収録）、注28において、P.2091, P.3308 の写本を確認している。〕
(12) 続蔵六一巻には巻三下、四上、五下の三巻のみ収められる。大正蔵古逸部に収録される『地持義記巻第四』は慧遠のもので巻四下に相当する（大正蔵八五・九四七下）。
(13) たとえば『勝鬘義記』では五逆・三聚戒・四摂・六波羅蜜・涅槃・浄土・三仏・十号の諸義を『大乗義章』に説明をゆずる。その他『涅槃義記』は三四回、『維摩義記』は三五回、『無量寿経疏』は七回、『観経疏』は九回、『十地義記』は三七回、『地持義記』は一七回、それぞれ『大乗義章』に説明をゆずる。しかし『起信論疏』は一回も『大乗義章』を引用しない。
(14) 「仏性義」は「八識義」を引用し、「八識義」では「仏性義」を引く。そして「涅槃義」は「八識義」に依るという相互関係にある。『義章』全体では一五〇回にもわたり、前後の引用関係がみられる。

(15) 勝又博士・前掲書（六七〇頁）で「この無解の訳語は真諦訳論書の中には見出されない。ただわずかに燉煌本の摂論章（一〇一三・中）の中に無解識および集識の名が示され、それを地経によると述べているから、おそらく地論宗においてこの解釈が行なわれていたと考えられる。」と述べられる。ただし吉蔵は『勝鬘宝窟』巻下末（大正蔵三七・八三中）で慧遠の八識説を批判して、「此造疏人、不見摂論、謂第七識名法智。摂論第八識名阿陀那。此云二無解識一、豈得レ称二法智一耶」と述べ、阿陀那識を無解識と言っているから当時の学界では常識であったことがわかる。

(16) 坂本博士は前掲書（三九四頁）で、この無没という語は全く真諦の訳語に従ったものとされる。次に勝又博士はこの語は現存の真諦訳論書には見出されず、慧遠の『大乗義章』と『十地論義記』と『起信論疏』と敦煌出土の『摂論章』とに記されている、とされる。さらに結城令聞博士は『心意識論より見たる唯識思想史』（東方文化学院東方研究所、一九三五年、五二八頁）で、『瑜伽師地論』で末那識を隠没無記と規定することから、無没とはこの隠没無記に対する無隠没無記の省略形ではないかと指摘される。なお、智顗は『維摩経玄疏』巻五（大正蔵三八・五五二上）で「摂大乗論云、七識是執見心、八識是無記無没識、豈得言是真修耶。」と摂論家の説を引く。また『摩訶止観』巻第五上（大正蔵四六・五四上）で「摂大乗云、法性不二為レ惑所一レ染、不二為レ真所一レ浄、故法性非二依持一、言二依持一者阿黎耶是也、無没無明盛二持一切種子一。」と述べる。特に前者は結城博士の説を支持するようである。

(17) 三訳を対照すると次のようになる。

四巻（大正蔵一六・四八三上）	十巻（同上・五二一下）	七巻（同上・五九三中）
諸識有三種相 謂、転相 　業相 　真相 大慧、略説有三種識、広説有八相、何等為三、謂 真識 現識 及、分別事識	大慧、識有三種、何等三種 一者転相識 二者業相識 三者智相識 大慧、有八種識、略説有二種、何等為二、一者了別識 二者分別事識	諸識有三相、 謂、転相 　業相 　真相 大慧、識広説有八、略則唯二、謂、現識、及分別事識

なお南条本の梵文（三七頁）では、

trivіdhaṁ vijñānaṁ pravṛttilakṣaṇaṁ karmalakṣaṇaṁ jātilakṣaṇaṁ ca/dvividhaṁ mahāmate vijñānaṁ saṁkṣepeṇa aṣṭalakṣaṇoktaṁ khyātivijñānaṁ vastuvikalpavijñānaṁ ca/

とある。この対照から、真相には jātilakṣana が相当するが、真識には相当の原語もなく他の両訳でも二種しかない。なお、一般には七巻本が現存梵本によく合うとされ、大正蔵経においても七巻本の脚注に梵語が入っているが、鈴木大拙博士は「楞伽経研究序説」（『日本仏教学会年報』第三年・三三六頁）で、むしろ十巻本の方がよく現存梵本に符合すると指摘される。次に、地論学が南北二道に分れた理由について、深浦博士は前掲書（二〇三頁）で、『楞伽経』を取上げられ、注3（二〇八頁）では四巻と十巻とを比較するに、前者がむしろ南道の説に親しく、後者が北道の説に親しく思われぬでもない、と述べられる。今の真識の存否の問題も博士の指摘に合うように思われる。

(18)　『十地経論』を所依とする地論学が、なぜ『起信論』を中心に教学を展開するのか。慧遠が地論学者として始めて『起信論』を依用したのであれば、地論学は慧遠に至って一大転回したことになる。『起信論』をめぐる諸問題は別に論究したい。

(19)　拙稿「北土智度論師について」（『印仏研』一七―一、一九六九年）参照

(20)　吉蔵『法華玄論』（大正蔵三四・四三七上中）では「地論法華論是菩提留支所出。摂大乗論是真諦三蔵所翻。此三部皆天親之所述作。而明義有異者、或当訳人不体其意」といい、さらに『浄名玄論』（大正蔵三八・八五八上）では「唯識之旨、蓋是方等之宏宗、菩薩之大論。何以排斥。答、考天親唯識之意者、蓋是借心以忘境、忘境不存心、粛然無寄、理自玄会、非謂塵為横計心是実有、末（未）学不体其旨、故宜須斥之、故咎在門人、非和脩之過。」と述べ、伝訳者や研究者が学界を混乱させているのだと指摘する。智顗は『維摩経玄疏』（大正蔵三八・五二八中）で「生源不可得即是無始空、是名二空三昧一、空無住之本一切法也、若爾豈全同地論師計真如法性生一切法、豈全同摂大乗師計黎耶識生一切法也。問曰、各計何失。答曰、理無二、是二大乗論師倶稟天親、何得諍同水火。」と述べ、地論と摂論との論争を示すと同時に、三論と地論、さらに地論内の南北二道の論争にも説き及んでいる。

(21)　『出三蔵記集』巻一二（大正五五・八四下）。

(22)　『高僧伝』巻五（大正五〇・三五六中）。

(23)　津田左右吉「神滅不滅の論争」（『津田左右吉全集』第一九巻所収）一九一頁。

(24) 拙稿「中国仏教におけるアビダルマ研究の系譜」（『印仏研』一九―一、一九七〇年）。

(25) 拙稿「『大乗義章』「八識義」について」（『印仏研』二〇―一、一九七一年）。

(26) 阿摩羅識を第九識とする説について、結城博士は「支那唯識学史上に於ける楞伽師の地位」（『支那仏教史学』一―一、一九三七年）で九識思想は『十巻楞枷経』を所依とする楞伽師によって創唱され、それが後に摂論師や地論師に影響したとされる。一方、勝又博士は『仏教における心識説の研究』（六九二頁）で九識説は真諦三蔵が印度から将来したものだと述べられる。

(27) 曇延『起信論義疏』（続蔵七一・二七四左上）では三細六麁を次のように分類する。

一、根本業相
二、見相
三、能現相 ――第七識

四、智相
五、相続相
六、執取相
七、計名字相
八、起業相
九、業繫苦相 ――分別意識

この分類に対して慧遠は「有人釈言、第二業識、是其妄識。後之四重、是其六識（種）、分別事識。是義不然。」〔編者注：大正蔵四四・五三一中〕と批判する。すなわち智相と相続相との扱いが両者で異るわけである。

(28) 本書〔編者注：前注16〕では無著の唯識教学までを扱う。博士には別に『世親唯識の研究・上』〔編者注：東京大学東洋文化研究所、一九五六年〕がある。

(29) 『印度哲学研究第五』所収、岩波書店。博士は『印度哲学研究第六』に真諦所伝の論書の研究を収められ、特に『摂論』に対しては別に『摂大乗論研究』を著わされた。

(30) 勝又博士・前掲書・六七〇頁。坂本博士・前掲書・三九四頁。

(31) 吉蔵『勝鬘宝窟』巻下末（大正蔵三七・八三中）「於此六識及心法智者、有人言、六識者、六是事識、及心法智是第七識。迷時名レ心、解時法智。第八名二蔵識一、是阿梨耶。此造疏人、不レ見二摂論一、謂三第七識名二法智一。摂論第八識名二阿陀那一、此云二無解識一、豈得レ称二法智一耶。今所明者、六識不レ異レ旧。及心法智者、六識既是心王、智是心数法、故言二心法智一。小乗人云、由二六識一起二煩悩一能種レ苦、由二心法智一能厭レ苦楽二求涅槃一何須二仏性一」。

（32）珍海『研習鈔』（大正蔵七〇・七八七下）「今依二此文一、章主所釈、難レ可二依信一。嘉祥講経深契二経旨一……（中略）……宝窟之文、其旨雖レ明、今釈亦会二仏経義勢一」。

（33）慧遠『維摩義記』三本（大正蔵三八・四八一上）「如第七情、情猶識也。於二事識中一、唯有二六識一、更無二第七一。何故如是、六根之外、無二第七根一。六塵之外、無二第七識一。通二妄及真一、説レ七説レ八、理亦無レ傷。」参照。

（34）『研習鈔』（大正蔵七〇・六六四下）「彼摂論中雖レ有二其義一、而無二此文一。知此中引二起信論一成二摂論一也」。

（35）結城博士・前掲書（二六三頁）、界の義に関する阿頼耶識釈と如来蔵釈。

（36）『摂論』では「応知勝相品第二」で三性説を説く。依他性の説明に「本識を種子となし、虚妄分別に摂せられる諸識の差別あり」（宇井伯寿校訂本、三三頁）とあるように、本識を三つの観点から考察する。慧遠の解釈は真妄論を導入したところから二分依他的になっているが、上田義文『仏教思想史研究』（四三頁）では、二分依他性の説は性相融即は理解できても、唯識無境ということは根拠づけられないと指摘される。

（37）拙稿「吉蔵の唯識大乗義批判」（『印仏研』一八―一、一九六九年）参照。

（38）「二諦義」（大正蔵四四・四八三下）。

（39）塚本善隆編『肇論研究』所収、村上嘉実「肇論における真」、福永光司「僧肇と老荘思想」の二論文参照。

（40）鎌田茂雄『中国華厳思想史の研究』「第二部第二章　華厳思想史におよぼした僧肇の影響」。

（41）侯外廬主編『中国思想通史』第四巻・第三章第三節で「唯識宗玄奘窺基的唯心主義世界観与煩瑣的心理分析」と題して、特に『成唯識論』の八識思想を考察する。中国の思想通史の上に仏教が位置づけられ、その中で八識説が考究されたことに注目しなくてはならない。また鎌田博士が『中国仏教思想史研究』（八一頁以下）で指摘されたような唯識説の道教的改変という事実もあり、仏教教理を三教交流の上で理解しなくてはならないと思う。

（42）道生（『高僧伝』大正蔵五〇・三六六下）、慧観（三六八中）、曇無成（三七〇中）、曇斌（三七三上）、法瑗（三七六下）など。

（43）『弘明集』巻一二（大正蔵五五・八四中）。

(44)『広弘明集』巻二二（大正蔵五二・二四六下）。なお『高僧伝』では、道生（三六六下）、僧導（三七一中）、智林（三七六中）に二諦についての著作が見られる。

(45) 関口真大『天台止観の研究』附篇「妙勝定経」（敦煌出土）〔理想社・一九五四年〕参照。

(46) 平井俊榮「吉蔵『二諦章』の思想と構造・続」（『駒仏紀要』第二八号、一九七〇年三月）「一 二諦相即の論理・二 中道為体説と三種中道説・三 二諦の相即と並観」参照。

(47) 常盤大定「周末隋初に於ける菩薩仏教の要求」「隋の天台大師の教学、及び天台山の古今」（いずれも『支那仏教の研究』所収）、塚本善隆「北周の廃仏」「北周の宗教廃棄政策の崩壊」（『魏書釈老志の研究』附篇）。なお廃仏の歴史的研究として野村耀昌『周武法難の研究』（東出版、一九六八年）がある。

(48)『広弘明集』巻一〇（大正蔵五二・一五三下）「帝勃然作色大怒、直視於遠曰、但令百姓得楽、朕亦不辞地獄諸苦」。

(49) 同右（一五五上）「卿懐異見、妄生偏執、即事而言、何処非道」。

(50) 同右巻七（一三二上）。

(51) 矢吹慶輝『三階教之研究』「第二部・四 生盲仏法と普行」参照。

(52)『摩訶止観』巻五上（大正蔵四六・五四上）「夫一心具二十法界一、一法界又具二十法界一百法界。一界具二三十種世間一、百法界即具二三千種世間一、此三千在二一念心一若無レ心而已、介爾有レ心即具二三千一、亦不レ言一心在レ前一切法後在後亦不レ言二一切法在レ前一心在レ後」。

(53) 吉蔵『大乗玄論』「二諦義」（大正蔵四五・一五上―中）で「問、中論云諸仏依二二諦一説レ法、涅槃経云随二順衆生一故説二二諦一、是何諦耶。答、能依是教諦、所依是於諦。……（中略）問、何意開二凡聖二於諦一耶。答云、示二凡聖得失一令二転レ凡成レ聖。」と述べ、従来の理の二諦に対して教の二諦を立てるのは、実はその背後に所依としての凡聖二種の於諦があって、それによって転凡成聖を成就するという。

(54) 横超慧日「仏教における宗教的自覚――機の思想の歴史的研究」（『中国仏教の研究 第二』所収）で博士は「しかし実をいえば、前述の智顗に比して慧遠と吉蔵の二人が、機について思索する所遥かに少なかったのは事実であって、彼らは機教の相関関係についてあまり深く考えなかったようである」（四四頁）と述べられるが、この点については種々の面からの考察が必要と思われる。

〔編者注〕

（※1）原論文はタイトルの直後に目次を載せるが、割愛する。

（※2）『法論目録』中の左記の著作群は『　』にくくらない。

（※3）『大乗義章』巻三末「八識義」（大正蔵四四・五二四中）。

（※4）『大乗義章』巻三末「八識義」（大正蔵四四・五二九下）。

（※5）左記の図における「摂論」と「起信論」は著作であるものの『　』にくくらない。又、①等の記号は、識をいくつに区分するのかを示す記号。従って⑫が欠番であり、⑭以後の番号が連続しないことは適切である。

（※6）三識分別の第一番（③ａ）を指す。

（※7）『勝鬘経』（大正蔵一二・二二二中）。

（※8）『維摩経』（大正蔵一四・五四七中）。

（※9）「迷悟修捨」は、『大乗義章』巻三末「八識義」中「迷悟修捨七」（大正蔵四四・五三六中—五三七上）を指す。「など」は、同「迷悟分斉八」「修捨分斉九」を指す。

（※10）「真妄熏習」は、具体的には「八識義」中「真妄熏習六」（大正蔵四四・五三三中—五三六中）を指す。

（※11）『大乗義章』巻三末「八識義」中「真妄熏習六」（大正蔵四四・五三四下）。

（※12）『大乗義章』巻三末「八識義」中「弁相（門）二」（大正蔵四四・五二九下—五三〇上）か。

（※13）『大乗義章』巻三末「八識義」中「真妄熏習六」（大正蔵四四・五三五上）。

（※14）同右（大正蔵四四・五三五中）。

（※15）『大乗義章』巻三末「八識義」中「迷悟分斉八」（大正蔵四四・五三七上）。

（※16）『大乗義章』巻三末「八識義」中「修捨分斉九」（大正蔵四四・五三七上—五三八上）。

地論師という呼称について(※1)

一　はじめに

凝然（一二四〇―一三二一）が中国仏教に十三宗ありと述べてからこのかた、我々は常識的に宗派としての地論宗、あるいは学派としての地論宗があり、その宗派なり、学派なりに所属する人々を地論師と呼んでいる。(1) 先学の著作のなかにも摂論宗とか三論宗と並列的に地論宗という一章が立てられ、地論宗なり地論学派が存在したことが既定事実として認められており、(2) 中国仏教史の概説書を見ると菩提流支三蔵などによって訳出された『十地経論』を所依として地論宗が起り、のちに真諦三蔵によってもたらされた摂論学に圧倒され、唐代になると地論摂論は法相唯識宗や華厳宗の中に発展的解消をとげたとされる。(3)

一般に地論宗南道派の人とされる浄影寺慧遠（五二三―五九二）の著作、たとえば『大乗義章』や『十地論義記』を見ても彼が自己の教学は地論宗であり、自分は地論師であると述べた所はない。道宣の『続高僧伝』「慧遠伝」を見ても彼が地論宗南道派の地論師であったとは記されておらず、また他の地論研究者についても、地論宗とか地論師とかの言葉は見出されない。

しかし慧遠と同時代の後輩である、智顗（五三八―五九七）、吉蔵（五四九―六二三）、慧均（生没年未詳）(※2)などの著作を見ると地論師という呼称がさかんに用いられ、その教学が処々で批判されている。この事実はあたかも彼らの時代に具体的に地論師といわれる人々が存在したように思わしめるのである。そして、吉蔵や智顗の著作の中で地論師とか摂論師とかの呼称を多く用いていることと、『続高僧伝』の中で、地論師とか摂論師とかの呼称はないとしても、『十地経論』や『摂大乗論』の研究者や注釈者が輩出する事実とが結びついて、我々に地論学派なり摂論学派なりが実在したと想定せしめるのであって、この論文でも、まず第一にはそのことを指摘したいのである。すなわち地論師という呼称は智顗や吉蔵や慧均の教学の内において問題なのであって、歴史上の実在ではない。その点では地論師という呼称は虚像である。しかしそのことは地論研究者である慧光・道寵・法上・道憑・慧遠などの人々の教学と智顗・吉蔵・慧均などの人々の教学との関係がないということを意味するものではない。

本論ではまず一般に地論学の人とされる慧遠の著作に地論師とか地論一家とか地論研究の師資相承の意識がないことを述べ、五時判・四宗判の批評を見て慧遠の立場を明らかにする。次に、慧遠を地論師の一人として見ていたかどうかは別にして、智顗・吉蔵・慧均三人の著作の中で明確に慧遠の著作を引用批判している所を指摘し、さらに三人それぞれが地論師という呼称を多用する意図を考察したい。最後に『続高僧伝』の中に多くの地論研究者が存在する意味を考え、あわせて南北二道と五衆主の一つである十地衆主の問題にもふれたい。(4)

二　慧遠の教判論

a　五時判などへの批判と二蔵義

『大乗義章』「衆経教迹義」[※3]で、第一に劉虬の五時判[5]、第二に誕公の頓漸二教判[6]、第三に菩提流支の一音教[7]の三つの教判を出し、批評を加える。批評は第一に頓漸の二門だけでは四阿含経や五部戒律などを収めることができず、第二に五時判では仏陀の一生に一切の経典をあてはめて人天教・三乗教・空教・法華・涅槃の五教が説かれ、内容もその順序で深まるというが、まず仏陀がその順序で説いたという文証がないし、人天教であるとされる『提謂経』の中にも出世の正道が説かれ、空教である『大品般若経』にも破三帰一や仏性の説はあるのだから五時の順序に内容が深くなるということは理に応じないという。次に慧遠自身の説を示す。仏陀の教に種々あるが、大きく分けると世間と出世間になり、出世間の中を声聞蔵と菩薩蔵に分ける[※4]。次に経典の内容についても種々あるが、所説である行徳と所表の理法との二方面から見ることができ、所表の理法は彰すことがむつかしいので行徳に寄せて顕にするから所説の差異が生ずるとする。

この「衆経教迹義」からわかるように、劉虬などの五時判は結局『涅槃経』を最高のものとして位置づける意図を持っていたのに対し、慧遠の二蔵説は一経一論を主張する教判ではなく、たとえそれが大乗菩薩蔵の立場を明らかにする意図があったとしても、『涅槃経』とか『十地経論』とかの経論の形式よりも、その内容を決択していく教判であった。このような教判論から一経一論を所依とするような立場は出てこないことは明らかである。

b　四宗判への批評と二諦義

次に『大乗義章』「二諦義」[※5]で扱われる四宗判を見よう。この四宗判は一般に地論師の教判とされている[8]。すなわち一立性宗（因縁宗）・二破性宗（仮名宗）・三破相宗（不真宗）・四顕実宗（真宗）の四宗であるが、慧遠は第四真宗の所を明確にしようとしてはいるが、彼の立場が第四の所にあるのではないし、また特定の経論を第四真宗所属のものであると主張しない。そのような考え方を批判する。

すなわち、ある人が一向に四宗はないというのに対し、慧遠は第一第二は特別に分けないでも内容的に明らかに差異があると反論する。(※6) 第三第四の両宗については、『勝鬘経』に空不空二種如来蔵義があり、『涅槃経』にも空不空の区別があることによって差異は明らかであり、四宗の別がないという批判はあたらないと述べる。

次に、ある人は、四宗それぞれに経典を配当し、阿毘曇は因縁宗、成実は仮名宗、『大品』『法華』は不真宗、『華厳』『涅槃』『維摩』『勝鬘』などは真宗だとしているが、慧遠はこれを批評して、前二宗はそれでよいが、後二宗にそのように大乗経典をあてはめ、浅深を定めてはならず、行徳である宗の表現の差異として見るべきであるとする。先の「衆経教迹義」の所説と所表との関係で経典を見るべきだとする。これによって、慧遠は真宗の所を明らかにしようとはしたが、一経一論、たとえば『十地経論』を所依とし、その論を真宗所属のものとするような議論を展開していないことは明らかであり、このことは『十地経論義記』においても一貫した態度である。(※7)

以上のことから、慧遠自身が地論宗あるいは地論師として自己の教学を規定した意識はうかがわれない。ただこれは慧遠一人の場合であって、他の地論研究者の場合については著作が断辺的にしか残っていないので不明である。しかし、『続高僧伝』によって、代表的な地論研究者、たとえば慧光(9)・法上(10)・道憑(11)・霊裕(12)などの研究・講説・著作の様子を見るかぎりでは、慧遠と同じような傾向であったのではないかと思う。

三　智顗と地論師

a　慧遠の著作の引用

南北朝時代は現在では統一されている広大な中国が南北に分立して拮抗した時代であり、必然的に思想文化も南北それぞれ独自の発達をとげ、両者の交流はあまり密でなかったと思われる。梁代に慧皎によって著わされた『高僧伝』に北魏の高僧が数少ないことも、それによるのであろう。

南北両朝の交流、それを仏教の場合に限定してみると、北周破仏および北周の北斉圧迫によって、多数の僧侶が江南に難をのがれたこと、(13)そして隋代になると、それらの僧侶も北方に帰ると同時に、文帝・煬帝二帝の政策によって江南の僧達も多く洛陽・長安に行き、(14)その交流は急速に進む。智顗や吉蔵の著作の中に北地の教学が多く引かれるのは、主として北周武帝の破仏と北斉圧迫によって南下した僧侶達による学問典籍の将来によるのではないだろうか。(15)

安藤俊雄博士の『天台学』では、その随処に慧遠の教学との対比をされ、天台教学成立の一つの縁因として地論摂論の教学の重要性を指摘しておられるが、(16)智顗が直接慧遠の著作を引用批判する点のあることを示されていない。慧遠の著作の引用が晩年心血をそそいだ著作である『維摩経文疏』(17)に見られるので先ずそれを指摘しておきたい。

『維摩経文疏』

経言非得果、有師解言、此恐脱落、類応有対。今明非脱落、正是義也。（続蔵二八・四八左上下）

『維摩義記』

非得果者、約果以説。此言略少。準前応言、非得果非不得果。且挙一辺、名仏為果。不捨一切菩薩所行故非得果。実証菩提故非不得。今略不弁。（大正蔵三八・四五一下）

『維摩経』「弟子品」のなかで「不見四諦非不見諦非得果非凡夫非離凡夫…」（大正蔵一四・五四〇中）とある一文について慧遠が「非得果」に対して「非不得果」が略されているとするのに対し、智顗はそのままで正しいと批評する。

『維摩義記』
弥勒是姓、此翻名慈。字阿逸多、此云無勝。是彼波羅捺輔相之子。弥勒初生、具諸相好。波羅捺王、名梵摩達。聞其生已、福相過人、恐為国患、現欲危害。遂従其父、索以瞻之。父知王心、即答王言。外家将去、廻至家中、尋即遣人、送南天竺波婆離国。（大正蔵三八・四六〇中）

『維摩経文疏』
所言弥勒者、有師言、即是従姓立名。今雖不見明文、意謂非姓、恐是名也。…（中略）…有人言、阿逸多是名。既不親見経論翻訳、亦不可定執也。（続蔵二八・七四左上下）

『経』の「菩薩品」冒頭の弥勒菩薩の解釈をめぐって、慧遠が「弥勒はこれ姓、…字は阿逸多」としているのに対し、智顗は経論に明文がないから、その解釈に執著してはいけないと批判している。ちなみに、この慧遠の解釈を吉蔵は『維摩経義疏』（大正蔵三八・九四九上中）でほとんどそのまま引用している。

智顗が慧遠の『大乗義章』を引用あるいは批判している所は、今のところ指摘しえないが、右の対照からもわかるように、細かい語句の解釈についても慧遠の著作を丹念に読んでいることがわかる。

b　別教有門

智顗は地論師という呼称をどこで、どのように使用しているかを見よう。『摩訶止観』『法華玄義』『法華文句』

『四教義』『維摩玄疏』『維摩文疏』などの著作に地論師という呼称を多く用いているが、今は『維摩経玄疏』と『四教義』とによって呼称および批判の意図をうかがいたい。

『維摩経玄疏』の三三昧を論ずる所で、第一の空三昧の項で、

> 生源不可得即是無始空、是名空三昧、空無住之本一切法也。若爾豈全同地論師計真如法性生一切法。豈全同摂大乗師計黎耶識生一切法也。問曰。各計何失。答曰。理無二。是二大乗論師、倶禀天親。何得諍同水火。（大正蔵三八・五二八中）

と述べ、第二無相三昧の項で、

> 若不取四辺之定相即是無相三昧入実相也。若爾豈全同地論師用本有仏性如闇室瓶盆。亦不全同三論師破乳中酪性畢竟尽浄無所有性也。問曰。各計何失。答曰。若無失者、二大乗論師何得諍同水火也。（同右・五二八中）

と述べ、最後の無作三昧の項では、

> 若無四修即無四依、是無作三昧也。若爾豈同相州〔列〕北道明義縁修作仏、南土大小乗師亦多用縁修作仏也。亦不同相州南道明義用真修作仏。問曰。偏用何用。答曰。正道無諍、何得諍同水火。（同右・五二八下）

と述べている。ここで智顗は地論師と摂論師、地論師と三論師、地論の南道と北道との論諍を前提にして議論を進めているが、智顗の眼前に地論師や摂論師や三論師などが存在し、お互に論諍していた事実を述べたのではなくて、智顗の思弁の中で、それらの諸師の対応が形成され、それによってこの場合で言えば、智顗の三三昧の解釈を明確にするために活用されている。もちろんこの記述は智顗以前に地論・摂論・三論の教学が存在することを前提として要求するが[18]、それによって直接にそれらの教学を所依とする学派なり学者の存在を論証することはできない。この種の記述を事実と混同するならば、歴史の真実を失うと同時に智顗の意図をも見失うことになる。

次に『四教義』に、

但地論師明、阿梨耶識是如来蔵。即是用別教有門入道。三論人云、汝是不見真空、亦是唼水義。三論師明諸法畢竟無所有。此是別教空門。地論師云、汝是外人冥初生覚義、亦是黄蜂黄蠊義。執諍不穆、何可融会也。今謂、此是不得別教四門之意、不知四悉檀、説此有空両門義也。（大正蔵四六・七三〇下）

とある。智顗の教学において、五重玄義・四悉檀・三観・四教などは最も重要であるが、今三論・地論の批判についても、別教に有・空・亦有亦空・非有非空の四門を設け、地論を別教有門、三論を別教空門に配し、両者共に四門全体の意および四悉檀の意を得ず、空や有の一辺に堕していると批判する。ちなみに摂論も別教として位置づけられており(19)、三論師・摂論師そして地論師の批判が智顗の四教における別教の内容規定の上で大きな意味を持っていることが理解される。

四　吉蔵と地論師

a　慧遠の著作の引用

智顗と吉蔵とは共に南北朝から隋唐へかけての江南の仏教学を代表する。智顗は吉蔵の師興皇寺法朗（五〇七—五八一）、さらにその師摂山止観寺僧詮の教学を著作に引き(20)、吉蔵は『仁王般若経疏』(21)と『法華義疏』(22)の中で智顗の教学を引く。吉蔵は隋の煬帝の勅命によって長安に行き、そこで研究・講説・著作活動を行うが、この長安での北地の種々の教学との交流は彼の思想形成において大きな意味を持っている(23)。吉蔵は初期の著作から地論師という呼称を用いており、北地の種々の教学にも精通していた。これは先述の北周破仏による南下僧との接触もあったであろうが、師の法朗と同門の慧布が北斉鄴都からもたらした文献によるかもしれない。(24)ともかく、吉蔵による慧遠の著作の引用は予想以上である。すなわち会稽嘉祥寺時代の『法華義疏』における『大乗義章』(25)の引用、『大般涅槃経疏』における『大般涅槃経義記』の引用、(26)煬州慧日道場時代の『勝鬘宝窟』における『勝鬘義記』の引用、(27)そして長安時代の著作である『維摩義疏』における『維摩義記』の引用などが主なものであるが、もっと細かに検討するならば他の著作においても見出されるであろう。これらの引用関係は先学によって指摘されているが、新しい資料(※8)である『勝鬘義記』(28)下巻と『勝鬘宝窟』との引用関係の一例を示す。

『勝鬘義記』下巻

八識之義、広如別章、此応具論、前明妄中、於此六識、及心法智、挙其妄心、六是事識、及心法智、是第七識、迷時名心、解名法智。此七不住、明其離真、妄体不立、事六妄一、合為七法、無真此七、一念不立、名刹那不住。（「一依章」、P・二〇九一表・第一八紙）

『勝鬘宝窟』

於此六識及心法智者、有人言、六識者、六是事識、及心法智是第七識。迷時名心、解名法智、第八名蔵識、是阿梨耶。此造疏人、不見摂論、謂第七識名法智。摂論第七識名阿陀那、此云無解識、豈得称法智耶。今所明、六識不異旧。及心法智者、六識既是心王、智是心数法、故言心法智。小乗人云、由六識起煩悩能種苦、由心法智、能厭苦楽求涅槃、何須仏性、此七法刹那不住者。第二破。以念念不住、故不能起於染浄。（大正蔵三七・八三中下）

吉蔵の破邪の形式は楊州時代の『三論玄義』で明らかにされている。すなわち一外道、二毘曇、三成実、四大乗の四宗を破す。そのうち毘曇と成実とはまとめて小乗として扱われ、数人と論人、あるいは数論と列挙される用例は智顗や後に見る慧均と同様である。[29] この数人、論人という呼称は、南朝の宋斉時代あるいは北朝の北斉時代の毘曇研究の隆盛、[30] さらに梁代の成実論研究の流行などを反映してはいるであろうが、[31] それによって数人とか論人とか自称した高僧が存在したことにはならないし、やはりこれらの言葉も吉蔵の批判の立場からの貶称と見るべきであろう。

大乗については『三論玄義』では宋道場寺慧観の五時教判と特別の人名をかかげないで二諦に関する邪執を破している。吉蔵は涅槃宗とか涅槃師とかの呼称を用いないけれども、いわゆる江南の涅槃教学の破析が最大の目的であったことがわかる。

b　旧地論師と晩摂論師

北地の教学については、地論師・摂論師・北土三論師・北土智度論師の四種の論師が主なものである。そのうち地論師の学説については嘉祥寺時代の著作から終始一貫して、しばしば引用批判される。先述のように『法華義疏』などに慧遠の著作を多く引用するのであるが、吉蔵が慧遠を地論師と考えていたかどうか明文はない。吉蔵はあれだけ多く慧遠の著作を引きながら、一回も慧遠の名前を出さない。これは梁代の三大法師の扱いと異るところであるが、慧遠を地論師の一人と見ていたとしても何ら支障はない。

北土三論師と智度論師については、長安成立の著作に引用批判がみられるが、そのなかで北土の三論師についてはある特定の論師が予想されるとされ、[32] 北土智度論師については特定の論師を予想している場合と『智度論』の教学を擬人化して批判している場合の二面があると思う。[33]

摂論師については、楊州慧日道場時代以前の著作にはその呼称はない。しかし吉蔵による真諦三蔵所翻の経論の引用、特に『摂大乗論』の引用は多いし、また『法華玄論』では、

晩見摂大乗論与一師大致符会（大正蔵三四・三八一上）

とあり『摂論』の教学と三論教学が大綱では符合するとのべているほどであり、この吉蔵の感想は彼の教学を見る上で重要である。『三論玄義』の最後に「摂大乗論師」（大正蔵四五・一四下）として非安立諦の説を引くが、これは特定の人の説ではなくて『摂論』の学説と考えられる。長安時代の第一作とされる『浄名玄論』(34)（大正蔵三八・八五七下）では「即世所行の塵識四句」として『摂論』の「無塵唯識説」を出し、世親の真意を末学が体していないから破析するとのべ、この著作を起点として『維摩義疏』『維摩略疏』『法華論疏』『法華統略』『十二門論疏』『百論疏』『中観論疏』そして『大乗玄論』(35)などの著作にさかんに摂論師が破析される。『百論疏』には、三論教学にも唯識義があるといい（大正蔵四二・二三六中）、また長安では盛んに唯識を弘めているので、それとの同異を弁じなくてはならぬとし（同・二三七中）、さらに大業四年（六〇八年）長安に摂論師・十地師・地持師(36)の三種の論師がいるとし（同・三〇二中）、当時長安で唯識学が興り、江南から長安に来た吉蔵が彼らの教学を意識していたことがわかる。

そして地論師の教学もあいかわらず破析の対象とはなるが、旧地論師という表現が『法華統略』(37)『百論疏』(38)『中観論疏』(39)などに見られることに注目したい。この旧地論師という呼称は地論師に、新旧を見た意味での旧地論師とも考えられるが、そうではなくて、晩摂論師に対する呼称のようである。それは『中観論疏』に、

今明実相不同。南方真諦之理。北土実相般若。亦異旧地論梨耶。晩摂論大乗阿摩羅識。如此等並同犢子計我有理存焉。（大正蔵四二・一二六下）

とあることによって理解される。この晩摂論師の呼称は、他にも『百論疏』(40)（大正蔵四二・三〇三下）にも見られ、また『中観論疏』には「即時摂大乗師」[※9]（同・一〇四下）という表現もみえる。また『法華統略』には「晩弘智度論

師」（続蔵四三・六二左下）という類似の呼称もある。

この旧地論師と晩摂論師との対比は、智顗の『法華玄義』に、

摂大乗明十勝相義、咸謂深極。使地論翻宗。今試以十妙比之。彼有所漏。（大正蔵三三・七〇四下）

とあり、摂論によって地論が宗を翻がえしたという記事や、『続高僧伝』「曇遷伝」（大正蔵五〇・五七二下）で、長安における曇遷の『摂論』の講説を慧遠など数千人の僧侶が聴受したという記事などに対応し、確かに長安における摂論研究の高まりを反映している。しかし、それだからといって、慧遠などが旧地論師であり曇遷などが晩摂論師であると早計してはならない。やはり、これらの呼称も吉蔵自身の事実認識・自己主張の場において先ず把握すべきであり、そして慧遠や曇遷の活動および教学の内容を見た上で、各人相互の交流を歴史的に確かめ、さらにこれらの呼称の虚像と実像とを明確に区別しなくてはならない。

五　慧均と地論師

a　慧遠の著作の引用

慧均の伝記などは不明であるが、研究によれば、吉蔵と同時代の後輩であり、あるいは両者互に熟知の間柄であったとも言われる[41]。彼の『四論玄義』に慧遠の『大乗義章』の大幅な引用がみられるし、地論師の呼称に関して智顗や吉蔵にない用例があるので考察を加えたい。

『大乗義章』の引用は私の見たかぎりでは、「二智義」「三乗義[42]」「荘厳義[43]」の三ケ所であるが、今は「二智義」に

よって示そう。

『大乗義章』「二智義」

其二智者、一是実智、二方便智。言実智者、汎解有二。一於諸法如実了知、名為実智、非是不知妄称知故。

故地持云、離増上慢智名為如実智、此如実智与彼慢心妄智相対、不対方便、於此門中、仏一切智、悉名実智、不簡方便。二知実法名為実智。於中分別、曲有五義。一対妄明実、知如来蔵、真実之法、名為実智、知於妄想情所起法名為実智、如知苦諦、名為苦智、如是一切、於此門中、実智与彼妄智相対、不対方便。（中略）方便智者汎解有四。一進趣方便、如見道前七方便等、進趣向果、与果為由、故曰方便。此一方便、与果相対、不対実智、若名果徳以之為実、義亦無傷。…（以下略）…（大正蔵四四、八四六上中）

『四論玄義』「二智義」

地摂両論、引地持論云、離増上慢智名如実智。有五義。一対妄明実。何者、知如来蔵真実法名実智。知於妄想情所起法名妄智。…（中略）…

方便智者、汎解経論、有四種。一通趣方便。知見道前方便等進趣向与不与果為由、故曰方便、与果相対明之也。（以下略）（続蔵七四・六九左上下）

『大乗義章』の内容を引用するのに「地摂二論」という呼称を用いていることに注意したい。

慧均は地論師・摂論師・成論師・数人などのようにそれぞれ単独の呼称も用いるが、彼の呼称の特色は、毘成地摂・地摂両論成毘二家・地摂与成毘四家などのように並称するところにある。

智顗に数論と並称する用例は多いし[44]、地摂二論師[45]・十地中摂数論等[46]などの用例はあるが、地論師と摂論師との学説を引く時は、ほとんどの場合区別して明記している。吉蔵も数論と並称するが、地論師と摂論師との学説は区別している。

b　地摂両論成毘二家

したがって地摂両論成毘二家の呼称のもとに学説を引く態度は慧均独特のものである。慧均は自己の立場を無依無得と主張し、僧詮のことを「摂嶺西霞寺無所得三論大意大師詮法師」（続蔵七四・一八左下）と呼ぶ程であるから、地論師と摂論師との教学の差異を捨象して、地摂と並称する理由は有所得の一語にあったと言える。「如地摂両論成毘二家有所得無方便菩薩…」（同・八左上）、「数論有得大乗家有筒有無筒…」（同・四二右下）、「又地摂両論学有得大乗師宗已是懸絶…」（同・四七右下）などの類似の表現が多く見出されることによって理解される。吉蔵も有所得大乗という批判の言葉を多く用いるが、慧均のように地摂有所得大乗などの用例はない。吉蔵の有所得大乗は、その内容が地論師であっても摂論師であっても、また南方の成論大乗師であってもよいのであるが[47]、地論師と摂論師とは区別している。

この『四論玄義』の成立年代は不明であるが、顕慶三年（六五八年）という識語があるからそれ以前の成立であろうし、また玄奘三蔵所伝の諸経論の影響がないことから、それ（六四五年）以前とも考えられる。吉蔵が地論師と摂論師とを区別し、しかも旧地論師・晩摂論師という呼称を用いるのに対比すると、慧均は両者の区別にあまり意を用いていないので、彼は両者の区別に留意する必要がなく、無所得三論の立場を挙揚した人であり、吉蔵（五四九―六二三）の長安における著作活動以後に『四論玄義』は著わされたのではないかと思う。

六　『続高僧伝』における諸問題

a　地論研究者と地論師

中国仏教史研究において、初唐までの資料として慧皎の『高僧伝』や道宣の『続高僧伝』を主として用いるのであるが、それらの僧伝の記事をそのまま事実に置きかえることは危険である。僧伝にも先に見てきた智顗や吉蔵の著作と同様、(※10) ある主張や意図がある。慧皎や道宣の意図は何か。それは護法であり、師資相承の主張であり、仏教が脈々として伝持されてきたという確信であり、永劫に相続されなくてはならぬという悲願である。したがって『高僧伝』『続高僧伝』はかなり意識的に師承を明確にし、弟子を明記する。それによって、一経一論一律のいずれかに基準を定めて、法系をたどることができる。その結果が『仏教大辞典』に収録されているような「三論宗系譜」「四分律宗系譜」「地論宗系譜」「摂論宗系譜」等々であり、私自身も「智度論師の系譜(48)」と「アビダルマ研究者の系譜(49)」とを作成した。

これまで見てきたように一般に地論宗南道派の僧侶とされる慧遠の著作のどこにも地論師とか地論宗とかの表現や意識が存在せず、地論師を連呼する智顗や吉蔵や慧均は、自己主張と他の教学の限定という点において、その呼称がまず彼らの教学内の問題に限ぎられるのであれば、地論師の自覚を持たない慧遠をあえて地論宗系譜の中で法上の弟子として配列することは本質的に無意味である。

そのような配列は、一面道宣の意図どおりでありながら、他面かれの真意に逆う研究態度であろう。道宣は慧遠の師承をできるかぎり明確にしようとはしているが、彼の伝記中に地論宗とか地論師という言葉を使用していないことからも理解されるように、地論の系譜を明確にするために、あるいは地論宗の教学を挙揚した人としての慧遠を顕彰するために「慧遠伝」を立伝したのではなかったからである。

確かに『続高僧伝』には多くの『十地経論』研究者がいるが、それらを地論師とか地論宗とかの呼称で総括的に扱うことなく、一人一人の仏教者として扱い、その活動の歴史性とその教学の真理性が考察されるべきだという、ごくありふれた結論に導かれるのである。

b　南北二道

右の議論に対して二つの疑問が残る。その一つは『続高僧伝』巻七の「道寵伝」に一説として、

初勒那三蔵、教示三人。房定二士授其心法、慧光一人偏教法律。菩提三蔵惟教於寵。寵於道北、教牢宜四人。光在道南、教憑範十人。故使洛下有南北二途。当現両説自斯始也。四宗五宗亦仍此起。今則闕矣。輒不繁云。

（大正蔵五〇・四八二下）

の記事があり、道宣は地論宗南道派北道派二派の対立を認めているのではないかという疑問である。確かに学派の対立があったと言っているわけであるが、それを地論学派内の対立と見るのは、智顗や湛然の記事を安易に歴史の事実にすりかえた結果であり、そして智顗や湛然の記事に導かれた研究成果による偏見である。(50) この『続高僧伝』の記事の背景には、『十地経論』翻訳についての菩提流支・勒那摩提さらには仏陀扇多の三人の訳経僧の間の意見の差異があるとされるが、しばらく『十地経論』をはなれて、『摂大乗論』を出した仏陀扇多、『宝性論』を訳した勒

那摩提、『十巻楞伽経』などを翻じた菩提流支、等々と考えてみる時、三者の間に意見の差があったのは当然であるし、菩提流支についた道寵と勒那摩提に師事した慧光の間に思想の違いがあったのも理解できる。ただ、彼らすべてを地論宗なり地論師なりの概念で一括し、その学派内の問題と考えることは誤謬であり、両者の意見の差を単に阿梨耶識の真妄の差異で把握することは偏頗である。ここで、ひとまず地論宗の南北二道という形式的見解から脱して、先の三人の三蔵法師の活動と教学の内容の検討、さらに慧光・道寵二師の研究が進められなくてはならない。

c 十地衆主

第二の疑点は、『続高僧伝』巻一二「慧遷伝」（大正蔵五〇・五二〇中下）で彼が、隋の文帝によって五衆の中の十地衆主に任ぜられていることである。この記事によって、文帝時代に十地衆といわれるような学派が存在したのではないかという問題である。この十地衆主の問題については速断は不可能であるが、他の大論衆主・講論衆主・講律衆主・涅槃衆主などを考慮してみると、慧遷自身が衆主としての自覚を持って一衆を統御するような内容のものではなく、当時流行の教学の名をかりて皇帝の方から命名された、一つの宗教制度であったのであろう(51)。慧遷は慧遠の弟子であるから地論教学に精通していたのであろうが、伝記によるかぎり、彼が地論のみを所依として教学を展開したと考えることは不可能である。むしろ慧遷を含めて五衆主に勅任された高僧の師匠たちが、隋初の五大徳であったり、北方の三大徳であったという事実が大切である。隋初の五大徳に曇遷が加わり六大徳(52)となり、文帝の庇護を受ける。やがて煬帝の時代になると内道場の制度(53)によって、特に江南の高僧達が六大徳の位置にとってかわり権勢を振う(54)。そのような隋代の政治の動きに応じた宗教界の流れのなかで、政治の側から要請された宗教政策の一つが五衆の制定であり、十地衆主をすぐに地論師の教団の存在と解釈することは、政治と宗教との相互関係を無視する結果になるであろう。

七　むすび

以上、地論師という呼称をめぐる諸問題を考察したが、次の三点が指摘できる。第一は、文献が残されているということから智顗、吉蔵、慧均の三人の呼称の用例を検討した結果、この呼称が彼らの批判の言葉（貶称）であって、大乗家が小乗と言い、その小乗という言葉（貶称）の受け人がいないのと同様、地論師という呼称の受け人も存在しない。[55]第二に彼らが特定の人物を特に地論師と呼称していたとしても右の原則に支障はないが、そのこと、ある特定の人（例えば慧遠）の著作を引用したり批判したりする事実は区別して扱うべきである。呼称の面はかってに相手を限定することができるが、引用は逆に相手に限定される側面があるからである。第三に『続高僧伝』に『地論』を研究・講説・注釈する高僧達が輩出し、南北二道の記事があり、十地衆主勅任の事実があるが、[※11]それらを地論師・地論宗の視点で研究してはならない。それらは地論の視野では把握できない多くの問題点を有しているからである。

（1）『三国仏法伝通縁起』（仏全一〇一・九八―九九頁）。

（2）境野黄洋『支那仏教史講話』上（共立社、一九二七年、三二九頁）「地論宗」、宇井伯寿『支那仏教史』（岩波書店、一九三六年、七八頁）「地論宗」、佐々木月樵『摂大乗論』（日本仏書刊行会、一九五九年、三六頁）「第五章　地論学派と摂論学派」、ちなみに望月信亨『大乗起信論講述』（金尾文淵堂、一九二二年）では『起信論』の内容を地論学派と摂論学派との融和を目指すものとして解釈される。

(3) 宇井前掲書〔前注2〕、道端良秀『中国仏教史』(法蔵館、一九三九年、六五頁、七〇頁)。

(4) 平井俊榮「中国三論宗の歴史的性格(中)――嘉祥大師と摂嶺相承――」(『駒仏紀要』第二五号、一九六七年、七八頁)で、「彼が在来の仏教勢力に対して自派の学説の正統性を主張する有力な根拠となっているものは、それが関河旧説に基く摂嶺相承の説であるということである。」と述べられているような意味での相承の意識は慧遠には存在しない。

(5) この五時七階の説は『出三蔵記集』巻九(大正蔵五五・六八上)に収録されている「荊州隠士劉虬作・無量義経序」によったもの。智顗『法華玄義』巻第一〇上(大正蔵三三・八〇一上)では、南北双方とも頓漸不定の三種教相を用いるとし、具体的に南三北七の異説を列挙するが、劉虬の説はかかげられていない。第四説としてあげる北地師の五時教の説が劉虬説に近い。窺基『大乗法苑義林章』巻一(大正蔵四五・二四七中)では「晋時有隠士劉虬立五時教。或有説云、真諦三蔵立五時教、然菩提流支法師、別作文疏破之。真諦居梁、流支在魏。故知不是真諦等作。」という記事がある。

(6) この説も『法華玄義』には紹介されていない。誕公とは誰か。『続高僧伝』巻二六に明誕(大正蔵五〇・六六八下)と慧誕(同・六七一中)との二人が立伝されているが、頓漸論についてはふれていない。

(7) 『法華玄義』では、この一音教をかかげず、半満二教判を出す。『義林章』では一時教・頓漸二教・半満二教をともに菩提流支の説とする。法蔵の『華厳経探玄記』では十種の教判を紹介するが、その第一に菩提流支の一音教を出し、第二に真諦三蔵の漸頓二教判を出す。このように教判に関しては、諸説紛紛で収拾がつかない。また吉蔵は『法華玄論』巻三(大正蔵三四・三八二中)などで、北方の四宗判は南方の五時判の影響で出来たとし、智顗は『四教義』の中で地論人の四宗判と四教義との差異を論ずる(大正蔵四六・七二四中)。南北朝から隋唐にかけての教判論の整理が必要と思う。

(8) 吉蔵は『中観論疏』巻一本(大正蔵四二・七中)で旧地論師などが四宗義を弁ずるとし、智顗は前註〔編者注:注7〕のごとく地論人の四宗教を批判する。『義林章』では古大徳の説として四宗を引き(大正蔵四五・二四九下)、『探玄記』では斉朝大衍法師などの説とする。この大衍とは、『続高僧伝』巻八の斉洛州沙門釈曇衍(大正蔵五〇・四八七中)のことと思われる。

(9) 『続高僧伝』巻二一「慧光伝」では、彼は『地論』『四分律』『華厳』『涅槃』『維摩』『地持』『勝鬘』『遺教』『温室』『仁王般若』などの経律論に註釈を加え、他に『玄宗論』『大乗義』『律義章』『仁王七誡』『僧制十八条』などの著作があった。

(10) 『続高僧伝』巻八「法上伝」では、彼は『十地』『地持』『楞伽』『涅槃』などの経論を講じ、『増一数法』四〇巻、『仏性論』二巻、『大乗義章』六巻、『衆経録』一巻などの著作があった。

(11) 『続高僧伝』巻八「道憑伝」では、彼は『維摩』『成実』『四分律』『地論』『涅槃』『華厳』などを研究講説した。

(12)『続高僧伝』巻九「霊祐伝」では、彼の著作は、『十地』『地持』『維摩』『般若』『華厳』『涅槃』『大集』『四分律』『勝鬘』『央掘』『寿』『観』『仁王』『毘尼毋』『往生論』『上下生』『遺教』などの経律論に及び、その他に『大乗義章』『大小乗同異論』など多くの著作があった。以上のように、これらの四師には共通の経律論はあるが、一経一論によるというよりも、広く経律論を研究し、それらの総合統一をめざしたと考えられる。

(13)『続高僧伝』巻一〇の靖嵩、慧最、巻一一の弁義、明舜、法侃、巻一二の慧遷などの伝記による。特に「靖嵩伝」には同学法貴霊侃等三百余僧が共に江南に来たとある（大正蔵五〇・五〇一下）。

(14)山崎宏『隋唐仏教史の研究』（法藏館、一九六七年）「第五章煬帝（晋王広）の四道場」参照。

(15)智顗の場合、師の南岳慧思が北斉の慧文に禅法を受けたと言われるから、師を通じて北地の教学を学んだとも言える。『諸法無諍三昧法門』に見られる『智度論』の教学さらに「法念処」の項における心識説などには北地の教学の影響があるのではないかと思われるが、さらに検討の必要がある。

(16)安藤俊雄『天台学』（平楽寺書店、一九六八年）、五重玄義（四一頁）・四諦義（九七頁）・三諦（一一六頁）・十如（一二九頁）・三身説（一五九頁）・四土説（一六一頁）・性悪思想（一七一頁）・止観（一七八・一八三頁）・二十五方便（二〇九頁）などの項目について、慧遠の教学の影響あるいは対比を論究されている。

(17)佐藤哲英『天台大師の研究』（百華苑、一九六一年、四一六頁）。

(18)地論関係では菩提流支三蔵（『法華玄義』巻一〇上、『四教義』巻六、など）、光統律師慧光（『法華玄義』巻一〇上）などが引かれる。摂論関係では、真諦三蔵（『法華玄義』巻四上、『維摩玄疏』巻五、など）の教学がしばしば引用される。三論関係では、三論師・中論師という呼称によって批判する場面は多いが、摂山・興皇という用例（『四教義』巻一、『維摩経玄疏』巻六）がある。摂山とは僧詮、興皇とは法朗のことを指すのであろう。

(19)『維摩経文疏』巻二（続蔵二七・四三九左上）。

(20)前注18参照、また『法華玄義』巻二下に「陳世中論破立不同。或破古来二十三家明二諦義、自立二諦義。或破他竟、約四仮明二諦…」（大正蔵三三・七〇二中）とある記事の中で、四仮に約して二諦を明すのは興皇寺法朗であることを先に示した。『吉蔵の教学と破邪の構造――唯識大乗義批判を中心として――』「三　四重二諦説形成と唯識学批判」（『駒澤大学大学院仏教学研究会年報』第四号、三四頁）参照。

(21)『仁王般若経疏』巻上一（大正蔵三三・三一四中）、智顗の五重玄義を引く。

(22)『法華義疏』巻二（大正蔵三四・四六六下）に智顗『法華経文句』（大正蔵三四・二六下）の一文を引く。『国清百録』巻四に吉蔵が智顗に『法華経』の開講を請う手紙が収録されている。なお智顗の『観音玄義』の十双と吉蔵の『法華義疏』『法華玄論』との類似性について、佐藤博士は前掲書（注17）四八二頁以下）で『観音玄義』の著者を灌頂とし、彼が吉蔵の著作を引用したものとされる。一方、安藤博士は前掲書（注16）四〇〇頁）で吉蔵『法華玄論』の二十双は智顗の『維摩経文疏』によっていることから、『法華義疏』の十双も智顗の『観音玄義』によったのであろうとされる。ちなみに、『法華義疏』の「顗禅師」の一文も『法華文句』からではなくて『維摩経文疏』巻五（続蔵二七・四六二右上下）の一文によったとされる。

(23) 平井俊榮「嘉祥大師吉蔵の基礎的研究——著作の前後関係をめぐって——」（『印仏研』一四—二、一九六六年、二三六頁）参照。

(24)『続高僧伝』巻七「慧布伝」（大正蔵五〇・四八〇下）。

(25) 横超慧日訳『国訳法華義疏』（『国訳一切経』和漢撰述・経疏部三）三六六頁、注158。

(26) 平井俊榮「吉蔵著『大般涅槃経疏』逸文の研究」（『南都仏教』第二七号・第二九号、一九七一年・一九七二年）脚注。

(27) 櫻部文鏡訳『国訳勝鬘宝窟』（『国訳一切経』和漢撰述・経疏部一一）脚注。

(28) 続蔵本『勝鬘義記』は上巻のみ。下巻はペリオ収集敦煌文書（二〇九一・三三〇八）に含まれていた。京都大学藤枝晃教授が将来され、東洋文庫収蔵のもの。三三〇八番の文献は一乗章釈の一部であり、二〇九一番のものは、一乗章釈の末尾から最後までである。

(29) 宮本正尊「小乗数論の研究——天台嘉祥当時に於ける支那仏教の一問題」（『大乗と小乗』所収、八雲書店、一九四四年）参照。

(30) 拙稿「中国仏教におけるアビダルマ研究の系譜」（『印仏研』一九—一、一九七〇年）、「中国仏教における大乗と小乗」（『駒仏論集』第一号・一九七一年）付録参照。

(31) 伊藤隆寿「北魏及び梁代における仏教研究と成実」（『駒澤大学院仏教学研究会年報』第六号、一九七二年）。

(32) 平井俊榮「北土三論師について」（一九七二年一〇月二二日、第三一回日本宗教学会発表）。

(33) 拙稿「北土智度論師について」（『印仏研』一七—二、一九六九年）参照。北地の『智度論』研究者の中で吉蔵が人名を出しているのは北周の『二教論』の道安だけである。

(34) 前注23・平井論文による。
(35) 『大乗玄論』は種々の面からの検討が必要であるが、特に「八不義」については伊藤隆寿「『大乗玄論』八不義の真偽問題」(『印仏研』一九―二、一九七一年)において、吉蔵の真撰ではなく、慧均の作であろうとしている。「八不義」の中に「地摂成数等師」(大正蔵四五・三〇上)という吉蔵が普通は用いない呼称があり、後に見るように、この呼称が慧均の常用のものであることも慧均作を支持する一つの論点となる。ちなみに吉蔵のものとされている『弥勒経遊意』にも「地摂成毘諸家」(大正蔵三八・二六八下)という呼称が見られる。
(36) 結城令聞「支那唯識学史上における楞伽師の地位」(『支那仏教史学』一―一、一九三七年)では、この地持師を楞伽師だとしておられるが、この呼称は他に類例がないので、断定できない。慧遠にも『地持論義記』があるし、玄奘三蔵による『瑜伽師地論』翻訳以前のこの時代に、『菩薩地持論』研究が盛んに行なわれていた事実に注目したい。
(37) 『法華統略』巻五(続蔵四三・一・七九右下)。
(38) 『百論疏』巻中之中(大正蔵四二・二七六中)、巻下之中(二九四下)。
(39) 『中観論疏』巻一本(大正蔵四二・七中)、巻六本(九三中)、巻七本(一〇四下)、巻八末(一二六下)。
(40) 『大漢和辞典』巻五(八七二頁中段)によると晩には「日ぐれ」の意味とならんで、「後(あと)」の意がある。吉蔵が『法華玄論』や『法華義疏』でよく用いる「晩見法華論」「晩見摂大乗論」などの晩見の用例も今のと同じ意味である。
(41) 伊藤隆寿「『大乗四論玄義』の構成と基本的立場」(『駒仏論集』第二号、一九七一年、一四三頁)。
(42) 『大乗四論玄義』巻一〇(続蔵七四・九八右上)に『大乗義章』「一乗義」(大正蔵四四・六四八中)が引かれる。
(43) 『大乗四論玄義』巻一〇(同・一〇一右上)に「二種荘厳義」(六四九下)が引かれる。
(44) 『四念処』巻一(大正蔵四六・五六二上)、『四教義』巻三(大正蔵四六・七三〇中下)。
(45) 『摩訶止観』巻四下(大正蔵四六・四六中)。
(46) 『摩訶止観』巻一〇下(大正蔵四六・一三七下)。
(47) 『中観論疏』巻二末「所以然者、為三論未出以前。若毘曇成実有所得大乗及禅師律師行道苦節、如此之人皆是有所得生滅断常、障中道正観。」(大正蔵四二・三一中)初期の著作から有所得大乗という表現は多く用いられる。
(48) 前注33参照。
(49) 前注30参照。

(50)『法華玄義』巻二下（大正蔵三三・七〇四下）、『法華玄義釈籤』巻一八（同・九四二下）、『法華文句記』巻七中（大正蔵三四・二八五上）。

(51) 山崎宏『支那中世仏教の展開』（法蔵館、一九七一年）三〇九頁「五衆の設定」。

(52)『続高僧伝』巻九「慧蔵伝」（大正蔵五〇・四九八中）に六大徳とあり、巻一八「曇遷伝」（五七二下）には曇遷が慧遠・慧蔵・僧休・宝鎮・洪遵の五大徳と文帝に謁したとある。

(53) 前注14参照。

(54)『続高僧伝』巻一一「吉蔵伝」によると、煬帝に従って長安に行った吉蔵が、三国論師といわれ、二十五衆第一摩訶衍匠であった僧粲を議論で圧倒したことが述べられる（大正蔵五〇・五一四中、五〇〇下）参照。

(55) 宮本正尊「小乗教の形態と南方仏教」（『大乗と小乗』所収、一二三三頁）。

〔編者注〕

(※1) 本論文は初出掲載時に目次があったが、本『著作集』では割愛した。

(※2) 原文「?」を「生没年未詳」に改めた。

(※3) 原文「教迹義」を「衆経教迹義」に訂正。以下同じ。大正蔵四四・四六五上―四六七上。

(※4) この声聞蔵と菩薩蔵が、見出しaにある「二蔵」である。

(※5) 大正蔵四四・四八二下―四八八下。以下の内容は特に同・四八六中以下。

(※6) 文意を明確にするために「と反論する」を加えた。

(※7) 原文「が」を「は」に訂正。

(※8) 吉津博士が慧遠研究において敦煌出土文献を利用したことは余り注目されていない。しかし、博士の研究資料の中に『勝鬘義記』下巻（P.3308V. P.2091）と『法華経義記』第一巻（P.3308）の複写が残されている。東洋文庫の「文献複写完成報告書」の控えによれば、申込は一九七二年二月一五日、請求は同年同月二五日である。

(※9) 原文「即時摂論師」をテキストに従い「即時摂大乗師」に訂正。

(※10) 原文「著作におけると同様」を「著作と同様」に改めた。

(※11) 原文「地論研究講説注釈の高僧」を「『地論』を研究・講説・注釈する高僧」と改める。

浄影寺慧遠研究について[※1]（一九七二）

中国仏教研究には三つの視点が必要と考える。第一には経律論の三蔵がインド伝来のものであり、翻訳によってもたらされたものであるから、それらをどのように消化吸収したかを見る面である。第二には、それらの消化吸収の上で中国仏教独自の教理思想の形成を行う、その種種相を考察する視点である。第三には、以上の中国仏教の変容・展開・形成の歴史性の解明の上で、その教理思想の普遍性を見る視点である。これら三つの視点は、ある研究方法によって、具体的に作業を進めていく場合には明確に区別されなくてはならないが、ある特定の人物を取上げて、その人の思想の研究においては、単に一つの視点からの追求では全体の究明は不可能であり、三つの視点からの透視によって全体像を浮び上がらせることが可能となる。

私の研究課題は中国南北朝時代から隋代にかけて活躍した浄影寺慧遠（五二三—五九二）の研究であるが、先述のような視点を考慮して研究を進めている。まず彼の代表的著作である『大乗義章』を取上げ、その内容の分析を行った。『大乗義章』は慧遠以前にあった種々の経律論の引用注釈によっているので、まず引用経律論の整理を行い、『駒澤大学仏教学部論集』（第二号〔編者注：一九七一年一二月〕）に「経律論引用よりみた『大乗義章』の性格」という論文として提出してある。さらに、『大乗義章』二二二門のなかでも中心的教理を展開する「八識義」の内容研究を行い、『駒澤大学仏教学部研究紀要』（第三〇号〔編者注：一九七二年三月〕）に「『大乗義章』「八識義」研究」として発表し、慧遠の八識義が独特の真妄論によって展開され、インドの唯識教学とは大きな差異があることを明らかにした。

従来、慧遠教学の研究は唐代の中国華厳教学の先駆思想として扱う研究や、また「八識義」などを仏教心識説研究史の面から、他の摂論学や法相唯識学などの心識論との対比によって研究したり、さらに中国浄土教形成史の一環として彼の「浄土義」が注目されたりしている。つまり、何か他の教学との対比において彼の教学が注目されたり、何か他の教学の先駆思想として彼の教学が研究される傾向がある。それは慧遠の教学が種々の面を持っている証拠ともいえようが、しかしそのような部分研究の集合では慧遠教学の全体像は明らかにならない。

一般に慧遠の教学は中国南北朝仏教学の集大成であるといわれる。それでは、何をどのように集大成しているのかと考察を進める時、単に慧遠の教学のみの研究では不十分となってくる。南北朝から隋初唐にかけて、同じ時代に活躍した人々、たとえば三階教の信行、『起信論』や『涅槃経』の研究者であった曇延、智度論師といわれた姚道安など北朝系の仏者達や、天台智顗や三論吉蔵など江南の教学者たちの教学形成とその内容にも留意して、その上で慧遠の独自性を明らかにしなくてはならない。特に重要なことは、智顗や吉蔵の教学形成において、南朝梁陳代の成実学とならんで、北方の地論学、特に慧遠の教学が重要な比重をしめていることであり、慧遠の教学を批判しながら彼ら独自の教学を展開する。したがって、慧遠の教学の後代への影響という面を考えるならば、直接後代の華厳学に結びつけないで、まず同時代の三論天台両教学への影響に注目し、その後に華厳教学形成に及ぼした慧遠教学の影響の究明へという順序を取る必要がある。

慧遠の著作としては、『大乗義章』のほかに『涅槃経義記』『維摩義記』『勝鬘義記』『無量寿経義疏』『観無量寿経義疏』『温室経義記』『十地経論義記』『地持論義記』『起信論義疏』などが現存するが、このなかで一番問題になるのは最後の『起信論義疏』であろう。『起信論』自体に古来より印度選述と中国撰述とをめぐって深刻な論争があるし、また慧遠の『義疏』にも疑撰説がある。『起信論』が中国仏教に及ぼした影響の大きさから考えても、この慧遠の『起信論義疏』解明の必要性が生ずる。『大日本続蔵経』に収録されている曇延の『起信論疏・上巻』[※3]や有名な元暁の『海東疏』や法蔵の『義記』などと対比しながら、慧遠の『義疏』の内容研究を当面の課題にしたい。

〔編者注〕

（※1）本稿は『曹洞宗研究員研究生研究紀要』第四号（一九七二年九月）に掲載された一年間の研究報告である。初出掲載の際に「（一九七二）」という刊行年は無いものの、翌年も同じタイトルの報告が掲載されているので、それと区別するために便宜的に刊行年を補足した。

（※2）原文「中代」を「唐代」の誤字と見做して修正した。

（※3）原文「『起信論疏・上巻』」であるが、正確には『大乗起信論義疏』巻上である。

浄影寺慧遠研究について[※1]（一九七三）

今年度の研究の方向は二つに分れる。第一には浄影寺慧遠の教学研究のために、彼と同時代の人々さらに後代の教学者たちの著作を活用したことである。

まず『印度学仏教学研究』（二一―一〈編者注：一九七二年一二月〉）に発表した「浄影寺慧遠の『起信論疏』について――『曇延疏』との比較の視点から――」という論文では、古来疑撰説のある慧遠の『起信論義疏』と同時代の曇延の『起信論義疏』とを対比するという方法を用いた。まず『大乗義章』「八識義」で明かに慧遠が曇延の説を引用批判することを指摘し、次に『曇延疏』の内容が『摂大乗論』によることから「八識義」にみられる『摂大乗論』の大幅な引用は『曇延疏』の影響によるものであろうと考えた。それでは慧遠の『起信論義疏』に一回も『摂論』が引用されず、明らかに曇延の説の引用批判と考えられるところがないのはどういうわけなのか、という疑問を提出した。慧遠の[※2]『起信論義疏』の真偽論に決着をつけることはできないのであるが、曇延疏との対比を試みたことは一つの成果であるとおもう。

次に『駒沢大学仏教学部論集』（第三号〈編者注：一九七二年一二月〉）にのせた「慧遠の起信論疏をめぐる諸問題（上）」という論文は、『慧遠疏』をめぐる古来の真偽論を整理し、新しい問題点を提出して、あらためて真為の解明をこころざしたものである。この論文は上下に分れているが、下の最後の項目では慧遠より後代の元暁・法蔵・曇曠などの諸注釈によって『慧遠疏』を分析し、何らかの結論を出したいと念じている。

次に『駒沢大学仏教学部研究紀要』（第三一号〔編者注：一九七三年三月〕）にのせた「地論師という呼称について」という論文では、普通慧遠は地論宗南道派の学僧とされるが、まず彼の著作のどこにも地論宗なり地論師なりの自覚が全くないということを指摘した。そして著作のなかで地論師という呼称をさかんに用いる人々として、智顗・吉蔵・慧均の三人をとりあげ、彼らが明確に慧遠の著作を引用している所を例示し、そして三人それぞれがどのような意図で地論師という呼称を多く用いるのであるかを考察した。そして『続高僧伝』にある地論関係の三つの記事、すなわち第一に数多くの地論研究者がいること。第二に道寵の伝記に南北二道がいわれていること、第三に五衆のなかの十地衆主の問題、これら三つについても言及した。その結果、地論師という呼称は慧遠などの地論研究者に直接かかわる言葉ではなく、その呼称を用いる智顗・吉蔵・慧均などの教学者にとっての問題であって、大乗家がアビダルマ仏教を小乗と呼ぶのと同様の貶称であることを指摘した。[※3] しかし彼らが地論師と貶称することと、たとえば慧遠の著作を引用批判することとは区別する必要がある。[※4] なぜなら呼称は他を一方的に限定できるが引用批判は他の教学によって自己の教学が限定される面がつよいからである。そして『続高僧伝』に多くの地論研究者がいることや南北二道や十地衆主などの記事も、地論宗・地論師の存在を前提として考えるならば、地論学派内の記事となるけれども、『続高僧伝』をすなおに見るかぎりでは、その記事にはいろいろの要素がからんでおり、けっして地論学派の独立を証明するものではないことを指摘した。

以上三つの論文は慧遠と同時代あるいは後代の教学者たちの著作と対比しながら、慧遠研究を行った成果である。他のもう一つの方向は前年度の研究材料であった『大乗義章』「八識義」の研究の反省として出てきた方向であって、慧遠独自の思想用語の分析によって彼の教学の構造にせまる方法である。日本宗教学会での「浄影寺慧遠の真妄論について」[※5] という発表は慧遠が常に用いる真妄二識および真妄二識の関係をあらわす依持・縁起・随縁・熏習などの諸概念を整理したものであり、曹洞宗学大会で発表した「教禅両家の仏性思想」[※6] は、無情仏性を中心として教禅両方の扱い方の差をみながら、同時に慧遠の仏性思想の独自性に迫ろうとしたのであり、いずれも慧遠独特の用語を彼自身の文章のなかで、すなおに把握してみようとした成果である。この方法においても他の教学者たちの用語との比較研究は成立するであろうが、あることばの比較研究から出発することは危険である。慧遠独自と思われる用語をできるだけ多くの著作について検討した上で彼の思想構造を浮び上がらせ、そして他の教学とまことに比較すべき用語を必要とすべき場面に限定して比較すべきである。(※7)

大きくいえば慧遠の教学は如来蔵仏教におさまるのであろう。このように単純に言うこと自体危険であるが、ともかく如来蔵仏教の本来持っていた意図・教学の原初的な綱格・その歴史的発達などをよく把握したのちに、慧遠の個々の著作の解明をしなくてはならない。そこで当面の研究課題として『勝鬘経義記』をえらび研究を進めている。

〈編者注〉

(※1) 本稿は『曹洞宗研究員研究生研究紀要』第五号(一九七三年九月)に掲載された一年間の研究報告である。前年に同じタイトルの報告が提出されているので、便宜的に「(一九七三)」という刊行年を補足した。初出掲載時には、この刊行年は無い。

(※2) 文章を明確にするために「慧遠の」を挿入した。

(※3) 原文に無いものの文意を明確にするため「を指摘した」を補足。

(※4) 原文「こと、」を「。」に訂正した。

(※5) 吉津宜英「浄影寺慧遠の真妄論について」(『宗教研究』第四六巻三輯、一九七三年三月)。

(※6) 吉津宜英「無情仏性説の考察」(『宗学研究』第一五号、一九七三年三月)として改題された論文と思われる。

(※7) 「できるだけ多く」と「比較」が繰り返されるので、本文のように改めた。

浄影寺慧遠研究

中国仏教の研究を志し、その中でも特に隋唐の仏教教学の解明を意図して浄影寺慧遠（五二三―五九二）の思想を取上げているのであるが、『大乗義章』の整理にやっと目途がついた段階で、他の著作の研究までには手が届いていない現状である。したがって、彼の教学の本質を論断して、中国仏教教学史の上に彼を位置づけ、ひいては中国思想史の流れの中で考えてみるということ、もちろんその意欲はあるけれども、それは今は不可能である。しかし、これから中国仏教を研究していく場合には、その仏教思想を中国思想との対比の中で考えざるをえないであろうし、総じて中国仏教とは、仏教とは中国の歴史の上にどのような意義や重みを持っているのかを考察しないではすまされないであろうと思う。『大乗義章』などの慧遠の教学を見ているかぎり、確かに、北周武帝の前に対峙して、堂々と破仏の非を説く慧遠の姿は浮んでこない。しかし、如来蔵や仏性の理論の構築に神経を集中している慧遠と、教団の破滅を防ごうと努力する彼とは、別人ではないとすれば、どこかで根本姿勢はつながっていると考える方が自然というものであろう。ただ彼の教学を見ている分には、我々はその中に、眼前に破仏をひかえた人の教学だなどと意識することすらしないであろう。しかし、それを意識しないことは別に立派なことだと言うのではなく、もし中国史の中で仏教の果した役割を問うところまで考えるならば、当然、破仏に抵抗した慧遠をこそ先に問題にし、その問題意識のなかで彼の教学を考えてゆくべきであろう。その問題意識は私の心の中にあるが、現段階では彼の教学の整理すらもついていないのだから、先ずその方が優先するし、また教学史の整理つまり彼の教学の源流とその展開を明らかにしたり、彼の北朝の仏教学と南朝系仏教教学との差異とその後代への影響を考究する(※1)必要がある。また慧遠の教学は特に後代の華厳思想からの視点をはずすことはできないから、これも大きな課題になるなどというように、問題は山積しているのであり、これらの問題に対して、あるところまでは目途をつけておく必要があると思う。

さて慧遠の教学を考える一つの中心的な概念として私は縁起という言葉を取り上げ、それについて、昨年度の『曹洞宗研究員研究生研究紀要』（第六号〔編者注：一九七四年八月〕）に「浄影寺慧遠の縁起説について」と題して報告し、その際掲載できなかった「四　仏性と縁起」という一節は改めて書きなおして、「慧遠の仏性縁起説」として『駒澤大学仏教学部研究紀要』（第三三号〔編者注：一九七四年一二月〕）に発表した。その結果、縁起という言葉は北魏の中葉、特に『十地経論』をはじめとする無著世親系の仏教学が伝訳されてから、諸注釈書にぼちぼち散見するのであり、慧遠は縁起の理論的な側面を開拓した人の一人ではあると思うが、その理論はいまだ体系的とはいいがたいので、智儼の用語を借りて、染法縁起と浄法縁起との両面から考察した。そして縁起論の根底にあるのは体用の概念であり、その体用を基盤にして、生死の世界の存在は八識真妄の理論によって、一方、涅槃は仏性や六波羅蜜による因果の道理によって、各々の縁起の様相が説かれていることを明らかにした。すなわち、一切の生死や涅槃の諸法を仏性の縁起つまり仏性縁起として認識してゆくのである。

このような説相をもった慧遠の縁起説の直接の源流をどこに求めるかということ、そして彼の縁起思想の特色、あるいは彼の縁起説の後代への影響などが次に問題となるが、経論上に典拠をもとめるとすればやはり『十地経論』の「第六現前地」の「三界唯一心」「十二因縁分皆依一心」という聖教や、更に『大乗起信論』の一心二門の理論、そして『涅槃経』の仏性説と無著世親系論典の阿梨耶識説などが複合的にかさなり、それに思弁が加って形成されたものと思われるが、この点は更に分析をかさね、ときほぐす必要がある。この縁起という概念を柱にして、地論摂論の教学から、玄奘所伝の法相唯識学を媒介にして華厳学に至るまでの教学の整理はできるであろうし、古来から実相論と縁起論という対比で呼びならわされたもののうちで、正しく縁起論の系列なのであるが、ただ縁起の概念を用いているから縁起論の範疇にくり入れるだけでは何の成果も期待できない。智儼や法蔵など各々の立場を考慮に入れて『捜玄記』や『探玄記』の分析に向うならば縁起論と実相論の対比では把握できない種々の問題点がでてくるであろうし、私も縁起という一つの言葉だけで教学史の整理ができるなどと毛頭思ってはいない。しかし、かりに縁起という概念を中心におし立ててみると、確かに慧遠から智儼・法蔵へという展開はある。すなわち智儼の『捜玄記』第六現前地の縁起一心門・依持一心門は慧遠の説を承けているし、法蔵の『探玄記』巻一三の十重唯識観は、大綱は智儼を継ぎつつも、法相唯識の五重唯識説を導入して形成されたもののようである。このように縁起説が理論から唯識観へと移行してゆく過程をたどることができる。しかし、慧遠と智儼との間、智儼と法蔵との間においてすら意図や立場の違いはあるのであるから、それを無視して影響関係だけを浮び上らせて論ずることは危険である。特に慧遠と智儼との教学の連関を問題にする場合、『華厳経』を所依とする別教一乗を主張した智儼の眼から見れば慧遠の仏教は三乗思想の範疇に摂められているようであり、ここで一乗三乗という別の尺度が持ちこまれるわけであるから、改めてそのような視点から慧遠の教学の把握につとめる必要も出てくるわけである。

〔編者注〕

（※1）原文「、」を文意を明確にするために「必要がある」に改めた。

地論学派の学風について

地論学派とは中国の北魏宣武帝時代の永平年間（五〇八―五一二）、勒那摩提・菩提流支・仏陀扇多などの訳経僧が洛陽に来て、特に世親の『十地経論』を翻訳し、菩提流支門下の道寵や勒那摩提門下の慧光などがこの論書を研究講説するようになって成立し、唐時代の始めまで続いた学派である。この学派の学風を知るにはこの学派に所属する僧の著作、特に浄影寺慧遠（五二三―五九二）の著作を見るのが基本的なことであるが、他に道宣の『続高僧伝』にこの学派の人々の伝記があるので、それによって彼らの事跡を知ることができ、また智顗（五三八―五九七）、吉蔵（五四九―六二三）の著作にはこの学派の学説を多く引用批判するので、これらも重要な資料となる。今回はまず『続高僧伝』における地論関係の記事を整理し、次に智顗と吉蔵との地論学派に関する批判に触れ、最後に『大乗義章』に見られる教判論を考察し、この学派の学風を知り、中国仏教の形成を研究してゆく基礎的作業としたい。

『続高僧伝』にあらわれた地論関係の記事を次のように六つに分けてみた。(1)『十地経論』の訳出、(2)南北二学派の成立、(3)十地衆主の勅任、(4)教団統率者の輩出、(5)南道派の祖慧光およびその門下、(6)地論学派と摂論学派。これらの問題のうち第五を除いてはほとんど先学による研究成果が出ているので、今は第五の慧光およびその門下の学風を考えてみたい。北道派である道寵の方は『続高僧伝』によるかぎりそれほど目立たないが、南道派の慧光の門下は非常に沢山の人々が法系に連なり、その中には国都などと呼ばれる教団の統率者も多く含まれている。私は慧光および門下が有力になっていった原動力は行解相応を標榜したところにあると思う。ただし、行の具体的内容は四分律学であり、解は地論学であって、戒定慧の三学を基準にすると、かなめとも言うべき定学がこの学派には希薄で、そのために行と解との分極化を生じ、次第に力を失っていったように思う。慧光には十大弟子と称される程の多くの門弟があったが、その中で法上―慧遠の法脈は解の面の代表者であり、道雲・道暉・洪理などは行の面にすぐれ、のちに四分律宗として道宣が大成する。道憑―霊裕および曇遵―曇遷の二流は行解相応の学を伝持したと思われるが、後者は摂論学派を形成するのであり、前者は終南山至相寺の学風として華厳学を生み出す母胎になったと思われる。

智顗や吉蔵は著作の処々で地論学派について言及しており、すでにその内容について小論を発表したこともあるが、今回は特に教判に焦点をあてた。南北朝から隋唐にかけての仏教の学風を見るには教判を考察するのが捷径であると考えたからである。二人ともに地論の教判として四宗判を取り上げ批評しているので、両師の批判を見るに先んじて、慧遠の『大乗義章』「教迹義」「二諦義」「一乗義」を中心に彼の教判論の分析を行った。その結果、⑴従来の五時判に対して声聞菩薩の二蔵判を提出し、特に大乗仏典相互の優劣を論ずることをいましめ、そのために特別の経典の浅深を判定する傾向にあった因縁・仮名・不真・真の四宗判に替えて、立性・破性・破相・顕実の四宗判とした。⑵彼の一乗理解は三乗同一の仏性ということであって、三乗と一乗との鋭い対立の意識や一切を包括していくような一乗思想は見い出されない。

『続高僧伝』の記事の整理は慧遠以外の地論学者たちを含む概観にすぎず、また『大乗義章』の考察は慧遠一人の教理の分析であって、それらを結びつけて学風を論ずることは困難であるが、一応のまとめをすれば、地論学派の行解相応の解の面を代表する慧遠の教判論には南北朝の諸教学を批判的に総合してゆく方法は開拓されており、それは成功したと言えようが、総合のみで、そこから何かを自由に選択しうる視点と方法が欠如しているように思う。

『大乗義章』の成立と浄影寺慧遠の思想（一）

一　地論学派と大乗思想

『大乗義章』は中国の南北朝から隋代にかけて活躍した学僧、浄影寺慧遠（五二三―五九二）の著作である。この時代、『大乗義章』と呼ばれる書物が輩出した。道宣の『続高僧伝』によると、巻六の「道弁伝」には『大乗義五十章』、巻八の「法上伝」には『大乗義章』六巻、巻九の「霊祐伝」には『大乗義章』四巻、巻二一の「慧光伝」には『大乗義』、巻二三の「曇無最伝」には『大乗義章』、などと出ている。これらはすべて現存せず、ただ慧遠の『大乗義章』のみが残ったわけである。この慧遠の『大乗義章』の成立を論ずる時、先に列挙したなかでは慧光の『大乗義』、法上の『大乗義章』の二著を無視することはできない。なぜなら、慧遠は慧光―法上―慧遠と次第する、いわゆる地論学派の法脈に属しているからである。特に法上（四九五―五八〇）の教学は現存の慧遠の『大乗義章』の中にも大きな影響を及ぼしているのではないかと思う。

さきに列挙した『大乗義』あるいは『大乗義章』の著者たちがいずれも北魏から隋にかけての北朝系の学者であることは注目に値する。北魏の仏教が隆盛であったことは『洛陽伽藍記』や『魏書釈老志』などの文献によって伺われるが、先学によって広く論究されている。(1) この北魏時代の仏教学は後代の中国仏教の歴史を彩る種々の宗派、つまり禅・浄土・天台・華厳・律などの源流となったとされる。確かに、菩提達摩・慧可・曇鸞・慧文・慧光などは北魏を舞台に活動している。これらの人々がすぐれた仏者であることは否定できないが、北魏時代の仏教教学の特色を示す事がらとしては、北魏の宣武帝時代（四九九―五一五）の永平年間（五〇八―五一二）、勒那摩提・菩提流支・仏陀扇多などの訳経僧が中国に来て、特に唯識学派の文献を多く翻訳し、その研究が勃興したことを第一に指摘しなければならない。この仏典翻訳の事業ということには、破仏が断行された北周を除いて北朝の各王朝は熱意を以って実行し、これは南朝の各王朝の態度と対比して、北朝仏教の一つの特色といえるであろう。南朝では、あの梁の武帝ですらも訳経にはあまり関心を寄せていないし、何よりも真諦三蔵の不偶な生涯が南朝における訳経への冷淡さを如実に示している。それに較べて『続高僧伝』巻一の「菩提流支伝」における彼の経典訳出の様子はきらびやかなもので、永寧大寺に住し、生活の苦労もなく、何百人の僧に囲まれて訳業に従事したことが描かれている。そして多くの経典論書が訳出されたなかで、特に重視されたのが世親の『十地経論』であった。この論書は菩薩の修道の仕方を十段階に分けて詳細に説いたもので、理念よりも具体的な修道のあり方を求めていた当時の仏者たちにはぴったりの内容であった。特に北魏から東魏・北斉にかけて国統として仏教界の重鎮であった光統律師慧光は『四分律』と共にこの『十地経論』を重視し、ここから『十地経論』の研究者グループ、つまり地論学派が発生する。特に東魏・北斉の都、鄴都では菩提流支三蔵の思想を継承する道寵派（北道派）と勒那摩提の教えを受けた慧光派（南道派）とが対峙したが、慧光の門下には僧範・曇遵・慧順・道憑・霊詢・法上・道慎・曇衍など有力な学僧が輩出し、彼らは次々に仏教界のとりまとめ役である国都に任ぜられ、南道派の勢力が地論学派を代表するに至った。慧遠は法上の弟子であり、先述の霊祐（五一八―六〇五）は道憑の弟子であるから、南道派の人々の中に『大乗義章』という書物への何か共通した熱意が伺われる。

さて、南北朝の末期から隋初唐にかけて中国人自身による独自の菩薩仏教への希求、大乗思想への願望が高まり、その中からインド仏教とは異る中国独自の諸宗派が興起したと言われる。(2) その新しい諸宗成立の、いわば否定的媒介の役割をはたしたのが北周武帝（五六〇―五七八在位）の破仏であったとされる。確かにこの破仏は北魏の太武帝（四二四―四五二在位）の破仏とは異り、儒仏道の三教が国家にとって利ありや否やの一点に共通の問題意識をしぼって、思想界の覇権を競ったのであった。そこには、異国の教えとの非難を受けながらも、すでに多くの人々の心をとらえた仏教が存在すると共に、どんなにすぐれた教えであっても国家の利害を優先させてゆく中国の現実があった。この中国の長い伝統を持った現実の中で、いかに仏教者として生きるかということが明らかな問題となったのが北周武帝の破仏以後ということになる。

今問題の『大乗義章』の成立は中国独自の大乗義探求と無縁ではないが、武帝の破仏以後の深刻な問題意識と関わる点はないといえるであろう。(3) 無縁でないという意味は、慧遠の『大乗義章』に限定してみると、その成果は天台智顗・三論吉蔵・慧均・法相窺基・海東元暁・華厳智儼・法蔵・澄観などの隋唐の仏教者たちの著作の中に大きく影響を与えている。しかし彼らの引用態度はすぐれた教学者の説を引くという姿勢を超えるものではなく、慧遠の思想が彼ら隋唐の教学者たちの思想的根拠となっているわけではない。

以上のことから慧遠の『大乗義章』が地論学派の学問成果であり、まさに大乗探求の書物ではあるが、北周破仏以後の問題意識に関わらない、それ以前のものであることがわかる。それでは地論学派の存在の中に『大乗義章』成立の必然性があるであろうか。それを考えるには先ず中国の南北朝仏教史における地論学派の位置づけとその教学の輪郭を定め、次に地論南道派の祖ともいうべき光統律師慧光の学風を見る必要があると思う。

前に述べたように北魏の菩提流支などによって無著世親系の唯識思想がもたらされ、さらに梁末から陳にかけて真諦三蔵によって摂大乗論を中心とする唯識思想が紹介された。この真諦三蔵の教学は江南で伝訳されたが、そこには拡まらず、曇遷（五四二―六〇七）などの努力によって、むしろ北地に伝えられたのであった。このように唯識教学が江南に受け入れられなかったことについては種々の考究が必要ではあるが、大きな理由は羅什三蔵による般若空観仏教が江南仏教界の主流であり、江南の仏教者にとっては唯識学は少々違和感があったのではないかと思われる。それでは北地の仏教者にとっては違和感はなかったのであろうか。北朝においても羅什三蔵の学問は、あるいは三論学として[4]、あるいは智度論学として[5]盛んであった。しかし、それ以上に安世高・釈道安以来の伝統を継承する毘曇学が広く行なわれていた[6]。周知のごとく、インドにおいて唯識学は大乗という系列の中で龍樹などによる空観仏教を自己のものとしつつ、他方ではその体系の内にアビダルマ仏教を多く吸収し、有的な性格を強く持ち、その点において、同じく大乗と称しながらも空仏教と鋭く対立したのであった。このような唯識仏教であるから、江南の空観を主とする仏教界はそれになじめず、むしろ華北の毘曇学の伝統のある所にはすんなりと定着したのではないかと思う。このように考えてみると地論学派の南北朝仏教史への位置づけは、まず五世紀初頭の羅什三蔵の空仏教に対置するものとして、同じく大乗と称しながら、両者にはかなり異る点もあり、いったい真の大乗とは何かという大乗義への探求は起りやすい状況にあったと言えるだろう。次に南北両朝の対応においては北朝における毘曇学の流行が『十地経論』を始めとする有的な教学を南朝よりも受け入れやすくしたと考える。唯識と毘曇学は共に空観に比較すれば有的とは言うが、その本質においては異質であり、そこで両者を比較して、『大小乗同異論』[7]というような書物も著わされ、さらに、ここでもまた真の大乗とはという大乗義探求の問題が生ずるのである。いわば、五世紀から六世紀の北朝において、図式的に把握してみると、羅什三蔵所伝の空仏教と安世高以来の毘曇学の並存のところへ、地論をはじめとする唯識学が導入され、三すくみの状態となり、その相互の思想的緊張関係の中から前に列挙したような種々の『大乗義章』の成立がうながされてきたのではないかと思う。

　次に地論学派、特に南道派の祖ともいうべき慧光の学風を考え、その学風の中に『大乗義章』成立の根拠をさぐってみたい。先に述べたように慧光にも『大乗義』という著作があったが、その他に『続高僧伝』には『玄宗論』『律義章』『仁王七誡』『僧制十八条』などを列挙している。また『大正蔵』第八五巻（二七五六番）は、慧光の『花厳経義記』の断片であるが、[※1]彼に『華厳経』の注釈があったことは確かであろう。これらの著作は、『四分律』の実践著であり、また教団統率の任にあった彼の活動をよく示している。さらに道宣は、彼の学風を行解相冠と称し、[8]教団のリーダーとして行解相応の活動をなした人として、釈道安と比肩しうるとしている。[9]確かに彼の弟子たちを見ると、先に列挙した義解の高僧達に加えて、僧達禅師や道雲・道暉・曇隠などの律師をも出しているのであって、一宗の祖たるにふさわしい風格を具えている。

次に慧光の教判論について考えてみよう。彼の教判としては天台智顗が『法華玄義』の中で引用批判している四宗判と、法蔵が『探玄記』などで伝えている漸頓円の三教判との二種類の伝承がある。これらを慧光の著作に就いて具体的に確めることはできないが、この両教判ともにかなり信憑性の高いものであろうと思う。[10]まず四宗判は⑴因縁宗（毘曇）、⑵仮名宗（成実）、⑶誑相宗（大品三論）、⑷常宗（涅槃華厳等）、というものであるが、この教判が先に述べた地論学派の歴史的位置づけをよく反映したものであると思う。⑴⑵は小乗、⑶⑷は大乗であり、大乗の中を空仏教と常住仏性を説く仏教とに二分する考え方は、すでに『涅槃経』などの中にもあるが、それを教判論にまで展開するには新来の唯識仏教の思想によらなくては不可能であり、江南に流行していた五時判とは異る視点からのものである。五時判がその全体を頓漸でまとめ、漸教には一乗と三乗との対応が貫いているのに対し、[※2]四宗判は大乗と小乗という対比が根本であり、大乗の中を空と不空（常住）とに区分している。五時判ができるかぎり仏陀の一生の説法の仕方に合わせようとの意図があるに対して、四宗判は明らかに大乗仏教をいかに合理的に把握するかとの目的で貫かれている。この慧光の主張したとされる四宗判は後で述べるように少し改められて慧遠の『大乗義章』「二諦義」にも出ているが、この四宗判が『大乗義章』成立の原型的な理念であることは、『大乗義章』の各項目を読むと、毘曇・成美・大乗という順序に教説が羅列され、さらに時々大乗の中に空仏教の説と常住不空の視点からの説とが分けられていることによってわかるのである。

四宗判に対して、漸頓円の三教判は全く仏陀の説法のあり方を三種にまとめたものであり、法蔵の『華厳経伝記』の「慧光伝」には、慧光の『華厳経疏』四巻の中で彼はすべての経典をこの三教に配し、特に『華厳経』を円教となしたとある。天台の化法・化儀という言い方を援用すれば、四宗判は化法、三教判は化儀ということになり、両者は伝承を異にするけれども、慧光においては二つは十分に結合して、その行解相冠と称される学風を支え、仏教研究と教団指導の両面において活用されたことと思う。慧遠の『大乗義章』では前に述べたように四宗判は生きているが、漸頓円の三種教はほとんど見い出されない。大乗義探求のため、『大乗義章』成立のためには四宗判だけで充分であったのであろうが、地論学派の祖、慧光にとっては両方の教判はともに重要であったと思う。このように地論学派の源流としての慧光の学風は行解相冠であった。しかし、その門流たちは行か解かのどちらかに力点を置くようになっていく。浄影寺慧遠は慧光の門流の中で解の代表者と言いえよう。そして『大乗義章』は地論学派の解の側面を集大成したものであり、他方、行の側面は南山道宣の四分律宗として発展したと考えられる。

二　法上の思想

前節において慧遠の『大乗義章』に流れる理念は地論学派の立場、なかんずく慧光の学風にその源流をたどることができるのではないかと考えた。本節では慧遠の『大乗義章』の直接的な模範は法上の『増一数法』四〇巻あるいは『大乗義章』六巻であり、総じて慧遠の思想の背景として法上のそれが無視できないということを論じてみたい。すでに法上の『十地論義疏』[11]についてはその心識説についての分析をなし、それと慧遠の心識説との対比がなされ、慧遠が法上の思想を発展させていることが論究されている。[12]今は天台智顗の三大部に散見する達摩欝多羅という名前が、実は法上のことであることから、それらの説教をまとめて慧遠の『大乗義章』と対比してみたい。

三大部に出てくる達摩欝多羅について湛然は『雑阿毘曇心論』を造った人としている。[13]しかし、『倶舎論』などから雑心論主はDharmatrātaであり、それを玄奘は法救と訳し、真諦は達摩多羅あるいは達摩多羅多と音写している。[14]達摩欝多羅はDharma-uttaraであろうから、それだけでも雑心論主とすることはできないが、教説がすべて大乗を内容とするもので、ましてや『法華玄義』の「章安雑録」に引かれる「教迹義云云」の引用例は、慧遠の『大乗義章』と良く相応する例であるが、その中には中国の教判を問題としているのであるから、印度の雑心論主とすることなど不合理である。しかしながら、法上が達摩欝多羅と言われたということは『続高僧伝』巻八の「法上伝」には記されていない。ただ『開元釈教録』巻一〇[15]に見い出されるのみであり、れっきとした中国人である法上が何故に梵名を使用したのか、自ら用いたのか、他からの命名なのか、まったくわからない。

さて達摩欝多羅つまり法上の説は三大部の中で五回引かれている。その場所・内容・『大乗義章』との対応関係などを列記して、最後にまとめてみたい。

(1)『摩訶止観』巻六下（大正蔵四六・八五中）煩悩障と智障の二障について引用する。『大乗義章』巻五本の二障義と対応するが、同じではない。「無明有二、一迷理、二迷事」という無明の理解は両者共通している。

(2)『法華文句』巻三下（大正蔵三四・四二下）『法華経』の十如（大正蔵九・五下）と『大智度論』の如法性実際義に出る九種法（大正蔵二五・二九八下）とを結びつけているというもの。『大乗義章』巻一の「如法性実際義」でも九種法の解釈はするが、『法華』の十如には触れていない。

(3)『法華玄義』巻二下（大正蔵三三・七〇一中）『勝鬘経』の四聖諦説について、有人説に対して達摩欝多羅の批難を紹介したもの。『大乗義章』巻三に「四諦義」があるが、明確には対応しない。

(4)『法華玄義』巻六上（同・七五二上）十二部経について、かなり長文の引用である。ここでは「体一、相二、制名三、定名四、差別五、相摂六、科簡七」の七種分別とあり、慧遠の『大乗義章』巻一の「十二部経義」、五門分別とは異るが、制名三と定名四との定義は体相第二門の中に出てくるものと全く同じである。

(5)『法華玄義』巻一〇下（同・八一二中）前述のように「章安雑録」の部分に、吉蔵の『法華玄論』の引用に次いで「達摩欝多羅釈教迹義云」として引く。慧遠の大乗義章巻一冒頭の「衆経教迹義」と非常によく合う。ただ、引文によれば異説の第一を劉虬のものと言わず、誕公の頓漸二教判については出しているが、菩提流支の一音教については触れていない。しかし「教迹義」全文の引用であるかどうか不明なので、今は断定できない。

以上の五つの例があるが、『大乗義章』との対応は、(5)が一番よく合い、(1)(4)の二例は関連する点があり、(2)(3)はあまり対応しないという結果である。この五つの引用について、智顗にしても灌頂にしても批判せず、ただ引用するのみであることに注目したい。これらの五つの引用例から法上の思想を云云することはできないが、(2)の用例に見られるようなユニークな『法華経』理解が出てくることは、彼の伝記からも伺われることを指摘しておこう。伝記では沙弥になってから林慮山に潜んで『維摩経』や『法華経』を読誦したとあり、更に慧光に就学する以前、すでに『法華経』を開講したとされる。法華に関しては相当の学殖を有していたことが伺われるのである。慧遠の教学には『法華経』の影響が少いように思われることと対比して法上の仏教思想の特色の一つと考えてもよいのではあるまいか。先の五つの引用の出典が『大乗義章』六巻であるか、『増一数法』四〇巻であるか、確める術もないが、(5)の引用だけから類推しても、慧遠の『大乗義章』一四巻の成立の背景には、確実に師法上の著作が模範として存在したと考えてよいだろうと思う(※3)。

（1）塚本善隆『支那仏教史研究・北魏篇』（弘文堂書店、一九四二年）、同『魏書釈老志の研究』（仏教文化研究所、一九六一年三月）など博士による新開拓の成果が多い。個別研究は枚挙にいとまないが、総合研究の成果として横超慧日編『北魏仏教の研究』（平楽寺書店、一九七〇年三月）がある。

（2）常盤大定「周末隋初に於ける菩薩仏教の要求」（『支那仏教の研究』所収、春秋社、一九三八年六月）、横超慧日「中国仏教に於ける大乗思想の興起」（『中国仏教の研究』所収、法蔵館、一九五八年）両論文参照。

（3）鎌田茂雄「浄影寺慧遠の思想」（『中国仏教思想史研究』所収、春秋社、一九六八年三月）の結言において「彼の思想は、天台の諸法実相説や華厳の事事無礙思想のような徹底した大乗思想を形成するにはいたらなかった。彼の学問は北朝における仏教思想の集大成であって、円融や相即を論じても、未だ徹底した思想とはならなかったのである。」と述べられている。ここにあるように徹底した思想となるかどうかが武帝の破仏の提起した問題に正面から答えるかどうかと相関関係にあると思う。

（4）平井俊榮「北土三論師について」（『中国般若思想史研究――吉蔵と三論学派――』所収、春秋社、一九七六年三月）参照。

（5）拙稿「北土智度論師について」（『印仏研』一七―二、一九六九年三月）参照。

（6）拙稿「中国仏教におけるアビダルマ研究の系譜」（『印仏研』一九―一、一九七〇年一二月）参照。

（7）『続高僧伝』巻九「霊裕伝」（大正蔵五〇・四九七下）参照。この著作は現存せず。

（8）『続高僧伝』巻二二・明律篇の論（大正蔵五〇・六二〇下）。

（9）『続高僧伝』巻二一「慧光伝」（大正蔵五〇・六〇八上）。

（10）拙稿「浄影寺慧遠の教判論」（『駒仏紀要』第三五号、一九七七年三月、二一〇頁）参照。

（11）大正蔵八五・二七九九番。ただし、巻一と巻三のみ。

（12）勝又俊教『仏教における心識説の研究』（山喜房仏書林、一九六一年三月）「第三篇、第一章、地論宗の人々の心識説」、坂本幸男『華厳教学の研究』（平楽寺書店、一九五六年三月）「第二部第二篇第二章、地論学派に於ける心識説」など。

（13）『止観輔行』巻六之四（大正蔵四六・三五六上）、『法華文句記』巻四中（大正蔵三四・二二二下）、『法華玄義釈籤』巻一三（大正蔵三三・九〇七上）。

（14）『倶舎論索引・第一部』（大蔵出版、一九七三年三月）二〇〇頁、二七五頁参照。

(15)『開元釈教録』巻一〇（大正蔵五五・五七四上）に「高斉衆経目録、武平年（五七〇―五七五）沙門統法上撰、梵名達摩欝多羅、一巻成」とある。

〔編者注〕

(※1) 原文「大正蔵巻八五・二七五六には花厳経義記巻一のほんの断片がある」とあるものの、文意を明確にするために改めた。

(※2)「と」を挿入。

(※3) この直後、原文に「(次号に続く。)」とあるも、『著作集』の収録に際して削除した。

槃経』であったようで、慧暢・浄業・弁相・明璨・霊達・僧昕・道嵩・智凝・道顔などの僧がその講義を聴いた。これらの中で弁相（五五七―六二七）は慧遠の『華厳疏』を途中から続修し、完成させた人である。(1) この間、開皇五年には故郷の沢州、同七年には定州に往って講説を行った。

(5)　長安時代

定州に行った開皇七年（五八七年）、慧遠は六五才の時、慧蔵・僧休・宝鎮・洪遵・曇遷らと倶に六大徳の一人として文帝に会い、大興善寺に住した。さらに講説に専念できるように彼のために浄影寺が用意され、入寂までの五年間の住居となった。この長安時代に慧遠の弟子となった人々には善冑・行等・浄弁などがあるが、特に善冑（五五〇―六二〇）は開皇一七年には涅槃衆主に任命された。慧遠の最晩年の仕事は十大徳の一人として翻訳事業を監掌することであった。開皇一二年（五九二）六月二四日の入寂、七〇才であった。

(6)　著作について

以上、慧遠の伝記を五つの時期に分けて概観した。途中北周武帝の破仏によって四、五年のブランクはあるが、それを除いては徹底した仏典講説の一生であったことが伺われる。特に清化寺時代は一番活動した時と考えられる。『続高僧伝』には著作として「地持疏五巻・十地疏七巻・華厳疏七巻・涅槃疏十巻・維摩・勝鬘・寿・観・温室等、並勒為巻部、……大乗義章十四巻」(※5) と列挙しているが、このうち『華厳疏』は断簡すらも残っていない。ここに載せられていないものとして『仁王経疏』（大正蔵八五所収の断片）(※6) と『大乗起信論義疏』四巻がある。後者に行うに際し、高僧たちを一同に集めて、いかに仏教が国家にとって利益のないものであるかを述べた。皇帝の威に圧せられて誰一人武帝に反論するもののないなかで慧遠は立上がり、帝の仕業が仏教にそむくだけではなくて、むしろ帝が信奉している儒教の道にも反するものであり、王力を恃んで三宝を破壊すれば確実に地獄に堕ちるのだと説いた。武帝は自分はすべての人々を安楽ならしめようとしている、そのためなら地獄の苦も何のことはないと、大いに怒った。慧遠は帝が邪法を断行しようとしている、その結果多くの人々が地獄に行くことになるのであって、どうして安楽を与えるなどと言えようか、と述べた。その時、上統であった衍法師などは慧遠の手を握って、その勇気をほめたたえた。この慧遠の議論は武帝の弱点をついてはいるが、仏教の議論としては地獄云云のレベルになっており、北周の衛元嵩・甄鸞・道安などが議論往復した状況に比較すると武帝の心を動かす程のものではなかったと言えよう。一方慧遠にとっても、この破仏は彼の教学のあり方を変えるものではなかったのであろう。あるいは破仏の段階ではすでに彼の思想は固まっていて、その教学は武帝の提起した国家と宗教という問題と接点を持つようなものではなかったか[※3]、彼の意図は平凡に教団の安定を願い、国家がそれを護持してくれるという考えであったのではないかと思う。しかし、慧遠の期待は裏切られ、過酷な破仏が断行された。彼は汲郡西山（河南省、汲県）に潜み、三年間、『法華』や『維摩』などの経典を読誦し続けた。

(4) 洛州時代

武帝の死亡を契機に破仏の嵐もおさまり、宣帝は復仏の勅を出し、東西両京に陟岵寺を置き、そこに菩薩僧を住せしめた[※4]。慧遠にも少林寺にて講義を開くようにとの命が下った。そして隋の時代になり、開皇元年（五八一）洛州沙門都に任ぜられた。開皇七年に長安に行くまでの六年間の洛州時代である。この間の講義の中心はやはり『涅た法上に従うこと七年、仏教学の蘊奥をきわめた。この鄴都修学時代のことであろうが、学問は進むが、心身が疲労するという状態に陥り、僧稠禅師に禅法を問うたことがあった。仏陀禅師の禅法を受けている僧稠（四八〇—五六〇）の指導で安定を得たが、これも学解に専一なる慧遠らしい事件といえるだろう。

(2)　沢州清化寺時代

法上に七年間就学し、その間には『十地経論』の講義も開いて、慧遠について学ぶものも出てきた。多分三二、四才ごろと考えるが、自分の故郷である沢州の清化寺に住持し、そこを自分の研究講説の場所とした。そして北斉承光二年（五七八年）慧遠が五六才の時、北周武帝の破仏に際会するまで二〇年以上もこの清化寺に住するのであり、多くの著作（『大乗義章』も含めて）がこの時代に著わされたものと考えられる。後の人々が慧遠の教説を「沢州云」として引くのはそのためであろう。『続高僧伝』によると、先の鄴都時代および清化寺時代に慧遠に就学した人々として、霊璨・宝儒・慧遷・静蔵・智徽・玄鑒・宝安などがいる。このうち、霊璨と慧遷とは開皇一七年（五九七年）隋の文帝により、それぞれ衆主あるいは十地衆主に任ぜられている。(※2) この清化寺時代から慧遠は特に『涅槃経』研究に力を入れるようになったと思われる。なぜなら、彼に就いた人達が、『十地経論』以上に慧遠の『涅槃経』の講説を聴いているからである。

(3)　破仏に会う

北周武帝は北斉を亡し、その破仏は、ついに北斉の土地にも断行されることとなった。武帝は北斉の地に破仏を

『大乗義章』の成立と浄影寺慧遠の思想（二）[※1]

三　慧遠の伝記と著作

(1)　鄴都修学時代まで

慧遠は俗姓は李氏、もともと敦煌の人であったが、後に上党の高都（山西省、沢州）に移った。幼年に父を喪い、叔父に育てられたが、三才ごろから既に出家の志があり、具体的には十三才の時、沢州の東山古賢谷寺で僧思禅師に就いて得度した。十三才の時は東魏天平二年（五三五）であり、北魏が東西に分れて混乱の極にあった。そのためか、慧遠は師と共に懐州北山丹谷（河南省、沁陽県）に居を移し、仏学に精進した。

十六才、東魏元象元年（五三八）の時、湛律師と倶に都の鄴に往った。当時の鄴は洛陽の仏教がそのまま移ったような状況で、仏教学の中心地であり、慧遠はそこで大小乗の経論を広く学んだが、とくに大乗を重視して勉強した。二〇才になり具足戒を受ける時、昭玄大統であった法上を和上とし、国都であった慧順を阿闍梨とし、慧光の十大弟子たちを証戒として戒を受けた。当時の東魏仏教界の主流であった地論学派の主要な高僧に見守られた、はれがましい儀式であった。それから五年間ぐらい大隠律師、つまり慧光門下の曇穏に就いて『四分律』を聴いた。まは後代の人による偽撰仮託説もあるが、慧遠教学にとって『起信論』は重要なものであり、その著書も原型は彼に帰すべきものと考える。(2)

これらの多くの著作の中で伝記の中には『地持疏』の作製が『涅槃疏』に先行し、いずれも清化寺時代であったことを伺わしめる記事はあるが、他の著作についての前後関係はよくわからない。ただ多くの著作が別章として『大乗義章』に教理の説明をゆずっているので、『大乗義章』は最も早い時期の著作ということになる。

しかし、『大乗義章』にも問題はある。それは『摂大乗論』との関連で、「八識義」のみにそれの引用が多い事実をどう考えるかということである。他の著作や『大乗義章』の他の部分にも引用されていれば別に疑問にも思わないのだが、「八識義」のみにきわめて多く引かれるので、(3)後人の手による加筆整理が行なわれたのではないかと思う。国訳者の辻森氏も慧休による整理編成を解題で主張しておられるが、(※7)そのようなこともあったかもしれないと思われる。

四　慧遠の教学

(1)　四宗判

慧遠の教学を知るためには残された多量の著作を読み、それら個々の著作の位置づけを行いながら、相互の関連性を持たせつつ、彼の仏教思想の特質を考えてゆく必要がある。従って『大乗義章』が彼の教学の把握にとって便利な書物であったとしても、それが慧遠にとってどのような価値を持つ書物であるかを確かめることなしに、そこから何かを持ち来たって、それが慧遠の思想であるとすることは危険であろう。しかし、今はあえてその危険を犯して『大乗義章』を根本資料として彼の教学の根幹と思われるものに迫ってみたい。著作の所で述べたように他の著作においてしばしば別章として『大乗義章』を指していることから教理的には最も基本的な著作ということになると思われる。

さて、彼の教学の様相を知るには先ず教判を見るのが便宜である。(4)『大乗義章』の中では冒頭の「衆経教迹義」、教法聚の中の「二諦義」の両者が直接的に教判に関連し、浄法聚の因法に収めてある「一乗義」が間接的な資料と思われる。「教迹義」では劉虬の五時判・誕公の頓漸二教判・菩提流支の一音教の三種の教判論を先ず批判する。大乗仏典を五時に配当することの矛盾、仏教を頓漸で把握することの不備、逆に頓漸を無視して一音平等なものとして仏説を理解することの一面性が指摘され、慧遠としては、次の図のように主張する。(※8)

- 聖教
  - 世間
  - 出世間
    - 声聞蔵（小乗・半教）
      - 声聞声聞
      - 縁覚声聞
    - 菩薩蔵（大乗・満教）
      - 漸入菩薩
      - 頓悟菩薩

声聞菩薩の二蔵判である。五時判では経典の説時とその内容の浅深とを論ずるのであるが、慧遠はこと大乗仏典に関しては経の浅深を云云してはならぬとし、宗つまり経の説く所の意図の差異として把握すべきであるという。経典の宗は各別であって、またそれぞれ仏陀の勧める修行の帰結として尊重されなければならないが、それらの宗を総合的に見ると、四つのものにまとめられ、浅から深への四宗として示される。

この四宗判は「二諦義」に出るが、(※9)先に慧光の教判としても考察した。慧遠は慧光のものに改良を加えているので対比して示してみよう。

①因縁宗……立性宗（阿毘曇）……小乗中浅
②仮名宗……破性宗（成実論）……小乗中深
③不真宗……破相宗……………大乗中浅
④真宗………顕実宗………………大乗中深

慧遠は「二諦義」で因縁宗型のものと立性宗型のものとの両方を出しているが、他の所では常に立性宗型の四宗判を用いる。慧光以来の因縁宗型のものを何故に立性宗型に改めたのか、その理由を慧遠は述べていないが、智顗が『法華玄義』の中で因縁等の四宗を批判する論理(5)を援用して考えてみると、第一に因縁とか仮名とかは通仏教的な教理であって小乗のみのものとは見られぬこと、第二に不真と真とは倶に大乗仏教であるのに、いかにも一方が偽妄であるという表現であること、この二つが因縁宗型の四宗判の問題点である。そこで法の把握の仕方に即して、法の有自性を立てる、法の自性を破す、法の仮相すらも破す、法の実性を顕わす、という視点から立性宗型のものが功夫されたものと思う。

前にも述べたように四宗判は五時判が仏陀の伝記に即して、いわば『涅槃経』を中心とした教判であったのに比べると、大小両乗を裁断しながらも、大乗の中においては、経典相互の浅深、あるいは説時の前後を問題とせず、宗の差異あるいは浅深として考えるようになった結果として、すべての大乗経典に対して注釈を行う主体的視点を獲得したと言いうるであろう。慧遠が多くの経論に注釈を施したのもこの視点に由るからであろうと思う。

この立性宗型の四宗判の成立は、大小乗の本質を明らかにし、しかも宗の把握に反省を加えた結果として、慧光のそれに比べて一層仏教を研究する立場を明らかにしたというべきであろう。しかし慧光にはもう一方の教判である漸頓円の三教判があった。慧遠においてはその教判は伝承されていない。もちろん先の図のように漸入とか頓悟とかのように菩薩の機根に関しては頓漸が語られるが、それは教判の中心的な内容ではないのである。

さらに教判を問題とする場合には、五時判でもそうであるが、一乗と三乗との相関は常に注目される。「一乗義」を見て知られるように、慧遠の一乗の解釈は三乗おのおの成仏する根拠が同一仏性であるということであって、三車四車の議論を援用すれば明らかに三車家の立場の教説と思われるが、それは教判に関連した内容とはなっていないのである。

以上のように、慧遠以前、あるいは以後においても、教判に就いての主なる視点であった一乗三乗、さらには頓漸などを用いないで、慧遠は大小両乗とそれらの宗として教判を示したのである。このことを今日の立場から見れば仏教研究者の視点としては充分に道理があり、印度から中国に伝来した仏教の総体を過不足なく把握していると思うのであるが、同時代の三階教の信行（五四〇―五九四）や天台智顗（五三八―五九七）などの独特の機根論や教判論と比較してみると、いよいよ研究講説者としてのイメージが浮彫りになり、教化伝道者としての側面は稀薄であったと言わざるを得ないのである。

(2)　縁起説

四宗判は仏教研究の視点としては他の教判に優るとも劣らない合理性を具えていることを明らかにしたが、その四宗判の第四宗つまり顕実宗の段階で縁起説が示される。(6) 真妄依持とともに縁起説が並べて出されるが、特にその縁起説に慧遠の教学の大きな特色が見い出されると思うので、取上げてみたい。

「二諦義」では依持と縁起とを対比して次のように説いている。(※10)

第四宗の中に、義にて別つに二あり。一には依持の義、二には縁起の義なり。若し依持について、以って二

〔諦〕を明さば、妄相の法を以って能依と為り、真は所依となる。能依の妄を説いて世諦となし、所依の真を説いて真諦となす。然るに、彼の破性と破相との宗の中には、有を世諦となし、無を真諦となす。今の此の宗の中には、妄は有なれども理としては無なるを以って世諦と為し、相は寂なれども体は有なるを真諦と為すなり。

若し縁起に就いて以って二〔諦〕を明さば、清浄なる法界、如来蔵の体が縁起して、生死や涅槃を造作する、〔その〕真性の自体を説いて真諦と為し、縁起の用を判じて世諦と為す。

依持とは真と妄との関係が、絶えず真が妄を支え保っているということであり、『勝鬘経』に「如来蔵はこれ依たり、これ持たり、これ建立たり。」とある依や持の意味であり、如来蔵仏教の教説としては普通のものである。慧遠は「八識義」の十門分別の第五に真妄依持を説いているように、この依持を特に心識の世界に限定し、心の中に妄想と真如心（仏性）との共存を認めながらも、六七識の妄想心と第八識の真識（真心）とのけじめを明らかにし、相互の本末を定めて、六七識の心の波はあくまで第八識の水を基盤として起るものであることを説いている。

依持が真妄の本末のけじめと相互の能所を明らかにしているのに対して、縁起は真妄いずれの世界も法界・如来蔵が縁起したものといわれ、法界如来蔵の体に対し縁起の用というように体用関係として示されている。別の言葉では法界縁起とか如来蔵縁起とか言うが、慧遠は他に真性縁起・真心縁起・真実縁起・真識縁起・仏性縁起などの表現によって、今の「二諦義」の趣旨と同一のものを顕わしている。これらの表現からも伺われるように、慧遠は従来の仏性如来蔵と新来の唯識仏教の阿梨耶識とを同一視する立場を取っている。その方向は既に『楞伽経』や『起信論』の教学にも示されていたのであるが、慧遠は「八識義」に見られるように先ず八識の体系を確立して、第八識を阿梨耶識とし、しかもその内容は無垢識であり、真識であるとし、そこに仏性的な内容を盛り、他方、妄識的なものは第七識（阿陀那識）の所に一括している。したがって第七識の内容は、たとえば『成唯識論』の八識体系における第七末那識などと比べると、だいぶ異っている。八識義の対治邪執の項を読むとわかるように、六識や第八識の主張が無理なく進められているのに対し、第七識の安立には苦心の跡が見られる。なぜ第七識を強調しているのであろうか。「八識義」全体から見ると、八識とは言いながら結局は真妄二識を明らかにするための議論となっているので、妄識は真識と相対するが、その妄識の中心は第六識の内容では不十分であり、特別に第七識を規定する必要があったのであろう。師の法上は第七阿梨耶識説を主張しているようであるから(7)、八識体系を整え、第七識（妄識）に内容を与え、第八識を真識となして、真妄二識を明確に分けたところに慧遠の独創を見ることができよう。

この八識の体系を整えるためには『楞伽経』や『起信論』の教学に多くの典拠を求めているが、その意図はやはり『十地経論』の菩薩の修道をいかに合理的に把握するかにあるように思う。「八識義」の十門分別の第八迷悟分斉、第九修捨分斉を見ると八識に対する迷悟と修捨とがすべて十地を中心とする菩薩の修行の階位と結びつけて説かれており、十地の体系が「八識義」にみられるような心識説を要請したのであろう。

「八識義」の体系は第八識の真に対して第七識以下の妄というように真妄二識にまとめられるが、この真妄論から先の依持と縁起の問題が派生してくるように思う。真妄二識の本末を定め、あくまで真が根本であることを明らかにするために「八識義」では真妄依持という一節が立てられている。これは真妄のけじめをつけ、さらに真妄熏習によって真と妄とが互いに熏習し、そこから一切の染浄法が生起することを示す。このように「八識義」においては依持という側面から真妄の本末を明確にしているが、他方、同じく「八識義」では真妄和合の説が多く出ていることを忘れてはならない。真と妄とには明確なけじめがあるが、他方、真妄は相依相関の関係によって一切法を成り立たしめている、ただ真如だけでは諸法は存在しえないし、ただ妄法のみでもありえないだろう、一切の諸法は真妄和合なのだというのが慧遠の認識であった。どうして真妄和合となるのか。真は根本であるが縁起ということによって妄法と和合して、一切の差別の世界が出てくる、と説く。この根本になる真、つまり仏性がどのように縁起するか、そのような縁起の世界の中でどのように仏性を顕らかにしてゆくかを示したのが「仏性義」である。「仏性義」は仏性を種々の角度から論究しているがそれらはすべて仏性縁起の内容と言ってよいと思う。

「二諦義」を引用した所から出発し、第四題実宗の内容は依持と縁起とで把握されていることを知った。依持は特に「八識義」に詳しく説かれ、縁起は「仏性義」によく示されているように思う。「仏性義」「八識義」ともに修道のあり方に触れているが、その目ざす結果は「涅槃義」や「三仏義」に十分に示されている。『大乗義章』は仏教教理辞典ではあるが、右に述べたような各義科には単に辞典以上の慧遠の独特の教学が展開されている。教判のところで見たように彼は一乗三乗を教判の視点に導入せず、三乗同一仏性ということを一乗の規定としていた。今の縁起説の考察においても仏性を法上のように心識を超越するものとせず、第八識に結びつけ、さらに縁起によって一切の存在に内在するものとして把握していた。そのような仏性の縁起を主張することによって十地を中心とする菩薩の修道論はより合理的になると慧遠は考えたようであり、十地の体系をより厳密に規定したところに彼の業績があると思う。

（1）『新編諸宗教蔵総録』巻一（大正蔵五五・一一六六上）参照。「弁相伝」（大正蔵五〇・五一九下）にはこの記事は出ていない。
（2）拙稿「慧遠『大乗起信論義疏』の研究」（『駒仏紀要』第三四号、一九七六年三月）。
（3）『続高僧伝』巻一八「曇遷伝」（大正蔵五〇・五七二下）には長安で慧遠が仏教界の長老として曇遷の講筵に列したという記事がある。慧遠が『摂大乗論』を引用すること自体は問題になる所はない。
（4）拙稿「浄影寺慧遠の教判論」（『駒仏紀要』第三五号、一九七七年三月）参照。
（5）『法華玄義』巻第一〇上（大正蔵三三・八〇四中）。

（6）拙稿「慧遠の仏性縁起説」（『駒仏紀要』第三三号、一九七五年三月）参照。
（7）『十地論義疏』巻第一（大正蔵八五・七六四中）。

〔編者注〕

（※1）本論文は「『大乗義章』の成立と浄影寺慧遠の思想（一）」の続編であり、注番号は振り直されているが、章立ては連続している。原論文の構成を残して、あえて統一しなかった。

（※2）原文「衆生」を「衆主」に訂正。理由は以下の通り。「十地衆主」に任命されたのは慧遷である（『続高僧伝』「慧遷伝」大正蔵五〇・五二〇下）。これに対して霊璨は、「開皇十七年。下勅補為衆主」とあり、単に「衆主」と表記される（『続高僧伝』「霊璨伝」、大正蔵五〇・五〇六中）。

（※3）原文では文意が通らないために、「か」を挿入。あるいは「、」は「。」か。

（※4）原文「五九一」を「五八一」に訂正。

（※5）『続高僧伝』「慧遠伝」（大正蔵五〇・四九一下）。

（※6）『仁王経疏』（擬題、S.2502、『大正蔵』第八五巻所収、二七四五番）。本書を慧遠の著作と想定したのは、辻森要修「浄影寺慧遠の仁王般若経疏に就いて」（『ピタカ』五年四号、一九三七年）。

（※7）辻森要修「大乗義章解題」（『国訳一切経』五六、諸宗部一三、一九四四年一二月、大東出版社）参照。

（※8）『大乗義章』巻一「衆経教迹義」（大正蔵四四・四六六下）。

（※9）『大乗義章』巻一「二諦義」（同右・四八三上—中）。

（※10）『大乗義章』巻一「二諦義」（同右・四八三下）。

第三部　浄影寺慧遠の思想

『四巻楞伽経』と『十巻楞伽経』

一　問題の所在

中国仏教では、同一経論が時代を隔てて二回三回と重訳されたことが、教学研究の内容に多様性を与えている。今問題の『楞伽経』も目録上では四回、現存本では三回の重訳がなされている。この『楞伽経』の重訳が教学の上にどのように反映しているか、特に『七巻楞伽経』出現以前に時代を限定し、『四巻楞伽経』と『十巻楞伽経』とに問題をしぼって考察したい。(※1)

特に『四巻楞伽経』は中国禅宗初祖菩提達摩が二祖慧可に授与した経典として重視される。『続高僧伝』において『四巻楞伽』と禅宗との関係を示す記事は、「慧可伝」と「法沖伝」に出る。「法沖伝」では、達摩の法によって『楞伽』を宣揚した慧可以下の人々の法脈を示すと同時に、達摩—慧可の法によらず『摂大乗論』によって『楞伽経』を顕揚した人々として、曇遷禅師と尚徳律師の二人をあげている。ただ、この二人が、『四巻』ではなくて『十巻楞伽』を依用したかどうかは、明確ではない。

華厳の法蔵(六四三—七一二)は、実叉難陀三蔵が『七巻楞伽経』を翻訳するや、その注釈を著した。『入楞伽心玄義』はその序論であるが、そのなかで『四巻経』と『十巻経』とを批判し、『四巻経』は文章の推敲が十分でなく、訳語もサンスクリット語の音写が多過ぎ、(※2)そのため理解を困難にしており、『十巻経』は文章・品目ともに『四巻経』より整っているが、訳者が不必要な文句を加え、その結果、聖意が顕われにくいことになったと指摘している。

さて、『四巻経』と『十巻経』を比較する時、説相の面でかなりの差異があるので、まずそれらの相違点を整理し、その後に、両経が中国仏教教学の上にどのように引用されているかを考察し、最後に禅門で特に『四巻楞伽経』が重視された理由について考えてみたい。

二　両経の説相の差異

両経の間には特に如来蔵とアラヤ識との把握について差異がみられるので、まず、それらを指摘したい。

『四巻経』「大慧、略説有三種識、広説有八相。何等為三。謂真識現識及分別事識。」(大正蔵一六・四八三上)

『十巻経』「大慧、有八種識。略説有二種。何等為二。一者了別識、二者分別事識。」(同右・五二二上)

南条本梵文(三七頁)は『十巻経』と同一で、真識の訳語は『四巻経』独特のものと考えられる。

『四巻経』「仏告大慧、如来之蔵是善不善因。…(中略)…名為識蔵、生無明住地、与七識倶、如海浪…(中略)…修行者、作解説想、不離不転、名如来蔵識蔵、七識流転不滅。」(同右・五一〇中)

『十巻経』「仏告大慧、如来之蔵是善不善因故…(中略)…大慧、阿梨耶識者、名如来蔵、而与無明七識共倶、如大海波、…(中略)…如来蔵識不在阿梨耶識中、是七種識有生有滅、如来蔵不生不滅。」(同右・五五六中下)

『七巻経』も両経の訳文と異る。梵文(二二〇―二二一頁)は一応『七巻経』に合う。ここで『四巻経』は如来蔵とアラヤ識を一体と見て訳しているのに対し、『十巻経』は如来蔵とアラヤ識との間に一線を画していることは明らかである。

『四巻経』「大慧、七識不流転、不受苦楽、非涅槃因、大慧、如来蔵者、受苦楽、与因倶、若生若滅。」（同右・五一二中）

『十巻経』「大慧、五識身者不生六道、不受苦楽、不作涅槃因、大慧、如来蔵不受苦楽、非生死因、余法者共生共滅。」（同右・五五九中下）

『七巻経』は『四巻経』と同じく「如来蔵は苦楽を受け、因とともに生滅あり。」（同右・六二一下）とあり、梵文（二三五―二三六頁）も『七巻経』に全同であって、『十巻経』だけが「如来蔵は苦楽を受けず」となっていて、説相が異なるわけである。

一般にインド仏教史では『楞伽経』を第三期大乗経典に収め、阿梨耶識説と如来蔵思想とを結合した経典とされる。いわば識中心の教学と智中心の思想とを結合するわけであるから、そこに種々の論理的矛盾が生じたのも当然である。

先の両経の説相の差異から考えると、『四巻経』は如来蔵を表にし、『十巻経』は阿梨耶識を中心にして、両思想の結合をなしている。そして阿梨耶識の把握からいえば、『四巻経』は最初の文章にあったように真識としてとらえ、『十巻経』は第二の文から理解されるように無明の七識と倶なる妄識としている。逆に如来蔵からいえば、『四巻経』は第三の文章からわかるように苦楽に随順し阿梨耶識と一体のものとして把握し、『十巻経』は如来蔵を苦楽を受けず、本性としては阿梨耶識と別なものとして理解している。『十巻経』は結局八識全体を妄識とするところから、浄識としての第九識を立てる（同右・五六五中）のである。

以上のような両経の説相の差異は原典の内容の違いによるのであろうか。あるいは翻訳者求那跋陀羅と菩提流支両者の教学理解の違いによるのであろうか。後者について一言すれば、『四巻経』を訳した求那跋陀羅三蔵は他に『雑阿含経』『勝鬘経』『央掘魔羅経』『相続解脱経』などを訳出し、『十巻経』を出した菩提流支三蔵は他に『深密解脱経』『十地経論』『金剛般若論』『無量寿経論』『法華論』など主として世親系統の唯識論書を伝訳した。このように両者の他の訳書を比較してみると、特に学界から注目された『勝鬘経』を訳出した求那跋陀羅が『楞伽経』を如来蔵を表にして翻訳し、唯識教学関係の主要経論をもたらした菩提流支が阿梨耶識を中心にして『十巻経』を訳出したことが理解できるのである。

三　隋唐諸師の『楞伽経』理解について

I　浄影寺慧遠

「法沖伝」では数種の『楞伽経』注釈書が列挙されるが現存しない。また現存している注釈者はすべて『七巻経』翻訳以後のものである。今はそれらの諸注釈書を研究対象とせず、隋初唐の慧遠・信行・智顗・吉蔵・窺基・智儼・元暁・法蔵などの諸師の『楞伽経』に対する理解を見たい。特に浄影寺慧遠を中心に考察し、吉蔵および他の諸師については概観にとどめる。

慧遠は地論宗南道派の人である。今『大乗義章』における『楞伽経』引用を見る。まず二二二門のテーマのうち、義法聚所収の「五法三自性義」と「八識義」とは『楞伽経』によると明記し、『四巻経』を引く。その他、「四優檀那義」「三解脱門義」「十二因縁義」「二種生死義」「二障義」「二種種性義」「三無為義」「四悉檀義」「涅槃義」

「三仏義」「三帰義」などに『楞伽経』を引用するが、徹底して『四巻経』による。『十巻経』を引くのは「八識義」弁相門（大正蔵四四・五三〇下）の九識説の所ぐらいである。ここで、前節に見た両経の相違点にからめて、重要と思われる文章をかかげよう。まず「三帰義」に、

或分為四、四有両門、一開真合応、以論四種。是義云何。如楞伽説。一応化仏、二功徳仏、三智慧仏、四如如仏。四中初一、猶上応身、中二報身。報随福智、故分二種。後一法身。（同右・六五四下）

とある。これは『四巻経』巻一の偈頌（大正蔵一六・四八一中）による。この四仏説は有名であったようで、吉蔵は『法華義疏』（大正蔵三四・六〇三中）にほとんど右と同文を引用する。さらに『達摩の語録』（禅の語録Ⅰ・一二八頁）、『大乗法苑義林章』「三身義林」（大正蔵四五・三六二上）、『華厳五教章』（同・四九八下）などにも引かれる。

次に「八識義」弁相門で、

或分為四、四有四門、一開妄合真、以説四種、妄中分三、五識為一、妄識為三。故楞伽云、心為採集業、意為広採集、諸識識所識、現等境説五。第七妄識、集起之本、故説為心、…（中略）…第六意識、遍司諸塵、故説為意、…（中略）…五識之心、随境別了、名為諸識。（大正蔵四四・五三〇上）

と述べ、心意識をそれぞれ第七、第六、前五識に配当する。この説はすでに慧遠の師法上が『十地論義疏』（大正蔵八五・七六三下）で述べたもの。そして同じく法上は第七識を阿梨耶識とする独特の説を展開するが、坂本幸男博士『華厳教学の研究』（三八四頁以下）によれば、この第七阿梨耶識の説は菩提流支の『十巻楞伽経』特有の説であり、その場合阿梨耶識は真妄和合として理解されていたであろうと指摘している。

次に同じく「八識義」真妄依持門で、

有人一向説彼海水、喩第七識、不喩真識。此言大偏。如彼経中説、如来蔵以為蔵識、第七妄心、名業相識。経自説言、蔵識如巨海、業相猶波浪。云何乃言、水喩七識。彼文復云、如来之蔵、為彼無始虚偽悪習所熏、名為

蔵識、生無明住地、与七識倶、如海波浪。云何海水不喩真識。（同右・五三二上）

と述べる。勝又俊教博士は『仏教における心識説の研究』（六七九頁）で、この有人は地論宗北道派の人とされる。この有人は、先述のように第七阿梨耶識を立て、しかも真識を喩せずというから妄識として把握するのであろう。これに対して慧遠が『四巻経』巻一（大正蔵一六・四八四中）・巻四（同・五一〇中）などを引用して批判し、第八真識を主張するところから推察すると、有人釈の背景に『十巻経』の存在が予想される。深浦正文博士は『唯識学研究』（上巻・二〇三頁）で地論宗が南北二道に分れる素因は『楞伽経』の理解の差異によると指摘されている。

以上の引文からわかるように、慧遠は徹底して『四巻経』を依用して、第八真識の主張をなし、如来蔵教学を展開する。その論証が『大乗義章』「八識義」でなされているが、その結果、真妄論という慧遠独特の教学が成立したことは他の機会に論じた。(※4)

Ⅱ　吉蔵および他の諸師について

三論吉蔵については、泰本融氏が『国訳・中観論疏・解題』（九頁）で『中観論疏』の引用経論を整理され、『楞伽経』についてては『十巻経』をかかげている。しかし『勝鬘宝窟』には『四巻経』もさかんに引用されるので、吉蔵が『十巻経』しか引用しないとは言えないが、中心はやはり『十巻楞伽経』である。その理由は三つ考えられる。まず第一は、吉蔵が著作の処々に引用するように、『十巻経』には仏陀滅後の法を龍樹に委嘱する龍樹懸記の一文（大正蔵一六・五六九上）があること。第二に『十巻経』を翻訳した菩提流支三蔵が『提婆菩薩破楞伽経中外道小乗四宗論』および『提婆菩薩釈楞伽経中外道小乗涅槃論』を訳出し、そこで吉蔵は三論中の『百論』の著者提婆と『十巻楞伽経』との関係を見い出したこと。特に『百論疏』に「提婆論」として右の二書がしばしば引用される。第三は、伝記からもわかるように、吉蔵は真諦三蔵との因縁が深く、特に『摂大乗論』の唯識教学に精通していたこと。『法華玄論』（大正蔵三三・三八一上）では三論と『摂論』とは内容上よく一致すると述べている程である。『中観論疏』「因果品疏」で

又摂論師云、梨耶体無生滅、名用生滅、亦是此義。又此義違楞伽。楞伽明八識滅義也。（大正蔵四三・一三四中）

と述べる。ここで吉蔵は『楞伽経』は八識滅の義を明すと言うが、この理解は、如来蔵識の真相不滅を説く『四巻経』よりは、如来蔵は不生不滅であるが、阿梨耶識は生滅するものとする『十巻経』により近い。そして、そのように『楞伽経』を理解すれば、『摂論』の阿梨耶識説とも一致すると考え、逆に摂論師の識体不滅説を批判する。

それでは吉蔵が『十巻経』を依用することが彼の教学の特質とどのように関係するのか。明らかに、慧遠にとって『四巻経』が重要である程には、吉蔵にとって『楞伽経』は重視されてはいない。ただ吉蔵の摂論学への精通と地論師や摂論師への批判は三論教学の特質を見る上で無視できないと思う。

最後に他の諸師について概観しよう。まず三階教の信行は、慧遠と同時代の北地の教学者であるが、矢吹慶輝博士の『三階教の研究』（四〇五頁）では三階師は事実上『四巻楞伽経』に依っているとされ、如来蔵仏を主張する一つの典拠として重視すると述べられる。

次に天台智顗はあまり『楞伽』を引かないが、『摩訶止観』（大正蔵四六・六一上）での一字不説の引用、『維摩文疏』（続蔵二七・四三五右上）での三種意生身の引用から見て『四巻経』を依用している。

次に法相唯識の窺基は『十巻経』による。『大乗法苑義林章』「諸乗義林」（大正蔵四五・二六四下）における五乗の引用、「三身義林」（同・三六五下）での空不空二種如来蔵など、慧遠や吉蔵などの引かない所を依用していることに注目したい。

玄奘三蔵による護法唯識を批判した智儼は『孔目章』「唯識章」（大正蔵四五・五四五下）で『成唯識論』の阿頼耶

識説を批判して、「識とは如来蔵の一義なり。」と述べ、『四巻』『十巻』両経の如来蔵とアラヤ識に関係した要文を列挙している。この意図は、両経の差異を融会して、しかも如来蔵を強調するためかと思われる。

次に新羅の元暁には『楞伽宗要』があったとされるが、彼の『大乗起信論疏』を見ると『楞伽経』を『起信論』の経本と称し、智儼同様『四巻』『十巻』両経の要文を列挙して、「まさに知るべし、この二経の文はその本これ一ならん。ただし翻訳者異るが故に、語に不同あらしむるのみ。」(※5)（大系本・九八頁）と述べ、両経の立場の同一性を主張する。

最後に、『七巻経』を最上のものとして宣揚した法蔵はどうか。『華厳五教章』で見ると、巻一（大正蔵四五・四八一中）、巻二（四八五上）、巻三（四九六中）、巻四（五〇〇中）などに引用があるが、それらはすべて『四巻経』であって、『七巻経』でも『十巻経』でもない。

四　まとめ

以上、慧遠・吉蔵・信行・智顗・窺基・智儼・元暁・法蔵の『楞伽経』に対する態度を概観したが、それぞれの教学者の見識とその教学が成立し成熟する必然性に応じて、『四巻経』なり『十巻経』なりが撰択され、依用されているのであって、自分に都合がよければどちらでもよいとは言えないようである。

では、なぜ禅宗において『四巻経』伝授の伝説が生じ、『四巻経』が重視されたのか。『楞伽経』の立場を宣揚した初期禅宗史書である『楞伽師資記』を見ると、彼らは『楞伽経』を諸仏心第一という標語で把握している。この言葉自体は両経（大正蔵一六・四八一下、五二〇中）に同様に見られるが、やはり『四巻経』がその標語にふさわしい形式と内容を具えていると思う。『十巻経』は全体を十八の章品に分けているのに対し、『四巻経』は全体が「一切仏語心」一品であって、明確に全体が仏語であり仏心であることを示している。一般に『楞伽経』は八識・五法・三自性・二無我を説くといわれる。しかし、それらによって『楞伽』を理解することは、禅者にとっては、いわゆる名相に堕することであった。一切は自心所現であり、一切は唯心であると説く『楞伽』の教説を、一切は仏心であり、仏心が第一だと把握したところに禅者の見識がある。

この小論においては、中国仏教における楞伽宗の存在論証であるとか、『楞伽経』の教理がすべての教学の根底にあるなどと主張しようとしたのではない。隋唐の教学者たちの『楞伽経』理解に種々様々な方向があるという認識から、禅門における『四巻楞伽経』重視の事実とその意味を考えてみたのである。

〔編者注〕

（※1）『四巻楞伽経』は求那跋陀羅訳『楞伽阿跋多羅宝経』四巻、宋訳とも略称する。『十巻楞伽経』は、菩提流支訳『入楞伽経』一〇巻、魏訳とも略称する。『七巻楞伽経』は、実叉難陀訳『大乗入楞伽経』七巻、唐訳とも略称する。

（※2）原文は「訳語もサンスクリット　　かすぎ」。意味が通らないので、本文のように修正した。対応する『入楞伽心玄義』の文章は「語順西音」（大正蔵三九・四三〇中）である。

（※3）「如来蔵」は大正蔵では「如来識」。

（※4）吉津宜英「『大乗義章』「八識義」研究」（『駒仏紀要』第三〇号、一九七二年三月）と思われる。

（※5）厳密に言えば、この訓読文は元暁『大乗起信論別記』の「当知。此二経文、其本是一。但翻訳者異故、致使語有不同耳」（大正蔵四四・二二〇上）である。

無情仏性説の考察

一　無情仏性説の主張とそれへの批判

宮本正尊博士が「「草木国土悉皆成仏」の仏性論的意義とその作者」（『印仏研』九―二）[※1]において明らかにされたように、日本の仏教においては無情仏性説の主張が大勢を占めて、そのような雰囲気のなかで「草木国土悉皆成仏」という句が生れるのであり、それへの批判者としては宝地房証真が目立つのである。中国においては、鎌田茂雄博士が『中国華厳思想史の研究』[※2]（第二部第四章第三節・四三四頁以下）において論究されているように、非情仏性説と非情無仏性説との二つの系譜がある。慧遠・吉蔵・智儼・法蔵・澄観などの人々は積極的に非情仏性説を展開したというのではなく、理法としては一切法すなわち有情非情を通じて仏性が認められるという、消極的主張であり、それらの人々に比較して『金錍論』による湛然の非情仏性説は積極的な主張であり、湛然の思想の影響によって澄観の非情仏性説には法蔵にない側面が出たと指摘されている。

これらの教学者たちには無情仏性説への批判は見られないのであるが、禅宗の文献には『絶観論』に見られるように無情仏性を主張する人々がいるとともに、神会のように正面からそれを批判する人々がいる。初期禅宗文献において仏性をめぐって二つの立場が出てくるわけである。まず『絶観論』では、

縁門問曰、道者為三独二在於形器之中一耶。亦在二於草木之中一耶。〔入理答曰。〕道無レ所レ不レ遍也。
問曰、道若遍者、何故殺レ人有レ罪、殺二草木一無レ罪。答曰、夫言二罪不罪一〔者〕、皆是就レ情約レ事非二正道一也。但為下罪人不上レ達二道理一、妄立二我身一、殺即有レ心、心結二於業一、即云二有罪一。草木無レ情本来合二道理一、無レ我故。殺〔者〕不レ計、即不レ論三罪与二非罪一。……
問曰、若草木久来合レ道、経中何故、不レ記二草木成仏一、偏記レ人也。答曰、非二独記一レ人、亦記二草木一。経云、〔於〕二一微塵中一具含二一切法一。〔又云、一切法〕亦如也。一切衆生亦如也。如無レ二無二差別一也。（『鈴木大拙全集』第二巻、一九二頁）

などとあり、草木が無我であり、もとから道理と合しており、経典に一微塵中に一切法を含むとか、一切法は如であると説いていることによって草木成仏を主張する。ここでは無情である草木の成仏を説くだけで、べつに仏性の有無を問題にしているわけではないが、草木成仏の前提として無情有仏性説があると考えてよいと思う。

次に六祖慧能の弟子南陽慧忠は『景徳伝灯録』(※3)（巻二八）によると『華厳経』の三界唯心説によって無情仏性説を主張したとされ、また『洞山悟本大師語録』（大正蔵四七・五一九下）では師の雲巌の言葉として、慧忠の無情説法の典拠は『阿弥陀経』の浄土思想によるとされる。石井修道氏の「無情説法の成立過程――禅浄交渉の一断面――」(※4)（『印仏研』一六―一）によれば、この浄土思想を典拠にする説には有力な歴史的背景があることが指摘されている。

さて無情仏性説を批判する人々としては神会や『頓悟要門』の慧海などがあるが、いまは神会の議論を見よう。

牛頭山袁禅師問、仏性遍一切有情、不遍一切無情。聞先輩大徳言、青青翠竹、尽是法身、鬱鬱黄花、無非般若。今何故言独遍一切有情、不遍一切無情。答、豈将青青翠竹同功徳法身、鬱鬱黄花等般若之智。若言青竹黄花同法身般若、如来於何経中為青竹黄花授菩提記。若将青竹黄花同法身般若者、此即是外道説。何以故、為涅槃経云、無仏性者所為無情物是。（胡適校『神会和尚遺集』一三九頁）

この一文はさきに引いた『絶観論』の文章の内容と対蹠的である。すなわち『涅槃経』巻三七の「非仏性者、所謂一切牆壁瓦石無情之物、離如是等無情之物、是名仏性」（大正蔵一二・五八一上）の一文によって無情仏性説を一蹴する。『頓悟要門』では、法身無象（法身は形象のあるものではない）、般若無知（般若は認識の対象にはならない）の理論によって無情仏性説を否定する（宇井伯寿訳・岩波本『頓悟要門』八六頁・九六頁・一〇八頁参照）。

以上のことから、『華厳経』の三界唯心思想あるいは一即多の論理、浄土経典、法身般若遍在の考えかたなどが無情仏性主張者のよりどころになっており、『涅槃経』や法身無象般若無知の理論が無情仏性説批判の根拠とされていることを知る。そこで我々は、単に文献に無情仏性の記事があるということだけで、その有無認否を断定することはできない。まず無情仏性の問題がその人にとって真に正面から問題になっているかどうかを確かめ、つぎにそれを肯定的に問題にしているか否定的に扱っているかを見なくてはならない。そしてさらに仏性論全体の立場から、その論議の軽重を定めなくてはならない。「一切衆生悉有仏性」と師子吼した『涅槃経』の仏性論においても、衆生と仏、一闡提、因果論、見仏性など非情仏性いがいの、それよりももっと重要なテーマがあり、次に見るように『涅槃経』では非情のものが関心の対象になっているとは考えられないからである。そこで『涅槃経』における仏性思想を概観し、中国語としての仏性という言葉の問題を考え、さらに理としては非情仏性を認めたとされる浄影寺慧遠の仏性思想を考察し、はたして慧遠の問題意識のなかに無情仏性説があるかどうかを論究したいと思う。

二　『涅槃経』における仏性思想の構造と無情

『涅槃経』全体は「一切衆生悉有仏性」で貫かれているが、この場合の仏性の語は、仏が buddha あるいは

tathāgata（如来）、そして性がsvabhāva, dhātu, gotraを原語とする複合語であることが指摘されている（高崎直道、中村瑞隆、小川一乗各氏の論文参照）。この場合、仏あるいは如来の教えは『涅槃経』自身が明言するように『般若経』や『法華経』の仏身論を受けたものであることは明白であり、svabhāva, dhātu, gotraなどの語がアビダルマ仏教において重要なものとされていることも明らかである。『涅槃経』の立場、とくにその仏性思想がこれら二つの立場を結びつける意図を持ち、また、それら二つを結びつけなければならない要請のもとに成立し、その結果、一闡提不成仏と一切皆成仏、論経といわれるほどに理論的説相の多い面と豊富な譬喩を有する面という複雑な二面性を有するのである。しかし、その複雑な説相を一貫するものは仏性であり、そしてその仏性は菩薩（bodhisattva）の内容であった。その菩薩の立場から、仏性を説く『涅槃経』を信じない一闡提（とくにアビダルマ仏教者）、仏法を信じない外道、仏法を信じるけれど衆生を忘れて独断に堕している声聞縁覚の徒への批判がなされる。

さて非情の問題であるが、さきに引いた巻三七の文や巻二七の「凡有心者定当得成阿耨多羅三藐三菩提。以是義故、我常宣説一切衆生悉有仏性。」（大正一二・五二四下）[※5]の一文から、草木などの非情のものが『涅槃経』の仏性論の範囲にはいっているとは思われない。

それは『倶舎論』などアビダルマ仏教において、世間（loka）の考察をする場合、有情（sattva）世間と器（bhājana）世間とに分けて論議し、有情世間に六道（あるいは五道）を数え、器世間の所では宇宙自然を論ずる考えかたによっても傍証できるであろう。ここで衆生とは五道なり六道なりの全体を含む言葉であって、けっして人間中心的な言葉ではないことに注意したい。しかし、世間を有情と器とに分けても、結局は二世間ともに有情の業（karma）の力によって成立するといわれるから議論はこみ入ってくる。ともかく『涅槃経』の本文によるかぎり「一切衆生悉有仏性」という文章には非情のものは直接関与していないと言えると思う。

三　仏性という訳語について

さきに述べたような原語が仏性あるいは如来性と中国語に訳されたところから中国仏教における仏性論が始まる。仏性の仏とは buddha の音写であり、仏教の根本であるから内容的には大問題であるが中国の言葉自体としては議論の余地はない。しかし性の字は問題である。この言葉には、仏教が中国の人々に知られる以前の長い思想用語としての歴史とそれに伴う語感があるからである。栗田直躬博士「性説の一考察」(※6)（『中国上代思想の研究』所収）によれば、性は習に対して、「始めから先天的に与へられてゐるもの、或は生来に具はつているもの」という意味を持ち、『孟子』に引かれる「告子曰、生之謂性」という表現などに示される。その意味では動物の性も人間の性も無差別であり、ともに生れながらの本性を有する。孟子はこの考えかたを批判し、人間が本来有している心に善なる性があらわれることを主張し、その善なる性は人間特有のものであるとした。それに対して荀子は現実の喜怒哀楽や好悪の感情を直視する立場から、性を一応悪と規定しながらも、人間の心にはその悪を規制する善なる機能がそなわっているとする。すなわち性という語には「本来性」という意味が共通にあり、それだけで考えるならば、生の字の示す生命あるものに共通の本来性ということになるが、その意味だけでおさまらないのが中国の政治中心の社会性よりくる必然の成行である。性の意義に道徳的な善とか悪とかの概念を結びつけ、人間の本性の特質を示す概念に切りつめ、そして本来性の意味だけではなく、現実性さらには努力の結果（徳性）をも含む広い概念になったのである。

法顕や曇無讖が如来性とか仏性とかのことばに訳した時、すでに性の語のそのような語感と用例は確定していたのであり、仏教の性説が中国古代の性説になにかを加え、なんらかの展開を与えたことも事実であろうが、逆に仏教の性説が、まさに性という語を用いたために、古代からの語法から多大の影響を受けたことも真実であろう。『涅槃経』を見るならば、仏性の説明には正因、縁因、生因、了因そして因・因因など主として因の語が用いられ、果の語は菩提涅槃仏身法身などを示すというように、仏の立場が果、そして性は因の義と区別することができる。因縁果を明確に区別することは単にアビダルマ仏教のみではなく、大乗仏教でも貫かれている。

慧遠の『大乗義章』「仏性義」(※7)を見ると、仏性の釈名段で、仏は覚といい、妄を返じて、真に契い、実を悟る義としているにすぎないが、性については四義をかかげる。第一は種子因本、第二は体、第三は不改、第四は性別の四義であるが、純粋に因の義なのは第一のみで、第二以後は因と因果と諸法自体との四門分別を加える。ここで明らかに、『涅槃経』の性説が svabhāva・dhātu・gotra などの原語で示されるように因の義(よりどころ、基盤)と規定できる内容であったのに対して、慧遠の性説は仏果法身をも含む内容になっている。そして『涅槃経』の性説が衆生を基盤としての議論であったのに対して、慧遠は諸法の体性、いわば法性の理をも性の意として把握している。すなわち因果人法にわたる広い概念として性を把握している。このような慧遠の概念規定の背景にさきに見た孟子や荀子の性をめぐる振幅の大きい議論の影を見ることは、単なる感想にすぎぬことになるけれども、のちの仏教内の性相をめぐる論議や、さらに宋学から陽明学に至る心と性、性と理などの複雑な論理を考えあわせる時、性説をめぐる長い中国人の努力の中に、慧遠のこれらの性の解釈をも位置づける必要があると思う。

四　慧遠の仏性説と無情仏性

法性の意味を仏性に含めている所が、理としては非情のものにも仏性を認めていると指摘される点であるが、慧遠の教学の全体から、はたして彼の問題意識のなかに無情仏性説があるのかどうかを考えてみよう。まず始めに仏性義の内外分別の項を引いて、彼の衆生や理に対する考え方を見よう。

言内外者、義別両門。一随相以分。二情理相対。言随相者、衆生為内、山河大地非情物等、以之為外。若当説彼因果之性、局在衆生、得言是内。若説理性、性通内外。雖復約彼内外相弁、而体平等、非内非外。言情理者、即彼妄想陰界入等、以説性故、得言在内。而真平等、妙出情妄、名之為外。（大正蔵四四・四七六中）

ここで内外を相によって分けると、衆生が内、山河大地非情の物が外であり、因果の性を説く時は内である衆生に限定され、理は内外に共通のものである。次に情と理とに分けると情が内であり、理が外とされる。ここで衆生のまさに衆生たる現実性を情妄としてとらえ、理論的には因果性のものとして把握し、それに応じて情妄に対する理と因果に対する理とを区別する。随相分別に見られるように法性の理としては山河大地にも仏性ありとされているのであるが、慧遠の意図はむしろ第二の情理分別のように情に対して理を明らかにすることにあったと考えられる。

「八識義」で説かれるように、慧遠は八識を事識・妄識・真識の三つに分けて考える。この場合、識とは神知の別名といわれる主体的な意味をもつものである。とくに妄識あるいは事識と第七妄識とを合せた妄という語が現実性を示す。真識の真という語は真如の意味と仏性真心の面との二面を持っている。不変と随縁との二面である。これは本来性を示す真識の二面性であるが、この本来性とさきの妄なる現実性とのあいだに依持と縁起との関係が説かれる。真妄依持は真が妄を持し、妄が真によることを示し、縁起とは仏性真心が諸縁に随うことによって生死の染法を起すこととされる。これらの真妄論や真妄関係論は、さきの内外論でいえば、おもに第二の情理分別の範囲に属するのであり、第一の随相分別でいえば因果性の認められる内なる衆生を基盤としての議論であって、外である山河大地までをも入れてはいない。

南北朝の涅槃学そして慧遠の涅槃学の全体を明らかにすることは大きな課題であるが、慧遠の涅槃学は『涅槃経』の「一切衆生悉有仏性」の立場をより厳密に論理化しようとしたと考えられる。しかし彼が一闡提一分不成仏を言うところ（『大般涅槃経義記』巻六・大正蔵三七・七七七中）からもうかがわれるように、徹底した一切皆成仏思想ではなくて、むしろ五性各別思想に近い考えを持っている。同時代の信行が一闡提を末法の正機としておさえ、智顗が如来の性悪の主張によって機の自覚を深めたのに比較する時、慧遠の教学には徹底しない面のあることは事実である。「仏性義」や「八識義」における情理・体用・真妄などの二元論的思想から、徹底した一切皆成思想を導き出すことはできないし、また衆生と非衆生（非情）とを平等にとらえる無情仏性説の主張は出てこないと思われる。

五　結　語

慧遠の仏性説の検討から、理としては無情にも仏性を認めているが、情においては認めないということは『涅槃経』の教学の理論化の延長線上にある思想であって、真に無情仏性が問題意識にのぼっていないことを見た。それでは『絶観論』や慧忠の無情仏性草木成仏の思想は、どのような根拠によるのであろうか。まず人間を含む衆生中心の考えかた、そして有情と無情との対立、理と情との相対の世界を破った地平に立たなくてはならない。『二入四行論』などの達摩の語録を見るならば徹底した空観思想に立って、しかも唯心や即心を主張し、また事中見法を説く。唯心思想も解釈のしかたによっては、無情仏性の典拠ともなるであろうし、また逆にそれの否定のためにも根拠を与える。しかし、その唯心の根底に空観があるかどうかは根本的問題である。無情仏性説は自然主義ではない。それが徹底した一切皆空の立場でなくては出ない思想であるということは、理論や観照の範囲の問題ではなく、実践や行道の世界の真実であることを示している。見仏と見性、浄土教の思想、法身有色無色論、機の自覚の問題、山岳の仏教と都市の仏教などの諸問題がこの無情仏性という課題から必然的に生ずるのであるが、他の機会に論究したいと思う。

〔編者注〕

（※1）『印仏研』九—二、一九六一年三月。
（※2）鎌田茂雄『中国華厳思想史の研究』（東京大学出版会、一九六五年三月）。
（※3）『景徳伝灯録』巻二八「南陽慧忠章」（大正蔵五一・四三八上）。
（※4）『印仏研』一六—一、一九六七年一二月。
（※5）原文「ず」を「じ」に訂正。
（※6）栗田直躬『中国上代思想の研究』（岩波書店、一九四九年）。
（※7）『大乗義章』巻三末「仏性義」（大正蔵四四・四七二上—中）。

浄影寺慧遠の真妄論について

唐代復礼法師が「真妄頌」を作成し、それに澄観・宗密などの諸師が答頌を作ったという事実にうかがわれるように、真妄論は唐代以後はあたりまえの用語として使われている。[※1]この真妄論が明らかに仏教教学の上で用いられるのは浄影寺慧遠（五二三—五九二）からではないかと思われる。真と妄という対応はその内容が一見明白のように思われるが、けっしてそうではない。特に慧遠においては唯識仏教による八識説が『起信論』の教学を媒介にして真妄論を形成していく過渡的立場にあるので、「八識義」などの内容を考察しても、真と妄との内容把握は容易ではない。

『大乗義章』「八識義」の冒頭の釈名門で定義するように、通常の六識に対して、第七阿陀那識のことを妄識、第八阿梨耶識のことを真識というが、後の弁相門以下では六識と第七識をひっくるめて妄識とも言う。[※2]ただし六識と後二識では識の内容が異り、前者は了別を意味するのに対し、後者は了別の体を意味するという。[※3]ここですでに識に体の概念を持ちこんでいることから、同じ八識思想といっても『摂大乗論』などとは異質なものであろうということが予想される。また「八識義」の内容である真妄論は一見『起信論』から容易に導き出されるように想像されるが、まず用語の面から言っても、慧遠が多用する真識という語は『起信論』にはないし、真妄関係を論ずる場合に用いられる依持・縁起・随縁などの概念も慧遠独特の内容を含んでいる。したがって一経一論のみに準拠した分析は不当であり、慧遠の教学に即した考察が要請される。

まず六識（事識）、第七妄識、第八真識それぞれの定義を見る。(※4) 六識は了別が第一の意味であるが（用相）、根塵識があると考えたり、陰界入を我我所と執着する我相や、根塵識が虚仮であると知らず、陰界入が我我所ではないということを知らない闇相、さらに非有非無の理相、この四つの面が具足する。そして我相・闇相は第七妄識の意を六識の中に見たものであり、理相は第八真識の意味である。第七妄識は我相と闇相、つまり無明とそれによる我執が中心の意味であるが、妄心が変異した六識心としての用相、それらの三相が非有非無である理相が認められる。第八真識にも四相があり、まず真心変異の六識心（用相）、如来蔵性不変異なる実我および仏性が縁起集成した仮名我（我相）、妄に随っていく無分別相、さらに如実空と如実不空とを内容とする真如の理（理相）が認められる。これによって妄識は無明を体とする我執と六識心の所依との二面があり、真識には真如の理（不変）と如来蔵（随縁）の二面があることがわかる。それと同時に、真妄各論よりも真妄関係論に慧遠の意図があるということが看取される。

関係論を示す用語として、縁起・依持・熏習・随縁の四つがあげられる。その中で縁起と依持とは真如を体・如来蔵をその相とした時の染用、随縁は浄用、熏習は染浄両用を具するものである。染用のうちで縁起とは本来清浄なる如来蔵が衆生心において妄心と一緒に和合して一切の惑業苦を生じるということであり、依持とは縁起において如来蔵と和合しているといわれた妄心が実は如来蔵に依っているという主張である。その依持という確信の上で真妄熏習が論じられ、一方では染法が生起する様子が、他方では浄法が顕現する様子が、熏習ということで論じられる。随縁とは浄法（真如）が顕現する様子を如来の側から諸縁（衆生、具体的には惑業苦）に対して説いた言葉である。

これまで述べてきた所からもうかがわれるように、真妄論の根底に体用論があり、これが大きな課題となるが、これを考察するためには慧遠における仏性論および法身論の検討が必要となるのである。

〔編者注〕

（※1）『宋高僧伝』巻一七「護法篇」中「唐京兆大興禅寺復礼伝」（大正蔵五〇・八一二下）。宗密（草堂）の名のみを揚げるのは『新修科分六学僧伝』巻一四「唐復礼」（新纂続蔵七七・一八八中）。別ヴァージョンの内容は『景徳伝灯録』巻四「前杭州徑山道欽禅師法嗣」（大正蔵五一・二三〇中）、『釈氏稽古略』巻三「憲宗」（大正蔵四九・八三二下）。

（※2）「六識」は「前六識」を意味すると思われるが、原文のママ。

（※3）『大乗義章』巻三末「八識義」（大正蔵四四・五二四下）。

（※4）『大乗義章』巻三末「八識義」（大正蔵四四・五二六中―五二七上）。前六識（事識）、第七識（妄識）、第八識（真識）それぞれについて「用相」「我相」「闇相」「理相」の四種の性格を説明する部分。

浄影寺慧遠の「真識」考

浄影寺慧遠は『大乗義章』「八識義」の冒頭の釈名門第一で八識それぞれの説明をなし、特に第七阿陀那識と第八阿梨耶識とにたいしてはおのおの八種ずつの異名を列挙している。そのうち第八阿梨耶識の異名として、一蔵識・二聖識・三第一義識・四浄識・五真識・六真如識・七家識・八本識の八種をかかげる。これらのなかで第五番目にある真識という用語が第八阿梨耶識を示す名前として常に用いられる。第八阿梨耶識を常に真識と呼ぶところに、すでに慧遠の阿梨耶識観がうかがわれるのであるが、さらに第八識の内容を分析してゆくと他にいろいろの問題が派生してくるように思われるので、この小論では弁相門の事妄真離分三識の随義分別の一段[※1]を材料にして真識の意義を考察したい。

そこでは六識事識（分別事識の略）、第七妄識（第七阿陀那識は常に妄識と呼ばれる。）、第八真識のおのおのについて、一用相・二我相（法我と人我とに開いて論ずる。）・三闇相（第八真識のところでは無分別相とする。）・四理相の四つの視点を設け、それらの識の内容を分析している。

六識の用相[※2]とは六識が六塵の境界を了別（認識）すること、我相のなかで法著我とは根塵識のそれぞれにおいて定性があると執着すること、我相のうち人著我とは五陰十二入十八界の諸法において我我所を起すこと、闇相とは諸法の無自性を知らず、陰界入などの無我無我所をわきまえないこと、そして理相とは前の三相が非有非無であること、というようにそれぞれの視点から六識の内容を明らかにする。これらの四相のなかで、第一用相を「事中之事」といい、まさに六識の主なる内容をなすのにたいし、第二我相と第三闇相とは「事中之妄」、第四理相は「事中之真」というように、それぞれ六識のうちに第七妄識や第八真識のはたらきを含むと説く。(※3)

第七妄識(※4)の用相は「いわく六識心なり、妄心が変異して根塵識となる。」とあり、妄心が六識の根拠になり、妄心が生み出した六根において、妄心所作の六塵を認識することである。第二の我相のうち法著我とは妄心が生み出した諸法を有と執著すること、人著我とは妄心所作の諸法に我我所の見を起すこと、第三の闇相とは無明のために真如を知らず、妄心による諸法の無自性をわきまえないことを言う。最後に理相とは前の三相が、理の立場から見れば、非有非無であると説く。これら四相のうち、第一の用相を「妄中之事」といい、第七識のなかでの六識のはたらきを言い、第二我相と第三闇相とは第七識独自のはたらきであり、第四理相を「妄中之真」と呼び、第七妄識にも真識のはたらきがあるとする。(※5)

さて、次に第八真識の四相についてはややくわしく見ることにしよう。第一の用相については、

一是用相、謂六識心、真心変異為根塵識、如夢所現皆報心作、所作六識、依於真心所作六根、了別真心所作六塵、故名為用。(大正蔵四四・五二六下)

とある。先の妄識の用相と同様の説き方で、真心にもとづいた六識の了別のはたらきを用相とする。ここで「真心変異為根塵識」とあるうちで「変異」とは、後に法実我のところに言う「性不変異」とくらべられるであろう。用相の視点からは真識が変異するものとされていることに注目したい。

次に問をもうけて、先の「妄心変異」との区別を問題にする。

問曰。此六与前妄中六識何別、釈言、六識真妄共起、摂六従妄、皆妄心為、如縄上蛇皆妄心造、摂六従真皆真心作、如縄上蛇皆是縄作、分取前義為妄六識、分取後義為真六識。〔同右〕

ここで「六識は真妄共起なり」とあり、六識は真と妄との両面から生起するのだと述べている。のちの仮名集用

の我のところでも「衆生は真妄所集なり」という同じ説き方があるが、用相においては真妄が共にあり、共にはたらくものとして論じられ、共に六識を生起し、一方では妄にもとづく了別のはたらきとなり、他方では真による了別のはたらきとなることがわかる。

次に我相の第一の法実我については、

> 一法実我、如来蔵性、是真是実、性不変異、称之為我、又此真心為妄所依、与妄為体、故涅槃云、我者即是如来之蔵、蔵是仏性、一切衆生皆有仏性、即是我義。〔大正蔵四四・五二六下—五二七上〕

とある。先の六識や第七識では法著我とあり、ここでは法実我というから、取著の対象となるような法のありかたではなくて、真実なる法のありかたの視点から真識を考えている。先に「真心変異」との関連で注意したように、ここでは「性不変異」と説き、また「この真心は妄の所依となり、妄のために体となる。」という。前の用相では真は妄と共にある形式で、真心による了別のはたらきが論じられたが、ここでは真は妄の「所依」（よりどころ）であり、妄のために体となるような内容のものであって、妄を超越している。

次に我相の第二仮名集用の我については、

> 二者仮名集用之我、仏性縁起集成我人、如依報心集起夢身、……（中略）……良以、衆生真妄所集、亦如縄蛇、摂之従妄、悉是妄為、摂之従真、皆是真作、今就真作、判為此門。〔大正蔵四四・五二七上〕

とある。仮名とは真実に対していう。集用とは「仏性縁起して我人を集成する。」とあるうちで集成のはたらきをいうのであろう。さきの六識や第七識で人著我といい、諸法に対して我我所の見を起すことを意味したが、その我我所の見は仏性が縁起することによって、生起するものであって、仮名無実体である。ここで「仏性縁起」の仏性とは先の法実我で見た如来蔵性や真心と同じ内容のものであろうか。全く別な内容とは考えられないが、縁起して我人を集成するというのであるから、そのはたらきには差異があると考えられる。その差異を解明する鍵は「縁起」ということばにあると思うが、ここの一文だけでは縁起の考察には不十分である。ただ「衆生は真妄の所集なり。」とあり、先の用相のところに「六識は真妄の共起なり。」とあったのと類似の表現があることから考えて、ここでの真（仏性）が法実我のところでのように妄を超えた真ではなくて、妄と共にある真を意味していることは指摘しえる。

次に第三の無分別相については、

三無分別相、真心雖是神知之性、而非攀縁取捨之法、故無分別、又為癡覆、未同仏智照明顕了、故無分別、故為妄熏、生無明地、随妄流転。〔同右〕

とある。ここで「神知之性」とは慧遠が「識」の説明として常に用いることばである。真識も「真実自体了別」といわれるような認識のはたらきを持っているが、その認識が相対的な立場や自我による「取捨」を離れているので、「無分別」といわれる。ここで「分別なし」とは分別による妄法を離れていることを意味し、真識が妄法を超えていることを示している。しかし、そのことは同時に真識が逆に妄法自体を明らかに認識しえず、妄法におおわれ、妄法に「熏習」される性格を持っていることにもなり、真と妄とを平等にしかも明らかに認識する「仏智」のはたらきとは区別されることになる。したがって、無分別の視点からの真識は真実そのものを認識するという面では妄をこえながら、妄法を明らかに了別しえないために妄法の熏習を受け、無明などの煩悩法と共にあり、「妄にしたがいて流転する。」ことになる。ここでも真識には妄をこえる側面と、妄とともにある側面との二つの意味があることが知られる。

最後に第四の理相を見よう。

四者理相、即前三重、体非有無、如実空義、離一切相、離一切性、名為非有、如実不空、具過恒沙清浄法門、[※6]故曰非無、又能縁起生一切法、名為非無、而体常寂、称曰非有。〔同右〕

前に用・我・無分別の三相のもとで考えられた真識の内容は、理の立場からは非有非無であるという。「如実空」と「如実不空」との両面から非有非無であり、「縁起」と「体常寂」との二面からも非有非無である。

先に六識や第七識の四相を略説したところで、「事中之妄」「事中之真」「妄中之事」「妄中之真」という形で、自のなかに他のはたらきを認めていたが、真識については「真中之事」とか「真中之妄」とかの相互関係は説かれないで、第一用相を「真用」、第二我相と第三闇相とを「真相」、第四理相を「真性」とする。(※7) このことは、六識や第七識の一分には第八真識の意味を認め、第八真識の中にはたらきとして六識的なものや第七識的な要素を認めるとしても、それらはすべて平等に第八識の種々相として考えられていることがわかる。

以上、「真識」の意義を考察したが、まず第一には「法実我」のところで説いたような、「性不変異」な、妄の所依（よりどころ）となる「真識」と、第二には用相や仮名集用我のところで示されたような妄と共にある「真識」との二面性を指摘しうる。真識がこの二つの意義をそなえていることが、どのような意味を持っているかということについて次に考えなくてはならない。そのためには、先に「妄の所依となる。」とか「妄と共にある。」とかで表現されたように「妄識」との関係が解明されなくてはならない。「二諦義」(※8) などで「一者依持、二者縁起」と列挙して論じられる「依持」や「縁起」、さらには「随縁」「熏習」などのことばが、真と妄との関係を表現する。これらの真妄関係を考察する場合に注意する必要があるのは、先の真識の考察のときに説明のことばとして使われていた「体」とか「用」とかの語であると考えられる。

慧遠の「八識義」は冒頭で『楞伽経』によるとし、(※9) 仏教一般の八識の説明から出発しながらも、結局は真妄二識を対比させて議論を展開するところに第一の特色があり、その「真妄論」に「体用論」を加えて、それぞれを関連させていくところに第二の特色があると考えられる。先に列挙した依持・縁起・熏習・随縁などの教理はすべて真妄と体用との関係を問題にしながら説かれてゆくのであるが、これらのそれぞれの分析的考察は別の機会にまわしたい。

〔編者注〕

（※1）『大乗義章』巻三末「八識義」（大正蔵四四・五二六中—五二七上）。この部分の全体像は、「浄影寺慧遠の真妄論について」でも紹介されている。

（※2）『大乗義章』巻三末「八識義」（大正蔵四四・五二六中）。この「六識」は正確には「前六識」と思われる。

（※3）『大乗義章』巻三末「八識義」（大正蔵四四・五二六下）。

（※4）『大乗義章』巻三末「八識義」（大正蔵四四・五二六下）。

（※5）『大乗義章』巻三末「八識義」（大正蔵四四・五二六下）。

（※6）底本「浄」を底本の異本注記により「清浄」と訂正したもの。四字句と見做せば、適切な判断。

（※7）『大乗義章』巻三末「八識義」（大正蔵四四・五二七上）。第二は「我相」、第三は「無分別相」と表記するのが正確であり、更に、この二相は原文では単に「真」とあり、「真相」ではない。「真」を「真相」の脱字と見做すことは、辻森要修訳注『大乗義章』（『国訳一切経』諸宗部一〇、一九五八年、第二次校訂、大東出版社）、二〇四頁にある。

（※8）原文「二識義」は、『大乗義章』巻一「二諦義」（大正蔵四四・四八五中三）の誤記と思われる。しかし、「二諦義」の概当部分には、本文で述べられる「熏習」の語を欠く。

（※9）『大乗義章』巻三末「八識義」（大正蔵四四・五二四中）。

浄影寺慧遠の「妄識」考[※1]

一　はじめに

地論・摂論・法相唯識の、いわゆる無著世親系仏教の三流のそれぞれの阿頼耶識に対する理解について、地論は真識、摂論は真妄和合識、法相唯識は妄識というように図式的に区別されるのであるが、おのおのの教学を細かに考えてみると、そのような一般的な区別では不充分な点がいろいろ出てくるのである。

浄影寺慧遠の『大乗義章』「八識義」を読むと確かに第八阿梨耶識を真識としているけれども、『印度学仏教学研究』（二二―二、一九七四年四月）所収の拙論「浄影寺慧遠の「真識」考」[※2]で分析したように、その真識の内容には妄識を超えた面と妄識と共にある面との二面が含まれているのであって、第八識を真識とすることよりも真識と妄識との関わり方のほうが重要な問題となるのである。その真と妄との関係を論じてゆく前提として、真とは何か妄とは何かが明らかとなっていなくてはならないので、この小論では特に妄識について考えてみたい。慧遠が「妄識」とか単に「妄」という時はしばしば六識と第七識とをひっくるめているのであるが、今ここでは第七識にかぎって「妄識」という用語を使ってゆきたい。

慧遠は「八識義」冒頭の釈名門で眼耳鼻舌身意の六識と第七阿陀那識と第八阿梨耶識とを八識として列挙し、第七第八の二識についてはおのおの八種の異名をかかげる。それら異名のなかで、第七識に対しては妄識という呼称が、また第八識に対しては真識という用語が、常に使用される。次に、第二弁相門にはいると種々の視点から識相(心識のあり方)を説くが、たとえば「事妄及真、離分為三」「真妄離合、説以為三」「真妄和合、本末為三」「開妄合真」「開真合妄」「真妄倶開」などの視点の設け方をみると、真と妄との二者あるいは事(六識)と妄と真との三者の対応は当然のことのように議論が進められている。そして、これらの識相の分別のうちに、おのずから妄識の内容やはたらきを明らかにしてゆく。しかしながら、慧遠の妄識に対する理解、とくに第七妄識の内容は、彼以前の仏教の教学からはうかがうことのできないものがあるように思われる。それは「八識義」第一釈名門から第九修捨分斉門までを読むかぎりではあまり明らかとはいえないが、第十対治邪執門に至って六識や第八識についての邪執の扱い方と第七妄識に関するそれとが異なることがわかるのである。つまり、六識についての邪執が主として『毘曇』や『成実論』から材料が引かれ、第八真識にかかわる邪執はほとんど『起信論』の「対治邪執門」の内容によっているのにたいして、第七妄識に関する六種の邪執とその対治のやり方は、特定の経論によるのではなく、慧遠独自の解釈による点が多いと思う。

そこで、この小論では対治邪執門(※3)を材料にして、第七妄識についての邪執を破し、正解を顕わにすることを通じて、慧遠が第七妄識を主張する意図について考察したい。その意図が明らかになるならば、第七識の内容やはたらきもより正しく理解できるであろうし、また弁相門などで常に用いられる真識と妄識との対応、すなわち真妄論の意義の解明にも路を開くのではないかと考える。

二　六識に関する対治邪執

対治邪執はまずはじめに六識（事識＝分別事識の略）について、次に第七妄識について、最後に第八真識について邪執を対治する。この小論では第七妄識の意義の解明が眼目であるが、慧遠が説いているように、六識・妄識・真識の順序で考察したい。

六識の邪執は八種ある。(※4)その第一は六識が六根にしたがって、はたらきに区別があるとはいえ、識体は一つであって、その一なる識体が六根をよりどころとして六塵を分別する。たとえば一室に六つの窓があり、中に一ぴきの猿がいるようなもので、どの窓からもその一ぴきの猿が見えるのであって、六ぴきの猿が中にいるのではない。六識も六根の窓の中にあらわれるが六識それぞれが別々の体を持っているのではなく、識は外境を認識するという意義を持ったものとして、はたらきには六種あっても、その体は一つなのである。この邪執について慧遠は出所を明示しないが、日本の珍海の『研習抄』（大正蔵七〇・六八五下）では『摂大乗論』あるいは『成実論』「一心品」を引いて説明する。確かに猿のたとえは『成実論』（大正蔵三二・二七八下）に出ている。また木村泰賢博士『小乗仏教思想論』(※5)（四〇四頁）は『大毘婆沙論』などを引いて、一心相続論者のいたことを指摘し、この考えは仏教の中に古くからあったとされている。慧遠が何によって、この邪執を六識に関するものの第一番目に持ってきたのかはわからないが、猿の喩から判断して『成実論』によるのではないかと思う。

第二は逆に六識の体はそれぞれ独立しているという邪執である。珍海はここでも『摂大乗論』に出てくる「一類の菩薩の所説」という。しかし、これはすべての法に自体を認める『毘曇』の考えによっていると考えられる。

第三は、三世にわたって業果は断尽しないという仏の教えを聞いて、心識は常住であり、生死輪廻の根底には一つの心識が常に存在し、時処位に応じてはたらきに出没はあるが、その心識の体は不変であるという邪執である。先尼外道の邪見を想起せしめるのであるが、慧遠はこれについても、どこにこの邪執があるかは示していない。この邪執に対して、心識は無常であると対治するところで、慧遠は『涅槃経』の一文（大正蔵一二・四四六上）を引く。また、心識が常住だと思うのは、小児が旋火輪を見て、本当に火の輪があると思うのと同じだと説くが、この旋火輪の譬喩は『楞伽経』（大正蔵一六・四九一中）に出ている。

第四は第三とは逆に、心識は無常であるという教えを聞いて、心識は断尽するものだと考える邪執である。これに対しては業果不断と説く。そして『涅槃経』（大正蔵一二・四一一中）の、乳と酪とでは変化があり、たしかに無常であるが、もし乳中に毒を入れておけば、のちに酪をたべる人を殺してしまう、という譬喩を引く。心も無常ではあるが、悪を造れば必ずその報は受けるから、断滅するものではない。珍海は『研習抄』でこの第四の邪執の説明に『涅槃経』「迦葉菩薩品」（大正蔵一二・五六七上）の一文を引く。『涅槃経』のこのあたりは、仏説を聴いて仏弟子たちがいかに誤った理解におちいっているかを、種々の面から説いているところで、仏の涅槃の有無、有我と無我、中陰の有無などと並んで、心の断常、さらには後に慧遠も六識に関する邪執として取上げる心外に心数の有無などの、心についての誤った見解も説いている。後の第七の邪執を対治するところで慧遠自身が『涅槃経』のこの一文を引くから、珍海がここの心の断常を問題としている第三と第四の対治邪執の背景に『涅槃経』の今の一文を予想するのは妥当だと思う。

第五の邪執は六識が定んで有なりと執するもので、ここでは明らかに『毘曇』と明記し、珍海は『雑阿毘曇心論』を引く。この邪執に対しては、六識は空であると対治する。

次に第六は、五陰は空であると聞いて、世諦における方便仮設も否定してしまう邪執である。珍海は『楞伽経』に八識を説いているから、六識も空無だとは言えないとするが、議論の進め方に二諦を用いていることは『中論』

「四諦品」に類似している。

第七は六識心王以外に心数を認めないという邪執で、『成実論』の教理だとする。そして第八は六識心王以外に心数を認める『毘曇』の立場を邪執として取上げる。この二つの立場は、インド仏教において学派の間で種々の論争のあったことが先学によって指摘されている。[1]したがって第七の心外無心数の説を『成実論』だときめつけることは妥当ではないが、中国に伝った資料としては『成実論』が代表的なものだから特別に取出したのであろう。第七第八の対治のところでは、ともに先に述べた『涅槃経』「迦葉品」（大正蔵一二・五六八上）の「諸弟子不解我意……」の一文が引かれる。

以上六識の邪執八種を略説したが、第一と第二が一対で六識の一異を問題にし、第三と第四が一対で断常を、第五と第六が一対で有無を、第七と第八が一対で有数無数を、それぞれ問題にしている。このように二つの立場を対応させて論を進めるやり方は、前述のように『涅槃経』「迦葉品」などに典拠を求めることができよう。そして、これら八種の邪執のうちで、第五と第八とは『毘曇』によるといい、第七は『成実』によるとし、また珍海の注釈を考慮するならば、他の邪執の典拠も『毘曇』『成実』『摂論』『涅槃経』などに求めることができる。六識に関する議論は特にインドのアビダルマ仏教で行きつくした趣があり、大乗仏教はそれらの議論を自己のものにした上で、独自の教学をうちたてているのであるから、慧遠も六識の邪執に関しては、それらインド伝来の経論の諸説を整理すれば事足りたのであろう。今見てきたように、四対八種にまとめたことのほかに、慧遠の独自性はみられないのである。

三　妄識に関する対治邪執

慧遠は「八識義」の冒頭の釈名門で八識おのおのの説明をなし、特に第七阿陀那識と第八阿梨耶識とについては八種ずつの異名をかかげる。阿陀那識を第七識とすることにも唯識思想史の方から見ると種々の問題もあろうが、今は慧遠の説明に随ってみてゆくことにする。第七識の異名は一無明識・二業識・三転識・四現識・五智識・六相続識・七妄識・八執識の八種であり、これらのうち第一無明識から第五智識までは『起信論』による。しかし「無明識」という言い方は慧遠独自のものであろう。次の妄識も『起信論』の「妄心」によったものかと考えるが、この妄識という呼称が第七識をあらわすものとして常に用いられる。最後の執識は真諦三蔵訳『摂大乗論』によるとも『転識論』によるとも言われる(2)。(※6)

次に弁相門では八識を種々の角度から分析してゆく。このなかで種々の「妄」の用い方がなされ、それを一つ一つ分析する必要があるが、結論的にいえば、一つには真と妄とを分ける方向での説き方と、もう一つは真と妄とを和合する角度からの説き方との二つがあると思われる。それは三識分別のところで、第一に「事妄及真、離分為三」、第二に「真妄離合、説以為三」、第三に「真妄和合、本末為三」とあり、第一は六識と第七妄識と第八真識とを離分して論じ、第二は『摂大乗論』の三性説によって離分と和合との両面から説く、つまり三性説のうち分別性は「妄について妄を論ず」といい、依他性は「妄に約して真を弁ず」といい、真実性は「真について真を論ずる」と説くように、分別性と真実性とは妄と真とによって分けられるのに対し、依他性は真と妄とが和合したところで論じられる(3)。これが第三の真妄和合の段階では一本識・二阿陀那識・三生起六識にわけられ、本識は真と妄とが和合したものとされ、これらはすべて依他性のなかでの差別であるという(4)。ここで問題となるのは、本識は真妄和合だとする時の妄と阿陀那識との一異の関係なのである。

また第五の依持門や第六の熏習門(※7)では、第一に真妄相対して論じ、第二は真妄共相識の立場から論ずるのであるが、その場合も、前述の真と妄とを分ける立場と真妄和合の立場にそれぞれ対応しているのであって、真妄を分ける時の妄と真妄を和合する場合の妄との一異は問題になるのである。これは逆にいえば真識の方からも、真妄を分ける場合の真と真妄和合の時の真との一異は問題となるのである。

これらは我々の眼から見て問題となることであって慧遠においては整合性があるのか、あるいは慧遠においても問題となることであるのかは、さらに細い分析を必要とすることであるが、慧遠以前の種々の心識説の統合をめざすとすれば、どうしても何らかの混乱が生ずるであろうし、その混乱を正す何らかの新しい体系が必要であろう。弁相門以下の内容のなかにあらわれた「妄」の用例に少くとも二つの意味のあることに注意して、いまの主題である第七妄識の対治邪執をややくわしく考察してみよう。

1　執定無

妄識に関する邪執の第一は、六識のみを認めて第七識はないとするものである。すなわち、

有人聞説、但有六識、無第七情、便言一向無第七識（大正蔵四四・五三八下）

とあり、たとえば『維摩経』（大正蔵一四・五四七中）などに第七情（第七の根のこと）はないというのを聞いて、第七識はないとする。

これの対治の段では、

対治此執、説有七識、如楞伽中、説八識義、勝鬘亦云、七法不住、若無妄識、説何為八、説何為七。（大正蔵四

四・五三八下）

とあり、『楞伽経』と『勝鬘経』とを証拠とする。『楞伽経』に八識説はあるから、第七識証明の権証とすることに問題はないが、『勝鬘経』をあげるのはどうであろうか。くわしく引けば「世尊、若無如来蔵者、不得厭苦楽求涅槃、何以故、於此六識及心法智、此七法刹那不住、不種衆苦、不得厭苦楽求涅槃」（大正蔵一二・二二二中）のなかの「心法智」を第七識とし「七法」とあるのを六識と第七識のこととする。この解釈は慧遠の『勝鬘義記』[5]にもみられるが、吉蔵は『勝鬘宝窟』（大正蔵三七・八三中下）でこの慧遠の説を批判し、慧遠は『摂大乗論』に第七識を阿陀那識としていることを知らないから、「心法智」が第七識だなどと解釈するが、ここでの「心法智」とは六識心王にたいする「心数法」のことだという。[6]前に釈名門のところで見たように、慧遠も第七阿陀那識としているし、『摂論』を多く引いているのだから、全体的に考えると吉蔵の批判はあたらないとしても、この第七識の存在を証明するところに、第七識を説いているとは思われない『勝鬘経』を引き、しかも「七法不住」という一文に典拠をもとめて、もっと容易に第七識の存在を引き出せる『摂論』などを典拠にしなかったのは何故であろうか。この第一の邪執だけではなくて、第二以下のどこにも『摂論』を引かず、また慧遠の教学全体から言うと、この「八識義」以外にはほとんど『摂論』を引かないのであって、慧遠教学と『摂論』との関係は一つの謎である。

2　執定有

第二は第七識があると聞いて、それに体性ありと執する邪見で、慧遠はその見解を破して、次のように述べる。

> 明妄無体、当知如来就心法中、分取虚妄分別之義、為第七識、何得於中別立体性、如似世人見縄為蛇、縄是実事、喩彼真識、蛇是妄情、喩彼妄識、蛇依縄有、蛇無別体、妄依真立、云何有体、迷夢等喩、類亦同然、又経

中説、若無真識、七法不住、若自有体、云何不住、又若妄識自有体性、便是実有、何得言妄。〔大正蔵四四・五三九上〕

ここで、「如来は心法中において虚妄分別の義を分取して、第七識となす。」のだから、妄識には体性はないとい い、縄と蛇との譬喩を引く。ここでもまた『勝鬘経』の問題の一文が引かれている。ここで「体性はない」とい うことと、先の「七識あり」ということは矛盾しないのであろうか。慧遠の常用の表現では「情有理無」であり、「情」としては第七妄識はあるが、道理としては第七識はない、この道理の点から「体性なし」とし、一応矛盾を解くが、ここでまた「情」と「理」との二つの視点の対応が新しい問題となることは否めない。

3　執事識以為妄識

第三の邪執は次のごとくである。

有人聞説、真識名心、妄識名意、事名意識、便言、小乗七心界中、意根界者是第七識。〔大正蔵四四・五三九上〕

心・意・意識の三名を第八・第七そして意識に配当することから、第七妄識を意根と考える邪執である。これに対して慧遠は、

対治此執、宣説妄識不同事識、七心界中意根界者、即是六識、生従義辺、説為意根、更無別法、妄識与彼、分斉條異、云何言一、異相如何、如馬鳴説、妄識有六、始従無明乃至相続、広如上弁、事識有四、従執取相乃至第四業繋苦相、亦如上弁、分斉各異、何得説言、意根界者是第七識、又楞伽云、第七妄識、唯仏如来住地菩薩所能覚知、余皆不覚、云何説言意根界者是第七識。〔同右〕

といい、六識と妄識とは「分斉」が異るのだから、六識の範囲にある意根と第七識とを混同してはならないとす

る。

ここで『起信論』と『楞伽経』とが引かれるが、特に『起信論』の解釈をみよう。「広如上弁」とは弁相門第二の十一識分別（大正蔵四四・五三〇下）をさす。そこでは『起信論』の三細六麁五意の内容を第七識と六識とに配当し、そのうち無明と五意との六種を第七識にあてる。先に釈名門で見たとおりである。次に六麁のうち執取相・計名字相・起業相・業繫苦相の四相を六識にあてる。この三細六麁五意のところは『起信論』の名所といわれるが、それだけに注釈者によって、その解釈は異る。慧遠・元暁・法蔵などは三細六麁と五意とを関連させて、それらに八識分別を加えるが、曇延の『起信論疏』では不覚の説明である三細六麁と五意とを区別して解釈している。両者を連関させて八識分別をする三人の注釈者のうちで、元暁は業転現の三識（三細）は第八識位のもの、智識（智相）のみを第七識、相続識（相続相）以下を意識とする。法蔵は三細（業転現三識）は頼耶に属し、六麁は意識に属すという。法蔵は三細六麁五意の内容に第七末那識に属するものを認めない。

このように注釈家の間の解釈の差異を見ると、まず『起信論』自体に八識説を持ちこむことは妥当なのかどうかが問題となる。阿梨耶識説があり、心意意識が説かれていても、法蔵のように別に第七識を立てないでも解釈が成立するとすれば、なおさらこの疑問が起るのである。それと同時に、無明と五意全体を第七妄識とする慧遠の解釈が他の諸師にくらべて独特の説であることがわかる。慧遠のこの独特な解釈は彼が『起信論』を重視した結果として、この論そのものに由来するのであろうか、あるいは別の理由から彼独自の思想が形成され、その視点から独特な『起信論』解釈が出てきたのであろうか。この問いに今即座に答えることはできないが、慧遠の妄識の理解には『起信論』の三細六麁への独自な解釈が大きな鍵になっていることは言えるであろう。

以上のごとく『起信論』の三細六麁五意の分別によって、六識と第七識とを区別しているわけであるが、これによって両者の特質は本当に明らかにされているのであろうか。次の第四の邪執を考察してから考えてみよう。

有人宣説、眼見色時、不知色空、即是七識迷惑之心、余亦如是、若解色空、即是七識明解之心、余亦如是。〔同右〕

眼根が色法を見る時、色の無自性空であることを知らないのが「七識迷惑の心」であり、色の無自性空を知るのが「七識明解の心」であるという邪執である。この邪執の対治は、

対治此執、須顕其異、言見色時不知空者、是六識中取性無明、非第七識、此之取性、猶是向前事識之中初執取相、問曰、若此是六識中無明心者、与七識中無明何別、此如上弁、以於心外事相法中、執性迷空、故非妄識、又於心外事相法中、解知無性、是事識中分別之解、非七識知。〔大正蔵四四・五三九中〕

とある。色声香味触法の六塵を「心外の事相法」という。これらを六識で認識する場合は、それらの境が空であることを知る、知らないにかかわらず、六識の範囲でのはたらきであり、さきの『起信論』でいえば六麁のなかの執取相であって、七識ではないという。この第四の邪執の扱い方からわかることは、六識と七識との区別の一つが六塵の境すなわち心外の事相に向うか否かにあることが知られる。六識が六根を所依（よりどころ）として心外の事相すなわち六塵を了別するところに特色があるとすれば、第七妄識は何を所依として、何を認識するのか。ここでは、その疑問には答えてはいないが、釈名門や弁相門を手がかりにして考えてみよう。

まず釈名門では六識が六根によって名前を立てるのに対して、真妄二識は「体について称を立つ」といわれ、「体は真偽を含む」から妄識と真識とに分けるとする。(7)そして六識は具体的に了別のはたらきがあるが、真妄二識はどうして識といえようかと問い、真妄二識には「了別の用」はないが、「了〔別〕の体」であるから識であるし、また別の角度からいえば「六識は事相の了別」、第七識は「妄相の了別」、第八識は「真実自体の了別」というよう

に八識すべて「了別」の義があるから、真妄二識といえども「識」といえるのだとする。[8]この釈名門の説明から、妄識について了別の体ということ、しかも妄相の了別ということが知られ、その点で了別の用（はたらき）であり、事相の了別である六識とは区別されることがわかる。

次に弁相門では、まず二識分別のところで、第一に通と別との二識に分けるが、六識は「事に随いて境を取る」し、「前後が間起する」ので「別」といわれるのに対し、七識八識は「常有」であるから「通」である。[9]次に真妄で分けると、六識と第七識とは「妄」となり、第八識は「真」といえる。ここで六識は「因縁虚仮の法」に迷って、それらに対して妄りに「定性」を取ることであり、第七識は心外無法なのに妄りに「有相」をとることであり、共に「妄」であるという。[10]この説明から、六識と七識との共通性は「妄取」つまり「妄りに取著し、誤って認識すること」であることがわかる。

次に三識分別の第一「事妄及真離分」のところを見よう。[11]まず八識の相を分ける。六根六塵六識などの一切の諸法は、それらの諸法の根本的立場（本）をはなれて、表面的なところ（末）で考えれば、すべて「実有」となり、それだけでは「妄」とも「真」ともいえない、この実有とする了別を「事識」という。これらの実有と考えられた諸法は実は虚妄分別によるのであるが、この虚妄分別を「妄識」という。そして、その虚妄分別をよく認識するならば、それらの諸法は「仏性真心の所作」であることがわかるが、その仏性真心を「真識」という。ここでは六識を「末」とし、七八二識を「本」としている。次に「心性本浄、縁起集成、無尽法界」という内容が「真識」であり、その根本的な真実を虚妄と見誤り、本当には存在しない（非有）ものを存在（有）すると錯覚するのが「妄識」であり、虚妄を真実と見誤り、本当には真実ではないもの（非実）を真実とするのが「事識」であるという。ここでは六識と七識とを「末」とし、真識を「本」とする。妄識は事識からすれば「本」、真識から見れば「末」なる内容を持っていることがわかる。「妄」という点から考えれば、六識も七識も共通であって、「真」である第八識の

「末」である。しかし六識は心外の事相（六塵など）を「実有」とするのに対し、七識は心内の虚妄分別を「実有」と執する。六識はたとえ事相の空無を知ったとしても、虚妄分別自体を知ることはできない。第七識も「真」に迷っているのであるから、自己の虚妄性を自覚することは不可能であろうが、その識自体が六識のように心外の事相にかかわるものではなく、心内のあり方であるため、六識よりはより根源的であるところを「本」といい、しかしながら根本の真実に迷っているから「末」とされる。

以上、妄識に焦点を合わせて、釈名弁相両門の中で特に六識と第七識と第八識との区別をしているところを見たのであるが、第七妄識は六識と第八識との両者の間にある関係から、両者に共通する性格を有することがわかる。すなわち、了別の体（もちろん妄なる体）という面、了別が「通」（常存であって、間起しない）という面、了別が「本」（心外の事相にかかわらない。）という面では、第八識と共通性を有し、そして了別が「妄」（虚妄である）であるという面、了別が「末」（根本である真に迷う。）という面では六識との共通性を有するのである。したがって、今問題の六識と第七妄識との区別は、むしろ「体」「通」「本」という第八真識との共通性から考えるならば容易となるのであろう。右の考察から、心外の事相にかかわるならば「末」であるから、たとえそれらの事相の空を認識しても、それは六識における「分別」であって、七識のはたらきではないとされる。七識のはたらきは心外の事相は実は「唯心所現」「自心所作」であるとすることであろう。そこで七識自体には真実を認識するはたらきが認められるのか否かが改めて問題となるが、この点は第八識との関連から考えるべきだと考えるので、次の邪執の考察に進もう。

5　執不滅

第五の邪執は、七識の心がいまだ真如の理を見ない時は生滅無常であるが、理を見るとすなわち常住であり、究

竟不滅であるとの説である。その対治には、

対治此執、説妄終滅、七識妄心、体唯癡闇、相唯分別、得聖会如、捨其分別、見実明照、尽其癡闇、更有何在、而言不滅。〔大正蔵四四・五三九中〕

とある。七識の体は無明癡闇であり、相は分別である、そして聖を得、真如に会するならば、分別を捨てるのであり、真実を見ることが明らかであれば無明を断尽するのであるから、さらに七識の中に何があって、不滅であるといえようか、という。次に文証として『楞伽経』『唯識論』『大智度論』を引く。

この項には更に一つの邪執がある。すなわち、

有人説言、経中説滅、但滅智中無明闇障、不滅智体。〔同右・五三九中〕

という意見で、経典に七識は滅尽すると説くのは、智の中の「無明闇障」のみを滅するのみであって、智体は滅しないという内容である。しかし、これも道理に合わないとして対治し、その典拠として『宝性論』〔大正三一・八三〇中〕を引く。すなわち四障があるために如来の浄我楽常を得ることができない。その四障とは縁相・因相・生相・壊相であり、縁相とは無明、因相とは無漏業であって、大力の菩薩ですらも無漏業を因とし、無明住地を縁とし、三種意生身を生じ、不可思議変易生死をまぬかれない。したがって如来の浄我楽常を得るには、無明住地を遠離すると同時に、無漏業をも断尽しなくてはならない。この『宝性論』の内容からして、無明闇障を滅すると同時に無漏智体も尽さなくてはならないという。ただ、この場合の智体はすでに第八真識の内容であって、七識中のものではない。

最後に問を設け、この邪執をしめくくる。

問曰、若使七識滅者、誰得菩提、誰証涅槃。釈言、心相雖滅尽、心性猶在、心性在者、即是真識、是故就之、説得証。〔同右・五三九下〕

もし、ここで説かれるように七識が滅尽したら、いったい誰が菩提を得て、涅槃を証するのか、という問いである。それに対して、「心相」は滅尽しても、「心性」は存在する、この心性とは第八真識であって、それによって菩提を得、涅槃を証するのであるという。ここで前に出した、七識には真実を認識するはたらきがあるか否かという問の答は、否となるわけであり、そのはたらきは真識のなかにあるとされるわけであるが、ここで更に疑問が生ずる。それは、第七の迷悟修捨門のところで、第七識にも迷悟ありとして、「悟解」に「一者妄相依心之観」「二者妄想依真実観」「三者真実離妄想観」の三観を数えている。[12] この場合に悟解があるということと、今七識心相には「得証」がないということとは、どのように相関して考えたらよいのであろうか。次の邪執を考察して、改めて第七識の修道論的意義を考えてみよう。

6　執定滅

第六は、妄識は滅尽するという説を聞いて、妄識の真を熏習するはたらきまでをも否定してしまう邪執である。すなわち、真識のなかには本来無量の浄法がそなわっているのであるから、妄識の熏習のはたらきなどを用いなくてもよいとするのである。この邪執の対治には、

> 対治此執、説妄有熏、如起信論、説妄熏真、云何不熏、若言真中浄法満足不仮熏者、法仏之性、本有法体、可言満足、報仏之性、本来但有可生之義、未有法体、如子無樹、何得称満、報仏本無、仮修方有、何為不熏、熏力在真、故非定滅。〔大正蔵四四・五三九下〕

とある。真識には本来浄法がそなわっているから熏力をかりなくてもよいという場合、法身仏は本来真識のなかに法体があるから、熏力をからずとも浄法を満足できるであろうが、報身仏はただ真識のなかに生起の可能性を有す

るのみで、法体を有しない、たとえば種子のようなもので、いまだ樹木とはなっていないのである。(13) したがって報身仏は本来ないものであるか、妄心熏習という修を仮りてはじめて存在性を現わすのである。どうして熏習しないということがあろうか。妄識の熏習力は真識のなかに蓄積されて報身仏が出現するのであるから、その熏習力の点から第七識は定滅とはいえないとする。ここで『起信論』の熏習義を典拠にして、妄識の熏習が論じられ、その熏習がなければ報身仏は生じないという。この場合の妄識による熏習とは具体的にはどのようなことを言うのであろうか。『起信論』の浄法不断の妄心熏習のところでは、

妄心熏習義有二種、云何為二、一者分別事識熏習、依諸凡夫二乗人等、厭生死苦、随力所能、以漸趣向無上道故、二者意熏習、諸菩薩、発心勇猛、速趣涅槃故。(大正蔵三二・五七八中)

とあって、「諸の菩薩は発心勇猛にして、速かに涅槃に趣く」と説くところが妄識による熏習の内容であろう。この一文は後の分別発趣道相に呼応する。そこでは「信成就発心」「解行発心」「証発心」の三種の発心を説きつつ、諸仏所証の道に趣くことを説くからである。(14)『起信論』によって考えるならば、妄識中の熏習力とは具体的には、これらの菩薩の発心修行と考えられるのである。

この第六の邪執と前の第五の邪執とをあわせて考えてみると、第七妄識の体相は無明と分別であって、そこに菩提を得、涅槃を証するはたらきは認められないが、しかし菩提を求め涅槃に趣く菩薩の発心はこの妄識において、真を熏習するという内容で示されている。妄が真を熏習するはたらきを滅しては報身仏は生起しないと言うのであるから、ここに妄識の修道論からの意義は極っていると言うことができるであろう。(※8)

しかしながら、第五第六の二つの邪執の考察を通して、第七妄識と第八真識との差異も明らかにされていると考えられる。先に釈名門や弁相門をたよりに六識・第七・第八のそれぞれの諸識の区別をした時に、「体」「通」「本」の三義が第七第八両識の共通性として指摘したのであるが、それらの共通性が六識を予想した場合のものであるこ

とが、今ここに来て知られるのである。第八真識に対するならば、妄識は「無体」であり、「滅尽」するものであり、「真による」ものであって、さきの共通性とは全く逆の内容となってしまうのである。このことから妄識には二つの方向性が考えられる。一つは六識への方向性であり、他は真識への方向性である。前者においては妄識はその「妄」の力をより強めてゆくのであろうし、後者の方向に行きつけば「妄」は滅し、「熏習」という修行のみが残されることになる。このように考えると慧遠の妄識は一方では無明を体とする煩悩の根拠として、他方では報身仏につながる熏習力の根拠として、広い意義をになっていることがわかる。このことは次に真識に関する対治邪執を考察したのちに、しめくくりとして改めて考えてみよう。

四　真識に関する対治邪執

真識に関する対治邪執はほとんど『起信論』によっているが、慧遠は順序や内容をかえているので、そこに注意しながら略説しよう。大きくは『起信論』によって、凡夫の人執と二乗の法執に分け、それぞれを執有と執無とに細分し、さらに凡夫人執の執有のみを四つに開く。

凡夫の執有の第一[※9]は、真識を外道の神我と誤る邪執であり、『涅槃経』に「我とはすなわちこれ如来蔵なり。」（大正一二・四〇七中）とあるのを取りちがえて、如来蔵を衆生が日常取著の対象としている我見に同じだとする。これは『起信論』にはない邪執であるが、凡夫の人執の根本は我見であるから、最初にもってきたものと思う。対治の文には『勝鬘経』の「如来蔵は我にあらず、衆生にあらず、命にあらず、人にあらず。」（大正一二・二二二中）を引く。

第二は、『起信論』の人我見の第四にあたり、『勝鬘経』に「生死とは如来蔵に依る。」とあるのを聞いて、真識のなかに生死の法があると邪見を起す。これに対して、如来蔵は自性清浄であって、生死の染汚法がその中にあることはないという。このところまでは『起信論』と同一であるが、その後に、

若言有修縁起作用、随世法門、非無此義。〔大正蔵四四・五四〇上〕

とあるのは慧遠独自の一文であって、もし「縁起作用を修す」ということならば、世俗に随う法門つまり生死法も真識のなかに認められるという。ここで「縁起」を出し、その立場では真識のなかに妄法があるとは、いかなる意味であろうか。この説明は慧遠が阿梨耶識と如来蔵という性格の異なるものを結合したところに由来すると思う。このことについては「縁起」の考察(15)をする時に改めて分析したい。

第三は『起信論』の第三に相当し、如来蔵に一切の功徳がそなわっていると聞いて、如来蔵に差別相ありと考える邪執で、真如によるから無相であり、染法を断尽して功徳を得るところから真如中に仮に差別を説くのだと対治する。ここまでの説明は『論』と同じであるが、

又彼真中、恒沙等法、同体縁集、無有差別、不得別取差別之相。〔同右〕

の一文は慧遠独自のものである。「同体縁集」ということばも先の「縁起」と関連があると思うので、別の機会に考察しよう。

第四は『起信論』の第五に同じで、如来蔵によって生死があり、また涅槃を証得すという教を聞いて、如来蔵に始と終とを見る邪執であって、如来蔵は無始無終であると対治する。

次に凡夫の我執の第二の執無とは、諸法の空義を真識とするもので、真識は一切の仏法を具えている。いわば不空であると対治する。この邪執は『起信論』の第二に相当するが、慧遠は『勝鬘経』『涅槃経』『楞伽経』『唯識論』の三経一論を引いて、真識不空であることを証明しようとする。真識の対治邪執のなかでは一番力がこもってい

る。この空義を第八真識とする説は真妄依持門第五（五三三上）にも批判されるのであって、誰か具体的にこのような説を主張した人がいたのではないかと考えられる。[16]そして、慧遠の「空」の理解は改めて問題にしなくてはならないだろう。

最後は二乗人の法執[※14]であるが、これも執有と執無とに分けられ、生死をおそれ涅槃に執著する執有の二乗人には「如実空」を説き、空にとらわれ真実を見ない執無の二乗人には「如実不空」を説く。この法執の一段も『起信論』の法我見によっているが、執有執無に分けたところと如実不空の主張とは慧遠の工夫である。

以上、真識の対治邪執のところでは、縁起・同体縁集・真識不空などの主張に慧遠独自の面はあるが、だいたい『起信論』の対治邪執の形式によっていることが知られたのである。ただ『起信論』の場合は明らかに「如来蔵」に関する邪執の対治であるのに対し、慧遠は第八真識に関する邪執と読みかえているのであるから、両者を同一に見ることは危険であろう。慧遠は「如来蔵」と「阿梨耶識」とを結合し、同一視して「真識」とするのであるが、その結合がどのような意図のもとに行なわれ、その結果彼の教学がどのようなものになったかは別の角度から改めて考察したいと思う。

五　むすび

「八識義」の対治邪執門を資料にして慧遠の「妄識」の内容と意義について考えてみた。六識が主として『毘曇』『成実』『涅槃』などの経論の整理により、第八真識が慧遠独自の内容を含みながらもほとんど『起信論』の対治邪執門によっていたのに比較して、第七妄識のところは、それに関する邪執の立て方や対治の内容に慧遠独自のものが多く、ある場合には経典や論書の内容に多少無理な解釈を加えてまでも第七妄識を位置づけ、内容を与えようとする意志が認められるのである。妄識自体の内容は確かに『起信論』によるところが多いのであるが、妄識を六識と第八真識との間において両者の関連から考える時、慧遠独自の内容が前面に出てくるように思われる。あえて『起信論』の教学と慧遠のそれとを対比させてみるならば、『起信論』の内容が「一心二門」と言いあらわされるようにその教学は一心を中心としているのに対し、慧遠の教学は「八識義」で見るかぎりでは真と妄との両面をそなえている。根本的には真心を立てるが、そこには常に妄心が予想されているのであって、『起信論』が心真如と心生滅と二門を立てながら、その二門は一心の両面にすぎないのとは異なるように思う。慧遠の「八識義」を読むかぎりでは、真と妄との二元的思考が常にあると思うのであるが、もしそうであるとすれば『起信論』の一心のように、真と妄との対立を統合してゆく立場は慧遠の場合は何なのであろうか。

先の妄識の考察から、慧遠の妄識が無明と分別を体性として一切の煩悩法の根拠とされていたと同時にそれは報身仏出現のための熏習の根拠にもなっていた。妄識が迷悟両方の根拠になりえるということは、迷悟両界で修行する「菩薩」の心識のあり方を示すものではないかと考えられる。真識が法仏や報仏のよりどころとするならば、妄識は菩薩のよりどころとなっているのではないか。妄識に熏習力を認めたところの説明は、『起信論』を手がかりにして考えたところでは、その熏習とは菩薩の発心から涅槃に趣く修行、つまり「菩薩行」であった。慧遠が六識や真識に比較して、妄識についての対治邪執で彼独自の説明や内容を生み出していく背景にはこの菩薩行への強い志向があるのではないだろうか。

以上の考察から、慧遠の第八識観が真識だということも重要ではあるが、第七妄識の内容も慧遠にとっては大きな意義をになっていることが知られた。それらの真識と妄識とを二つの中心として、「依持」「縁起」「熏習」など一連のいわゆる真妄論が派出し、慧遠教学の大系を成していると考えるのである。

（1）木村泰賢『小乗仏教思想論』（『木村泰賢全集』第五巻、大法輪閣）四一〇頁、宮本正尊『中道思想及びその発達』（法蔵館、一九四四年）五三三頁。

（2）勝又俊教『仏教における心識説の研究』（六七一頁）では『転識論』によるとし、坂本幸男『華厳教学の研究』（三九四頁）では真諦訳『摂大乗論』によるとしている。

（3）『大乗義章』「八識義」真妄離分「次第二門、真妄離合、以説三種、……（中略）……名字如何、一分別性、二依他性、三真実性、亦名為相、言分別者、就妄論妄、妄心虚構、集起情相、随而取捨、故曰分別、此楞伽経、及地持論、説為妄想、所取不真、故名為妄、妄心取捨、故説為想、摂大乗論、亦説以為意言分別、覚観心中、言有色等、名為意言、分別自心所起境界、故曰分別、分別之体、故説為性、分別体状、目之為相、依他性者、約妄弁真、妄起託真、真随妄転、故曰依他、性相同前、真実性者、就真論真、真体常寂、無妄可随、故曰真実、性相如上、名字如是。」〔大正蔵四四・五二八上〕。〔編者注：「「八識義」真妄離分」とあるが、この個所は「真妄離合」である。「分」は「合」の誤字と思われるが、本文に「「離分」と「和合」との両面から」とあるので、原文を尊重し「離分」のママとした。〕

（4）「八識義」真妄和合「次第三門、真妄和合、本末分三、……（中略）……初定其相、如摂論説、一是本識、二阿陀那識、三生起六識、此三猶前依他起性中之差別也、拠妄摂真、真随妄転、共成衆生。」〔大正蔵四四・五二九下〕。

（5）『勝鬘義記』「八識之義、広如別章、此応具論、前明妄中、於此六識、及心法智、挙其妄心、六是事識、及心法智、是第七識、迷時名心、解名法智、此七不住、明其離真、妄体不立、事六妄一、合為七法、無真此七、一念不立、名刹那不住。」〔一依章」、P二〇九一表・第一八紙〕。〔編者注：新纂続蔵一九・八九三中〕

（6）この「心法智」の解釈は中国の『勝鬘経』注釈家たちを悩ませている。たとえば『大正大蔵経』第八五巻に収められている敦煌出土の『勝鬘義記』〔擬題、S二六六〇・大正蔵八五・〕二六〇下）では「於此六識及心法智者、釈有多苦也、心是主故名為法智也。」とあり、確かに苦しい解釈をほどこしている。また『勝鬘経疏』〔擬題、S五二四・大正蔵八五・〕二七七上）では「下言於此六識及心法智不種衆苦、以無如来蔵故、六識者依六根生心、及心者意根也、法智者意根中空解也、此七法化化自滅刹那不住故云六識及心不種衆苦、法智亦不得厭苦楽求涅槃也、此明反解也。」として、「心法智」は意根と意根中の空解としている。これらの解釈をみると「心法智」を第七識とする慧遠の説が独特であることがわかる。

（7）「八識義」（大正蔵四四・五二四下）「八名是何、一者眼識、二者耳識、三者鼻識、四者舌識、五者身識、六者意識、七者阿陀那識、八阿梨耶識、八中前六、随根受名、後之二種、就体立称、根謂眼耳鼻舌身意、従斯別識、故有六識、体含真偽、故復分二」。

（8）「八識義」（同右・五二五上）「八中前六、有所了別、可名為識、後之二種、云何名識、釈有両義、一義釈云、後二雖非了別之用、而是了体、故名為識、第二義者、八識並有了別之義、故通名識、云何了別、了別有三、一事相了別、謂前六識、二妄相了別。謂第七識、三者真実自体了別、謂第八識、了別既通、是故八種倶名為識」。

（9）「八識義」（同右・五二五上）「言通別者、曲有両門、其一義者、前六事識、説以為別、七八為通、前六随事取境各異、前後間起、故名為別、七八常有、故説為通」。

（10）「八識義」（同右・五二五中）「次就真妄開合為二、前六及七同名妄識、第八名真、妄中前六、迷於因縁虚仮之法、妄取定性、故名為妄、第七妄識、心外無法、妄取有相、故名為妄、第八真識、体如一味、妙出情妄、故説為真、又復随縁種種故異変、体無失壊、故名為真、如一味薬、流出異味、而体無異、又以恒沙真法集成、内照自体恒沙真法、故名為真」。

（11）「八識義」（同右・五二六上中）「初分其相、根塵識等、一切諸法、廃本談末、悉是実有、以廃本故、不得云妄、不得言真、於此分中、了別之心、名為事識、摂末従本、会事入虚、一切諸法、唯是妄想、自心所現、如夢中事、皆睡心現、於此分中、能起之心、及妄分別、説為妄識、是故経中説一切法悉是妄想、更作一重、摂末従本、会虚入実、一切諸法、皆是仏性、真心所作、如夢中事、皆報心作、於此分中、能起之心、変為諸相、説為真識、以一切法真所作故、涅槃宣説、一切諸法、悉是仏性、三識如是、従本起末、亦得分三、廃末談本、心性本浄、縁起集成、無尽法界、是其真識、依本起末、認実為虚、非有見有、是其妄識、依本起末、認虚為実、非実見実、是其事識、分相如是」。

（12）「八識義」（同右・五三六中下）「第七識中、亦有迷悟、不知真実、妄取自心所起諸法、説之為迷、返妄趣実、謂之為悟、悟解不同、亦有三種、一者妄相（大正蔵では想となっているが、相の方が正しい）、依心之観、観察三界虚偽之相、唯従心起、如夢所見、心外畢竟、無法可得、二者妄想依真実観、観妄想心、虚構無自、依真而立、如波依水、迷依妄想、三者真実離妄想観、観一切法唯是真実、縁起集成、真外畢竟無有一法可起妄想、既無有法可起妄想、妄想之心、理亦無之、三中前二、是増相観、後一捨相、捨七識也」。

（13）慧遠は法報応の三身説によって仏陀観を説く。報身仏の説明については、『大乗義章』「三仏義」に「報身仏者、酬因為報、有作行徳、本無今有、方便修生、修生之徳、酬因名報、報徳之体、名之為身、又徳聚積、亦名為身、報身覚照、名之為仏。」（大正蔵四四・八三八上）とある。法身仏が本来ある仏性に根拠をおくのに対して、報身仏が現実の修行の結果によることがわかる。慧遠の場合は、この三身説が八識の体系と不可分の形で説かれているところに特色がある。

(14)『大乗起信論』(大正蔵三二・五八〇中)「分別発趣道相者、謂一切諸仏所証之道、一切菩薩発心修行趣向義故、略説発心有三種、云何為三、一者信成就発心、二者解行発心、三者証発心」。

(15) 一般に縁起とは相依相関性などと解釈されているが、その解釈が不充分なものであることは、最近に至るまで宮本正尊博士がするどく論究されている。慧遠の縁起説も依持説と並列して説かれ、相依性では解釈できない。たとえば「二諦義」(大正蔵四四・四八三下)に「第四宗中、義別有二、一依持義、二縁起義、……(中略)……若就縁起以明二者、清浄法界、如来蔵体、縁起造作、生死涅槃、真性自体、説為真諦、縁起之用、判為世諦。」とあるように、四宗判の第四真宗の内容として説かれ、如来性と諸法との関係が「縁起」として示される。しかも、縁起の説明に体用説が用いられているところに注目したい。

(16) 勝又俊教『仏教における心識説の研究』(六七九頁)「慧遠の著作に現われた北道派の心識説」では、真妄依持門で引かれる有人説は地論宗北道派のものとされる。私は「浄影寺慧遠の『起信論疏』について――曇延疏との比較の視点から――」『印仏研』(二一―一、一九七二年一二月)という論文で、この有人釈は曇延のものではないかと論じた。真識空義説については他に、慧影の『大智度論疏』にみられる阿梨耶識説をも考慮しなくてはならないと思う。

〔編者注〕

(※1) 初出掲載時には、タイトル後に目次があるものの、『著作集』収録に際して割愛した。

(※2) 原文「『印度学仏教学研究』の拙論(二二―一・慧遠の「真識」考)」を書式統一のために改めた。

(※3)『大乗義章』巻三末「八識義」(大正蔵四四・五三八上―五四〇中)。

(※4) 六識に関する八種の邪執は、順に①「執定一」、②「執定異」、③「執定常」、④「執定断」、⑤「執定有」、⑥「執定無」、⑦「執心識独立無数」、⑧「執心外定有別数」である。典拠は『大乗義章』巻三末「八識義」(大正蔵四四・五三八上(①②③)、中(④⑤⑥⑦)、下(⑧))である。

(※5) 木村泰賢『小乗仏教思想論』(『木村泰賢全集』第五巻、大法輪閣、一九六八年)。

(※6)『大乗義章』巻三末「八識義」(大正蔵四四・五二四下)。

(※7)『大乗義章』巻三末「八識義」中「第五明其依持義」と「第六門、明熏習義」(大正蔵四四・五三二下・五三三中)。

(※8) 原文「第七意識」を「第七妄識」の誤字と見做し訂正。

(※9)『大乗義章』巻三末「八識義」の「一執実同神」(大正蔵四四・五三九下)。

(※10)『大乗義章』巻三末「八識義」の「二執真中具足真染」(同右・五三九下―五四〇上)。

(※11)『大乗義章』巻三末「八識義」の「三執有浄相」(同右・五四〇上)。

(※12)『大乗義章』巻三末「八識義」の「四執始終」(同右)。

(※13)『大乗義章』巻三末「八識義」の「執無」(同右)。

(※14)『大乗義章』巻三末「八識義」の「執有」と「執無」(同右・五四〇上―五四〇中)。

浄影寺慧遠の縁起説について

一　はじめに

浄影寺慧遠の教学の研究は残されている多数の著作の読破の上で行うべきものである。その点から言えば主著とはいえ『大乗義章』の一部分をもって彼の思想を云云することは許されない。ただこれまで『大乗義章』「八識義」を主なる資料にして、慧遠の第七妄識[1]や第八真識[2]について論究したので、その延長として、次にどうしても真妄二識の関係をあらわす依持・縁起・随縁・熏習などの諸概念の分析に進まなくてはならないことになった。そこで、この小論では縁起に焦点をしぼって考察したい。

インド仏教で縁起といえば十二因縁説が中心に取扱われ、中国仏教では華厳教学特に法蔵の『華厳五教章』に至って体系化された縁起説が代表である。現代一般に仏教思想の根本は縁起の道理であるといわれる。これは明治時代以来の原始仏教研究の成果である。ただ縁起という言葉のあまりの乱用は、特にインド仏教教学研究の障害になっているのではないだろうか。つまり十二因縁説から始めて業感縁起・『中論』の縁起説・阿頼耶識縁起・如来蔵縁起というように、すべての教学の根本に縁起説を見る方法であり、縁起を類概念として用いるのであるが、そうすることによって決してそれぞれの教学の特異性を明確にしたことにはならないと思う。

さて、中国仏教における縁起説については、前述のように法蔵による一応完成された縁起思想に眼をうばわれるあまり、法蔵以前の縁起説の検討がなおざりにされている。縁起という言葉はインド伝来の経論の翻訳のなかにも見出すことはできる。(3) しかし思想用語としては長い時間と思弁のつみかさねの上で次第に中国仏教のなかに定着していったことを見失ってはならない。結論的にいえば、北魏中葉さらに梁陳時代の菩提流支三蔵や真諦三蔵などによる無著世親系の唯識仏教の伝来を契機にして、特に『十地経論』研究者の教学のなかで縁起という言葉への注目がなされる。(4) 残されている著作が少いので決定的なことはいえないが、法上（四九五―五八〇）の『十地論義疏』には先学によって指摘されている独特の法界観や阿梨耶識観とならんで縁起説が見出される。法上の教学を受けて慧遠は明らかに縁起説を自己の教学の中心的な柱にしている。そして慧遠の教学と深い関連を持っている智儼（六〇二―六六八）は、坂本幸男博士が研究されたように(5)玄奘三蔵の新唯識を充分に考慮に入れて自己の教学を形成するが、彼の『華厳経捜玄記』を見ると冒頭から随所に縁起観が説かれている。(6) 直接的には、その智儼の教学を受けて法蔵の法界縁起説が成立する。このように考えてみると、縁起という言葉自体はまず中国仏教の教学の歴史のなかで改めて把握しなおす必要がある。

仏教の教学研究の視点からいえば、仏教の根本は縁起の道理だという前に、その縁起という言葉の中国仏教における用例の歴史とその特殊な意味内容を検討すべきであった。その検討をしないで、インド仏教の教学である十二因縁のおしえなどを縁起という言葉で表現した時、伝統を無視した便宜主義に堕したように思う。縁起という言葉には前述のように南北朝から隋唐にわたる中国仏教教学の伝持の歴史があるから、その言葉によって安易にインド仏教教学において長い歴史的展開を経た上で成立した十二因縁の教えを写し取ってはならない。中国仏教教学史の上で伝統を持っている縁起という言葉をインド仏教教学の場で使用することは、知らず知らずのうちに教学理解の曖昧さを助長することになる。

そして、縁起という言葉が特に日本においては社寺の由来とか吉凶の前兆とかの意味で用いられ、教学の言葉としてあるいは信仰の言葉として一般には重視されていないことも考えあわす必要がある。仏教の根本は縁起の道理だと言う場合、道元禅師の『正法眼蔵』の世界をも貫く道理でなくてはならないが、一体そのようなことが言えるのであろうか。

前置きが感想文めいてきたので本論にはいるが、まず第一に慧遠教学における縁起の位置づけを『大乗義章』「二諦義」を中心に論じ、次に依持説と縁起説との差異を同じく「二諦義」と「八識義」とを材料にして考え、最後に「仏性義」によって慧遠の縁起説の特異性を追究してみたい。

二　四宗判と縁起説

天台智顗（五三八—五九七）が『法華玄義』で南北朝の種々の教判を批判的に扱い、南三北七とまとめるが、それらの第六番目に仏駄三蔵の弟子光統つまり慧光の教判として四宗判をあげる。(7) 次に三論吉蔵の『中観論疏』（大正蔵四二・七中）では「旧地論師」の説として四宗判を引く。この場合の旧地論師が光統律師慧光を指しているとすれば、四宗判は慧光の創作となるが、そう断定できない点もある。(8)

慧遠は『大乗義章』「二諦義」のなかで四宗判の説明をしているから、まずそれを見よう。

宗別有四、一立性宗、亦名因縁、二破性宗、亦曰仮名、三破相宗、亦名不真、四顕実宗、亦曰真宗。（大正蔵四四・四八三上）

四宗の名称を列挙して、それらの説明をする。第一の立性宗（因縁宗）は「阿毘曇」にあたり、諸法の体性を立てるが、その諸法の生ずるのはすべて因縁によるとする。

第二の破性宗（仮名宗）とは『成実論』の教であり、諸法は無自性であるが、仮名なる相はあるという。以上の二つは小乗仏教と判定する。次の第三の破相宗（不真宗）は大乗仏教の教えのなかでは浅いものといわれる。『成実論』が立てる仮名の相も実体がないという。この第三宗の説き方はまさに『般若経』を予想させるし、先の吉蔵の引く旧地論師の四宗判は明らかに、この第三宗に『般若経』などをあて、次の第四宗に『涅槃経』などをあてている。慧遠は四宗判の前二宗に特定の経論をあてることは認めているが、後二宗に対して、第三宗には『大品般若経』や『法華経』などをあて、第四宗には『華厳経』『涅槃経』『維摩経』『勝鬘経』などの特定の経典を配する考えには反対する。(9) つまり『大品般若経』の説き方は確かに第三宗の空思想であるが、その目的は第四宗の法界縁起の教えであると主張する。

第三宗は諸法の無相皆空を説くが諸法の真実をまだ説いていない。第四宗顕実宗（真宗）はそこを説く。本文を引いてみよう。

顕実宗者、大乗中深、宣説諸法妄想故有、妄想無体、起必託真、真者所謂如来蔵性、恒沙仏法、同体縁集、不離不脱不断不異、此之真性縁起集成生死涅槃、真所集故、無不真実、弁此実性、故曰真宗。〔大正蔵四四・四八三上〕

諸法は妄想によって存在するが、この妄想はそれ自体の根拠を持っていない。つまり空である。ただ、その妄想の生ずるのは真による。真とは如来蔵性である。一切の仏法は、この如来蔵性である真実と同体であり、しかもそれぞれのはたらきを示すが、このはたらきも真実である如来蔵性をはなれるものではない。「同体縁集」の四字の解釈はむつかしい。「同体」は異体とか別体とかに対する言葉であるし、「縁集」は次に出る「縁起集成」の略されたことばであろう。「恒沙仏法」には染法も浄法もあるであろうから、それらのいずれも、この如来蔵の真実性をはなれないところを「同体」というのであろう。ただ真実は同体といわれる側面、つまりどのように変化しようとどこまでも真実である面と、無限に生成変化流転するはたらきがあり、その現実の世界を「縁集」というのであろう。つまり「同体縁集」の四字で、現実がすべて真実に根拠していることと、真実が現実の場に無限にはたらき出ていることを示している。次の「真性縁起集成生死涅槃」の十字は特に如来蔵のはたらきをよく表現している。「生死」とはまさに現実のあり方であり、「涅槃」とは現実の場で実現する仏道の目的である。「生死涅槃」が仏者の現実であるとすれば、その現実の根底にすべて如来の大慈大智の力がはたらいているところを「真性縁起集成」というのであろう。

ここにすでに縁起ということばが出てくるが、次に縁起が第四宗の教えの内容であることを示そう。ここは二諦を説くところなので先に列挙した四宗のそれぞれについて二諦の説明をなす。第一の立性宗は理事の二諦、第二の破性宗は有空の二諦、第三の破相宗も有空の二諦であるが、第二宗が仮名有を力説するのに対して第三宗では本性空の方に力点がある。第四宗は次のように説明される。

第四宗中、義別有二、一依持義、二縁起義、若就依持以明二者、妄相之法以為能依、真為所依、能依之妄、説為世諦、所依之真判為真諦、然彼破性破相宗中、有為世諦、無為真諦、今此宗中妄有理無以為世諦、相寂体有為真諦也、若就縁起以明二者、清浄法界、如来蔵体縁起造作生死涅槃、真性自体説為真諦、縁起之用判為世諦。（同右・四八三下）

第四宗における二諦は依持という方面と縁起という方面との二方から説かれる。依持によって二諦を説く場合は妄相を世諦とし、その妄相の所依（根拠）となる真実を真諦とする。先に見たように第二破性第三破相の両宗は力点の置き方に差異はあるが、いずれも有を世諦とし空（無）を真諦としていたが、この第四宗では妄相の本性が空無であることを世諦とし、その本性が同時に真実有であることを真諦とする。この依持門による二諦は比較的わかりやすいのであるが、次の縁起門による二諦は少々わかりにくい。「如来蔵体縁起造作生死涅槃」とは先の「真性縁起集成生死涅槃」と類似の表現であり、同一の内容をあらわしていると考えられる。ここの縁起の説明のなかで「清浄法界」「如来蔵体」「真性」は同義と考えられる。場合に応じて使いわけているようである。ここで縁起門による二諦がわかりにくいのは、体と用とを説明に持ちこんでいるからである。「真性自体を説いて真諦となし、縁起の用を世諦となす。」といわれていることから「如来蔵体縁起造作生死涅槃」の一文も「如来蔵体」つまり「真性自体」と「縁起」以下とに分けて読むことがわかる。ここで縁起とは如来蔵の「体」に対して「用」といわれている、つまり如来蔵のはたらきを縁起といい、そのはたらきの結果は必ず生死あるいは涅槃の世界を「造作」する、というのであろう。ここで先の依持門でみた真諦としての真と縁起門における「真性自体」、そして妄相の世諦と縁起の用である世諦との関係をいかにつけたらよいのであろうか。ここの一文だけでは不充分であるし、結局依持と縁起とのそれぞれの意味とそれら二門を設ける意図を明らかにすることによって、先の疑問つまり真妄と体用との関係を弁別することができると思う。

以上のことから、慧遠の四宗判の内容とその四宗判の第四宗（真宗）の内容として、依持と共に縁起説が位置づけられていることがわかった。この四宗判と依持縁起の二門という構造は慧遠が他の所でも用いている方法であり、その点で「二諦義」は彼の教学のなかで方法論から考えて重要な内容を持っていることが知られる。[11]

三　依持と縁起

慧遠の縁起説を考える時つねに依持説と一緒に見てゆかなくてはならない。後の華厳教学において縁起を考える場合、必ず性起と対するのに比較されるであろう。

さきに依持と縁起との区別を示した一文を「二諦義」から引用したのであるが、その一文では依持とは真と妄とが所依と能依、つまり真が妄のよりどころとなっていること、縁起とは体である真のはたらき（用）であることが知られたが、依持門の所依としての真と縁起門の体としての真の一異、および依持門における妄相の世界と縁起のはたらきの結果としての生死涅槃の世界との区別が不明であった。

この問題は伏線にしておいて依持と縁起との区別を示す一文を同じく「二諦義」から引いて考えてみよう。「二諦義」の最後で二諦の「即離」つまり二諦の相即と分離とを論じるところで、

第四宗中、両種二諦、一者依持、二者縁起、備如前弁、若就依持二諦相望、不即不離、依真起妄、即妄弁真、得説不離、真妄性別、得云不即、故経説言、断脱異外有為法依持建立者、名如来蔵、若就縁起二諦相望、得言相即、即体起用、用即体故。（同右・四八五中）

と述べる。ちなみに第一宗因縁宗の理事の二諦の場合は相即と不即不離と相即しないとの三つに分けて論じられ、第二宗仮名宗は第一宗に対してみると相即となるが第三宗に対して考えると不相即である。そして第三破相宗は一向に相即であるという。第二宗では空有は、仮名有が徹底して空ぜられないために、相即しないが、第三宗では「色即空、空即色」というように二諦は徹底して相即するという。次に第四顕実宗（真宗）では文中に述べられているように依持の二諦と縁起の二諦との両者がある。依持の二諦では「不即不離」となると言う。真によって妄をおこす、真が妄を保持するのであるから、真妄両者は不離の関係にある。しかし、真と妄との本性は区別されなくてはならないので、「不即」であるという。そして、この真妄性別の典拠として「断脱異外有為法依持建立者、名如来蔵」という『勝鬘経』（大正蔵一二・二二二中）の一文を引く。高崎直道博士の訳によると「〈如来蔵〉は、〈法身〉と本質的に矛盾し、それから分離し、さとりの智とは無関係な、まよいの世界の諸存在〈有為法〉にとっても

また、よりどころ、支え、基盤たるものでございます。」（筑摩書房『世界古典文学全集』七・仏典・一九〇頁）とあり、有為法の根拠としての如来蔵を説いた一文であることがわかる。この一文中の「依持建立」の「依持」が今問題にしている縁起に対する依持という用語の典拠であろう。なお高崎博士によると、この依持説は『勝鬘経』の独創であって、この説によって自性清浄なる如来蔵と煩悩蔵との一応の関係はつけられたが、その説明はあくまで如来の法身の側からなされたために「なぜ清浄なる如来蔵によって煩悩があるのか。」という問題には十分答えられず、のちにアーラヤ識説の助けを借りなくてはならなかった、と言う(12)。

今、ここで問題にしている真妄二諦でも依持門では不即不離と規定しているが、これによって真妄の本末の関係は明らかであり、特に真性という如来蔵性の内容ははっきりするが、妄法の存在は不明確なままに残されている。慧遠が依持説とならべて縁起説を示す意図も、その妄なる煩悩法の根拠の説明のためであろうか。論を先の相即の問題にかえしてみると、もし縁起について二諦を考えると「相即」だとする。その説明では「体に即して用を起す、用即体なるが故に。」とある。この説明だけでは、よくわからないが、ともかく縁起門による二諦は体と用とで論じられ、しかも相即することが知られる。始めにあげた例文で「恒沙仏法、同体縁集、不離不脱不断不異」といわれていたが、その文中の「同体縁集」という表現は、縁起門における体と用との相即の立場で言われているのではないかと思われる。

以上のことから、依持が真と妄との不即不離の関係、縁起が体と用との相即の関係という両者の区別はわかったが、なぜ依持と縁起との二門が並列的に説かれるのかということと、それぞれの内容である真妄と体用との相互関係は依然として明らかではない。そこで今度は「八識義」を材料にして、その点を考えてみたい。

「八識義」は釈名一・弁相二・根塵有無三・大小有無四・真妄依持五・真妄熏習六・迷悟修捨七・迷悟分斉八・修捨分斉九・対治邪執十の十門分別で説明される。そのうち第五門に今問題にしている真妄依持が特別に設けられる。この真妄依持がまた二門に開かれ、第一は真と妄とを相対せしめて依持を論ずるもの、第二は真と妄とが和合の状態にある場合の依持である。第一の場合は前の「二諦義」で見たように「妄は真に依る」ということが中心であるが、それに加えて、妄中の依持・真中の依持が説かれる。妄中の依持とは、八識のうち第七識以下は妄識であるが、それら妄識のうちで、第七識が前六識の依持となると説く、次に真中の依持とは、第八識に体用の二義があるとして、その体が用の依持となると説く。この場合の体とは「本浄真心」と規定され、用は「随縁隠顕」と説明される。これらの体用の内容は先に見た「二諦義」での縁起の説明のところで出た体用と無関係ではあるまい。先の用は真性（如来蔵性）が縁起して生死涅槃を造作するはたらきであった。この縁起造作の用と今の随縁隠顕の用とはどのような内容的つながりを持っているのであろうか。「縁起」と「随縁」との問題であるが、後にふれることにする。

次に依持の第二は真と妄とが和合の状態にある場合であるが、一般に「八識義」では、真妄相対の立場と真妄和合の立場とを並列して出し、しかも後者は真諦三蔵訳出になる『摂大乗論』の識説によるとする(13)。真と妄とが和合したものを本識つまり阿梨耶識と称し、その本識から第七阿陀那識と六識とが生ずる。この本識と第七、本識と六識それぞれの関係を依持説で示す。しかし、ここで疑問に思うことは、釈名門第一で明確に第八真識と規定しており、その第八識の異名として第八番目に本識がかかげられているのに、その本識を真妄共相識つまり真妄和合ということは慧遠の第八識の考え方に矛盾があるのではないかということである。一方で、第八識は自性清浄だと言いながら、他方で妄と和合しているということは確かに矛盾である。古来、『十地経論』研究学派が南北二道に分れた原因は両者の阿梨耶識にたいする見方の相違によるという、南道派が阿梨耶真識とするのに対して、北道派が阿梨耶妄識と説いたと言われる。今の慧遠の阿梨耶識の見方にも、純粋に妄識とする立場は見い出せないが、前述のように真識と真妄和合識との二つの一見矛盾する考え方が共存しているのであって、慧遠の教学を解く鍵もこの点にあると思われるし、また今問題の依持と縁起との問題ともかかわるように思う。

慧遠はなぜ『摂大乗論』に典拠を求めながら、真妄和合の本識説を導入し、第八真識説で終始一貫させせないのか。これまでの説明から、それが妄法つまり無明を中心とする煩悩法の処理にかかわることはわかる。妄法との関係に注目して冒頭の釈名門の八種の異名の説明を読むと、第四浄識・第五真識・第六真如識などのように自性清浄であって妄を離れていると説いてあるのと、他方第七家識・第八本識のように「虚妄法所依処」とか「与虚妄心為根本」と言うように、妄の所依（よりどころ）となるものとの二つの意味が共存することがわかる。妄をはなれている面は真識という表現でよくわかるが、妄の所依（よりどころ）となっている面が直接和合識とは結びつかないであろう。先の「二諦義」の相即のところで見たように、妄の所依としての真と妄との関係は不即不離で表現され、そこは不離なる面と同時にかならず真妄性別なる不即の面があるとせられるからである。

さて、これまでは真の方から発想して考えてみたのであるが、逆に妄の方から真を考えるとどうなるであろうか。妄とは無関係という真の側面は今の場合問題とならない。妄の所依となっているという第八識のあり方がここで問題となる。その場合、煩悩妄染の法は、どのようなあり方で第八識とかかわりうるか。第八識を妄識とするならば、そこから妄法の生起を説くことはやさしい。しかし慧遠の第八識は真識という側面がつよいから、その第八識自体のなかに妄の生ずる原因を求めることはむつかしい。そこで、一応、真と妄とが共にあるという意味で真妄和合という表現は可能であろう。慧遠はこの真妄和合の典拠は『摂大乗論』にもとめているが、『摂論』が真妄和合説であるかどうかは別の課題である。

さて、真妄性別にしても真妄和合にしても、真は如来あるいは真如にその根拠をもとめることができようが、妄法の根拠は依然として不明なのである。確かに妄法は「客塵煩悩」といわれるように根拠を持たない、いわば「無体」なのであるから、その根拠はむしろ不明なのが当然かもしれない。あの精緻な体系をほこる『大乗起信論』すら、妄法の中心をなす無明は無始以来のものであり、その生起については「忽然念起」という表現を用いるほどであるから、その根拠を求めることは徒労かもしれない。十二因縁においても無明の根拠をさぐることは一般には行なわれていない。

確かに妄法の根拠をたずねることは、特に慧遠の教学のように根本に自性清浄心をおく場合にはむずかしいことではあるが、現実は妄法に満ちているのであるから、どうしてもこの妄法の生起のあり様とそしてそれを離れる道とが示されなければ、自性清浄心と忽然念起の無明との谷間で自然見の外道となりはててしまうのである。先の釈名門で見たように、慧遠の第八識の考え方は、第一に妄法を離れた自性清浄性、そして第二に妄法のよりどころ、この二つの側面を持っていた。この二つの意味をみたすような方向で、先の妄法の生起のあり様とそれを離れる道が示されなければならない。本来自性清浄でありながら何故に妄法のよりどころとなって、妄法を生起せしめるのか、これが第一の問であり、次に妄法のよりどころでありながら本性が自性清浄でありうるのか、これが第二の問である。第一の問は妄法の生起のあり様を問うのであり、第二の問はそれを離れる道を問うのである。この第一の、本来自性清浄でありながら何故に妄法のよりどころとなって妄法を生起せしめるかという、いわば如来蔵仏教の最大の課題に答えたのが、今問題にしている依持と縁起との教学であろうと思われる。前に見たように如来蔵仏教の発展形態を示す『勝鬘経』は如来蔵と有為法との間の「依持建立」の関係によって、その問に答えていた。今慧遠が依持説に加えて更に縁起説を並べ示す意図は何であろうか。

ここで「八識義」弁相門のなかの一文を引いて改めて考えよう。弁相門では識を一から開いてゆき、六十識までに及ぶ。そのうちに三識四識分別のあたりに独特の教学が見られる。今引用するのは四識分別の項で、この項は一開妄合真、二開真合妄、三真妄倶開、四体相不同の四つに分かれる。そのうち第二の開真合妄の四識をとり上げる。これは真を『起信論』の体相用の三大を応用して三種に開き（開真）、それに妄識そのものを加えて四識とする解釈である。

二開真合妄、以説四種、真中分三、如起信論説、一者体大、謂真如法、平等一味、不増不減、一切凡夫声聞縁覚菩薩諸仏等無差別、無有前際後際之異、二者相大、論自釈言、如来之蔵、従本已来、具無量性功徳法、如妄心中具足一切諸煩悩法、三者用大、用有二種、一者染用、二者浄用、染用有二、一依持用、如来蔵法、為妄所依、能持於妄、若無此真、妄則不立、故経説言、若無蔵識、七法不住、不得種苦、楽求涅槃、二縁起用、向雖在染、而不作染、今与妄合、縁集起染、如水随風波浪集起、是以不増不減経言、即此法界、輪転五道、名曰衆生、染用如是、浄用之中、亦有二種、一随縁顕用、真識之体、本為妄陰、後息妄染、随縁始浄、浄中差別説為性浄無作因果、二随縁作用、本在凡時、随縁造作六道生死、後随対治、集生方便有作因果、浄用如是、以真識中、具斯三義、妄識為一、故合有四。(大正蔵四四・五三〇上中)

体大と相大との説明は全く『起信論』によるが、用大の解釈は慧遠独自なものである。すなわち用大が染用と浄用との二門に開かれ、さらに染用として依持用と縁起用との二用を立て、浄用として随縁顕用と随縁作用との二用を説く。『起信論』の用大は「三者用大、能生一切世間出世間善因果故。」とまずはじめに説かれ、さらに後の広釈では「復次、真如用者、所謂諸仏如来、本在因地、発大慈悲、修諸波羅蜜、摂化衆生、立大誓願、尽欲度脱等衆生界……」とあり、また別釈では応報二身の仏身説を説くのである。これによって考えると、『起信論』の用大は「善の因果」とあることからもわかるように菩薩の修行を示すもののようである。それは特に広釈に明白に説かれるのであり、そこでは菩薩の修行の結果としての仏身の内容までをも含むものとされている。

この『起信論』の用大釈に対して、慧遠の解釈を対比させてみると、浄用が一応『起信論』の用大にあたるであろうが、染用の項は慧遠独特である。この染用に今問題にしている依持と縁起とが組みこまれている。依持用の説明は「如来蔵法は妄の所依となり、よく妄を持す。若し此の真なくんば、妄はすなわち立たず。」とあり、先の「二諦義」などで見た説相と同じである。ただ、ここでは染用の立場からの依持説であるから、真よりも妄の方に力点がある。理由はどうあれ、現実の一切の妄染の法の根底には自性清浄なる如来蔵法があるのだという。これは伝統的に、如来蔵仏教の大命題であり、慧遠の教学の全体に流れている主張でもある。禅のことばで言えば本来成仏ということであり、仏教全体を貫く考え方でもあるが、先述のように、この命題では、それでは何故に煩悩妄染の法があるのかということの説明が弱いのである。次の縁起用の説明は、前の「二諦義」のところでのように体用を導入していないし、また依持との連絡をつけているので比較的わかりやすい。すなわち「二縁起用、向には染にありといえども染とならず。今、妄と合し、縁集して染を起す。水の風に随いて波浪集起するが如し。」とある。さきの依持門の立場での真のはたらき（用）も、染法のよりどころ（所依）として染法をはなれるものではないが、しかしあくまで真妄性別の立場を堅持して、決して染とはならない。前の二諦の相即のところで「不即不離」とあったごとくである。これによって、依持の立場では真は妄のよりどころにはなっているが、一切の妄法を離れている、と規定されるであろう。さて一方、縁起の立場において始めて、妄と合して、縁集して染を作すのであるとする。例えば大海の水が風によってはじめて波浪として集起するようなものである。ここで明らかに、縁起の立場でのはたらきとして「妄法」の生起が説かれていることがわかるが、依持の場合に真が妄のよりどころとして「不離」であるということと、縁起の場合に真が妄と「和合」しているということは、どのように区別したらよいのであろうか。先の「八識義」の真妄依持の説明のところでも、今の縁起用のところで譬喩として引かれていた水波のたとえが活用されていたが、それが今の問題に答えるのではないか。すなわち、大海の水と波との関係を真と妄とにたとえた場合、波は水を離れてはありえないが、水は波と無関係に独立してありえる。そこを不即不離という。ではなぜ波がおこるのか、もちろん水がなければ波もおきないであろうが、水だけでは波は生じない、風がある時にのみ波はおきるのである。この場合、風と水と波との三つの要素に分けて考えられるが、波の生起の主なる原因が水であることは依持の時と同様であるが、風が大きな縁因になっていることは否定できない。このような波の生じ方は、水と風との和合によって生じたということになろう。このように譬喩を考える時、波に焦点をあててゆくと、不離ということも和合という表現も同一の事実を示していることがわかる。その区別は、依持における不離ということが水の側からの表現であり、縁起における和合ということが水と風との両方からの表現であることにあろう。

以上の考察から、依持は真の側から妄のあり方、いわば妄の存在を明確にし、縁起は真と妄縁との両方から妄の生成を説示し、両者あわせて一切が真如の自性清浄なるあり方を現じながらも同時に煩悩染法のたえざる生成流転があることを説いていること、慧遠は如来蔵仏教の弱点であった煩悩の生起の問題を、この縁起説によって補っていることがわかった。しかしながら、先の「二諦義」での縁起の説明にあった「如来蔵体、縁起造作、生死涅槃」の表現にみられるように、縁起は単に煩悩の生起のみを説くのではなくて、「涅槃」をも造作するという。いわば煩悩の寂滅したあり方にもかかわっている。先に出しておいた疑問の第二、つまり煩悩をはなれる道の問題が残されている。先の引文の浄用の二門、「随縁顕用」と「随縁作用」とが、その問題に答えるのであろう。それから、もう一つ縁起ということばの問題であるが、このなかに含まれる「縁」という文字をめぐって、これまで処々から引いた文章のなかで、いろいろの用例があったことに注目しなくてはならない。すなわち、「恒沙仏法、同体縁集」「真性縁起集成生死涅槃」「今与妄合、縁集起染」そして「後息妄染、随縁始浄」などのいろいろの表現をみると、依持という表現が『勝鬘経』に典拠をたどることができ、しかもかなり固定した表現であるのに対して、縁起という言葉はその典拠をさぐることがむづかしく、またかなり流動的な表現であると思われる。これは「縁」という語の多様性に起因するのではあるまいか。これらの点については項を改めて、「仏性義」を資料にして考察してみよう。

(1) 拙稿「浄影寺慧遠の「妄識」考」(『駒仏紀要』第三二号、一九七四年三月)。

(2) 拙稿「浄影寺慧遠の「真識」考」(『印仏研』二二—二、一九七四年三月)。

(3) 全部にあたっていないが、眼についたところをあげよう。求那跋陀羅訳出『雑阿含経』巻一二に「爾時世尊、告諸比丘、我今当説、縁起法説義説。」(大正蔵二・八五上)とあり、十二因縁が縁起として説かれる。また同じく求那跋陀羅訳出『四巻楞伽経』では「復次大慧、菩薩摩訶薩当善三自性、云何三自性、謂妄想自性、縁起自性、成自性。」(大正蔵一六・四八七下)とある。この文中の「縁起自性」を菩提流支訳出『十巻楞伽経』では「因縁法体自相相」(大正蔵一六・五二七下)とし、実叉難陀訳出『七巻楞伽経』では「縁起自性」(大正蔵一六・五九七下)と訳する。『倶舎論索引』(平川彰・平井俊榮・高橋壮・袴谷憲昭・吉津宜英共著)によると、真諦三蔵訳出『倶舎論』ではnidāna- samutthāna- samutthāpita-などを「縁起」と訳し、一方玄奘三蔵訳出『倶舎論』ではpratityasamutpāda-を「縁起」と訳す。同じ語に対して真諦三蔵は「縁生」「十二縁生」「依因依縁性」「至行集生」「縁」などと訳し、さらに「波羅底底也三物波拕」と音写をも用いている。

(4) 大覚寺沙門恵光述『花厳経義記』には「次明仏者実相内明故次明仏也、実覚縁起故明菩薩。」(大正蔵八五・二三四上)とある。慧遠の師法上の『十地論義疏』では「三種同相智者、一縁起、二妄相、三真如、縁起者第七阿梨耶識、是生死本也、妄想者六識心、妄生分別邪著六塵、真如者仏性真諦第一義空也。」(大正蔵八五・七六四中)と述べる。さらに北魏霊弁の『華厳経論』には「自覚聖諦如実方便者、達法縁起、入如実際、三世一合、浄明無二故。」(続蔵九三・四七一左上)などとみえる。

(5) 坂本幸男『華厳教学の研究』第二篇第三章「智儼教学に於ける唯識説」参照。

(6) 『華厳経捜玄記』巻一に「三釈教下所詮宗趣者、有其二種、一総二別、総謂因果縁起理実為宗趣。」(続蔵三・四三六右上)あるいは「至極円通縁起之妙」(四三六左上)とか「方便修相対治縁起自類因行」(四三七右上)とかというように、ひんぱんに用いる。

(7) 『法華玄義』巻一〇上(大正蔵三三・八〇一中)「六者仏駄三蔵、学士光統、所弁四宗判教、一因縁宗、指毘曇六因四縁、二仮名宗、指成論三仮、三誑相宗、指大品三論、四常宗、指涅槃華厳等常住仏性本有湛然也」。

(8) 地論師の呼称については、拙稿「地論師という呼称について」(『駒仏紀要』第三一号、一九七三年三月)を参照していただきたい。

（9）『大乗義章』「二諦義」に「又人立四別配部党、言阿毘曇是因縁宗、成実論者是仮名宗、大品法華如是等経是不真宗、華厳涅槃維摩勝鬘、如是等経是其真宗、前二可爾、後二不然。」（大正蔵四四・四八三中）。

（10）この「相」の字は「想」かもしれない。先に引いたところに「妄想無体、起必託真」とあった。慧遠は「妄相」と「妄想」とを区別しているが、『大正蔵』本では混乱しているので注意を要する。

（11）「二無我義」（大正蔵四四・四八六中下）、「四諦義」（同上・五一二上）など。

（12）高崎直道「如来蔵思想における勝鬘経の地位」（『勝鬘経義疏論集』所収、一九四頁参照）。

（13）「八識義」の弁相門三識分別の第三に「次第三門、真妄和合、本末分三、於中曲有四門分別、一定別其相、二弁一異、三明起修不起修別、四明有尽無尽之異、初定其相、如摂論説、一是本識、二阿陀那識、三生起六識。」（大正蔵四四・五二九下）

〔付記〕

「四　仏性と縁起」は枚数超過で掲載できなかったので、別の機会に発表したい。〔編者注：「慧遠の仏性縁起説」本巻所収〕

〔編者注〕

（※1）「後」は大正蔵の甲本。底本は「復」。

慧遠の仏性縁起説(※1)

一

慧遠は縁起説をどのように説いているかについて考えてみたい。『大乗義章』をみると全体に縁起説があらわれているのであるが、縁起とは何かについて、まとめて説いてはいないので、この小論では慧遠の縁起説をまとめて取り出して、若干の考察を加えたい。

まず始めに縁起という言葉を慧遠がどのように使用しているかを見、次に縁の用例について考察し、染法縁起と浄法縁起とに分けて考えてゆきたい。

『大乗義章』「仏性義」には、

真性縁起集成此六、六即是性、故云不異、性体平等、妙出名相、称曰不即。（大正蔵四四・四七四中）

とある。これは『大乗涅槃経』「師子吼品」からの一文の解釈であり、五蘊と仮我との六法が仏性と不即不離であるということを、慧遠はこの六法が真性の縁起集成したものであると述べることによって示したのである。後代の華厳の法蔵が『大乗起信論義記』などで如来蔵縁起という表現を用いてから、それが有名となり、また法界縁起という表現もよく用いられる。慧遠もこれらの如来蔵縁起や法界縁起なども用いるが、他に今引用した一文にもあった真性縁起や更に真心縁起・真実縁起・真識縁起・仏性縁起などのいろいろの表現を用いる。これらのなかで仏性縁起がもっとも多く用いられているので今は仮に小論の表題としたわけである。

さて、縁起という言葉を慧遠は今の引文にあるように「縁起集成」と四字で示すことが多い。「八識義」に、

二者仮名集用之我、仏性縁起集成我人、如依報心集起夢身。（同右・五二七上）

とあるのもその一例である。またこの縁起集成をつづめて「縁集」という表現もよく用いる。「二諦義」で、

真者、所謂如来蔵性、恒沙仏法、同体縁集、不離不脱、不断不異、此之真性、縁起集成、生死涅槃、真所集故、無不真実、弁此実性、故曰真宗。（同右・四八三上）

というなかに「同体縁集」とあるのがその一例である。これを詳しく言えば「同一体性互相縁集」（「仏性義」大正蔵四四・四七六上）となる。この「縁集」の用例はほとんど右の引用文にみるような文脈のなかで使われ、如来の種々なる功徳のあり方が、根本的には真如と同一でありながら縁に応じて種々の差別をあらわしている時に「同体縁集」というのであり、これも慧遠の仏性縁起説の重要な内容なのであるが、そのことは第五節の浄法縁起の最後に述べたい。

さて縁起といえば十二因縁が想起されるのであり、『（大乗）義章』にも「十二因縁義」が収められているが、慧遠はこの因縁という言葉をいかに考えているかについて一言触れたい。彼の『十地経論義記』巻一に、

因縁之義、経中亦名縁起縁集、仮因託縁而有諸法、故曰因縁、法起藉縁、故称縁起、法従縁集、故名縁集。（続蔵七一・一四五左上）

とあるように、因縁と縁起と縁集との三つは同義であると考えているようである。しかし、仏性縁起とか同体縁集のような用例に類似の表現を因縁については見い出すことができない。因縁という場合は四縁のなかの因縁とか十二因縁に限定されるようであり、慧遠の場合、縁起といえばすぐに仏性がその内容にかかわるのであるが、因縁と

いう時には必ずしも仏性はその意義内容に予想されていないのであるから、縁起と因縁とには区別があると考えられる。このことは地論学派の教判の一つと言われる四宗判と関連する。四宗判とは仏教を一因縁宗（立性宗）、二仮名宗（破性宗）、三不真宗（破相宗）、四真宗（顕実宗）の四宗に分けるのであり、一と二とは小乗、三と四とは大乗と判ずる。このなかの因縁宗とは小乗のなかでも浅い教とされ、阿毘曇が相当する。外道が無因自然を主張するのに対比すれば、阿毘曇は因縁によって一切が生ずることを主張するのであるから、因縁宗と呼ぶ。ただ諸法の自性に固執するから立性宗とも言う。ちなみに仮名宗とは『成実論』の立場、不真宗とは大乗のなかで空を説く教え、そして真宗とは大乗のなかで仏性を説く教説を指す。そして、先に引用した「二諦義」の一文からもうかがわれるように、縁起とか縁集とかはこの第四の真宗の立場で説かれているのである。ここにおいて、先の『十地経論義記』にあったように字義の面では因縁・縁起・縁集の三つを同一としながらも、慧遠の教学においては因縁と縁起・縁集との間には四宗判における第一因縁宗と第四真宗との差があり、いわばそれら三つの意義には教判の面から一応の限定が加えられていることがわかる。したがって慧遠が縁起とか縁集とかの表現によって教理を説く時には第四真宗の立場からのもの、因縁という時は第一因縁宗に属する阿毘曇の教学を予想してよいのである。ただ第一因縁宗は外道と仏教との差を因縁という所で言いあらわしているのであるから、ある場合には大乗小乗にわたっても用いられる。たとえば『大乗義章』「十二因縁義」をみると、因縁を一事相因縁、二虚仮因縁、三妄相因縁、四妄想因縁、五真実集用因縁の五段に分けて説くが、この第五の真実集用因縁とは先の四宗判で言えば第四真宗の立場で十二因縁を把握することであって、内容的には今問題にしようとしている縁起のことであるが、因縁という言葉で表わしている。慧遠においては因縁とは直接的には十二因縁などの阿毘曇の教学を示し、時には大乗小乗共通の立場においても用いられる広いことば、縁起とは第四真宗の立場で、大乗教学のなかの特に仏性にかかわる限定されたことばという区別がみられる。

以上のことから縁起する主体は仏性をはじめ如来蔵・法界・真性・真実・真心・真識などのいろいろの言葉によって表現されていることがわかり、また縁起ということも縁起集成とか縁集とかで表現されることもあり、ある場合には因縁という言葉も同義語として用いられるが、縁起と因縁との間には教判の上からの意義の区別はあるということがわかったのである。ここで仏性縁起と言う時と真識縁起という場合とでは少くとも文字上の感じはずいぶん異るのであるが、慧遠は右にかかげた仏性から真識までの言葉を、特に縁起を説く場合に限ってみると、同一の意義を示すものとして考えているようであり、そこに彼の教学の特色もあると思われる。すなわち唯識教学における第八阿梨耶識と仏性如来蔵とを一体とみて、それを縁起の体とするのであり、そのような体から縁起して一切法が生起すると説くのである。彼の教学のすべての特色は阿梨耶識と仏性との結合という事実から出てくると考えるのであり、それは一面では従来の如来蔵教学の難問の解決へ路を開いたが、他面では新たな問題点をひき起すことになったのではないかと思うのであるが、このことは後にふれたい。仏性縁起といってもそこには第八識が予想され、真識縁起とある場合でも仏性をぬきにしては考えられてはいないのであり、常に前述のごとく第八阿梨耶識と仏性との結合のところで縁起を考えているので、縁起という言葉の上に来る言葉の種類によって、縁起の内容までが変化することはないと言いえると思う。

さて、慧遠は一切の諸法のあり方を仏性の縁起と考えるようであり、そのことを「仏性義」では、

> 然仏性者、蓋乃法界門中一門也、門別雖異、妙旨虚融、義無不在、無不在故、無縁而非性、無縁而非性故[※2]、難以定論、是以経中、或説生死以為仏性、或説涅槃以為仏性、或説為因、或説為果、或復説為非因非果……（中略）……或説一切善悪無記以為仏性、或復言非、如是一切、無非仏性、雖復異論、莫不皆入一性門中。（大正蔵四四・四七二中）

と述べ、仏性という教えも法界のなかの一つの法門である、他の法門に種々の異なるものがあったとしても、すべ

て仏性の義を含まぬ教えはない。すべての教えは機縁を予想して説かれたものであり、どのような機縁を予想して如何なる教えが説かれたとしても、仏性の立場を離れたものではない。したがって『涅槃経』などに生死を説いて仏性とし、涅槃を説いて仏性とし、あるいは因果非因果・空有非空有・一異非一異・有無非有無・内外非内外・当現非当現・色心非色心・善悪無記などすべての立場を随時随所に仏性としているのであり、またこれら以外の教説を持ってきても仏性の法門のなかにおさめられてしまうのだとする。右に列挙したものは確かに仏教教学の基本をなす諸概念であり、「仏性義」を整理してみると、これらの諸法がいかに仏性と関連するかを示しているのである。しかしながらこれらの諸法のなかで仏性縁起を中心に考える時、冒頭に出ている生死と涅槃とが他のいずれよりも重要な問題となる。先の「二諦義」からの引用文にも出ていたが、縁起を説く時にはよく「真性縁起集成生死涅槃」とか「清浄法界如来蔵体縁起造作生死涅槃」（「二諦義」大正蔵四四・四八三下）とかの表現を用いて、縁起した結果が生死と涅槃との両方のあり方となると述べている。このことからも仏性縁起のあり方は生死と涅槃とが中心となることがわかる。この生死と涅槃とは別に染と浄とも言われる。「仏性義」に、

> 二約縁就実、以分三種、一者染性、二者浄性、三非染浄性、性在生死、名為染性、性在涅槃、名為浄性、此二約縁、就実論性、性外無縁可随変動、以不変故、古今一味、是故名為非染浄性。（同右・四七三上）

とある。仏性を縁の立場から考えると染と浄との二つの面があり、実の立場からみると縁に随って何か他のものに変動することはなく古今常住一味であるという。ここで染とは仏性が生死にあること、浄とは仏性が涅槃にあることと定義されている。しかもそれらは縁の立場からのものであり、仏性には縁に随わない不変の立場もあることがわかるのである。

二

仏性縁起に結果的にみれば生死になる側面（染）と涅槃になる側面（浄）とがあり、この小論においても便宜上それら二つの側面に分けて考察を進めてゆきたいと思う。そして慧遠は用いていないが、仮に生死になる面を染法縁起と呼び、涅槃になる面を浄法縁起と言うことにしたい。さて、直前の引文のなかで染浄の二面は縁の立場で仏性を考えることとしていたが、他方では縁による変動を受けない面をも仏性に認めていた。このことは仏性に縁をめぐって二つの側面があるということがわかるけれども、今から染浄両面から仏性縁起を考えてゆこうとする場合に、慧遠が縁ということをどのように考えているか、それと今問題の縁起とのけじめとつながりを明らかにしておく必要があろう。慧遠は著作のなかで縁という言葉あるいは縁の字を含む成句を多用するのであるが、大きくは三類に分けられると思う。第一はインド仏教以来の伝統的な因縁果としての縁の用例で、「四縁義」で説いている縁、さらに「仏性義」で問題になっている正因・縁因という場合の縁などがこれである。いわば因果に対しての縁の用例である。第二は真妄論を展開する時にみられる縁の用例で、八識説において第八識を真、七識全体を妄識とするが、その七妄識の内容を縁ということばで示す。「八識義」に、

問曰、六識尽在初地、初地以上、便無六識、云何而得見聞覚知、釈曰、雖無事相六識、猶有七識縁照無漏所得法身、及彼真識縁起法身、眼耳等識、是故用之見聞覚知。（同右・五三七上）

とあるなかで「七識縁照」という言葉に含まれている縁がその例で、ここでは第八真識と対応している。第七識と六識との両方を縁という言葉で示すこともあるが、ここでのように第七識に限定している場合が多い。第七識は阿陀那識といい、無明や我愛を中心とした妄識であるが、その妄識の段階にも修行および証果を認めるのであって、

妄識での修行を示す時、今の引文にあったように縁照、あるいは縁修・縁治・縁智・縁観などと言い、縁の語を冠する。第三の用例は体用の対応において出てくる縁の例で、「仏性義」に、

二体用分二、廃縁論性、性常一味、是其体也、随縁弁性、性有浄穢、是其用也。（同右・四七二下）

とあるなかで、廃縁と随縁との対応にみられるような縁の例である。この場合、体は別に実・性・証・理などとも言われ、かならず廃縁とか亡縁とか無縁とかの表現によって縁のあり方に関わらない。それに対して用の立場では縁のあり方に関わるのであり、随縁とか対縁とか従縁とかで表現される。

これら三類の縁の用例のうち、第一の因果に対しての縁とは、六因五果に対しての四縁、仏性の因や法身の果に対して六波羅蜜の縁因というように、縁の具体的内容を指摘できる。第二第三の縁の用例についてはどうであろうか。第二の真妄の対応における縁の内容は、縁修とか縁照とか縁治とかの用例から一見して修道にかかわるということはわかるのである。「八識義」のなかで、真実縁起の法身の見聞覚知と七識縁照の法身のそれとの区別について、

七識縁照法身者、但於妄想縁起法中、分別縁照、又於真法、分別縁照、不能離縁、真法身者、遠離妄想、心浄照明、清浄法界、顕自心源、名為見聞、非分別知。（同右・五三七上）

と説く。このところは八識について迷と悟とのけじめをつける項で、十地説を導入して示す。十地説では初地で六識分別は滅尽すると説くが、それならば初地以上の菩薩は何によって見聞覚知するのかと問い、初地以上には確かに六識による見聞覚知はないが、第七識や第八識のはたらきによって見聞覚知するのだと答える。そこで今の引用文では第七第八の両識の見聞覚知の区別を問い、それに答える。この問答の前に別に一問答を設けて、六識と第七識との区別を問題にしている。それによると六識は心の外の世界を実有と考えるが、第七識は心の外の世界は自らの心の生み出したものだと知るのである。今さきに引いたところでは、七識縁照の法身は妄想によって作り出され

た諸法を分別する、そして真実自体に対してもそれを対象的に分別するのであり、縁をはなれることができない、とある。七識は、心外の諸法がすべて妄想の生み出したもの（唯心所現）であり、したがって自らの心を離れては諸法はない（心外無法）という真実を知ってはいるが、能所対立の分別心を離れていない、これに対して第八真識は無分別であるとしている。これらのことから、縁修とか縁照とかいわれる言葉は心外の諸法を実有と考える立場よりは一段と高い、心外無法の自覚を含んではいるが、まだ能所対立の分別の立場にある心のはたらきといえよう。真修とか真照とかに対しての縁修とか縁照とかの縁の用例は、その分別そのものを示しているといってよいであろう。もちろん六識による分別とは異り、唯心の理の自覚を基盤にした心のはたらきではあり、無漏といわれる心のはたらきではあるが、能所分別の立場を離れていないから縁の字を冠するのであろう。

次に第三類の体用の対応において見出される縁の内容は何であろうか。先の引用文では廃縁と随縁との対応で説いていた。この場合、前述のように体は廃縁・亡縁・無縁などと言われると同時に、平等・一味・不変などの形容詞がそえられるのである。一方、用の立場では、随縁によって浄穢があるといい、また他のところでは随縁によって過去現在未来の三世もある（「仏性義」大正蔵四四・四七六中）というのであるから、この場合の縁とは現実の差別のあり方を言うのであろう。「仏性義」では、

第四通説諸法体実、不改名性、雖縁復別内外染浄、性実平等、湛然一味、故曰不改。（同右・四七二中）

とある。縁の別に内外とか染浄とかの差があったとしても、諸法の性は平等一味であることを不改という。この引用にみられるように体用の対応にみられる縁は内外染浄などの差別のことと考えられる。「仏性義」の弁体の冒頭に列挙する、生死涅槃・因果・空有・一異・有無・内外・当現・色心・善悪など一切の差別の諸法を縁という言葉で一括するのであろう。体としての仏性はそのような差別相対の世界の限定を受けないので、無縁とか廃縁とかというのであろう。

以上の整理から、慧遠がよく用いる縁という言葉は、因果に対する縁、分別を示す縁、差別の世界を示す縁の三類に分けてみられる。これら三類の縁の内容と今論究しようとしている仏性縁起とはどのように関連しあうのであろうか。仏性縁起とは仏性のはたらきを縁起といい、その結果として一切法があることを説くのであり、仏性縁起をあえて分ければ仏性の体と縁起の用となり、縁起も一応体用の対応における縁の用例の範囲におさまるように考えられるし、結局はそうだと言えるのだが、染法縁起と浄法縁起とに分けて仏性縁起説の内容をみてゆくと、その過程において第一の因果に対する縁や第二の真妄論のなかでの縁が重要な役割をはたしているのであって、仏性縁起という場合の縁起は形式的には体用論の範囲にはいるが、内容面では第一の因果論や第二の真妄論と深く関係づけて説くのであり、このように考えてみると、縁起は特別に縁をめぐる第四の用例として別出すべき性質の言葉なのではないかとも考えるのである。

三

仏性が縁起して生死となるという側面を染法縁起として考察するのであるが、自性清浄である仏性がどのようにして生死輪廻の雑染の世界を現出するのであろうか。『勝鬘経』では生死と如来蔵との関係について次のように説いている。

世尊、生死者依如来蔵、以如来蔵故説本際不可知、世尊、有如来蔵故説生死、是名善説、世尊、生死生死者、諸受根没、次第不受根起是名生死、世尊、生死者此二法是如来蔵、世尊、言説故有死有生、死者諸根壊、生者新諸根起、非如来蔵有生有死、如来蔵者離有為相、如来蔵常住不変、是故如来蔵是依是持是建立。（大正蔵一

二・二二二中）

ここでは、如来蔵によって生死があり、生死の二法は如来蔵であるが、如来蔵自体は有為の相を離れ、生死が付随するのではない、とある。慧遠はこの『勝鬘経』の「生死者此二法是如来蔵。」という一文を染法縁起の経証として引用する。「仏性義」で『涅槃経』「迦葉菩薩品」（大正蔵一二・五七四下）の、

善男子、或有仏性一闡提有善根人無、或有仏性善根人有一闡提無、或有仏性二人俱有、或有仏性二人俱無。

という一文の解釈を行う。(※3) しかもこの同一文に対して「仏性義」では三回も解釈をほどこすのである。この『涅槃経』の一文の意味は、仏性について一闡提と善根人との二つの立場から四句分別し、如来が仏性を説くのは対機説法としての自由自在な面があるのだから、一闡提に仏性が定有であるとか定無であるとか固執してはならないというのである。この『涅槃経』の一文について「仏性義」では三回も違った角度から解釈を加えるが、今はそのうち二ヵ所を問題にしよう。

一約縁分三、如涅槃説、一不善五陰、二善五陰、三仏果五陰、不善陰者、仏性集成外凡五陰、陰即是性、如凍是水、故経説言、生死二法是如来蔵、言善陰者、仏性集成三乗聖人無漏五陰、陰即是性、言果陰者、仏性集成仏果五陰、陰即是性、如湯是水、鐶釧是金。（大正蔵四四・四七三上）

先に引いた『涅槃経』の本文に合わせると、一闡提に有で善根人に無なるものが不善の五陰であり、一闡提に無で善根人に有なるものが善の五陰、二人に共通して無なるものが仏果五陰であり、ここでは出ていないが、二人に共通して有るのは理性であるというように組み合わされる。ここでは不善の五陰が問題になるわけであるが、不善の五陰とは生死輪廻の主体である身心が不善であり、いまだ仏教に対して信をおこしていない立場をさす。慧遠は、仏性が、そのようないまだ仏教に志していない外凡の五陰をも集成するのだという。集成とは縁起集成の下二字によって縁起を示す。仏性が縁起して外凡の身心を構成しているのだ、それはあたかも凍の本質が水であるよう

なものだ、ここで水は仏性、凍は外凡の五陰ということになる。次に引く経典がこの項の冒頭で引いた『勝鬘経』の一節である。ここで、生死も如来蔵仏性であることは了解できたが、それは仏陀の言葉としては信受するより路はないとしても、もう少し、ではどうして本性は仏性如来蔵であるのに現実には生死流転し、外凡の一闡提になってしまうのかということについての解釈がほしいのである。慧遠は今、仏性が縁起集成して外凡の五陰となるといっていたが、逆に結果としての五陰の方からいうとどのようになるかをみよう。これも同じく先に引いた『涅槃経』「迦葉品」の解釈であるが、不善の五陰の説明のところだけを引用してみよう。

不善陰者、凡夫五陰、真妄所集、唯真不生、単妄不成、真妄和合、方有陰生、摂陰従妄唯妄心作、如夢中身昏夢心作、如波風作、摂陰従真皆真心作、如夢中身皆報心作、如波水作、従真義辺説為仏性、与勝鬘経生死二法是如来蔵、其義相似。（同右・四七三中）

不善陰とは生死している凡夫の五陰のことであるが、それは真と妄とが寄り集ったところのものである、ただ真のみでは生じないし、ただ妄のみでは成じない、真妄和合してはじめて五陰の存在がある。五陰を妄におさめてみれば、ただ妄心が造りだしたものとも考えられる、夢みている人は夢心でいっぱいになっているわけだし、波の生ずるのは風によるとするようなものである。他方、五陰を真心におさめてみれば、すべてが真心のつくり出したものともいえる、夢みている人は過去の業の蓄積が夢心に反映しているのであり、また波も水があって始めて生ずるものであると言うような喩があてはまる。真心におさめとるところをもって仏性とするのだ。(※4)『勝鬘経』の「生死二法是如来蔵」ということと意味が相似している。前に引いた一文で、仏性が縁起集成して外凡の五陰となるということと同じ内容が、ここでは真妄論によって説明され、「真妄和合」ということで示されている。つまり八識説を導入し、心のあり方の側面から、仏性と生死との関係をつけるわけであるから、『勝鬘経』が阿梨耶識説を導入せず、如来蔵の立場で一貫させているのとはだいぶ説き方が異なる。この一文から、仏性縁起して生死となるという染法縁起が真妄論つまり「八識義」の世界と深く関連をもっていることがわかる。「八識義」では諸八識が結局は真と妄との関係つまり真妄論におさまり、真と妄との関係を説きつつ、妄法がいかに生ずるかということと妄法がいかに寂滅するかということの二面を示しているが、今の染法縁起とは前者の妄染の諸法の生ずるあり方にほかならないからである。

今の「仏性義」の一文から、仏性縁起して生死となる染法縁起のなかに真妄和合の考え方があることをみた。この真妄和合の立場は真妄離分の立場とならんで『大乗義章』「八識義」の二つの柱になっている。「八識義」の意図は、そのなかでも真妄離分、つまり真と妄とを区別してゆくところにあることは明らかであるが、それにもかかわらず真妄和合の立場はどこまでも無視しえないのであって、この事実こそが彼の仏性縁起説を解明する鍵であると思う。

さて「八識義」では真妄和合をどのように説いているかをみて、仏性縁起して生死となる内容の具体的な説明を慧遠がどのように示しているかを考察しよう。

次第三門、真妄和合本末分三、…（中略）…初定其相、如摂論説、一是本識、二阿陀那識、三生起六識、此三猶前依他性中之差別也、拠妄摂真、真随妄転共成衆生、於此共中、真識之心、為彼無始悪習所熏、生無明地、所生無明、不離真心、共為神本、名為本識、此亦名為阿梨耶識、故論説言、如来之蔵不生滅法与生滅合名阿梨耶、此阿梨耶、為彼無始我見所熏、成我種子、此種力故起阿陀那執我之心、依此我相、起於我見我慢我愛、執何為我、依彼本識、変起陰身、不知此無、執之為我、又此本識、為無始来六識根塵名字熏故成其種子、此種力故変起六種生起識及六根塵、如依睡心起於夢中根塵及識。（同右・五二九下）

「八識義」の三識分別の項は一真妄離分、二真妄離合、三真妄和合の三部より成る重要なところである。真妄離分については後で考察する。真妄離合とは『摂大乗論』の三性三無性を説き、三性のうちで真実性と分別性とは明らかに真と妄とに区別され、依他性は真妄和合の立場で論ずる。つまり、真妄を離と合との両面から論ずるので真妄離合という。今引いた真妄和合は特に依他性のなかにおさめられる内容であるが、八識思想としては本識と七転識との関係が一番重要なので別出したのである。そこで本識と阿陀那識と生起六識とはすべて三性のなかの依他性のなかの差別であり、依他性とは妄に根拠して真を考えてゆくこと、逆に言えば依他性の一部分としての真実性が分別性による妄法におおわれて、流転していることである。そのような状態を衆生という。つまり衆生は真妄和合の状態にあるが、その状態がいかに現出したかといえば、衆生心の中の真識の心が無始より悪い熏習を受けて、無明住地に生じ、この無明住地と真心が共存していることを本識とも阿梨耶識とも言う。ここで『大乗起信論』を引く。『論』に不生不滅と生滅とが和合しているとあるのが、今の真妄和合と同一の趣旨であると。このような本識から、いかにして阿陀那識や六識が生ずるかについては、種子と現行と熏習とによって『摂大乗論』に準拠して説いており、その点からいえば、これは阿梨耶識縁起ということになろうが、慧遠はすでに阿梨耶識と仏性とを同一視して議論を立てているので、ここでの説明はそのまま仏性縁起の内容となっているのである。一般に如来蔵仏性を説く教学では本来性を自性清浄とすることから、煩悩の生起を説くことに最大の弱点があり、逆に唯識思想においては無始よりの阿梨耶識を立てることから煩悩の生起の説明には有利であるが、その阿梨耶識を転回せしめてゆくところに若干の困難さがあるといわれる。そのため、この両思想を合流させた所で、教学上の難点を払拭しようという意図のもとに、如来蔵仏性説と阿梨耶識説とを結合した『楞伽経』のような経典が出現し、『起信論』のような論書も作られた。そして慧遠が引く『摂大乗論』を翻訳した真諦三蔵も両思想融合の傾向を持っているといわれる。慧遠も『起信』『楞伽』を重要視する、両思想融合のなかにあるようにみえる。しかし、この両思想を結合すれば仏教教学上の難点はすべて氷解するのであろうか。そして慧遠の意図はこの両思想の結合の方向をおしすすめ、その延長線上にあると考えてよいのであろうか。私の見る所では慧遠の教学は仏性如来蔵と阿梨耶識との結合を確かに大きな教学上の柱にしているが、他方真妄論で考えてみると、真と妄との区別に異常な努力をしている。これは「八識義」の最後にある対治邪執の考察から、第七妄識の内容については昨年の『紀要』(※5)で明らかにしたところである。それでは真と妄との区別を明確にしたところで、その真とは仏性如来蔵のことなのかというと、そうではなくて、この真が前の仏性と阿梨耶識との合一した内容、いわば真妄和合的なものなのだから、話はこみ入ってくる。真妄離分の立場と真妄和合の立場とが交差するところに慧遠の教学の特色があるといわざるをえない。そして今問題にしてきた染法縁起説の根拠となっているのは、真妄和合ということであるように思う。このことは次に真妄離分での真の内容を検討し、その内容のなかに、いかに真妄和合的要素があって、それにもとづいていかに縁起が示されているか、そして真妄を区別する所に真妄和合の説相が入っているならば、慧遠が「八識義」のなかで意図した真妄離分の目指すものは何であるかを考えてみたい。

四

真妄離分はくわしく言えば真妄事三識離分であり、六識と第七識と第八識のそれぞれの特質を分けて論ずる。六識は六塵事相の境界を分別するので事識という。第七妄識は阿陀那識であり、無明や我見を内容とする。慧遠の八識説を『摂大乗論』のそれと比較すると、この第七識の内容が広くなっている。『摂論』での第七識は阿梨耶識を実我実法と執するところに重点があるが、慧遠は我見や無明の義があるとする一方(※6)では第七識の立場に修道上の意義を認め、妄識の受熏をも主張する。さて、事妄真離分は六項目に分けて論ずるが、その第三項(※7)では、三識それぞれに四つずつの特色を出している。六識と第七識に関しては一用相・二我相・三闇相・四理相、第八識には一用相・二我相・三無分別相・四理相[※8]のそれぞれ四相を立てて説いてゆく。この第八真識の四相をひとつずつ検討して、そこにいかに真妄和合に基く縁起説が出ているか、あるいはそれ以外の面もあるかについて考察を加えたい。

まず第一の用相についてみよう。

一是用相、謂六識心、真心変異為根塵識、如夢所現皆報心作、所作六識、依於真心所作六根、了別真心所作六塵、故名為用、問曰、此六与前妄中六識[※9]何別、釈言、六識真妄共起、摂六従妄、皆妄心為、如縄上蛇皆妄心造、摂六従真、皆真心作、如縄上六皆是縄作、分取前義為妄六識、分取後義為真六識。（大正蔵四四・五二六下）

第一の用相とは、第八真識自体のなかに変異して根塵識となる用（はたらき）があるということである。第七妄心の場合にも変異して根塵識となることを認めていたので、自問自答の形式でそれとの区別をする。六識は真と妄との両方から生起する、今は真の側面から見れば真心の変異といいうるのである。ここでも真妄和合的説明がもちこまれ、また「変異」といっている内容は、次の我相の法実我の項に出てくる「不変異」に対するもので、縁起にほかならないのである。

次に我相は二項に分かれ、第一の法実我をみよう。法実我とは仮名集用我に対するのであるから、第八真識の内容を理体の面からみることになるのであろう。

二者我相、於此分中、我有二種、相状如何、一法実我、如来蔵性、是真是実、性不変異[※10]、称之為我、又此真心、為妄所依、与妄為体、故説為我、故涅槃云、我者即是如来之蔵、蔵是仏性、一切衆生悉有仏性即是我義。

（同右・五二六下—五二七上）

如来蔵が真実であり不変異であることを我という。先に仏性の体は不変一味であり、無縁であるとあったのが、ここで想起される。第八識自体のなかにそのような一面をみるのであろう。次に妄の所依（よりどころ）となることを我という。これは真妄依持ということである。縁起と依持とは「二諦義」などで、四宗判の第四真宗の教学の二つの柱であった。ここではただ簡単に真が妄の所依となるとしか言っていないが、「八識義」の第五門(※11)で真妄依持を特別に論ずるのである。この依持のあとで、真妄熏習(※12)が論じられているのであって、この依持も縁起とならんで染浄二法の生起にとって有力な根拠となっているように思う。

二者仮名集用之我、仏性縁起集成我人、如依報心集起夢身、故経説言、即此法界輪転五道、名曰衆生、此即涅槃六法中我、五陰及我是其六也、五陰離分即為五法、五陰和合集成仮人為第六法、故涅槃云、従凡夫我乃至仏我、我性不改、名為仏性、良以、衆生真妄所集、亦如縄蛇、摂之従妄悉是妄為、摂之従真皆是真作、今就真作、判為此門。(同右・五二七上)

我相の第二項は、仮名集用の我であるが、ここでは六識や第七妄識において我見としてはたらくものが仏性の縁起したものであることを述べる。『不増不減経』や『涅槃経』を経証として引き、第八真識のなかに仏性縁起の仮名我を認めるが、ここでも真妄和合的表現がなされ、染法縁起説が真妄和合ということを有力な根拠としていることがわかる。

三無分別相、真心雖是神知之性、而非攀縁取捨之法、故無分別、又為癡覆、未同仏智照明顕了、故為妄熏、生無明地、随妄流転。(同右・五二七上)

第三には第八識の内容を無分別と規定する。第八識も「真実自体の了別」(「八識義」同右・五二五上)といわれるように心による了別のはたらきを持ってはいるが、六識が心外の事相を実有としたり、第七識が真実に迷うて種々に分別取捨するような分別心と同じではない。その点から無分別といいえる。ただ別の観点から言えば、一切のものを無分別に照らし出すことは、それら一切のもののなかには貪瞋癡をはじめ一切の煩悩法をもすなおに写し出し、まさにそのことによって煩悩におおい尽される可能性を有する。仏智が一切のものを照し出す時は妄法は即時に滅尽するのであるから仏陀の無分別智のはたらきには及ばないという。このことは第八識自体のなかに妄法に随って流転する基盤を認めることになるのであろう。一切の是非善悪を平等に分別無く認識することが逆に生死流転の原因となる。第八真識は心のはたらきであるかぎりにおいて諸縁の限定を受けるのである。そして生死流転の主体となる。したがって仏智の立場はこの第八真識をも超えて、もはや諸縁の限定を受けないところ、逆に諸縁をあるがままに照しつつ、浄化する立場なのであろう。浄法縁起とはまさにそのような諸縁浄化のことであろうと考えるのである。

四者理相、即前三重、体非有無、如実空義、離一切相、離一切性、名為非有、如実不空、具過恒沙清浄法門、故曰非無、又能縁起生一切法、名為非無、而体常寂、称曰非有。（同右・五二七上）

これは第八識に非有非無なる理を認める。まず一切の自他などの差別をはなれ、しかも一切法が無自性であるから非有である。しかし如実不空の面があり、一切の無量の法門を有しているから非無である。また別な角度から非有非無の理を示す。真識はよく縁起して一切法を生ずるから非無であり、しかし第八真識の体は常寂不変異であるから非有である。

以上で、第八真識の四相を概観したのであるが、真と妄とのけじめを意図した真妄離分の項目でありながら、この真の内容には第一の用相・第二の仮名集用我・第三の無分別相などに真妄和合の説相があり、それに根拠して仏性縁起が説かれていた。つまり慧遠の仏性縁起なかんずく染法縁起はこの第八真識の内容に大きく依存しているように思う。第八真識は真実自体を了別するというように仏智への道を開く基盤であると共に、縁起して一切の妄法を生じ生死輪廻の主体ともなっている。そして生死輪廻の主体となっているような第八識のことを真妄和合という表現で言う。仏性縁起して生死となるという染法縁起を結果の方からみれば真妄和合ということになるであろう。一闡提であれ、凡夫であれ、生死流転している状態はどこまでも真妄和合と考えるのであろう。この真妄和合の状態を一歩でも超え出ることは、すでに仏教の方向に信をおこしていると考えられるのであるが、そこでは真と妄とのけじめ、真が根本で妄が枝末であるという真妄の本末が明らかになってゆくのであろう。先の我相のところの法実我の項で少し出ていたように、妄の所依としての真、不変異としての真がここから問題として浮び上ってくる。妄の所依としての真とは真妄依持という表現で示される内容であり、不変異なる真とは先に体用の対応での縁を考察した時にみたように体とか証とか理とかの言葉であらわされる仏性の特質であり、涅槃の世界においてのみ認められるとも言いうるのである。

以上の考察から仏性縁起のなかで染法縁起は八識説の真識の内容に大きく規定され、一切法を真妄和合とみるところに特色があることがわかった。いわば真妄和合という状態が染法縁起説の基盤であり、出発点ともいえる。自覚的であろうと無自覚であろうとこの真妄和合の状態は常に離れられないわけであるが、仏性縁起説は涅槃に至る方向をも説くというのであり、この方向へ進む理論的根拠として、真妄離分の立場が設けられて真と妄とのけじめがつけられ、真妄依持によって真妄の本末が定められ、真妄熏習によって修道への道を開くということになるのであろう。このようにして真如があらわとなり、涅槃の境地が自覚されたとしても、縁起を問題とするかぎりにおいては、真妄和合的な立場を離れない。縁起という言葉自体が、すでに妄縁とかかわり、差別の世界と交差するという意味を有しているからである。

五

浄法縁起つまり仏性縁起して涅槃となるということを考えてみたい。この場合、真妄和合にかわって、真妄離分に根拠をもつ依持ということが大切ではないかということをすでにのべた。ただ真妄依持が浄法つまり涅槃の生起のみに関わっているのではなく、真妄依持は縁起と同様に染浄両面に等しく根拠を与える考え方である。慧遠はこれらの依持と縁起とを並べて教学を展開してゆく。それは『大乗義章』では「二諦義」をはじめ随処にみられるのであるが、今は「八識義」の一文を引いてみよう。四識分別のところで、真識を『起信論』の体相用の三大に開き、それに妄識を合して四識となる。真識を体相用に分けるなかで、体を真如法とし、相を無量の功徳とすることは『論』と全く同じであるから引用しない。用大のところは『論』にない面、つまりここに依持と縁起とが説かれ、そして浄法縁起の内容となる随縁があわせ説かれているので、引用して考えてみよう。(※13)

三者用大、用有二種、一者染用、二者浄用、染用有二、一者依持用、如来蔵法、為妄所依、能持於妄、若無此真、妄則不立、故経説言、若無蔵識、七法不住、不得種苦、楽求涅槃、二縁起用、向雖在染、而不作染、今与妄合、縁集起染、如水随風波浪集起、是以不増不減経言、即此法界輪転五道、名曰衆生、染用如是。（同右・五三〇上）

『起信論』では用大のところでは善の因果のみが説かれていたが、ここでは不善の面をも説く。真識を三大で考える場合に、用大には善の因果のみではなく、すなわち浄用ばかりでなく染用もあるという。これは先に真識の四相の真妄和合的な側面を考察した時に見たとおりである。ただその時は縁起にのみ焦点をあてていたが、依持の要素も真識が含んでいることは既に指摘しておいた。今ここでは真識のもつ染用として依持と縁起が並記してある。依持について、ここでは如来蔵が妄の所依となり、よく妄を保持している、もしこの真なる如来蔵がなければ妄法の存在もないといい、『勝鬘経』の一文を引く。縁起の方の冒頭で、「向には染にありといえども染とならず」とあることに注意したい。依持の立場では妄法は真によってある。妄法は真法を離れてはありえない、不離なる状態にある。しかし妄と和合しているのではない、あくまで真法は妄法と一線を画して、不即の関係を保っている。縁起の立場になって始めて妄法と合し一切の染法をおこすのである。今ここでは染用として縁起と依持とを並記しているが、縁起の方がより染用の内容にふさわしく、依持はただ妄法が真に依っているという事のみを言いたいのである。この真と妄との本末関係を明らかにすることが「八識義」真妄依持門第五において意図されたことであった。そこでも真妄離分と真妄和合の立場でともに依持を論じているが、この依持門での真妄和合は決して縁起と結びつく内容ではなく、むしろ真妄和合の状態のなかで真と妄との本末関係を明確にするためのものである。真妄離分であれ、真妄和合であれ、依持門においては真と妄とのけじめをつけることに中心的意図があり、縁起門においては真妄和合的な立場が付随するのと対比されると思う。この依持の真妄本末論をふまえて、次の真妄熏習論が展開される。この熏習論においては真と妄とが区別されていなくては真妄互熏つまり真如と無明とが相互に熏習しあうということは成立しないのである。

このように依持ということは、先の引用文では真識の染用におさめられていたが、修道の面からも重要であると思う。依持ということがあって始めて真から妄へという煩悩を断尽する道も開け、妄から真への修道が始まる。仏性縁起して生死となる染法縁起においては真妄和合を基礎とした縁起による説明で十分とも思うが、浄法縁起では真妄依持に基点をおいて出発する必要がある。「八識義」の体系でいえば、真妄熏習門第六、迷悟修捨門第七、迷悟分斉門第八、修捨分斉門第九などの修道論はすべてその理論的根拠を真妄依持に置いている。真と妄との本末とけじめが明らかになってこそ修道が成立すると考えられる。さて一切の修道論はすべて、仏教の場合は涅槃におさまるとすれば、『大乗義章』浄法聚因法におさめられている諸法門もすべて涅槃におさまると考えられる。「八識義」では先の染用に縁起と依持との二門を開いたのに続けて、浄用にも二門を開いている。

浄用之中亦有二種、一随縁顕用、真識之体、本為妄陰、後息妄染、随縁始浄、浄中差別、説為性浄無作因果、二随縁作用、本在凡時、随縁造作、六道生死、後随対治、集成方便有作因果、浄用如是。（同右・五三〇中）

真識の浄用を二種における。この真識の浄用ということが今問題についている浄法縁起であり、仏性縁起して涅槃となるということである。一つには随縁顕用、二つには随縁作用である。顕と作との一字の違いであるが、大きな違いが生ずる。前者は性浄無作の因果となり、後者は方便有作因果となる。ここからは涅槃の考察にはいるのであるが、ここでは、これまでの染法縁起の中心を占めてきた真妄論から、因果論に主題が変わることが、この二種の浄用の説明からもうかがわれる。これら二種の浄用は、その説明からも察せられるように結果としては性浄涅槃と方便浄涅槃という二種涅槃になる。これからは『大乗義章』「涅槃義」に眼を転じて、そこで仏性縁起して涅槃となるという浄法縁起がいかに説かれているかを考察してみよう。

地論学派の涅槃観は一般には性浄涅槃と方便浄涅槃との二種涅槃とされる。しかし実際に「涅槃義」を読むと二種涅槃と同時に性浄・方便浄・応化の三種涅槃も説かれている。今はこれら二種涅槃と三種涅槃との説相をみることによって、浄法縁起のあり方を考究してみたい。

仏性縁起して生死となる染法縁起は前にみたとおり真妄論によって説かれていたが、これから考察する、仏性縁起して涅槃となる浄法縁起は因果と体用との二方面から説かれている。これは方便浄涅槃と性浄涅槃との定義からわかるのである。まず方便浄についてみよう。

方便涅槃、有其二種、一従因修得、名方便浄、二従体起用、名方便浄、為是釈名、各有両義、方便浄者、従其初義、教行功徳、本無今有、従因方便、断障得浄、名方便浄、若従後義、作用善巧、称曰方便、作用中浄、名方便浄。（同右・八一八上）

ここで方便浄が因より修得する意味と体より用を起す意味との二方面から説かれている。ここで因とは仏性や六波羅蜜の修行のことで後には二涅槃の因を論ずるところで正因・縁因・生因・了因などに分けて示されている。次に体より用をおこすという場合の体とは涅槃の体であるが、その涅槃を証覚した仏陀の意味も含まれているようである。用は作用善巧だとしているのであるから仏陀の善巧方便をも方便浄涅槃と考えているようであり、のちの三種涅槃のなかの応化涅槃はまさしく仏陀の善巧方便のことなのである。

次に性浄涅槃の定義をみよう。

性浄涅槃、名義有三、一名性浄、二名性寂、三名同相、釈此三名、義各有二、一対因顕果、二対用彰体、何故如是、性浄涅槃、有其二種、一本隠法性、顕成今徳、名為性浄、二涅槃体浄、説為性浄、於此門中、莫問修生修顕功徳、対用論体、斉称性浄。（同右・八一八上―中）

性浄涅槃は別に性寂涅槃とも同相涅槃とも言われるが、いずれにしても二つの面から解釈される。一つは因に対して果をあらわすということであり、もともと煩悩によって隠れていた法性が今の功徳をあらわし成就することを性浄という。ここで今徳とは現在の功徳のことであり、「仏性義」に「三昧智慧神通解説陀羅尼等一切徳性」（同右・四七三上）とあるように修行力によって得た一切の果徳であるが、その果徳の基盤となっているのは涅槃なのである。第二には用に対して体を彰わすことを性浄涅槃という。体とは涅槃の体そのものであり、修行力によって涅槃の徳が生じた場合でも、修行力によって涅槃の徳が顕われた場合でも、始覚門的でも本覚門的であっても、それらの功徳の体となるような涅槃を性浄という。

以上のように方便浄は因と用、性浄は果と体の二つの意義が認められ、涅槃を因果と体用との二つの側面から把握していることがわかる。この二つの側面のうちで、因果は『涅槃経』に正縁二因あるいは生了二因、さらには因・因因・果・果果・非因果の五種仏性説などで盛んに説かれているもので、慧遠もまたそれらの教説を用いているが、体用は『涅槃経』にはみられない。この体用による涅槃の説明を慧遠独自のものとすることができるかどうかは他の教学者の涅槃説との比較検討が必要であるが、この体用のところで出される応化涅槃という考え方は、その説明のやり方からみて慧遠が創唱したものではないかと思う。

さて釈名の次には五つの段階にわけて二種涅槃の相を意義の上から分けていく。(※14) 第一段は方便修生による涅槃を、あえて二種にわける。第一は煩悩を対治して真心を熏習する時に涅槃の功徳が生ずるものを縁作涅槃といい、方便浄とする。第二は真心が修行の力によって涅槃の功徳を生ずるものを体作涅槃といい、性浄とする。

第二段は、第一段の縁作・体作いずれも修行力によって本来なかった功徳が今生ずるから修生涅槃であり、方便浄とする。そして本来の法性が修行によってその姿を顕わすようなものを修顕涅槃といい、性浄とする。

第三段は第二段の修生・修顕のいずれも、まだ修行力をかりるところがあるので修涅槃であり、方便浄とし、修行縁をかりないで真実を覚証するのを証涅槃とし、性浄に相当する。この証のところが「証実亡縁」(※15)といわれるように修行の縁力を絶するところから、非因非果であるともいわれ、五段階に説明してゆく涅槃説の大きな転回点である。

第四段はこれまでの一切の涅槃を用におさめ方便浄となし、涅槃の体を性浄とする。

第五段はこれまでの一切の涅槃を事におさめ方便浄となし、涅槃の理体を性浄とする。この理と先の証との区別は何かと慧遠自ら問い、先の証も今の理も体の立場では同一であるが、あえて意義を分ければ、証は人の立場から涅槃の無隠無顕無因無果なることを説き、理は法の立場から「凡仏一如染浄不易非隠非顕非因非果」を明らかにするのであるという(※16)。

以上の五段階のなかでは修証において二種涅槃は大きな転回をなし、第四の体用と第五の理事とのそれぞれの立場からの涅槃説は修証の証以後のこと、いわば仏陀の正覚の世界を体用と理事とに展開させたものである。修証のなかで修のところは文字どおり修行の段階で仏性をその基盤にしつつ六波羅蜜の行を修する菩薩位であるが、証のところで仏位に入り、体用はその仏位のなかの二種涅槃として示され、理事は諸法の実相の立場で二種涅槃を説いている。

さて、仏性縁起して涅槃となる、いわゆる浄法縁起の世界は、その涅槃の説き方に相応して因果と体用との二方面から説かれているわけであるが、特に因果が主となっている。縁の三類の説明はすでに前に行なったが、あのなかの第一類の因縁果としての縁が、この「涅槃義」に生かされ、浄法縁起のなかで重要な役割をはたしているのである。このことは涅槃の因を決定する所で、正縁二因を論じていることによってわかる。その正縁分別にしろ生了分別にしろ、さらに生因作因の二因分別にしろ、因と涅槃の果との関係を中心として浄法縁起が成立する。ここで五段階に涅槃を説くうちの第二、修生と修顕との二種涅槃の因の定め方と因果の対応関係について本文を引用して考察しよう。

次対第二修生修顕、二種涅槃、以定其因、於中有二、一縁正分別、二生了分別、縁正如何、隠顕麁判、望性浄果、仏性正因、諸度為縁、望方便果、諸度正因、仏性為縁。（同右・八一九中）

縁因と正因との分別をまず始めに行う。おおまかに言えば、性浄涅槃（修顕）にとっては仏性は正因、六波羅蜜は縁因であり、方便涅槃（修生）にとっては六度は正因であり仏性は縁因である。

以実細論、望二涅槃、同説仏性、以為正因、但仏性中有二種義、一法仏性、本有法体、如礦中金、二報仏性、本法体上、有其随縁可生之義、而無法体、如礦中金、有造作荘厳具義、未有厳具已在金中、彼法仏性、望性浄果、説為正因、彼報仏性、望方便果、説為正因。〔同右〕

こまかに論ずれば、二種涅槃ともに仏性を正因とするが仏性に法仏性と報仏性と二種ある。法仏性とは法身の仏性の義で、もとより法体がある。礦のなかにかならず金が含まれているようなものである。報仏性とは報身の仏性のことで、第八真識のなかに生ずべき根拠はあるが、その法体があるわけではない、縁力にしたがって生長するのである。礦中の金にも将来きれいな荘厳具になるべき可能性はあるが、そのなかに荘厳具そのものはないようなものである。この二仏性のうちで、性浄涅槃には法仏性が正因となり、方便涅槃には報仏性が正因となる。

諸度不定、云何不定、六度有二、一縁修六度、謂於六識七識心中、修諸所行、二者真実有作六度、藉前縁修、熏発真心、令其心中諸功徳起、三者真実無作六度、真心本是諸功徳性、従縁顕了、説為真実無作六度、望方便果、真実有作六波羅蜜亦是正因、余二為縁、望性浄果、真実無作六波羅蜜是正因、余二為縁。（同右）

始めには六度は方便浄にとっては正因、性浄にとっては縁因となると言ったが、細かにみると六度をそう単純には規定できない。六度には三種ある。六七両識の中で修行する縁修六度（縁の用例の第二類参照）、この縁修によって第八真識を熏習し、その結果として功徳が生ずる真実有作の六度、第八真識心自体が本来そなえている真実無作の六度の三種の六度である。これらのうち、方便涅槃にとっては真実有作六度が正因となり、他の二種の六度が縁因となる。性浄涅槃にとっては真実無作の六度が正因となり、他は縁因となる。

さて、次に生了二因の分別を概説しよう。生了二因は先の正縁二因とどのように異るのであろうか。正縁二因は果の出現に対しての因のあり方、生了二因は因に対して果の生起のあり方という違い、いわば正縁分別は果のあり方よりも因のあり方に重点があり、生了分別は因のあり方よりも果の出現のあり方が生であるか了であるかに焦点があるのではないかと思う。結果だけ述べて次に移ろう。性浄の果に対しては仏性も六度もすべて了因である。一方、方便涅槃にとっては仏性と真実有作の六度とは生因であるが、縁修六度と真実無作の六度とは了因であるといえう。

今は第三段の修生修顕による二種涅槃のそれぞれの因の規定の仕方を概観したが、第一の縁作涅槃と体作涅槃との二種涅槃では縁正・生了・生作との三方向から因を考察している。さて、先に第三段の修証の証のところで転回があると述べたが、今の因を定めるところでは、そのことがどのように表現されているであろうか。

次望第三、約修就証、二種涅槃、以定其因、望方便果、説縁説正、説生説了、備如上弁、彼性浄果、証実亡縁、故不可約之説縁説正説生説了、但知平等、非因果性、仏本在縁、未証之時、義説為因、説後証時、以之為果、及後証時、達本無縁、以無縁故、本亦非因、今亦非果。（同右・八一九下）

次に修と証との二つの立場から涅槃の因を考える。修の立場では正縁生了などは前の修生修顕のところで備にのべたとおりである。しかし証の立場では亡縁であり、因縁の限定を受けないのであるから、諸因を説くことはできない。ただ平等であり非因果であると知るのみである。仏がもともと縁にあって、衆縁の束縛を受け、いまだ覚証を得ていない時を仮に因と呼ぶのであり、覚証を得た位を果というのである。覚証を得て、すでに衆縁の束縛も修行の縁力も藉りないのであるから、因位果位の区別も必要ないこととなり、非因非果ということになる。

涅槃は釈名のところでみたように因果と体用で説くのであるが、今の証のところでは非因非果であって因果の区別すら絶するのであり、その因果の区別のない理由として無縁とか亡縁とかの表現があった。無縁、亡縁といえば縁の用例の第三類を想起する。体用の対応における体の説明は無縁、亡縁、廃縁などと言われていた。ここでは証のところで、因果を超え、諸縁の差別の世界を越えて、平等の世界に直入するのであるが、このことは今問題にしている仏性縁起して涅槃になるという浄法縁起にとってはどのようなことを意味するのであろうか。仏性は因であり、涅槃は果であるが、証のところでは非因非果であり、仏性の因によって涅槃の果を獲るという因果の対立はない。それでは縁起はどうであろうか。この証の立場で縁起もまた消えるのであろうか。先に無縁ということが非因非果の根拠にされていたのであるから、ここにおいては縁起もそれ自身のはたらきを停止するのではあるまいか。縁起の縁も無縁の縁ともいうべきものに質的転換を行うのではないか。そう考えてみると浄法縁起はこの証を転回点として、内容的には二つに分けられるのではないか。いわば証以前は三乗の聖者の縁起として、証以後は仏陀の縁起としてである。三乗の聖者の縁起は煩悩の妄縁を対治し、六度修行の縁力をかりる仏性のはたらきであり、仏陀の縁起は無縁を本質として無限に諸縁を浄化する仏性のはたらきである。この諸縁浄化のはたらきが方便浄涅槃の定義としてあった「善巧作用」ということになるのであろう。一般に般若の智慧に対して方便善巧が対置されるのであるが、ここでも同様に性浄にたいして方便が対置される。このような諸縁浄化のはたらきを縁起とすることは、次の体用二涅槃の応化涅槃の内容として出ているので、引用して考えてみよう。

次望第四、体用相対、一[※17]種涅槃、以定其因、於此門中、涅槃体浄、名為性浄、涅槃用浄、名方便浄、対性浄体、説因如上、方便浄者、当知即是応化涅槃、応有二種、一者法応、二者報応、如涅槃説、大般涅槃能建大義現種種化、是其法応、大悲願力、種種化現、名為報応、今対此二、以定其因、分別有二、一縁正分別、二生了分別、縁正如何、法家之応、如来蔵中、縁起法門、以之為正、如華厳中、善財童子所求種種法門是本、大悲願力、以之為縁、彼法雖有可起義、若無悲願、畢意不生、譬如火珠、雖能出火、要須見日、亦如水珠、雖能出水、要須見月、是以経言、異法有故異法出生、報家之応、大悲願力、以為正因、三昧法門、以之為縁、若無彼法、悲願之力、不能独生、譬如人面、雖能生像、要須依鏡、亦如音声、雖能発響、要須依谷、縁正如是、生了如何、親起名生、疎発称了、准前縁正、義在可知。〔大正蔵四四・八一九下—八二〇上〕

次に第四には体用を相対して説く二種涅槃について因を定めよう。ここでは涅槃の体が清浄であるのを性浄涅槃といい、涅槃の用が清浄であることを方便浄という。ここでの性浄涅槃の体については証と同様、無縁であり非因非果であって、諸因を説くことはできない。さて、方便浄涅槃とはすなわち応化涅槃である。応化に二種ある。法身の応化と報身の応化とである。この法身の応化涅槃は如来蔵の中に縁起した法門をもって正因となし、大悲の願力を縁因となす。次に報身の応化は大悲の願力を正因となし、三昧の法門を縁因となす。ここで二つのことが注目される。第一は用浄である応化涅槃は法応であれ報応であれ大悲の願力を因としていることである。修証の証も体用の体も無縁というのであるが、これは諸縁の限定を受けないということであるが、大悲ということは無縁の大悲を想起せしめるのである。慈悲を三種に分け、衆生縁と法縁と無縁との三種であるが、仏陀の大慈大悲は特定ののだけに向うのではなくて、一切のものに向う故に無縁の大悲といわれる。法身の応化はこのような無縁の大悲を縁因とし、報身の応化はこの大悲を正因として生ずるというのである。第二に注目するのは法身の応化の正因は如来蔵中の縁起法門であり、それは『華厳経』の「入法界品」のなかで善財童子が尋ね歩いた種々の法門のようなものであるとしていることである。一切の法門が法身応化の正因であり、それは一切の教法を法身のはたらきとしているることになり、しかも如来蔵中縁起というのであるから一切の教法が如来蔵をはなれずして、しかも衆生の機縁に応じて無量無辺に説かれることを示している。教法を応化仏の生ずる主要な機縁とし、しかも縁起によって説いているところに注意したい。このように教法を如来蔵中の縁起として考えることは慧遠が常套句として処々に述べる。

如来蔵中縁起法界恒沙仏法説之為有
如来蔵中恒沙仏法同一体性互相縁集無有一法別守自性

などの言葉に端的に示されている。いかなる法であっても如来蔵中縁起でないものはない。縁起として無限展開しながらも常に如来蔵と一体である。そのような差別と平等とを巧みに結びつけたのが同体縁集ということばであって、このことばは修証の証位に入った如来の立場からのみ言いうるものであることが理解されるのである。

今の引文では用浄としての方便涅槃がすなわち応化涅槃であるとしていた。しかし三種涅槃説では一応方便浄と応化とを区別している。「涅槃義」で、

大有三種、一者体大、性浄涅槃、体窮真性、義充法界、二者相大、方便涅槃、過無不尽、徳無不備、三者用大、応化涅槃、妙用曠博、化現無尽、故涅槃云、大般涅槃能建大義、義猶用也。（大正蔵四四・八一四上）

とあるように『起信論』の三大に三種涅槃を合わせるのである。しかし、この三種涅槃については二種涅槃ほど詳しくは説かないのである。その内容については前の体用の因を定めるところで充分に理解できるように思う。修道の方面からみれば二種涅槃で十分と思うが、仏陀の救済の根拠を示したところに三種涅槃説なかんずく応化涅槃の特色があり、これによって慧遠の浄法縁起は生死から涅槃へという修行断道の路と同時に涅槃から生死へという説

法教化の道を併せそなえるものとなったということができよう。

六

以上慧遠の仏性縁起説を大きくは染法縁起と浄法縁起とに分けて考察した。一応明らかとなったと思うことを列挙して結びたい。第一に仏性縁起にはどこまでも体用論がその根底に流れているが、染法縁起においては「八識義」で説かれるような真妄論が、浄法縁起においては「涅槃義」で説かれていたように因果論が、それぞれ説明の中心になっていること、第二に染法縁起においては真妄和合ということが重要であるが、それだけでは修道の立場は出てこないので、真妄のけじめをつける真妄依持が説かれること、第三に浄法縁起においては修証の証のところで質的転回があり、証以後は体の用としての如来の無縁の大悲が説かれるごと、などが明らかになったように思う。

慧遠のこのような仏性縁起説は一般的には如来蔵縁起といわれる教学のなかにはいるのであるが、その特色は何なのであろうか。この問題の解明のためには、いわゆる縁起門の教学といわれる後代の唯識家や華厳家の人々の縁起説とまず対比する必要があり、さらに縁起という言葉は用いないが因縁という用語によって教学を展開した三論家や天台家の人々の縁起論を言葉に拘泥せずに探求する必要もある。それらの研究を行ったあとでは当然慧遠の仏性縁起説への理解も変化することと思うが、今の段階で指摘しえることは、第一に彼の仏性縁起説はその意図として空観仏教に対して、真実不空の立場を主張し、論理化したように思う。慧遠以前の中国仏教は南北ともに羅什系の空観仏教が流行したことを考えあわせれば、彼が『涅槃経』や『十地経論』などに基づいて仏性縁起説を主張し、しかも空観仏教を批判の対象にすることもありえるのではあるまいか。空観仏教への批判は「八識義」「涅槃義」など随所に見出される。第二には前述のように彼の縁起説は体用論であるが、体よりも用の方に特色があるのではないだろうか。明らかなことはいえないが、三論吉蔵が著作のなかで体用論を展開する時には用よりも体のところに重点があり、慧遠とは異るのではないかと思う。第三に彼の仏性縁起は彼の華厳家の法界縁起に比較してみると人法二面のうちで人の面が強いのではないだろうか。華厳の法界縁起はその名のごとく法に力点があるのではないかと思う。このことは慧遠の教学が一乗と三乗という分類からみれば三乗仏教の方にはいるのではないかという把握の仕方とかかわる問題だと思う。

さて、このような仏性縁起説は慧遠がはじめて説いたものであろうか。これも慧遠以前の特に北朝系の教学者達の著作の内容を精査した上でなければ何も言えないが、予想としては彼以前の人々（師の法上をも含めて）のなかにも仏性縁起説の主張者はいただろうと思う。たとえば『大正蔵経』八五巻に収録されている敦煌出土の『十地義記』にはこの小論でみたような仏性縁起説がさかんに説かれている。この著作は文体からして慧遠のものとは思われないが、慧遠以前の彼の教学に近い立場の人のものではないかと思う。その他、北魏の中葉からの教学者の著作には縁起という言葉が必ずといってよい程に出ているから、慧遠の創唱とはいえない。しかし、かなり体系的に縁起論を理論化した人とは言えるように思う。では何故に縁起を説き、そして縁の立場を重視するのか。これに対しても残念ながら明確な解答を用意してはいないのであるが、この時代に北周破仏を機縁として自覚された菩薩仏教への要求と何らかの必然的関連があるのではないかと思う。この問題もまた大きなものであるから、一つの研究方向として示唆するにとどめ、この小論を結びたい。

〔編者注〕

（※1）「浄影寺慧遠の縁起説について」の付記によれば、本論文は「四　仏性と縁起」として構想された論文である。

（※2）本論文の引用に「故」はないが、大正蔵本によって補足した。

（※3）「、」を「。」に修正。

（※4）同右。

（※5）「昨年の『紀要』」は、「浄影寺慧遠の「妄識」考」（『駒仏紀要』第三二号、一九七四年三月）を指す。

（※6）『大乗義章』巻三末「八識義」（大正蔵四四・五二六上—五二八上）。

（※7）同右・五二六中—五二七上。以下は吉津「浄影寺慧遠の「真識」考」参照。

（※8）原文に「四理相相」とあったが、「四者理相」（同右・五二七上）に準じて「四理相」に訂正する。

（※9）引用に「為」とあったが、「此六与前妄中六識何別」（同右・五二六下）に準じて「中」に訂正する。

（※10）引用は「悉」であるが、「八識義」では「皆」（同右・五二七上）であり、その脚注に「原本傍註曰皆経作悉」とある。今は「悉」のママ。

（※11）「八識義」中「真妄依持五」（大正蔵四四・五三二下—五三三中）。

（※12）「八識義」中「真妄熏習六」（同右・五三三中—五三六中）。

（※13）「浄影寺慧遠の縁起説について」中「三　依持と縁起」でも言及される。

（※14）『大乗義章』巻一八「涅槃義」（大正蔵四四・八一八中—八一九上）。

（※15）同右・八一八下。

（※16）同右・八一九上。

（※17）引用は「二種涅槃」であるが、「涅槃義」では「一種涅槃」（同右・八一九下）である。今は「二種」のママ。

浄影寺慧遠の涅槃義

地論学派の涅槃義は普通には性浄涅槃と方便浄涅槃との二種涅槃とされる。それは慧遠（五二三―五九二）と同時代の智顗（五三八―五九七）や吉蔵（五四九―六二三）の著作における引用からわかることである。たとえば吉蔵の『中観論疏』「涅槃品」（大正蔵四二・一五五上）では、『成実論』や『摂大乗論』の涅槃説とならべて、

十地師明性浄方便浄、方便浄修因所得、性浄則古今常有、然方便浄猶是始有異名、性浄則本有殊称。

とあり、地論の二種涅槃義も所詮成実の本有始有の二種涅槃と異るものではないと批評する。次に智顗も『法華玄義』三法妙（大正蔵三三・七四五中下）で吉蔵と同様に地論人の二種涅槃を引き、特に方便浄涅槃を批判しつつ、智顗の説としては性浄・円浄・方便浄の三種涅槃を主張する。

さて、慧遠の『大乗義章』「涅槃義」を読むと確かに性浄・方便浄の二種涅槃を中心に説いているが、あわせて性浄・方便浄・応化の三種涅槃をも主張する。そこでこの小論では両種の涅槃義の説相を見ながら、それぞれの意図を考察してみたい。まず二種涅槃のうち方便浄涅槃について、

方便涅槃有其二種、一従因修得名方便浄、二従体起用名方便浄、為是釈名各有両義、方便浄者、従其初義、教行功徳、本無今有、従因方便、断障得浄、名方便浄、若従後義、作用善巧称曰方便、作用中浄名方便浄。（大正蔵四四・八一八上）

とある。方便の意味に因より修得することと体より用を起すことが含まれ、したがって方便浄ということの解釈に

も二種がある。もし初めの義によると因方便によって惑を断じ浄を得て教行の功徳をあらわすことになるし、後の義にしたがうと体から生じた作用が善巧であることになるという。ここで因とは後に涅槃の因を決定する項をあわせ考えると仏性および六波羅蜜の修行ということになろう。また体とは涅槃そのものを示すのであろうが、あえて開いて説明すれば、涅槃をさとった仏あるいは真如法性などの理法をも含むものと考えられる。普通、智慧に対する方便、つまり善巧方便とは衆生が仏のおしえに近づくように設けられた巧みな方法とされるが、今はそれを衆生の側からは因とし、仏の方からは用として、分けて説いたものであろう。次に性浄涅槃については、

性浄涅槃名義有三、一名性浄、二名性寂、三名同相、釈此三名、義各有二、一対因顕果、二対用彰体、何故如是、性浄涅槃有其二種、一本隠法性顕成今徳名為性浄、二涅槃体浄説為性浄、於此門中、莫問修生修顕功徳、対用論体斉称性浄。（同右・八一八上中）

とある。先の方便浄の因の義に対しては果の意味となり、もともと隠れていた法性が功徳をあらわすという内容で示され、用の義に対して性浄とは体の意味があるとされ、修行にかかわりなく存在する涅槃の法体として説いている。

以上のように二種涅槃の説明は因果と体用とも中心とするが、その両種涅槃の関係は五段階を設けてもっと立体的に示されている。まず第一段では、

一就方便修生徳中、随義分二、二相云何、修生徳中有二種作、一者縁作対治、熏発真心諸功徳生、其猶臘印印泥文生、二者体作、真随行縁集成諸徳、如金随縁作荘厳具、縁作義辺名方便浄、体作義辺説為性浄。（同右・八一八中）

とある。ここで縁作対治を方便浄、体作を性浄とするが、そのうち縁作とは『〔大乗〕義章』の他のところでよく用いられる縁修と同一の意味であり、第八真識に対して第七妄識と六識での修行の内容をさすものと考えられる。

第七識や六識でどのような修行をするかは「八識義」に詳しいが、我見や無明を対治することによって第八真心のなかの功徳が熏発されるという。性浄とは真心が対治の行縁によって功徳を生ずることである。ここで功徳とは「仏性義」に「三味智慧神通解脱陀羅尼等一切徳性」とあるように、教え、修行および修行の結果をも含む言葉であろう。

次に第二段は

二修生修顕相対説二、次前二種修生之徳、悉名方便、無始法性顕成今徳、説為性浄。（同右・八一八中）

とある。先の縁作対治と体作とは共に行をかりて功徳を生起するから方便浄とし、法性が修行によって顕現することを性浄という。先の体作とここでの修顕のちがいは生と顕との差であるから、始有と本有との差異となるのであろう。第三段は、

三約修証以分二別、次前二種約修以論、方便修生方便修顕悉名方便、証実亡縁説為性浄。（同右・八一八下）

とある。先の修生と修顕とがいずれも修行によって涅槃を得る立場であるから、これらを方便とし、修行によらずして本来の真実をさとるところ、つまり証を性浄とする。ここで「亡縁」とは他のところで「無縁」ともあるが、縁作の縁を先に見たように第八真心に対する第七妄識や六識における修行のことと考えるならば、亡縁とはそのような段階的な修行によらないということを示すのであろう。実際、第四段として体用、第五段として理事が説かれるが、第三段の証と第四段の体と第五段の理との内容は同一なのである。慧遠自身が理と証との差別は何かと自問し、人の立場で証といい、法の立場で理というのだと自答する。慧遠は述べていないが、第三段の証と第五段の理とを人と法とで区別する解釈ならば、第四段の体は人法両者にわたる面をもっと考えてよいのであろうか。以上の五段階による二種涅槃の説明のなかで、第三段の修証のところまでは従因向果の形で修行の高まりを示すものと考えてよいであろうが、体用と理事との二段階は涅槃の法そのものを見方をかえて二門に開いたものと考えられよ

う。そのように考えると五段階による説明のなかでは第三段の修証のところが一番注目される。この修証が二種涅槃の内容にとって重要であることは、次の涅槃の因を定めるところでも明らかになる。

これまで見てきた五段階のそれぞれの段階について涅槃の因を定める。仏性と六波羅蜜とを、正因縁因および生因了因とに組み合わせてゆくが、先に注目した第三段の修証についてどのように因を定めているかを見よう。

次望第三約修就証二種涅槃以定其因、望方便果説縁説正説生説了、備如上弁、彼性浄果証実亡縁、故不可約之説縁説正説生説了、但知平等非因果性、仏本在縁未証之時義説為因、説後証時以之為果、及後証時達本無縁、以無縁故、本亦非因、今亦非果。（同右・八一九下）

方便浄涅槃については正縁生了などの諸因を説くことはできるが、性浄涅槃については先に見たように「証実亡縁」であって諸因を説くことはできないという。ただ平等非因果なりと知るのみである。仏がもと縁にあって未証の時を因とし、後に証を得た時を果とするが、すでに得果の時は無縁なのであって、したがって非因非果ということになる。これは証の段階では正縁などの諸因さらには果すらも説かないということを述べているのであるが、ここで無縁とか在縁とかいわれる内容には先の亡縁の時と同様に注意が必要であろう。先には第七識および六識における修行という意味に取ったが、慧遠の場合第七識以下は妄識であるから、「仏本在縁」も仏がもと煩悩妄縁の状態にあった時、つまり菩薩として因地の修行をしていた時という意味で、縁を第七および六識の段階での修行と考えてよいのではあるまいか。第七および六識での修行ということは、その段階にある修行者およびそれらの修行者にたいしての教え一切を含むことになろう。極論すれば仏陀以外の凡夫および三乗の修行者、涅槃の法以外の染浄の諸法はすべて縁という言葉のもとに包含されるのではあるまいか。そうでなければ仏陀が無縁に達するという表現は出てこないように思う。さらに、無縁ということは衆生縁・法縁に対する無縁つまり無縁の大悲を連想させるわけであるが、次の体用二種涅槃の因を定めるところで、その連想が無意味ではないことが確かめられるように思う。

次望第四体用相対、（※1）二種涅槃以定其因、於此門中、涅槃体浄名為性浄、涅槃用浄名方便浄、対性浄体説因如上、方便浄者当知即応化涅槃、応有二種、一者法応、二者報応。（同右・八一九下）

体用の立場で二種涅槃を考える時、性浄の体については「説因如上」とあるのは先の証のところで見たように非因果であって諸因を説かないということであろう。次に用浄としての方便浄がここでは応化涅槃と言いかえられている。しかも法身の応化と報身の応化とに分けて説明され、ここでは引用しなかったが、法身の応化は如来蔵中縁起法門を正因となし、大悲願力を縁因とする。一方報身の応化は大悲の願力を正因となし、三昧法門を縁因とする。応化涅槃はいずれにしても大悲をその基盤としているのである。ここでまず注意すべきことは第四段階の体用の立場での方便涅槃が第三段階の修証までのそれとは内容を全く異にしていることである。最初の釈名のところで方便浄に「従因修得」と「従体起用」との二義を認めたが、修証までの方便浄は先の因の義にあたり、体用における方便浄が用の義にあたることは明らかである。一方、性浄涅槃における果と体との二義は一応体作・修顕・証の三つが果に相当すると考えられるが、このうち証の段階は先のごとくに非因果と規定されるので、果にあてはめるのも不可となる。一応図式的に考えるならば証は因果と体用との結合するところにあるといえよう。つまり因→果→非因果（証）→体→用という図式が想定される。体用の立場においては方便浄が応化と言いかえられていたように、仏の衆生に対するはたらきの内容が涅槃とされているのであって、因果の果としての涅槃の内容とは異っていた。証は非因であり非果であるということは、仏の涅槃がその果としての状態にも止らず、体用のところに示されている応化涅槃の内容から知られるように衆生に対する応化のはたらきをなし、無縁の大悲を現ずるということを意味しているのではあるまいか。

これまで二種涅槃に焦点を合わせて、その説明のなかから応化涅槃がどのように導き出されているかを見てきた。三種涅槃とは性浄・方便浄・応化のことで、これらが『起信論』の体相用の三大に配当される。修道の面からは二種涅槃で充分なのであろうが、仏の教化の意を強調して三種涅槃が説かれるようである。またこの三種涅槃義は法報応の三身説とも関連してくるので、さらに分析を進めたい。

〔編者注〕

（※1）「二種涅槃」とあるも、原文は「一種涅槃」。今はママ。

四宗判と空義

浄影寺慧遠（五二三―五九二）は地論学派に属し、如来蔵仏教を説いたと言われるが、そのような宗派意識が著作に顕著であるわけではない。[※1] 智顗がたえず円頓の立場を高揚し、吉蔵がつねに三論の大宗を標榜しているのに比べると、慧遠は大乗菩薩仏教というぐらいの立場で教学を展開し、また江南の両師が梁の成実学徒など前代の仏教学者を盛んに批判するのに較べると慧遠の著作にはその傾向が少いように思う。しかし前代の教学への批判が全くないのではない。たとえば道生への批判などは痛烈なものがある。この小論で問題にしたい空義の理解とそれに含まれる批判的言辞も、明らかではないが、ある特定の学派なり人物を予想してのものではないかと思われる。そこでまず『大乗義章』「二諦義」[※2] で説いている四宗判を取上げ、第三宗と第四宗との関係を考察し、特に第三不真宗のところに空義が示されているので、そこを論究の端緒にしたい。

まず四宗判について略述しよう。第一に立性宗（または因縁宗）。これは小乗のなかの浅い教えとされ、諸法の因縁による生起を説くが、それらの諸法を有自性と把握する立場であり、毘曇（アビダルマ）がこれにあたるという。第二に破性宗（または仮名宗）は小乗のなかの深い教えとされ、諸法は無自性であると主張して、第一の立場を破析するが、諸法は仮名相であると説く、これは『成実論』の教学が相当する。第三の破相宗（または不真宗）は大乗のなかの浅い教えとされ、一切皆空を説き、第二宗の主張している仮名相すら空じてしまうが、第四宗の立場からすれば、まだ諸法の実性を顕わしていないという。第四の顕実宗（または真宗）は大乗のなかの深い教えとされ、諸法は妄想によって有ると考えているが、その妄想こそが空無なのであり、諸法は真実如来蔵仏性の縁起したものであるという。このように四宗判は浅から深への段階性を示しているので、慧遠の意図は第四真宗の教学の建立にあると言いえるが、第四宗のみを主張するというよりも、第一宗から第三宗までを批判的に包摂した形式での第四宗の主張なのであって、第四宗だけを絶対的にみてはいないのである。同じく「二諦義」(※3)のなかで、四宗の区別には典拠がないという人に対しては諸大乗経の空と不空との二つの立場があることを援用して四宗を弁護するが、逆に四宗判を経典分類の尺度とすることには反対する。つまり、第三宗には『大品般若経』や『法華経』、第四宗には『華厳経』や『涅槃経』などというように、特定の大乗経典をあてはめてゆくことに対しては厳しく戒めている。どのような大乗仏典であれ、すべて平等に法界縁起を内容としないものはないが、その経典の目的である宗には差異がある。その差異を教えの浅深としてはならないという。ここで四宗判の宗という言葉は教の浅深を示していたが、大乗経の宗はそれぞれの経典の目的の差異として表わされ、差異を浅深と混同してはならぬという。

実際のところ経典依用の傾向からみると、智顗や吉蔵が『大品経』や『法華経』を重視するのに対して、慧遠にはそれらの経典に対する注釈も存在しないし、また『大乗義章』における経典引用の傾向を見ても、両経はあまり重視されていないことがわかるのである。したがって第三不真宗に両経を配当してもよいのではないかと考えるのであるが、慧遠はそれを厳しく拒否している。その理由は、大乗仏典はすべて平等に法界縁起の法門を説くのであって、その教えに浅深の区別をつけてはならぬということによる。したがって、第三宗は第四宗に比べると、その内容は空宗であり、浅い教えということになるが、その第三宗に『般若経』や龍樹・提婆の空観仏教というような特定の経論や教学をあてはめて、その内容の浅深を判定してはならないということであろう。

四宗判は以上のごとく毘曇成実および『涅槃経』『勝鬘経』などの空不空の理論などを総合して地論学派のなかで構築された教判論であり、この教判によって如来一代の教法を分類整理したのである。また教法の解釈にもこの四宗判が標準として活用されていることがわかる。たとえば『大乗義章』「四諦義」（大正蔵四四・五一一下）などの解釈はその典型的なものであるが、その他のところでも、四宗判の名前は出ていないが、「毘曇」「成実」「大乗」という順序で解釈を列挙していく根拠には四宗判の存在があることが知られる。

次に、これまで見てきた四宗判を前提にして、『大品般若経』などにもとづく空義をいかに解釈しているかをみよう。『大乗義章』のなかでは空義として『大品般若経』による「四空義」と「十八空義」、『大乗涅槃経』による「十一空義」との三種を取り上げている。「十八空義」をみると、一空から順に二空・三空と列挙し、四空・十一空・十八空以外にも、『大品経』の七空・十三空・十四空や『十地経』の十空などもあると指摘している。これらのなかでどうして先の三種の空義のみを取り上げたのか、またもっと広げていえば『大乗義章』の各の項目の選択基準は何かという問題にもなる。『大乗義章』は教聚・義法聚・染法聚・浄法聚・雑聚の五聚から成り、三種の空義は義法聚二六門のなかに存在するが、この義法聚はどのような内容と性格を具えているのであるか。教聚の教とは仏陀の教法のことで、「衆経教迹義」[※4]によれば、慧遠は教を世間教と出世間教とに分け、さらに出世間教を声聞蔵（小乗）と菩薩蔵（大乗）とに分ける。これらの教法は伝統的には三蔵十二部経という形式でまとめられているので、慧遠も次にそれぞれの解釈を出す。つまり、一切の教法は経律論の三蔵に収められ、とくに経蔵は九分経十二分経として伝持されてきた。次に義法聚の義とは一切の教法の義理、内容ということになろう。その内容である義法をさらに染法（惑業苦）・浄法（因果）の二門によって細説する。「仏性義」から「二十二根義」までの義法聚二六門は染浄いずれにも関係する共通性を内容としているので、一まとまりにしたものと思う。これら二六門をみると仏性・入不二門・如法性実際・四悉檀・四真実・五法三自性・六種相門・八識・十因そして今問題の三種空義のように主として大乗経典にもとづくもの、三有為・三無為・四縁・五果・六因・二十二根などのように特にアビダルマ仏教で発展した教理、そして仮名・二諦・二無我・三解脱門・四優檀那・四諦・十二因縁のように大小乗共通の教理という三類に分けることができる。第一類の大乗独特の教理のなかで、仏性と空との二つの中心が考えられる。このことは「仏性義」(※5)の最後で、一般の大乗経が多く空を説くのに対して、経論に仏性を説くのは何の理由があるのかと自問自答していることに伺われる。そして今問題の三種空義の解釈の差にもそのことが見い出されるようである。すなわち『大品般若経』にもとづく四空と十八空とはならべて「相空」とされ(※6)、四宗判でいえば第三不真宗所属のものと解釈するのに対して、『大乗涅槃経』にもとづく十一空については前十空は先の二種空義と同じように相空としながらも、第十一番目の大空のみは「真空」と規定し(※7)、真性縁起の行徳において空を説く、いわば四宗判の第四真宗からの解釈なのである。この解釈をするために『十地経論』第六現前地の一文を引用し、しかも十八空の中の大空と十一空の中の大空との違いを詳しく説明する。このように空においても単に一切法の相を空ずる相空と諸法の真実仏性にもとづく空である真空との二種の空を区別するのであり、ここにも仏性と空との対比の意図がうかがわれ、しかもその対比は四宗判の第三と第四との教理の浅深の差として把握されている。『大品般若経』と『涅槃経』との間に浅深を論ずるのではなく、それぞれの経典にもとづく教義の間には四宗判を標準にして浅深を論ずるのである。空義についても第四宗の立場からの深いもののあることを認めながらも、主として第三宗破相教の段階のものとして扱い、その段階での空義は仏性や阿梨耶識を説く第四宗顕実教の教理よりは低いものと判定する。このように空義を判断する視点から、第八阿梨耶識を空と理解する「有人」への批判も痛烈である(※8)。慧遠からみれば第八真識を空と解釈することは仏性と空とのけじめを無視する妄説ということになるのであろう。慧遠の第八識観は空に対する不空を内容とするところに特色があるからである。

以上のように仏性如来蔵を説く第四宗と空を説く第三宗という区別から、仏性と空との浅深を定めているが、先にも少しふれたように第四宗の立場で独特の空義が示されていることに注目したい。これは仏性縁起説による無自性空の主張と言うべき内容であり、第三宗で説く空が妄法の相空であり、破相を特色とするのに対して、一切の諸法は仏性の縁起したものとみるのであるが、それらの諸法が相互に仏性と不離不断であることを「同体縁集」といい、その仏性との同体を根拠にして一切法の無自性を帰結し、この無自性は仏性をほかにしては一切法の中の一法として自己の独自性を主張しえないという意味でのものなのである。このような無自性空を前の言葉では「真空」と呼ぶのである。

以上のように慧遠は四宗判の内容にみられるように仏性の主張によって空仏教を超克し、仏性不空の功徳、いわば「有」の仏教を建立しつつ、仏性縁起説によって一切法の無自性空を顕かにし、この有と空との両面を具えた「法界」を第四大乗顕実教の内容としたといえるだろう。慧遠の教学は八識説であれ、十地説であれ、涅槃説であれ、すべて四宗判に根拠をおいて説示していると思うが、このような空義の超克による慧遠の如来蔵説の意義については更に広い考察が必要であり、特に『大乗義章』は慧光―法上―慧遠―慧遠の弟子たちと次第相承する長い伝統の中で形成された点のあることが既に指摘されているのであるから、今の空義の扱いについても慧遠一人だけの主張として断定することは危険であるように思う。

〔編者注〕

（※1）「地論師という呼称について」（本巻所収）参照。

（※2）『大乗義章』巻一「二諦義」（大正蔵四四・四八三上）。

（※3）同右・四八三中。

（※4）『大乗義章』巻一「衆経教迹義」（大正蔵四四・四六六下）。

（※5）『大乗義章』巻一「仏性義」（大正蔵四四・四七七下）。

（※6）「四空」については典拠未詳。「十八空」は、『大乗義章』巻四「十八空義」（大正蔵四四・五五四上）か。

（※7）『大乗義章』巻四「十八空義」（大正蔵四四・五五四上）。

（※8）前注※7、あるいは『大乗義章』巻三末「八識義」（大正蔵四四・五四〇上）か。

浄影寺慧遠の教判論

一　はじめに

中国南北朝時代から隋初唐にかけて種々の教相判釈つまり教判が主張された。それらの教判の意図はインドから伝来した諸経論を統一的合理的視点の下に整理しようというものであったが、その視点の中にこの時代の仏者たちの問題意識が顕われ、その成果は長く中国仏教の特質の根幹となるように思われる。後漢時代から陸続として訳出された仏典を前にして「仏陀はいつ誰のために何をどのように説いたのか」という事実問題への追求と、「仏陀の真説はどの経典に示されているのか」という経典相互の間の価値づけの意識との二つの方向が教判の中で統一されているのではないかと思われる。

さて、本論では地論学派に属する学僧、浄影寺慧遠（五二三―五九二）の教判論について特に『大乗義章』(※1)を資料にして考察してみたい。地論学派とは北魏の宣武帝時代（四九九―五一五）、永平年間（五〇八―五一二）に勒那摩提・菩提流支・仏陀扇多などの訳経僧たちが中国に来て、世親の『十地経論』を訳出し、菩提流支門下の道寵や勒那摩提門下の慧光などが特にこの論書を研究するようになって成立した一学派であり、だいたい初唐までの約一〇〇年間は存続し、摂論学派・法相唯識学派および華厳学派の成立していく歴史的展開の中で、地論学派の学問的成果は大いに活用されたけれども、地論学派自体の法灯は次第に消滅していったようである。この地論学派の成立はのちの摂論学や法相学と並んで、無著世親系仏教の中国における新しい展開であり、それ以前に伝来していた羅什三蔵による龍樹提婆の空観仏教が約一〇〇年にわたって中国の南北仏教界の主流であったのに対して、特に北地においては地論学派が仏教研究の新たなる主流を形勢するに至るのである。この地論学派の教理は、同じく大乗仏教でありながらも、空観仏教との差異を明らかに示しているために、「真の大乗とは何か」という問題意識を中心にして、教判論にも大きな刺激を与え、地論学派成立以前の教判に対して、この時代に新たな諸種の教判が成立するのである。南地の教判の中心が五時判であるのに対し、地論学派の教判の代表は四宗判ということになるが、四宗判以外にも各種の教判の試みが地論学派成立を契機として、地論学派内部(※2)およびそれ以外の人々によっても行なわれたのであり、その成果は智顗(五三八―五九七)の『法華玄義』では、南地の教判三種に対して、北地の教判は七種の異説として扱われ、批判されている程である。

そこで本論では、まず『法華玄義』をはじめ、後代の資料から地論学派の教判全体を概観し、その特色を考察し、次に慧遠の諸教判批判および彼自身の主張する教判を検討して、その特質を論究し、教判論の展開からみた中国仏教の歴史、およびその歴史の上に地論学派、特に慧遠の教学をいかに位置づけてゆくかという問題意識を中心にして論述を進めてゆきたい。

二　地論学派の諸教判とその特色

はじめに地論学派の法脈の中で後代の資料などから教判に関係ある人々を指摘し、資料不足から法脈には位置づけられないが、教判の内容から判断して多分地論学派の人であろうと思われる人や他の北地の教判を参考資料として掲げよう。

菩提流支――道寵
　①一音教(1)
　②半満二教(2)
　③頓漸二教(3)（?）

勒那摩提――慧光
　①四宗判(4)
　②頓漸円(5)
　三種教
　③通別円(6)（?）

慧光――曇隠（曇衍?）
　四宗判(7)

慧光――曇遵――曇遷
　頓漸円(8)

慧光――法上（四九五―五八〇）――慧遠（五二三―五九二）
　法上：二蔵判(9)（?）
　慧遠：①二蔵判(10)
　　　②四宗判(11)
　　　③頓漸二教(12)（?）

慧光――安廩（五〇七―五八三）
　六宗判(13)

参考
①護身寺自軌……五宗判(14)
②北地師……五時判(15)
③北地禅師……有相無相二種大乗(16)
④北地禅師……一音教(17)
⑤信行禅師（五四〇―五九四）……三乗一乗二種教判(18)

これらの整理から地論学派の教判を三つに分類することができるのではないか。第一は菩提流支三蔵が立てたといわれる一音教であり、第二は菩提流支の半満二教あるいは法上・慧遠の主張している二蔵判、さらに慧光から主張されたと考えられる四宗判、またその四宗判に加上して形成された五宗・六宗なども含めて、大乗小乗を二本の柱とする教判である。第三は菩提流支にもあったとされ、慧光・曇遵も主張し、慧遠にも存在する、頓漸あるいは頓漸円を立てる教判である。このように三類に分けた場合に資料的に疑問はあるが、菩提流支は一応三類すべてにわたって主張していたことになる。そして、それら三類がいずれも直接ある特定の経典に結びついていることに注目したい。つまり一音教は『維摩経』、半満二教は『涅槃経』、頓漸二教は『楞伽経』というように各種の資料から類推できるのである。これらの三種の教判の中で菩提流支が真に主張したものは何であったかということも問題にはなるが、多分彼にとってはその問題は個々の経典の内容以上の重要性を持っていなかったのではあるまいか。インド仏教の伝統を知り、その伝統を継承している彼にとっては、彼が十分に内容を把握し、しかも十分に仏陀の意図を伝えた了義経であれば、その経典を信じ行じてゆけばよかったのであって、改めて仏教全体を整理統合する視点など考える必要もなく、経典に一音教とあれば、それを受持し、半満教とあればそれを理解することは容易であったと思われる。半満を別の言葉では小乗大乗ということになるが、それすらも小乗と自称している仏教の学派は存在しないし、ただ大乗の側からの貶称であって、仏陀の真意を伝えないで棄てられた乗りものという意味であってみれば、仏教に大乗と小乗とが並存しているなどということを一分すらも認める根拠はないことになろう。逆に説一切有部など、大乗からは小乗と呼ばれた側からみれば、「大乗は仏説にあらず。」ということは明白な事実だと信じているわけだから、その点からも大乗小乗が並存することなどありえないことになるのであろう。菩提流支三蔵はその翻訳活動から判断して無著世親系の大乗仏教の流れをくむ仏者であったわけであり、その仏教を宣揚することが目的で中国に来たのであろうから、仏教に大乗（満）と小乗（半）とが並存することを強調する必要はなく、大乗が真の仏教だということのみを主張し続けたのであろうし、彼が一音教を説いたことも大乗の視点からの仏陀観よりの必然性であって、部派仏教が仏説と称して種々の意見の対立をひき起していることへの批判をこめて、仏陀は一音で説法するのに衆生は各自の能力に応じて理解するにすぎないのだという『維摩経』の一句を特に取出して、常に主張していたのではあるまいか。

中国仏教に一大展開を与えた鳩摩羅什三蔵にも一音教の説があったという伝承がある。(19)また羅什三蔵の訳出した『大智度論』が大乗小乗に関する論諍資料や『般若経』『法華経』両経の二乗作仏をめぐる優劣論を含んでいるために、その当時ぼつぼつ高まりかけていた教相判釈に大きく貢献したと言う。(20)たしかに『大智度論』を見ると教判に関連した記事は多いが、羅什三蔵自身は『般若経』と『法華経』との教相の差異とか説時の前後とかは問題にしたであろうが、優劣ということまでは主張しなかったのではあるまいか。『智度論』の記事で、たとえば『般若経』が諸大乗経の中で第一である、(21)二乗作仏を説く『法華経』は仏陀の甚深秘密の教である、(22)などというところに特に注目するのは、特にそれらの経典を中心に教判を立てようとする人には有力な根拠となるであろうが、羅什三蔵自身には個々の大乗経典の特色の発揮された様相としてしかその記事は問題にならなかったのではないかと思われる。それよりも龍樹提婆系の大乗仏教の挙揚が目的であったことは彼の訳経活動に歴然としている。そして説一切有部などの教学を小乗と判ずることに主眼がある。その批判の激しさは『大智度論』の訳文の上にも表われているが、直接的には廬山慧遠との問答集である『大乗大義章』に顕著である。(23)この問答集では羅什と慧遠との意識の差異は明らかであり、慧遠は釈道安の弟子として『般若経』研究を進めつつも、僧伽提婆が『阿毘曇心論』や『三法度論』を訳出するのを助け、その点でも釈道安の業績を継承しているのである。このように、大乗と阿毘曇とを共に認めてゆこうという慧遠と、後者を非仏説として排除する羅什三蔵との間には仏教自体への関わり方に大きな隔りがあるのではないであろうか。仏教の中で、ある一つの立場を取っている羅什三蔵にとってはその立場そのものが仏教の全体であって、それ以外の立場は仏教ではなく、非仏説とし異端として否定し去らなくてはならない。しかし廬山の慧遠は自国の伝統的立場に対して仏教を一つの立場として選択したのであるから、仏教と名の付くものはまず一切是認し、それらを整理して、仏教の様相を確認した上で、仏教の優位性を確立しなくてはならない。慧遠の場合は、むしろ、仏教の様相の確認よりも仏教の中国思想に対する優位性の主張の方により重点があると考えられる。(24) 仏教の優位性の確立への志向を内にひそませながら、仏教の多様な諸相に合理的統一を与えていった地道な努力の一つが教判の形成であると考えられるのであり、インドの外来の宗教である仏教と自国の伝統思想との間に立って、自己の主体性の確立をめざした仏者の教理学の必然性として教判を考える時、まさに教判は南北朝時代の中国人の仏者の努力と成果であって、インドの伝統に生き、すでに仏教を荷って中国にやってきた翻訳三蔵たちの主張は、それが教判的なものであり、また仏典に根拠があったとしても、それらを教判の範疇に入れない方がよいのではないかと思う。むしろ逆に教判に関しては仏典に根拠がなくてもよいのだという議論すら天台智顗は『四教義』の中で展開している程である。(25) したがって、前述の菩提流支三蔵の一音教・半満教・頓漸二教は地論学派の教判としては扱わないことにしたい。先の三類は四宗判などの大小乗中心のものと頓漸中心のものとの二類になり、人物で言えば慧光からということになろう。慧光からと言うと、いわゆる南道派のみに教判が主張されて、道寵の門下には教判が存在しなかったのかという疑問は残るが、現存の資料からは先の整理のようなことになるのである。

さて、地論学派の学風を知る方法としては第一にはその学派に属する人々の著作を読むことであり、後で教判に関しても浄影寺慧遠の『大乗義章』に就いて考察する。次に智顗や吉蔵および後代の仏者たちの著作に散見する地論関係の記事を整理することであり、これについては特に教判に関して本項で若干の整理をしてみた。第三に『続高僧伝』に主な地論関係の僧侶の伝記が収録されているのでそれらを分析することによって、この学派の様子を知ることができる。この第三の方法によって地論学派の学風を知る研究の成果の一端はすでに別な機会に発表した(26)が、結論だけを提示して、今問題にしている教判を考察する手がかりとしたい。地論学派は文字どおり世親の『十地経論』を所依とする学派であるから、菩薩の十地を教学の中心とする。この学派は菩提流支と勒那摩提との学風の差異から南北二道に分れたとされるが、『続高僧伝』を整理してみると、菩提流支—道寵の法系には一〇人あまりの高僧が連なるのに対して、勒那摩提—慧光の門下には五〇名以上の人々が輩出するのであり、しかも後代への影響も南道派の方が強いようである。この南道派の隆盛の原因はひとえに慧光そのひとの学風に求められるのではないかと思う。その学風を一言にしていえば「行解相冠」ということであろう。『続高僧伝』巻二一「明律篇」に収めてある彼の伝記には、『十地経論』の研究と『四分律』の研鑽とをその功績として述べた後で、

　偏えに行宗を重んじて、四儀妄無し。其の法己れを潔くして独立し、七衆深く其の操を崇む。正道、東に指して自り、弘匠の世に於けるは、則ち道安を以て言初と為す。緇素、風を革め、広く声教に位するは、則ち慧光抑々其の次なり。（大正蔵五〇・六〇八上）

と釈道安と慧光とを並べて称し、さらに「明律篇」の論で道宣は慧光の学風について、

　光、初め定宗を禀け、後、法律軌儀を師とし、大聖の徽猷具われり。所以に世この人を美む。行解相い冠たるに、誠に従あるなり。（大正蔵五〇・六二〇下）

と述べる。初めに定宗を禀けたとあるのは、仏陀禅師からであろう。のち法律軌儀を師としたとあるのが先述の『十地経論』および『四分律』の研究であろう。その結果を道宣は「行解相冠」と称するのであり、また伝記中には「七衆深崇其操」という事実によって示される。確かに伝記によってみても、「国統」となり僧衆を率い、十大弟子がいたとされる慧光は一宗を創めて開くにふさわしい人格であったと言いえよう。

さて、慧光の学風を仮に道宣の表現をもって「行解相冠」と言うとして、その学風と今問題の教判とはどのよう

に関連しているであろうか。慧光の行の内容は伝記によるかぎり仏陀禅師からの禅法さらに律学、また後年、道覆律師の口伝に基づく『四分律』の研鑽であり、解の内容は勒那摩提からの『十地経論』の伝承である。[27] 教判については、先に後代の資料から伺うところでは『法華玄義』に伝える四宗判と華厳[※3]宗の伝承である頓漸円の三種教との二つが重要であり、円測の『解深密経疏』所伝の通別円の三種教は他の資料にもなく、また慧光門下にも伝承されていないようであるから、今は考察の対象にしないことにする。

まず始めに四宗判について考えてみよう。これはいずれの資料からも地論の教判として承認され、また浄影寺慧遠の著作においても確認できる。今は『法華玄義』所引の文を考察してみよう。

六には、仏駄三蔵の学士、光統の弁ずる所なり。四宗にて教を判ず。一には因縁宗、毘曇の六因四縁を指す。二には仮名宗、成論の三仮を指す。三には誑相宗、大品三論を指す。四には常宗、涅槃華厳等の常住仏性本有湛然たるを指すなり。（大正蔵三三・八〇一中）

第三誑相宗を不真宗、第四常宗を真宗とも呼ぶが、内容に変りはない。五宗判では第五に『華厳経』を法界宗として別立し、六宗の場合は第五に『法華経』を真宗とし、第六に『大集経』を円宗として立てる。いずれも第三宗までは不変であって、第四宗で止めるか、更に特別の宗を立てるかどうかが五宗六宗と四宗との差異である。

この四宗判は前二宗と後二宗とに分かれ、それぞれ小乗と大乗とに相当し、しかも因縁宗は小乗の中での浅教、仮名宗は小乗中の深教、誑相宗は大乗の中での浅教、常宗は深教ということになる。吉蔵はこの四宗判を評して南方の五時の影響によって成立したと言う[28]が、はたしてどうであろうか。そのことの当否を伺いながら、五時判との対比において四宗判の特色を考えてみよう。五時判についても各種各様の展開があるようであるから[29]、今は後の論述とも関連させる便宜上、『大乗義章』「教迹義」[※4]で慧遠が「晋武都山隠士劉虬」の説と伝えるものを整理して示し、併せて、吉蔵が伝える東晋慧観の五時判も出して、両者によって五時教判を代表させたい。まず劉虬の説は

「教迹義」では次のようになっている。[30]

- 頓教――華厳経
- 漸教――五時教
  - 人天教
  - 三乗差別教
  - 三乗同観教（大品空宗般若・維摩・思益）
  - 破三帰一教（法華）
  - 法身常住・了義教（涅槃）

このうち三乗差別教を三つに開くと漸教は七階となる。次に『三論玄義』によって慧観の五時教を整理する。[31]

- 頓教――華厳経
- 漸教（五時）
  - 三乗別教
  - 三乗通教（般若経）
  - 抑揚教（維摩・思益）
  - 同帰教（法華）
  - 常住教（涅槃）

劉虬説と比較して、人天教がないこと、『般若』『維摩』『思益』などの経典を三乗通教と抑揚教とに分けていること、[※5]この二点に差異があるが、いずれも全体を頓漸二教でまとめている点、そして頓教を『華厳経』とし漸教の最終を『涅槃経』でしめくくっている点は共通している。これらの二種の教判のみで南地の教判論を代表させることはできないが、今問題の四宗判の特色を考える尺度にはなりえるであろう。まず第一に指摘できることは四宗判には頓漸で総括する視点はなく、大乗小乗という観点からの教判であること、第二に経典と並んで論典をも分類する教判になっていること、特に『成実論』の教学に一宗を与えていることは注目されることである。[32] 第三に特定の経典中心の教判になっていないことである。四宗から五宗六宗への加上には一見大乗経典相互の浅深あるいは優劣が動機となっているように伺われるが、実は経典を高下せしめているのではなくて一宗を加上することによって経典を観る視点を高めているのであり、大乗仏典はすべて平等であるという見方が四宗判の根底にあるように思う。先に引用した『玄義』所引の四宗判では第三誑相宗に大品三論をあて、第四常宗に涅槃華厳を配し、あたかも経典相互の浅深優劣を主張するようであるが、五時判においては決して同一の範疇に入ることのなかった両経が常宗あるいは真宗のもとに平等に分類されているところにも、特定の経典中心ではない四宗判の性格が露われているのである。このことは四宗判の宗という文字に含まれており、教から宗への展開が四宗判の特質と考えるのであるが、このことは慧遠の四宗判を考える際に改めて分析してみよう。

四宗判の全体は大小乗でまとめられ、五時判における頓漸義はその教判には含まれていなかった。しかし、頓漸が全く無視されていないことが後代の華厳の伝承からも知られたし、また現存する浄影寺慧遠の著作にも特にその経典を受持する機根に関して頓漸が用いられているのであって、決して無視されてはいないのである。[33] そこでまず『華厳五教章』によって慧光の三種教といわれるものの内容を見よう。

三には光統律師に依ると、三種教を立つ。謂く漸頓円なり。光師の釈意には、根未熟を以って、先に無常を説き、後に常を説く。先に空を説き、後に不空深妙の義を説く。是の如く漸次に説くが故に漸教と名く、根熟の者の為には、一法門に具足して一切の仏法を演説す。常と無常と、空と不空と、同時に倶に説いて、更に漸次なし、故に頓教と名く。上達の分にして仏の境に階む者の為に、如来の無礙解脱、究竟果海、円極秘密、自在の法門を説く。即ちこの経、是なり。後の光統の門下、遵統師等の諸徳も並に亦宗承し、大いに此の説に同じ。（大正蔵四五・四八〇中）

ここで明らかに頓漸円は如来の説法の形式としてのものであって、しかも頓漸ともに大乗菩薩に対する説法として考えられているように思われる。法蔵の『華厳経伝記』によれば、慧光には『華厳疏』四巻があって、その中でこの頓漸円の三教を立て、諸経典を判定したという(34)。この教判も決して経典の浅深優劣を規定してゆくことを目的としているのではなく、仏陀の説法の形式の差異として経典を把握する場合にこの頓漸円の範疇が活用されたと考えられる。

それでは先の四宗判と今の三教判とはどのように関連づけられていたのであろうか。これについては具体的な資料がなく、また慧遠の著作ではどちらかといえば四宗判の活用の方が顕著であって、四宗判と頓漸論との関連づけはほとんどなされていないので(35)、推測に基いて考えることになるが、四宗判は仏教を学ぶ立場には有効な教判であり、頓漸円の三教は仏教を説き示す場合には必須の教判であると思われるから、『十地経論』や『四分律』の研究講説に画期的成果を残し、「行解相冠」と称せられる慧光においては、両者は十分に結合して、十二分に活用されていたと考えるのである。しかしながら、慧光門下の地論学派の人々がすべてそのように行解相応の学風を堅持したとは考えられないのである。教判の面でも慧光門下の曇遵は頓漸円の三教を継承したとされるのに対し、同じく慧光門下の曇衍や安廩は四宗判や六宗判を主張したとされ、慧遠も後にみるように四宗判の立場を更に発展させていく方向にある。もちろん、四宗判を中心とする慧遠にも頓漸についての配慮は存在したように、頓漸を強調する人も四宗判を軽視する必要もないし、両立しうるわけであるが、その両立は実際の宗教生活の場にあっては至難のことであったろうと思われるのである。先に慧光の学風が行解相冠の特色を持っていることを『続高僧伝』によって知ったが、さらに慧光門下の人々を検討してみると、大きく言って解を中心とする人々と行を中心とする人々とに分極化してゆくように見えるのである。今は誰が行を中心とする人であり、誰が解を中心としたかを想定することはしないで、慧光の教判として四宗判と三教判との異なる伝承があり、慧光においては両者は統合されていたと思われるが、門下においてはいずれか一方の教判を中心にしていったようであって、そのことと行解相応の学風における行解の分極化とは相関関係にあるのではないかという問題提起をしておくに留めたい。

三　浄影寺慧遠の教判論について

前項の最後に行解の分極化と言ったが、行の面を大成したのは南山道宣の四分律宗であると考える。他方、解の面での代表者が浄影寺慧遠であることにも異論はあるまい。『続高僧伝』巻八に収められている伝記をみても、また他のところから彼の講説の様子を伺っても彼はまさに筋金入りの学解の人であったことを示している。

さて、今問題にしている教判に関しての資料はほとんど『大乗義章』に出ている。冒頭の「教迹義」、教法聚の中の「二諦義」、そして浄法聚の因法に収めてある「一乗義」の三つの項目が教判に関連していると思うのでこれからはそれらの内容を順次考察して、最後に慧遠の教判の特色をまとめ、地論学派全体の諸教判との関連づけを行うことにしたい。

「教迹義」(36)は始めに教判に関する三種の異説を出し、次にそれらを批判し、最後に正義を述べる構成となっている。異説の第一は前項で出した劉虬の五時七階説である。慧遠はまず、全体を頓漸で総括する仕方に対して、四阿含や五部戒律は大乗に入るものではないから頓漸で判じることはできないという。五時判が、人天教や三乗中の声聞縁覚両乗を漸教としていることを批判しているわけである。次に五時判では般若維摩思益・法華・涅槃の順に仏陀の説法が行なわれ、空・一乗・法身常住というように漸次に深い教が説かれたとするが、その時間的配列と内容的深化との矛盾が指摘され、たとえば『般若経』もある一定期間（成道後一二年から三〇年の間）だけ説かれたわけではありえないし、その経典には一乗も仏性も説いており、決して『法華経』や『涅槃経』より浅い教えであると規定することはできないという。また『涅槃経』が仏性を説き、法身常住を説くから究竟了義の経典であるとするならば、『勝鬘経』『楞伽経』『法鼓経』『如来蔵経』『鴦掘摩羅経』『宝女経』などもみな円満究竟了義の法輪であると考えなくてはならず、ただ『涅槃経』のみを了義とは考えられないと批判する。このように劉虬の五時判に対しては一に仏教全体を頓漸で統ることの不可、二に大乗仏典を時間的に配列することの無理、三に大乗仏典に内容上の浅深を考えることの不合理、以上の三点が指摘され、これを逆に慧遠の主張としてみると、一に頓漸は仏教を判ずる尺度ではなくて、仏陀の説法の形式として、特に大乗をいかに理解させるかということに関わり、小乗教には関わらないこと、二に時間的尺度を導入して仏教を整理しないで、内容的尺度つまり世出世とか大小乗とかで分類すること、三に特に大乗仏典については経典自体の浅深を論じないで、後にみるように宗の差異として考えてゆくこと、これらの三つの主張が根底にあることが伺われる。

第二の異説は誕公の頓漸二教説であるが、これは先の五時判への批判で十分に尽されているとする。最後に菩提流支三蔵の一音教については、仏陀の説法の形式としての頓漸を無視しているという批判を加える。

では慧遠が正しい教判と考える説を他の注釈書をも参照して示すと次のようになる。

- 聖教
  - 世　間
  - 出世間
    - 声聞蔵（小乗・半教）
      - 声聞声聞
      - 縁覚声聞
    - 菩薩蔵（大乗・満教）
      - 漸入菩薩
      - 頓悟菩薩

これが、いわゆる二蔵判と呼ばれるものであるが、ここで教とは聖教であると特にことわってあることからも知られるように仏陀の経説に限られる。論書は小乗のものであれ、大乗のものであれ、三蔵の中の論蔵（阿毘曇蔵）におさめられる。この二蔵が大枠となって、そこに個々の経典が分類されるが、その分類は五時判のように時間的前後や内容的優劣ではなくて、内容的区別によるのであり、その経典の内容が何であるかを規定することを「宗を定める」といい、次のように説明している。

宗を定めると言うは、諸経の部別は宗趣また異あり。宗趣、衆なりと雖も、要は唯だ二種のみなり。一にはこれ所説なり。二にはこれ所表なり。所説と言うは、いわゆる行徳なり。所表と言うは、同じく表法となす。但、法は彰し難ければ、徳に寄せて以て顕す。法を顕わすの徳、門別無量なるが故に諸経の宗趣をして各々異ならしむ。彼の発菩提心経など発心を宗となし、温室経など施をもって宗となし、清浄毘尼・優婆塞戒、かくの如き等の経は戒を以って宗となし、華厳・法華・無量義などは三昧を宗となし、般若経などは慧を以って宗となし、維摩経などは解脱を宗となし、金光明などは法身を宗となし、方等如門、かくのごとき経などは陀羅尼を宗となす、勝鬘経などは一乗を宗となし、涅槃経などは仏円寂妙果を以って宗となすが如し。かくの如き等の経、明す所は各々異あるも、然しながら其の所説は皆これ大乗縁起行徳究竟の了義なり。階漸の言、まさに輒ち論ずべからず。（大正蔵四四・四六六下―四六七上）

ある経典の中心的内容を宗あるいは宗趣といい、宗趣には所説と所表との二つの観点があるという。その所説とは行徳であり、所表とは表法つまり法を表わすことであるが、法は表わしがたいので行徳をかりて顕わすのであるという。宗ということの中に行徳と表法との二つの側面があり、行徳には無量の差異があるが、それらはすべて表法を目指し、表法を別な表現で「大乗縁起行徳究竟了義」とも言っている。どのような経典を取上げても、その経典の所説を以上のような宗あるいは宗趣の視点から考えるべきで、表面の説相は異っていても根底には表法としての同一性があるから、段階的優劣深化などの議論（階漸之言）によって仏所説を判断してはならないとするのである。

このように教の差異を宗の区別として把握し、行と法との関係を導入し、行の多様性と法の一貫性との二面を内包するものとしての具体的な経典を考えているようであり、経典は仏陀の行徳であると同時に仏法の一貫性を顕示するものとして扱われている。このように教を見る視点としての宗を更に開いて詳しくしたのが「二諦義」で説かれる四宗判であろう。この「二諦義」は義法聚という分類のところにはいっているが、ここでの義法とは教に対しては個々の教理、いわば教の具体的内容であり、次の染浄両聚に関連させて考えると、染浄両方に等しく関連する教理をこの義法聚のところに集めているようである。

さて「二諦義」の中で始めて四宗判が説明される必然性はあるのであろうか。二諦については、それを真理（法）の二つの形式とみるかあるいは仏陀の説法の形式とみるかの二つの解釈があるが、慧遠は二諦を前者つまり真理の二つの形としながらも、ここで四宗判を導入して二諦を行道の体系に再構成しているように思われる。いわば教法を行法に転化しているのであり、その転回を与える役目を四宗判がはたしているのであって、二諦をいかに仏教全体の視点から把握するかという方法論を四宗判が提供しているともいえる。二諦説自体が仏教理解の一種の方法論的要素を具えているわけであるから、その意味で、この「二諦義」で慧遠自身の教法理解の方法論としての四宗判を示すことは適当であるといえよう。

慧遠はここで二つの形の四宗判を出している。

①因縁宗……立性宗（阿毘曇）……小乗中浅
②仮名宗……破性宗（成実）……小乗中深
③不真宗……破相宗……………大乗中浅
④真　宗……顕実宗……………大乗中深

これら二つの四宗判のうちで因縁宗型のものは先に慧光や曇衍の用いていたものであるが、慧遠は立性宗型のものを常に用いる。何故にこの型のものにしたかということを推測してみると二つの理由が考えられる。一には、因縁にしても仮名にしても、単に小乗のみでの教理ではなくて、大乗でも説くから、小乗二宗の名称として適当ではない、そこで諸法の自性を立てる立性宗と、諸法の自性を破す破性宗とに代えたのであろう。第二には、因縁宗型の四宗判では先にも見たように、小乗二宗と同様に大乗二宗にもそれぞれ特定の経典を配当していたのに対して、慧遠は大乗に関しては特定の経典を配してはならないと主張するのであるが、真と不真との対応がまさに優劣を示すのに代えて、仮名相を立てる成実の立場をも破すという意味で破相宗、空に対して真実不空を顕わすという意味で、顕実宗とし、価値序列型の教判から内容分析型のそれへと改良を加えたのであろう。しかしながら、破相と破性との名称の類似性は、この立性型四宗判の弱点であるように思う。また大乗二宗について特色の経典を配してはならないとするのなら、小乗二宗に関しても、ただ毘曇と成実と分けるのではなくて、特定の経論から分離した視点としての工夫が必要であったのではあるまいか。

そのような問題点はあるにしても、この四宗判の成立は、特定の経典を中心とする立場から自由になった結果として、経典の内容である教理の理解において自在に活用されていることは『大乗義章』全体および慧遠の他の著作を見るとよくわかるのである。それではその四宗判活用の結果として、従来の教理解釈に対して、どのような成果が出たと考えられるであろうか。第一には特定の経典が中心ではない、仏教理解の視点を獲得したことは、すべての経典への路が開かれ、幅広い経典への研究注釈を可能にしたと考えられる。第二には経典の文文句句を広い視点から解釈する方法を獲得したことであろう。

この四教判が五時判の影響によって成立したという吉蔵の指摘があったことはすでに述べたが、私はこの四教判は独自の発達をしたのではないかと思う。慧遠が「二諦義」で「一向に四宗なし」とする有人に対して、『勝鬘経』『鴦掘摩羅経』『涅槃経』の空と不空とを典拠にして四宗の特に大乗二宗を論証しているように、羅什三蔵などの訳出した空の仏教に対して、先の三経の内容にみられるような仏性如来蔵の不空を中心とする経典の存在も四宗判の形成の素材を提供しているが、その両者の差異を自覚させたのは、やはり無著世親系唯識仏教所属の論書の訳出ではないかと思う。如来蔵経典類は空仏教の継承者としての立場に立っているであろうが、唯識仏教の論典は空仏教の批判者として教学を展開している面が強いのであって、それらの論書は大乗にも大きく二つの流れがあることを知らせたであろう。その大乗仏教に関する知識が四宗判の特に大乗二宗の成立の根拠になっているのではないかと思う。五時判の大枠は頓漸であり、中心は『涅槃経』であるが、四宗判は頓漸論と直接的には関連がなく、『涅槃経』中心の教判でないことはこれまでのところから明らかになったように思う。したがって、五時判が四宗判に直接的に影響したとは考えられないのである。

さて、この四宗判も先の二蔵義と同様に大枠は大小二乗であった。慧遠は声聞縁覚菩薩の三乗のうち菩薩乗をすなわち大乗と考えているようである。それでは一乗をどのように考えているのであろうか。浄法聚因法に収めている「一乗義」によって考えてみよう(39)。

「一乗義」では冒頭の釈名で一乗の一の解釈に簡別・破別・会別・無別の四つの視点から説明している。この中で破別と会別との項が詳しいので、そこを中心に考えてみよう。破別とは仏が衆生に三乗ありと説いたのに対し、衆生が三乗に執着しているのを破して一乗を説くのだという。『法華経』「方便品」に「十方仏土、唯一仏乗、無二無三」とあるのが、その破別の一乗を示しているのだとし、ここで「無二」とあるのは一大乗の他に別の声聞縁覚の二乗が存在しないことであり、「無三」とあるのは二乗に加えて随化所施の大乗もないことだとする。この随化所施の大乗のことを別に「権大乗」とも言うとし、「実大乗」のところには二乗はもちろん、この権大乗も存在しないから「無三」というのだとする。ここで実大乗とは『華厳経』などの所説であると言い、後の華厳学でいう別教一乗を想起するが、この説は『法華経』の「無二亦無三」の会通のために説かれているものであって、三乗以外に別に一乗を立てるものではない。

次に会別の一とは、三乗を融会して一乗に帰入することであり、ここに慧遠の考える一乗義がよく出ている。すなわち、三乗が帰一する一乗とは実は同一仏性ということであり、三乗の差別がありながらも、それらはもともと同一なる仏性のはたらきであるから。三乗人も仏性の前ではその姿を融没してゆく、そのあり方を会別の一乗とするのである。(40) このように慧遠の一乗義は教判的な要素を含んでいるのではなく、むしろ仏性論と関連し、その意味では修道論の一環として理解されるのである。「一乗義」の後半はすべて修道に関わる内容であることからも、それは肯首しうるし、またそれ故に『大乗義章』においては「一乗義」は浄法聚因法に摂められて、「発菩提心義」「断結義」などと同一の次元において扱われるのであろう。しかしながら、一乗が教判に関連していないということは、逆に慧遠の教判論の特色を浮彫りにするように思う。教判は教法を見る視点であり、それは同時に自己主張に関わるものでもあるから、どのような教判を立てるかということは、自分が仏教をどのように把握したかを示すことであると同時に自分が何を主張しているかということにほかならない。特定の経論を中心に立てる教判では、その経論の内容の代弁者としての立場で留まる場合もあるだろうが、特定の経論を立てないで、すべての経論を見る視点としての教判の場合には、その視点そのものに深くその人の仏教観が介在することになる。したがって独断の危険性もありえるであろう。その独断の危険性は一にはその教判が経論にいかに符合する視点であったかということと、二にはその教判自体がどれだけの説得力をもっているかという二つの観点から検討されなければならないと思う。経論に符合すれば独断の危険性には陥らないだろうが、そのような教判がはたして仏教をとらえる視点として有力なものであるかどうかはわからないし、きわめて同時代人を説得しえた教判はまさに経論に典拠のない異端である場合もありえよう。

さて、以上で『大乗義章』「教迹義」「二諦義」「一乗義」のそれぞれを概観し、慧遠の教判について考察したが、二蔵すなわち大小乗を大枠とする四宗判が中心であり、因縁宗型を立性宗型に改めたところに教を判じていく視点としての宗の自立性も伺われるが、大乗小乗という枠をこえず、一乗という視点が存在していないところに、彼の教判は経論の研究の方法としては有効であったと思われるけれども、はたしてどこまでの説得力を持ちえたかどうか疑問は残るのである。先に見たように慧光においては、資料不足から断定はできないが、因縁宗型の四宗判と頓漸円の三教判とは内面的に総合されているのであろうと推測した。慧遠においては、このうち頓漸円の教判は見い出されないようである。頓漸は二蔵判の特に菩薩蔵を受ける菩薩の機根論として言及されるにすぎない。特に円教の立場は「一乗義」で実大乗としての『華厳経』に一言するぐらいで、教判には直接関連していないのである。やはり慧遠の教判の面目は四宗判にあり、それをより教判としての合理性を具えたものにしていった所に彼の功績があると言ってもよいであろう。四宗判は慧遠によって仏教研究の方法論として確立されたのであり、そのことと彼が徹底した学解の人であったこととは相即しているように思う。しかしながら、慧光の行解相冠の学風から視るならば、地論の教判としては四宗判と頓漸円三教判とは平等に扱われるべきものであると思うので、その点からは慧遠においては頓漸円三教判はほとんど考慮されていないという事実も注意しておかなくてはならないと思う。

四　結び

地論学派の諸教判と特に浄影寺慧遠の教判の特色についてはこれまでの論述でほぼ明らかにしたと思う。まとめて言えば、四宗判と頓漸円三教判とが地論の教判の両翼であり、慧遠は特に四宗判を中心にしている。慧光には円教の主張があったようであるが、慧遠にはその意識はなく、また一乗という視点も教判に入っていない。この一乗ということに関連させて、慧遠の同時代の仏教界を俯瞰すると北地にあっては三階教を主張した信行が普法を内容とする一乗仏教を唱え、また南朝にあっては智顗が『法華経』にもとづく一乗仏教を挙揚していたのであり、一乗への志向は時代の趨勢であったように思われる。このような南北朝末から隋代にかけての動きの中で、慧光門下を中心とする地論学派の果たしたものは何であったのか。更に種々の角度からの考究を続けてゆきたいと思う。

（1）菩提流支の一音教については多くの資料があり、坂本幸男『華厳教学の研究』「第一部第一章　諸教判に対する慧苑の批判・第一節　一音教とその批判」（一五一頁以下）に詳細に検討を加えておられる。主な資料としては『大乗義章』巻一「教迹義」（大正蔵四四・四六五上）、『大乗法苑義林章』巻一（大正蔵四五・二四七上）、『華厳探玄記』巻一（大正蔵三五・一一〇下）、『華厳五教章』巻一（大正蔵四五・四八〇中）、『華厳経刊定記』巻一（続蔵五・九左下）など。『維摩経』の「仏以一音演説法、衆生随類各得解、皆謂世尊同其語、斯則神力不共法」（大正蔵一四・五三八上）の偈により、仏陀は一音によって平等に法を説くが、衆生はその能力に応じて各別に受けとめて、教法に種々の差異が生じたとする。

（2）この教判は直接には『大乗涅槃経』「如来性品」（大正蔵一二・三九〇下および四一四中）の一文によるところから、他の資料では『涅槃経』の訳出者である曇無讖の教判ともされる。しかし智顗は『法華玄義』『維摩経玄疏』などで、吉蔵は『法華玄論』『仁王般若経疏』『勝鬘宝窟』などで共に菩提流支が半字満字の二教判を立てたと言う。慧遠は先述の一音教を批判するが、半満二教については大乗小乗の二乗とともに声聞蔵菩薩蔵の二蔵と同義であるとして認めている。

（3）『義林章』に「又菩提流支法師、亦立二時教、楞伽経説、漸者莫問声聞菩薩、皆漸次修行、従浅至深、名為漸也、頓者如来能一時頓説一切法、名之為頓」（大正蔵四五・二四七中）とあり、菩提流支が『楞伽経』によって頓漸二教判を立てたとある。流支訳『入楞伽経』には頓漸の対応よりも「一時」と「次第」とによって訳しており、むしろ『四巻楞伽経』あるいは後の『七巻楞伽経』に頓漸の用語が使われる。『梵文楞伽経梵漢蔵索引』五九頁 krama- の項、一四三頁 yugpad- の項を参照。したがって『入楞伽経』に基づいたとすると不合理な点もあるし、『義林章』以外の資料にこの教判が言及されていない点も問題点であり、この教判を確かに菩提流支三蔵のものと考える確かな根拠は今のところ存在しない。

（4）智顗の『法華玄義』に「六者、仏駄三蔵学士光統、所弁四宗判教、一因縁宗、指毘曇六因四縁、二仮名宗、指成実三仮、三誑相宗、指大品三論、四常宗、指涅槃華厳等常住仏性本有湛然也」（大正蔵三三・八〇一中）とあるによる。慧光と四宗

判とを結びつけている資料はこれだけであり、後に指摘するように法蔵・慧苑・澄観などは等しく慧光の弟子曇衍の教判とする。また吉蔵は『中観論疏』巻一本で「如旧地論師等弁四宗義、謂毘曇是因縁宗、成実為仮名宗、波若教等為不真宗、涅槃教等名為真宗」（大正蔵四二・七中）と述べ、旧地論師の四宗判を紹介する。この四宗判の名称と智顗所引のものとを比較すると第三宗を智顗が誑相宗・不真宗・誑相不真宗などと種々に呼び、第四宗を常宗あるいは真宗と称するのに対して、吉蔵など後代の人々は不真宗・真宗と統一し、また浄影寺慧遠もその呼称で引用している。内容的にはどれも同一であるが、この四宗判がはたして慧光の創唱になるものかどうかは『玄義』だけでは決定できない。吉蔵は『法華玄論』巻三（大正蔵三四・三八四下）で四宗判は南方の五時判の影響のもとに成立したとするが、この点については後に考察するように疑問が存する。

（5）この教判は坂本博士の考証（前掲書〔前註1〕・一九七頁）のごとく、智儼の『捜玄記』さらに法蔵の『探玄記』『五教章』『華厳経伝記』など、いわゆる華厳宗の伝承による慧光の教判論である。特に『華厳経伝記』巻二（大正蔵五一・一五九中）には慧光に『華厳経疏』四巻が存し、頓漸円の三教によって諸経を判じ、『華厳経』を円教となしたとあるが、敦煌出土の『華厳経義記』（大覚寺沙門恵光述）は全くの断簡であって三種教に関する資料は伺われない。〔編者注：大覚寺沙門恵光述『花厳経義記』（『大正蔵』第八五巻所収、二七五六番）は、寛文一〇年（一六七〇）、日本に伝承された写本である。〕

（6）円測『解深密経疏』巻一（続蔵三四・二九八左上）による説。しかし他に資料がなく、坂本博士はこの説は多分、慧光のものではあるまいとされる。

（7）『五教章』や『探玄記』つまり法蔵の伝承。内容は先の慧光の項で見たとおりであるが、この主張者を法蔵は「大衍法師」、慧苑は単に「衍法師」とするが、これを『続高僧伝』巻二一所収の「斉鄴東大衍寺釈曇隠」とする（坂本・前掲書〔前註1〕・二一七頁）ことには疑問がある。法蔵が『華厳経伝記』巻二で取上げている『華厳経疏』七巻を造り、慧光門下であり国都になった「斉治州釈曇衍」をあてるべきであろう。曇隠はやはり慧光門下ではあるが、律学の大家であって、法蔵も『伝記』に立伝していない。

（8）これもやはり法蔵の伝承で、慧光の頓漸円三種教を述べた最後に付言の形で「後、光統門下、遵統師等、亦皆宗承、同於此説」（『探玄記』巻一・大正蔵三五・一一一上）とある。『続高僧伝』巻八に収録の「斉鄴中釈曇遵」は、やはり慧光門下で、「国都」をつとめた。伝記の中で「大乗の頓教、法界の心源、並に義理を抜析すること時匠に挺超せり。手に異筆なくして他を変じて己を成ぜり。故に談述に続あるも章疏は闕けたり。」（大正蔵五〇・四八四上）とあり、頓漸円の教判を注釈の形ではなく、講説の形で直接的に示したことが伺われる。曇遵門下に摂論学派の創始者曇遷（五四二―六〇七）が出て、独自の禅風を挙揚した。

（9）法上の伝記は『続高僧伝』巻八にあるが、それによると『増一数法』四〇巻・『仏性論』二巻・『大乗義章』六巻・『衆経録』一巻などの著作があった。また断簡ではあるが『十地論義疏』も現存している。これらのうちで、『大乗義章』は現存の慧遠の『大乗義章』二六巻の基礎となったものであろう。そのことを間接的に示す資料が『法華玄義』巻一〇下の「章安雑録」と呼ばれる所に見い出される。つまり「章安雑録」には始めに吉蔵の『法華玄論』巻三の内容を引用批評し、次に「達摩欝多羅、釈教迹義云、」と述べて、現存の慧遠の『大乗義章』「教迹義」に相当する教判批判の文章を引用している。現存の『大乗義章』では劉虬の五時七階説・誕公の頓漸二教判・菩提流支の一音教の三つの異説が批判されるが、章安が引くところでは有人の五時七階説と誕公の説とがあり、菩提流支の一音教は引かれていない。しかしながら、ほとんど現存の慧遠の『大乗義章』に対応するのであるから、達摩欝多羅（Dharma-uttara）を法上のことと考え、法上の『大乗義章』にも「教迹義」が存在して、今の慧遠の『大乗義章』「教迹義」とほとんど同じ内容であったと考えなければならないのであろう。章安は最後に「今之四教与達摩二蔵、会通云何」（大正蔵三三・八一四上）と問題提起している。これによって、一応、法上の教判として声聞菩薩の二蔵義があったことを類推しうるのである。池田魯参先生からこの達摩欝多羅は『法華玄義』の他の箇所および智顗の他の著作にも出ており、またこの人物をめぐって後代の種々の解釈もあるとの御教示をいただいているので、後の機会に改めて考察することにする。ただこの達摩欝多羅を法上とすると、彼の二蔵義は慧遠のものとほとんど同じように見受けられるので、他の『大乗義章』の議論もほとんど師の法上と同じであったかもしれないとの推測も成立し、その場合には今のように慧遠の教判論として何らかの教理を特別に取り出すことは不可能であり、また教理の独自性も法上のものと規定しなくてはならない所も出てくることになるのであろうが、今は現存の『大乗義章』を慧遠の教学の発揮されたものと考えて論述を進めたい。

（10）前注で述べたように慧遠の創唱というよりも法上まで溯るべき教判の可能性もあるが、慧遠は『大乗義章』「教迹義」を始め『涅槃経義記』など経論の注釈書においても必ず冒頭で二蔵義を説くので、慧遠の教判として認めてよいと思う。ただし、後代の他の資料に慧遠の教判として二蔵義があったとは述べていない。

（11）二蔵義とともに四宗判が慧遠の教判論の中心となっているが、四宗判の名称に関して智顗や吉蔵の引く因縁・仮名・不真・真の形に対して、慧遠は立性、破性・破相・顕実の四宗を用いる。『義林章』巻一（大正蔵四五・二四九下）で「古大徳、総立四宗、一立性宗、雑心等是、二破性宗、成実等是、三破相宗、中百等是、四顕実宗、涅槃等是」とあるが、ここでの「古大徳」とは慧遠のことではないかと思う。また『法華玄賛』巻一本（大正蔵三四・六五七上）にもこの形の四宗判を引用している。

(12)『探玄記』に「一陳朝真諦三蔵等、立漸頓二教、謂約漸悟機、大由小起、所設具有三乗之教、故名為漸、即涅槃等経、若約直往頓機、大不由小、所設唯是菩薩乗教、故名為頓、即華厳等経、後大遠法師等亦同此説」（大正蔵三五・一一〇下）とあり、真諦三蔵の頓漸二教判に附説して「大遠法師」などもこの説であったという。次に『五教章』には「一依護法師等、依楞伽等経、立漸頓二教、謂以先習小乗、後趣大乗、大由小起、故名為漸、亦大小共陳故、即涅槃等教是也、如直往菩薩、大不由小、故名為頓、亦以無小故、即華厳是也、遠法師等後代諸徳多同此説」（大正蔵四五・四八〇中）とあり、ここでは真諦三蔵ではなくて、護法師が頓漸二教を立てたとある。ただし、別の刊本では「誕法師」となっているようである。『楞伽経』によって頓漸二教判を立てたとあるのは先の菩提流支の頓漸二教判を想起するし、またこのことは頓漸論形成に関して『楞伽経』への考慮をうながすことになろう。ここでも「遠法師等」もこの説であったという。次に澄観の『華厳経疏』巻一では「隋遠法師、立漸頓二教」（大正蔵三五・五〇八中）とあって、ついに「遠法師」の方がこの教判の創唱者のごとき扱いになっている。しかるに、慧苑の『刊定記』ではほとんど同じ内容を「隋朝誕法師」（続蔵五・八左上）としている。以上のようにこの頓漸説に関しては真諦三蔵・護師・誕師・遠師など諸説紛紛である。坂本博士は慧遠が『大乗義章』「教迹義」で「誕公」の頓漸二教判を批判している事実から、一切の教法を頓漸二門に分類する教判は慧遠のものではありえないだろうとし、この説は『大涅槃経集解』に三箇所ほど『涅槃経』の注釈家として名前の出る「慧誕」ではないかとしている。確かに「教迹義」で慧遠の批判する「誕公」は慧誕でよいかもしれないが、法蔵や澄観が「大遠法師」「遠公」の名のもとに引用し、さらに慧苑が「隋朝誕法師」のものとして掲げる頓漸二教判は、大乗菩薩蔵だけに限定して考えれば浄影寺慧遠の教理の要約のように思う。彼の『維摩義記』の冒頭から引用してみよう。「聖教雖衆、要唯有二、其二是何、謂声聞蔵及菩薩蔵、教声聞法名声聞蔵、教菩薩法名菩薩蔵、声聞蔵中、所教有二、一是声聞声聞、二縁覚声聞、（中略）菩薩蔵中所教亦二、一是漸入、二是頓悟、言漸入者、是人過去曾習大法、中退住小、後還入大、大従小来、謂之為漸、故経説言、除先修習学小乗者、我今亦令入是法中、此即是其漸入菩薩、言頓悟者、有諸衆生、久習大乗相応善根、今始見仏、即能入大、大不由小、目之為頓、故経説言、或有衆生世世已来常受我化、始見我身、聞我所説、即皆信受、入如来慧、此是頓悟、漸入菩薩藉浅階遠、頓悟菩薩一越解大、頓漸雖殊、以其当時、受大処一、是故対斯二人所説為菩薩蔵」（大正蔵三八・四二一上中）とある。傍点の所などが要約されて、法蔵などの引用となったのではあるまいか。しかし、『五教章』の言うように頓漸二教は『楞伽経』によるという視点を考慮に入れると慧遠の頓漸二教とは異ることになる。なぜならば、慧遠の頓漸義は今の引用に見られるように『法華経』「従地踊出品」（大正蔵九・四〇中）の一文によっているからである。以上のことから慧遠独自の頓漸義は存在するのであるから、そのことと「誕公」の頓漸義批判とは分けて考えるべきであり、法蔵や澄観の言及する説が慧遠のものではないと断定する説（坂本・前掲書〔前註1〕・一七一頁）は再検討しなくてはならない。ただし、真諦三蔵の問題、『楞伽経』を所依とするということなど不明の点が多いので、一応疑問符をつけておく。

(13) 『法華玄義』の南三北七の中では第八番に取上げる。「八者有人称光統云、四宗有所不収、更開六宗、指法華万善同帰、諸仏法久後要当説真実、名為真宗、大集染浄倶融、法界円普、名為円宗、余四宗如前、即是耆闍凛師所用」（大正蔵三三・八〇一中）。慧光の四宗判(1)因縁宗（毘曇）、(2)仮名宗（成実）、(3)誑相不真宗（大品三論）、(4)常宗（涅槃華厳）では収まらない経典があるので、更に二宗を加え、(5)真宗（法華）、(6)円宗（大集）の六宗を主張する。『五教章』（大正蔵三五・四八〇下）、『演義鈔』（大正蔵三六・五二中）、『刊定記』（続蔵五・九左下）では(1)因縁宗、(2)仮名宗、(3)不真宗、(4)真宗、(5)常宗、(6)円宗というように第四と第五との順序が入れかわっている。耆闍寺安廩の伝は『続高僧伝』巻七（大正蔵五〇・四八〇中）にあり、慧光の法を受けて、後は江南で活躍した。

(14) 『法華玄義』では南三北七の第七番目にあり、『五教章』『探玄記』『刊定記』にも取上げる。(1)因縁宗、(2)仮名宗、(3)不真宗、(4)真宗（涅槃経）、(5)法界宗（華厳経）の五宗。自軌の伝記は不詳であるが、教判の内容からして、地論学派の人であることは確かであろう。

(15) 『法華玄義』南三北七の四番目で、北地の説としては第一番にある。「四者北地師、亦作五時教、而取提謂波利、為人天教、合浄名般若、為無相教、余三不異南方」（大正蔵三三・八〇一中）とある。結局(1)人天教（提謂波利の為に説く）、(2)有相教（阿含経）、(3)無相教（浄名般若等）、(4)同帰教（法華）、(5)常住教（涅槃）の五時教判であるが、慧遠が「教迹義」で南斉の劉虬の説として批判しているものと同一である。南斉劉虬の説が北地に流布したと考えられるが、よくわからない。『法華玄賛』巻一本（大正蔵三四・六五五上）では「古有釈言、教有五時」として今の五時判を引用批判し、この説を南北いずれとも明示していない。

(16)『法華玄義』第九番目の説。「九者北地禅師、明二種大乗教、一有相大乗、二無相大乗、有相者、如華厳瓔珞大品等、説階級十地功徳行相也、無相者、如楞伽思益真法無詮次、一切衆生即涅槃相也」（大正蔵三三・八〇一中）。この教判については他には資料がない。ちなみに八木信佳「楞伽宗考」（『仏教学セミナー』第一四号、一九七一年一〇月）ではこの無相大乗を主張する北地禅師を達摩の語録としての『二入四行論』の内容と相応するのではないかとし、慧可とその法系の周辺で説かれた立場ではなかったかという推定をしている。

(17)『法華玄義』南三北七の最後の説。「十者北地禅師、非四宗五宗六宗二相半満等教、但一仏乗、無二亦無三、一音説法、随類異解、諸仏常行一乗、衆生見三、但是一音教也」（大正蔵三三・八〇一中）。〔前〕註1で述べた菩提流支の一音教を想起するが、智顗は菩提流支の教判を半満二教判とするから、ここの一音教は別な人の説となるが、他の資料がなく不詳。

(18)『華厳五教章』に「九依梁朝光宅寺雲法師、立四乗教、謂臨門三車為三乗、四衢所授大白牛車、方為第四、以彼臨門牛車亦同羊鹿倶不得故、余義同上弁、信行禅師、依此宗立二教、謂一乗三乗、三乗者、則別解別行及三乗差別、幷先習小乗後趣大乗是也、一乗者、謂普解普行唯是一乗、亦華厳法門及直進等是也」（大正蔵四五・四八一上）とあるによる。矢吹慶輝『三階教之研究』「第二部　教義及び実修・二　三階教と教判」に詳細に論究され、結論的に法蔵の言及の正当性を論証している。信行は『続高僧伝』巻一六所収の伝記によれば「具足戒を捨て、親く労役を執る。」（大正蔵五〇・五六〇上）とあり、しかも別解別行の三乗に対して普解普行の一乗を主張したことは『三階仏法』全篇に明らかであるから、四分律学と『十地経論』を中心とする地論学派の学風と三階教の学風とは対極にあるように思われる。

(19)円測『解深密経疏』巻一「有説一教、所謂一音、如羅什等」（続蔵三四・二九八左上）に基いて、『刊定記』巻一に「二東秦（ママ）羅什三蔵云、仏一円音、平等無二、無思普応、機聞自殊、非謂言音本陳大小故、維摩云、仏以一音演説法、衆生各各随所解故」（続蔵五・八右下）と一音教について菩提流支と鳩摩羅什との二説を並べ、それ以後の伝承の端を開いた。

(20)横超慧日「教相判釈の原始形態」（『中国仏教の研究・第二』所収「二　鳩摩羅什における小乗および大乗諸経観」一四九頁）。

(21)『大智度論』巻四六（大正蔵二五・三九四中）。

(22)『大智度論』巻一〇〇（大正蔵二五・七五四中）。

(23)『大乗大義章』巻中「什答曰、言有為法四相者、是迦旃延弟子意、非仏所説」（大正蔵四五・一三五中）。

(24)小林正美「慧遠の輪廻報応思想について」（『早稲田大学高等学院・研究年報』第一一九号、一九七五年）結語において、慧遠には仏教を優先させながら儒仏を融合統一する考えが見られる、と指摘されている。

(25)『四教義』巻一「問曰、立四教名義、若無経論明文、豈可承用、答曰、古来諸師講説、何必尽有経論明文、如開善光宅五時明義、荘厳四時判教、地論四宗五宗六宗、摂山単複中仮、興皇四仮、並無明文、皆是随情所立、助揚仏化、其有縁者、莫不承習信解弘宣、問曰、何意不依半満五味、幸出経論文、答曰、仏教具有漸頓不定半満五味、各拠一辺、豈得通釈此諸教也、但使義符経論、無文何足致疑」(大正蔵四六・七二三上中)とある。智顗の立てる蔵通別円の四教の名義には経論の明文がないとすれば、どうして、それを承用できようかと自問し、古来の諸師、たとえば開善寺智蔵・光宅寺法雲・荘厳寺僧旻・地論学派の人々・摂山僧詮・興皇寺法朗などの諸教判にも経論の明文はなく、すべて情に随って立てたもので仏化を助揚し、有縁のものは承習信解弘宣しているのだ。どうして、半満五味など幸いに経論の文に出ているものに依らないのか、という問いに対しては、仏の教には具さに漸頓不定半満五味などあり、その一辺のみによっては、どうして、これらの諸の教を通釈しえようか。ただ義をして経論に符合せしめば、明文がないからと言って、どうして疑問を感ずることがあろうか、と自答している。ここに明らかに、手段としての教判、目的としての仏教という区別がなされている。

(26)「地論学派の学風について」(上智大学における一九七六年度・日本宗教学大会発表〔編者注:『宗教研究』第五〇巻第三輯、一九七六年一二月〕)。

(27)『続高僧伝』巻二一「慧光伝」「釈慧光、姓楊氏、定州盧人也、年十三随父入洛、四月八日往仏陀禅師所、従受三帰、(中略)陀曰、此沙弥非常人也、若受大戒、宜先聴律、律是慧基、非智不奉、若初依経論、必軽戒網、邪見滅法、障道之元、由是、因循多授律検、先是、四分未広宣通、有道覆律師、創開此部、製疏六巻、但是科文、至於提挙宏宗、無聞於世、故光之所学、惟拠口伝、(中略)会仏陀任少林寺主、勒邦初訳十地、至後合翻、事在別伝、光時預霑其席、以素習方言、通其両諍、取捨由悟、綱領存焉、自此、地論流伝、命章開釈、四分一部、草創基茲、其華厳涅槃維摩十地地持等、並疏其奥旨、而弘演導」(大正蔵五〇・六〇七中下)。

(28)『法華玄論』巻三「宋道場寺恵観法師、著涅槃序、明教有二種、一頓教即華厳之流、二漸教、謂五時之説、後人更加其一、後有無方教也、三大法師並皆用之、爰至北土還影五教、製於四宗、今依大乗経論、詳其得失」(大正蔵三四・三八二中)。

(29)布施浩岳『涅槃宗の研究』後篇「第四章　盛期教学論・第一節　教判論・二　五時教判論」二八三以下参照。

(30)この説は『出三蔵記集』巻九(大正蔵五五・六八頁)所収の「無量義経序第二十二荊州隠士劉虬作」に基づくことは確

かであろうが、そこでは頓漸および七階説は出ているが、『華厳経』を頓教とも規定していないし、また五時の名も存在しない。布施・前掲書・二七八頁参照。智顗の『法華玄論』で引く、第四番目の北地師の五時教が慧遠所引に近いので、劉虬の説は北地に伝えられ、改められて、「教迹義」にみられるような形になったものであろう。

(31)『三論玄義』(大正蔵四五・五中)。この教判についても批判的研究が必要であることは布施博士の詳細な論究にゆずる〔編者注：前註29、布施前掲書〕。

(32)『成実論』に一宗を配していることは南北朝時代、特に梁代の成実学の隆盛を反映している。この鳩摩羅什三蔵訳出の論書を小乗と判定する意図および背景については新しい視点からの研究が必要であると思う。

(33) 慧遠は声聞蔵菩薩蔵の二蔵のうちで、菩薩蔵所教の人に漸入菩薩と頓悟菩薩との二人ありとし、その経典がどのような菩薩のためのものであるかを経疏の冒頭で規定する。しかし論疏については教ではないから頓漸で判じてはならないとする。『十地経論義記』巻一「今此経者、二蔵之中菩薩蔵収、為根熟人頓教法輪、三蔵之中修多羅摂、此論亦是菩薩蔵摂、既非本教、不可判之頓漸、三蔵之中是阿毘曇蔵」(続蔵七一・一三四左上)、『涅槃経義記』巻一「今此経者、二蔵之中菩薩蔵収、漸教衆生長養法門、故下文言、先教半字、後教満字」(大正蔵三七・六一三中)、『無量寿経』『観無量寿経』『勝鬘経』『維摩経』などが等しく頓教法輪とされるのに対して、『涅槃経』が「漸教衆生長養法門」と規定されることは注目に値する。

(34)『華厳経伝記』巻二(大正蔵五一・一五九中)。

(35) 大小乗と頓漸との関連づけは『大乗義章』「三蔵義」や『観無量寿経疏』にみられる。すなわち「三随大小漸頓分別、所謂局教漸教頓教、一切小法、名為局教、大従小入、名為漸教、大不従小、名為頓教」(大正蔵四四・四六八下)とある。ここによっても頓漸は大乗への入り方の差異として、大乗にのみ関連づけられていることがわかる。

(36) 教迹という言葉は慧遠自身が特別な解釈を施していないのでよくわからないが、姚道安の『二教論』に「又云、教迹誠異、理会則同、爰引世訓以符玄教」(大正蔵五二・一三七中)などとあるのと同一の意味で、教の足跡、具体的には仏陀の教法の広がりを示しているのであろう。『大乗玄論』には「教迹義」に対して「論迹」という言葉も用いてある。『荘子』「天運篇」に出る迹と所迹との対応との関連も想像されるが、今は深く分析しない。

(37)「二諦義」では「一向に四宗なし」と言う人と「四別に部党を配す」人との両者を破している。特に後者については、『大品』『法華』を不真宗に、『華厳』『涅槃』『維摩』『勝鬘』などを真宗に各々配しているが、それらは不可であり、個々の経典について、浅深を分別してはならず、ただ行のあり方について不同であるとのみ言うべきであるとし、先の「教迹義」で考察したように、経の浅深ではなく、宗の別異として考えるべきであるとしている。〔編者注：大正蔵四四・四八三中〕

(38) 法蔵の五教十宗判の特に十宗判は⑴我法倶有宗、⑵法有我無宗、⑶法無去来宗、⑷現通仮実宗、⑸俗妄真実宗、⑹諸法但名宗、⑺一切皆空宗、⑻真徳不空宗、⑼相想倶絶宗、⑽円明具徳宗であり第六までは小乗であり、この場合もそれぞれに特定の部派が配されているが、より内容的工夫がなされているように思う。『続高僧伝』によると慧遠と同時代の鄴都は『雑阿毘曇心論』を中心とするアビダルマ研究が盛んであったことがわかるが、部派仏教に関する資料は少なかったために、博学な慧遠ですら、部派仏教の内容をもっと主体的に把握する視点を獲得できなかったのであろう。

(39) 鎌田茂雄「浄影寺慧遠の思想」（『中国仏教思想史研究』所収、一九六八年）の序文において一乗義の分析があり、「第二項　融相思想」においては教判への言及がなされている。しかしながら、因縁宗型と立性宗型の四宗判の区別については論じられていない。

(40) 『大乗義章』「一乗義」「問曰、乗者人之所行、三乗人別、随人説乗、乗応定別、云何為一、釈言、此以理一故爾、故経中説、三乗雖異、同一仏性、其猶諸牛、色雖種種、乳色無別、三乗如是」（大正蔵四四・六四八下）。

（一九七六年度文部省科学研究費・一般研究Dの研究成果の一部）

〔編者注〕

(※1) 原文では「宣武帝時代」と「永平年間」の間に句読点が無く、その関係性が不明確である。便宜的に「、」と「に」を補足した。

(※2) 「部」を補足した。

(※3) 本論文には「華厳宗」「華厳学派」の用例があるが、これは表記を統一しない。

(※4) 厳密には「衆経教迹義」。

(※5) 「こ」を挿入。

法身有色説について

一　はじめに

仏法僧の三宝を仏教の大綱とする時、法身説は大乗仏教における仏宝の内容の特質をなすものと言えよう。釈迦一仏を仏宝とする立場に対して、大乗仏教は歴史上の釈迦牟尼仏を衆生の救済のために出現した応化の仏身と考え、仏陀が出現するか否かにかかわらず、法は永遠であると主張して、その法を体得するならば三世および十方にわたって仏陀の出世は可能であるという多仏思想を説くと同時に、法そのものを仏陀と考える法身説をも成熟せしめた。大乗仏典は法身説の発達とともに多様化し、一つの大乗仏典の成立はその根底に、ある一つの仏身観の主張をともなっていると言ってもよいのであろう。大乗の論師たちは、それらの経典に含まれている種々の仏身観を二身説あるいは三身説などに整理して残してくれている。(1)

中国に仏教が伝わってからも法身は仏教者たちの研究の中心課題の一つであった。それは鳩摩羅什と廬山の慧遠（三三四—四一六）との間でかわされた問答集である『大乗大義章』の内容の大半が法身に関するものであることによっても知られる。(2)また頓悟を主張したことで有名な竺道生（—四三四）には『法身無色論』という著作もあり、(3)宋代の陸澄の『法論目録』では法性・般若・解脱などとならんで法身に関する論文や問答を集めている。(4)また中国への仏典の翻訳は訳経僧たちの好みと当時の中国人側の要求とに応じて訳出され、後漢の安世高および支婁迦讖以来、いわゆる大乗経典と小乗三蔵とは、印度における成立史的背景など無視して、ほとんど同時に中国へ流入した。そのため、釈道安など鳩摩羅什三蔵以前の中国の仏者たちはそれらの異質の経典相互の教理の矛盾に当惑したのであったが、先の『大乗大義章』における慧遠の法身に関する質問の仕方にも、その当惑ぶりが伺われ、何回にもわたる問答往復にもかかわらず、はたしてどの程度まで羅什の解答が理解されたのか疑問という外ないという結論になっているほどである。(5) 南朝梁代は武帝の仏教治国政策のもとで仏教研究の盛んな時代であり、智蔵（四五九―五二二）・僧旻（四六七―五二七）・法雲（四六七―五二九）などが活躍するが、『広弘明集』巻二一に収められた昭明太子を中心とする高僧たちの問答集のテーマとして、「二諦義」と並んで「法身義」が取り上げられている。

南北朝時代においては仏教教学の研究は梁代において質量ともに非常に発展するわけであるが、この梁代までに訳出されていた経論のなかで法身に関して詳しい典拠を与えたものとしては『大乗涅槃経』と『大智度論』との一経一論を指摘できるであろう。先の『大乗大義章』においても、羅什慧遠の両者はともに『大智度論』を有力な典拠の一つとして議論しており、また『広弘明集』所収の梁代の高僧たちの教学は主として『涅槃経』を共通の基盤にしているようである。本論で問題にする浄影寺慧遠（五二三―五九二）の『大乗義章』「三仏義」の内容からも『涅槃経』がいかに仏身論の内容に関して多くの材料を提供しているかが伺われるのである。しかしながら、それら『大智度論』や『涅槃経』などに含まれる仏身説だけでは(6)『大乗義章』「三仏義」に見られるような体系は生れなかったことであろう。「三仏義」を一読して知られるように、北魏宣武帝永平年間（五〇八―五一一）から始まる菩提流支・勒那摩提・仏陀扇多などの訳経、さらに梁陳二代にわたる真諦三蔵（四九九―五六九）の翻訳、総じて無著世親系の仏教の伝来は、(7)特に法身説に限定してみても、大きな影響を与えたことがわかる。単に「三仏義」所引の経論を整理してみても、『七巻金光明経』『不増不減経』『十地経』『大乗起信論』『十地経論』『金剛般若経論』

『唯識論』などの経論が真諦三蔵など先述の訳経僧たちの翻訳になるものであって、すでに五世紀初頭までに訳出されていた『勝鬘経』『楞伽経』『維摩経』『華厳経』『如来蔵経』『大智度論』『菩薩地持論』(※1)などの諸経論に加えて、先に列挙した新出の諸経論に含まれる仏身説の内容が『大乗義章』「三仏義」の教理展開の素材となっている。その教理の中心になっているのは『涅槃経』であると思うが、「三仏義」の冒頭で、

第一に名を釈す。三仏の義は地経論に出づ。金剛般若にもまた具に分別せり。(大正蔵四四・八三七下)

とあるように、三仏の名称について、まず世親の『十地経論』および『金剛般若経論』を指示しているところに、従来の涅槃学派(8)に対しては一歩前進した立場を主張するものであろうということが伺われる。

中国仏教における仏身論の展開は、いうまでもなく、『大乗義章』の考察だけで理解されるものではなく、他に多くの直接間接の資料が存在するが、(9)この小論では南北朝の特に北朝、北魏、東魏、北斉そして隋代にわたって活躍した浄影寺慧遠の仏身説、なかでも法身有色説に論点をしぼって考察してゆきたい。

二　法身に関する有色無色の議論

浄影寺慧遠は著作の処々で法身有色を主張し、法身無色説を厳しく批判する。(10)無色説の主張者として慧遠が具体的な名前を出しているのは『法身無色論』という著作があった竺道生ただ一人である。(11)しかし、『大般涅槃経義記』巻一〇で『涅槃経』「憍陳如品」冒頭の一文の注釈に際して、

旧人は相い伝えて仏無色を言い、大いに謬を成ぜり。(大正蔵三七・八九三下)

と述べていることから想像して、慧遠が想定している無色主張者は竺道生のみではないのであろう。その想像を裏

づける資料として吉蔵の『勝鬘宝窟』巻上末（大正蔵三七・一五下）をあげることができよう。そこでは『勝鬘経』「如来真実義功徳章第一」の偈頌

如来妙色身、世間無与等、無比不思議、是故今敬礼、如来色無尽、智慧亦復然、一切法常住、是故我帰依（大正蔵一二・二一七上）

の解釈の最後に、

次に法身の有色無色を論ずるに古今論諍あり。（大正蔵三七・一五下）

と述べて、法身有色家としてはただ浄影寺慧遠の説のみを引く[12]のに対して、無色家としては竺道生に加えて、僧肇や梁代の法雲・僧旻・智蔵なども列挙しているのである。これらの人々はいずれも慧遠より前の時代の高僧たちであるから、慧遠が彼らすべてを批判の対象にすることは可能であるが、竺道生以外の、僧肇や梁の三大法師に関しては慧遠は何ら言及していないので、批判の対象となっているかどうかについては判断できない。

吉蔵は法身の有色無色に関して、あたかも具体的な論諍が存在したような表現をしているが、この資料については二つの問題点が指摘できよう。一つは、事実問題として有色家と無色家との間で論諍が存在したのかどうかということである。時代も場所も隔っている竺道生および梁の三大法師と浄影寺慧遠とが直接的に論諍したとは考えられないのであり、多分、吉蔵は慧遠の著作にしばしば見られる無色家への批判や慧遠自身の自問自答の形で出ている有色家からの反批判を見て、それらを材料にしてあたかも論諍があったかのように構成したのではないかと思われる。したがって、法身に関しての各人の主張は存在しても、相互の論諍の事実はなかったのではないかと考えるのであるが、今のところ法身の有色無色に関しては、この吉蔵の『勝鬘宝窟』の記事と慧遠の有色の主張と無色への批判の資料だけが存在し、逆に無色家が有色説を批判した論文は見い出せないので、具体的な論諍の有無については結論は出せないのである。

問題点の第二は、吉蔵は竺道生・僧肇・梁の三大法師などを一律に無色家として列挙しているが、はたしてそのように一括してよいかどうかということである。すでに竺道生と僧肇との法身説には根本的な差異のあることが指摘されている(13)ことを考慮すると、彼らを無色家として一括することは吉蔵自身の立場からの整理分類には便宜ではあっても、道生や僧肇の法身説を理解するためには決して妥当であるとはいえないだろう。また竺道生や僧肇に関連して、浄影寺慧遠すらも名前をあげて論じている鳩摩羅什(14)の仏身論について何故に『勝鬘宝窟』では取上げないのか、また『大乗大義章』の内容について吉蔵は知っているのであるから、盧山の慧遠の法身説にも言及してもよいのではないか、などの疑問も残るのである。

これら二つの問題点はあるが、一応、法身に関して有色と主張する人と無色と規定する人との両者の存在は認めてよいであろうと思われる。ただ、その両者の間に論諍があったように表現しているのは吉蔵自身の主張を出してくるための意図が含まれているように思う。すなわち、『勝鬘宝窟』では有色無色の両説を出した後で、

今、龍樹の一言に依って、之を決せん。〔大正蔵三七・一五下〕

と述べ、有色も無色も共にそれに固執すればいずれも有所得であると両者を批判し、

有色無色、此は一句の経なりと雖も、乃ちこれ仏法の大事なり。悉く龍樹の意を用いて之を通ぜば、すなわち滞著する所なかるべし。〔同・一六上〕

と論じて、吉蔵自身の法身説を提示するというよりも龍樹の中道無所得の立場を挙揚して有色無色論諍に決著を与えている。このような論述の仕方から判断して、吉蔵は浄影寺慧遠の著作に見出される法身無色説への批判を手がかりにして、有色と無色との論諍を際立たせ、いずれの立場を取ろうとも有所得となってしまうことを示しながら、自己の所依とする龍樹の仏法を明示しようとしたのであろうと考えられ、この『勝鬘宝窟』の一文は法身に関して有色無色の議論があったことを知ることができる点では重要であるが、かなり吉蔵自身の意図にもとづく整理

分類が加わっているようであるから、批判的に扱わなくてはならないと思う。

三　法身無色説について

吉蔵の『勝鬘宝窟』によって法身に関して有色無色の議論の存在したことは確認できたので、次に法身無色説について考えてみよう。すでに竺道生に『法身無色論』という著作があったことは『高僧伝』所収の伝記によって知られ、その著作は現存しないが、『法華経疏』や『註維摩経』などの著作の分析によって、法身は無色であるという主張の輪郭はほぼ浮彫りにすることができ、その主張は彼の般若学からは当然導き出される結論であったという指摘がなされている(15)。

法身無色説が『般若経』などの空観仏教を理論的根拠としていることは容易に確かめ得る。たとえば『大品般若経』では

諸仏は色身を以って見るべからず。諸仏の法身は来もなく去も無し。(大正蔵八・四二一下)

とあり、色身と法身とを対応させている。類似の表現は般若経典類には多く見出される(16)。また『大智度論』では先の文を注釈して、

復次に、仏に二種身あり。一には法身、二には色身なり。法身は是れ真仏なり。色身は世諦のための故に有り。(大正蔵二五・七四七上)

と述べ、第一義諦の諸法実相を内容とする法身に対して、世諦として色身を説き、明らかに二身説によって解釈している。仏身を法身と色身との二種で説明する場合、法身を無色と規定することは当然であろう。法身有色という

考え方は『般若経』や『大智度論』などの空観仏教からは導き出されず、むしろ批判の対象となるのであろう。先に述べた吉蔵の『勝鬘宝窟』では法身無色の立場から有色説を批判した言葉が引用されているので、それを手がかりにして考えてみよう。この有色説批判の言葉は具体的に誰か特定の人の著作から引かれたものか、あるいは吉蔵自身が考え出したものであるかは不明であるが、そこでは法身無色説の典拠として『般若経』や『大智度論』などを引かないで、『涅槃経』巻一五「梵行品」[17]と『文殊十礼経』[18]とのそれぞれ一文を引用している。その後で、無色家が有色説を破した言葉として、

有色者を破して云く、若し仏果有色ならば、応に穹隆の屋に架し、楚楚の裳に帯すべし。（大正蔵三七・一五下）

と引用する。この批難の言葉は譬喩的なので更に吉蔵が意図をくんで、

難意に云く、法身に既に無礙の色あらば、応に無礙の宅に処し、応に無礙の衣を著すべきなり。（同右）

と敷衍している。つまり、法身有色を主張することは天空に橋をかけるがごとき無謀をあえて犯し、あざやかな衣装にあえて帯をするがごとき無用な試みを行っているのだという批難であり、吉蔵の敷衍の意味も、法身に無礙の色があるとすれば、その仏は具体的に無礙の住居に生活し、また無礙の衣服を著ることになり、経典に法身は「無住処」[19]とあることなどに矛盾するのではないかとの意である。

次に『勝鬘宝窟』では僧肇や道生がともに法身無色の主張者であった[20]ことを述べた後で、色法と心法との違いという視点から法身有色説の不合理を指摘する。

色と心と此の二は類にあらず。麁心は研習して妙心と為るべし。麁色は研習するも妙色と為るべからず。この故に仏果は則ち無色にして有心なり。（同右）

色法と心法とでは差異があり、心法に関しては煩悩に満ちた麁心も修行努力によって妙心になるが、眼耳鼻舌身の五根を内容とする麁色はみがき上げても妙色にはならない。法身には、したがって、心法は認められるが色法は

付随しえないと法身有色説を批判する。これによると法身有色説はすなわち法身無心説であり、無色説は同時に有心説であるかのように受けとれるが、後に考察するように慧遠の場合は有色説であって、しかも有心説でもあるので、論理的には無色無心説もありうるが、今は心法と色法との性格の違いから、特に法身有色説を破すところに重点があり、法身有心説を主張するところに力点があるのではないであろう。

以上、竺道生の『法身無色論』の内容が彼の般若学からは必然の結果であるとの指摘を受けて、確かに『般若経』や『大智度論』などの空観仏教からは法身無色説は容易に導き出せるが、法身有色説は出てこないこと、また無色の立場からみると有色説には『勝鬘宝窟』で指摘しているような不合理な面が存することが明らかになったと思う。慧遠はそのような難点があるとされる有色説を主張し、逆に無色説を厳しく批判するわけであるが、次に無色説への批判を考察し、さらに法身有色説の内容の分析に進むことにしたい。

四　法身無色説への批判

吉蔵が『勝鬘宝窟』で引用する有色家は慧遠一人だけで、慧遠の『勝鬘義記』を引いたものであるが、『勝鬘義記』の原文には、

有人説いて言く、真身は無色なりと。これ応ぜざる所なり。（続蔵三〇・二八二左下）

とあり、真身に関して有色無色を問題にしているが、吉蔵はその原文を法身として引用している。慧遠が真身という場合は法身と報身との両方が含意されているから、吉蔵がそれを法身だけに限定して引用したところには、両者の仏身観の違いがその引用の仕方にも顕われているのであろう。

さて慧遠の法身無色説批判は、広く慧遠の教学全体から考えた場合、空観仏教と如来蔵仏教との対比の問題となるのであろう。彼の空観仏教の扱い方については既に考察したが、(21)彼の教判である四宗判の第三破相宗が空観仏教で、(22)大乗の中での浅い教、第四顕実宗が如来蔵仏性を内容とする、大乗中の深い教というように、大乗の中に価値的な区別を立てる。その区別はあくまで教の内容に関わるものであって、具体的な大乗経典相互の価値の優劣を論じてはならないと慧遠は特に注意している。したがって、『般若経』の空思想であっても第三破相宗の分斉に限定されるというのではなく、第四顕実宗の立場から解釈されれば、大乗中の深い教えということになる。(23)また、涅槃・法身・浄土・般若・阿梨耶識などの教理については慧遠は第四顕実宗の立場から解釈しているが、それらを空を内容とする第三破相宗の段階までの浅い把握に止めている場合には厳しい批判の対象となる。たとえば『大乗義章』「八識義」では阿梨耶識を空と解する有人説、(24)「涅槃義」では涅槃を空で解する有人説が、(25)それぞれ批判される。今の法身無色説批判も同様に法身を如来蔵仏性の見地から把握しないで、空無相の立場からの解釈に留めているることへの批判と考えられる。竺道生の法身無色説は法身を浅い立場から把握した代表的なものと、慧遠は考えて、「浄土義」の中では感情むき出しの批判を行ったものと思われる。(26)

竺道生に代表される法身無色説は空観仏教を典拠としていた。それでは慧遠はどのような経論を典拠として法身有色説を主張し、またどのように法身無色説を批判しているかについて『勝鬘義記』の一文を手がかりにして考えてみよう。

有人説いて言く、真身は無色なりと。これ応ぜざる所なり。『経』中に菩薩は広く相好の因を植ゆと説くが如し。(27)如何んが無果なるや。復『地論』に、如来の相好荘厳を実報となすと宣説するが如し。(28)何ぞ信ぜざる。復、彼の『大涅槃』に無常の色を捨てて、常色を獲得す、受想行識も亦復かくの如しと云うが如し。(29)『小泥洹』にも妙色湛然として常に安穏なり、時節劫数に随いて遷らず、大聖は曠劫に慈悲を行じ、故に金剛不壊の身を得たり、とあり。[30] 此の文の中（『勝鬘経』）にも色無尽なりと説く。[31] 当に知るべし、皆これ真を顕わすの謂にして、真身無色と言うを得ざるなり。真は無色なりと説く所以は、色はこれ礙なるを懼る。若し爾らば、何ぞ、心はこれ縁なることを懼れて、仏は無心と説かざるや。仏には縁心なくして、しかも無縁不動の心あり、仏に無縁不動の心あらば、仏に礙色なくして、何すれぞ無障礙の色を有せざるや。問うて曰く、無礙いかんが色と名けんや。〔答〕[※2] 若し爾らば、仏心また攀縁なし、いかんが心と名けん。彼は無縁なりと雖も所知あるが故に心と名くることを得というならば、仏は無礙なりと雖も法界あり、諸根と相好とあり。何すれぞ非色なるや。

（続蔵三〇・二八二左下）

法身有色説の典拠として、ここでは『十地経論』『大般涅槃経』『六巻泥洹経』『勝鬘経』などが列挙されており、その内容はいずれも仏の相好および修行の功徳を色法として把握しているようである。そのような色法を無障礙の色と呼んで、無縁不動の慈悲心が仏心の内容であるのと同様に、仏にはそのような無障礙の色は付随していると言う。無障礙をいったい色法と呼べるのかと自問しているところから判断して、慧遠も法身有色説が若干の誤解を招く点のあることは知っていたと思われる。しかし、法身無色説が心の側面からのみ仏身を把握し、相好や修行の果徳を認めない結果に堕する傾向に対して、あえて法身有色説をくりかえし主張したものと考えられる。後の考察からも知られるように、慧遠の仏身観は色法・心法さらには非色非心法すらも平等に具足する立場を取るのであり、その立場からみると法身無色説は形式的に空の一辺に終始し、内容的には心法のみの主張に傾いているというように受けとめられたのであろう。法身無色説がはたして慧遠が言うように心法のみを仏身の内容として認め、諸根や相好や果徳の世界を否定する説であったのかどうかは再検討の必要があり、この説が『般若経』などの空観仏教に基く説であり、慧遠の教判論からすれば大乗中の浅い教えの分斉に入ることになり、大乗中の深い教えという顕実宗の立場から法身有色説が主張されているから、有色無色の議論は大乗仏教の中での立場の違いによるとも言いえよう。次に慧遠の仏身論を概観しながら、法身有色説の内容を検討し、その説を強調した背景についても考察してみたい。

五　慧遠の仏身論

慧遠の仏身論は法報応の三身説である。『大乗義章』「三仏義」を見ると真諦三蔵訳出の『七巻金光明経』「三身品」に基く法応化の三身説をも取上げているが、他の著作においても仏身に関する議論はすべて開真合応の三身と呼ばれる法報応の三身説である。開真合応の三身という表現からも知られるように法報二身はまとめて真身とも言われ、その場合は真応二身説となる。他に生身と法身という二身説もあるが、その場合の生身とは八相成道の仏のことであり、法身とは五分法身を意味する。先に第三節で引いた『大智度論』に見られたような法身と色身という二身説は取扱っていない。『大乗義章』の論述の仕方からして、二身三身の分別に加えて、四身[32]・五身[33]・六身・七身・八身[34]・十身[35]というように増数的に諸経論に見出される仏身説を整理しているが、四身分別以下はいわば付録であり、法報応三身の説明が中心となっている。今は「釈名義第一[36]」によって三身それぞれの説明をみてゆくことにしたい。まず法身仏については、

法身仏とは、体に就いて名を彰わす。法とは謂ゆる無始の法性なり。この法はこれその衆生の体実なるも、妄想に覆纏せられて、己において用なし。後に妄想を息めて、彼の法の顕了なるを便ち仏の体となし、法を顕わし身を成ずるを名けて法身となす。『勝鬘経』に隠の如来蔵、顕われて法身を成ずと説くが如し。法身の体に覚照の義あるを法身仏と名く。（大正蔵四四・八三七下）

とある。ここで法とは法性と規定しながらも、『勝鬘経』を引用するなど、その内容が如来蔵仏教であることは明らかである。慧遠は法身あるいは法性などの教理が伝統的に『般若経』を嚆矢とする空仏教の中で発達してきたことを知っているので、次に有人説を出しながら空仏教と法身との問題に答えてゆく。

問うて云く。人の説かく、法身の体はこれ第一義空なりと。空は心智に非ず、云何んが覚照あらん。釈して言く、法身は離相なるを空となすも、体は実に有なり。謂ゆる過恒沙の法あり。この法は真心に依りて之を説く。真心の体は神知の性にして、能く覚照あるが故に覚と名づくることを得るなり。（同右）

有人説は法身の体は空であり、空には心智の用はないから覚照も認められず、法身仏とは言えないのではないかという考えである。それに対して慧遠は法身が妄想を離れている所を空とも言うが、法身の体は恒沙を過ぐる程の法を包含している有なるあり方をし、しかもそれらの諸法は真心を所依としており、真心には覚照の用があるから法身仏と言い得るのだとする。ここで法身仏の体を空よりも有と規定し、その体を真心と結びつけていることが注目される。この真心とは仏性と第八阿梨耶識とが結合した慧遠独自の概念(37)であるが、この真心と法身説とを関連づけ、真心を法身説の根拠にしてゆく役割をはたしているのは『大乗起信論』の教学(38)、とりわけ本覚説であることが、次の一文によって知られる。

この義いかん。この心体の中に本より已来、無量恒沙〔過ぎたる〕仏法を具す。妄心の中に一切の虚妄の法を具足するが如し。心、彼の法において、体を同じうして照明し、由来、障なし。故に論（『大乗起信論』）に説いて言わく、本より已来、大智慧光明の義あるが故に、自性清浄にして、識知の義あるが故に、遍く一切の法界を照す義あるが故に、名づけて本覚となす(39)、と。性は照明なりと雖も、無明闇障の覆う所となり、不覚に相い似たり。後に闇障を除き、彼の心顕了して始めて真心を顕わにす。其の本性、内に法界を照すが如し、故に仏と名くることを得るなり。（大正蔵四四・八三七下）

『大乗起信論』の本覚説に基づいて法身仏の根拠は真心であることは了解されても、冒頭で法身の法とは無始の法性であると定義したことと今の真心との関係が不明のままなので、慧遠は法身の釈名の最後に法性と真心と法身と三者の関連に言及し、区別して言えば、まさに真心こそが法身仏の根拠になるべきもので、法性は仏によって覚られた真理、つまり法宝の内容におさめるべきものであるから、法身仏と直接的に結びつけることは不可能であるが、一体三宝の見地からすれば法性も仏法身の内容としてもよいであろうと、条件つきで法性を法身と関連づけるのである。真心と法性とを区別し、法身をいわゆる法性身としないで、徹底して第八阿梨耶識である真心による自覚をもって法身仏の内容としているのであり、以上の釈名からも慧遠の法身が別に真身とも呼ばれることが首肯されるのである。

次に報身仏については次のように説く。

報身仏とは、酬因を報となす。有作の行徳は本無く今有り、方便して修より生ず。修より生ずる徳、因に酬いるを報となす。報徳の体、之を名けて身となす。又、徳の聚積するも亦身となす。報身の覚照、之を名けて仏となす。（大正蔵四四・八三八上）

菩薩因地の修行が成就した結果、成仏する仏を報身仏とする。修行のことを有作の行徳と説き、その行徳は本来はないものであるが、現実に修行する所に成就するのだと言う。法身仏と報身仏との区別について次のような自問自答がある。

問うて曰く、報仏も亦よく覚照す、前の法仏の覚照と何の異ありや。釈して言く、体は一なるも義に随いて以って分つ。真心の体、本は隠れ今顕わなるを法仏となす。この真心の体、縁に熏発せられて、諸の功徳が生ずるを方に報仏と名く。法仏は金の如し。報仏は金の荘厳具を作すがごとし（同右）

両者の覚照、つまり自覚のあり方のちがいを問うているわけである。両者ともに真心を体としていることは共通しているが、法身仏が真心の内にすでに本来性を隠しているのに対して、報身仏は真心の中に可能性のみが存在し(40)、その可能性が外縁の力に熏習開発されて始めて仏の功徳が生起する、あたかも法身は金鉱から取出した金塊であり、報身は金塊に細工を施した装飾品のようなものだと説く。いわば法身と報身とは相い補う関係にあり、法身がなければもちろん報身も存在しえないが、逆に報身がなければ法身はその本来性を十分に表わしえず、報身仏という存在をかりて、法身仏は十二分に覚照の用を発揮する。報身仏も法身仏と同様に真心を基盤にするので、共に真身とも称するが、外縁のあり方、つまり何をどのように修行するかによって報身仏には結果的に個性が表われ、先の法身仏が理を覚り、次の応身仏が教を了知しているのに対して、この報身仏は行に通じた仏という規定を受けている(41)。

最後に応身とは感化を応となすと定義し、人が呼びかけると他の人が応ずるように、衆生の機根に応じて、応病与薬の説法教化をする仏とされる。この応身は真身を体とし、真身の化用として立てられる。したがって、応身には法身の応と報身の応との二身があり、法応身は浄土三昧法門の力によって衆生を済度し、報応身は大悲の願力によって教化するとある(42)。

以上「三仏義」の釈名門を手がかりに三仏の内容を概観したが、法身が法性身というよりも、真心に根拠した真身と呼ばれるにふさわしい内容を持ち、また報身も真心を所依として修行力によって成仏し、これら法報二身を一括して真身と呼び、その真身の教化の用として応身仏の活動があるというのが慧遠の仏身論の綱格である。したがって先の『勝鬘義記』のように「真身有色」とある場合には法報両身の有色を主張していることになるのであり、それら両身を所依とする応身は当然有色ということになり、三身ともに有色ならば、それぞれの有色の内容に差異があるのかどうかが次に問題となる。

六　有色の種々相

先にも述べたように「三仏義」の中心は法報応のいわゆる開真合応の三身分別であるが、その三身分別の段は、⑴分其相別、⑵約色心非色心等三義分別、⑶約就五陰分別、⑷約就六根分別の四つの視点を設けて三仏の特質を考察してゆく。これら四つの視点のうちで、第二からの三つの視点は総括して言えば三身を色心二法より検討したものである。結論的に言えばこれらの視点を設けて、種々の経論を引用し、三身ともに色法と心法さらには非色非心法すらも具備していることを論証しているのであり、法身に限定してみても、法身有色説と法身有心説さらに有非心色説すらも同時に存在しているのであるが、論証の力点の置き方は有色説の項にあり、また三身中では法身有色のところに重点があることは明瞭である。

さて、法身の有色をどのように説いているか。

法身に色根相好光明あり、これ其の色法なり。（大正蔵四四・八三九中）

このうち色根とは、後の六根分別から判断して、法身も五根を具足するとの意味であろう。六根分別の項では『菩薩地持経』と『如来蔵経』を典拠に六根具足を主張するが、[43]法身有色説全体にわたっては特に『涅槃経』を有力な典拠としている。右に引いた一文に続いて『涅槃経』の要文を三つ引き、また後の五陰分別の色法のところに四つの引用文があるので、法身有色説を論証するために実に『涅槃経』から七つの要文を引いている。[44]次に、本文に帰って、相好とは伝統的に仏陀の特相とされる三十二相八十種好をつづめた言い方であるが、慧遠は直接的には『華厳経』「如来相海品」などを典拠としているようである。[45]次に光明については『涅槃経』によっている。[46]『涅槃経』では大涅槃・智慧・如来・大慈大悲・念仏・声聞縁覚不共之道などを総括的に光明と呼んでいるわけであるが、これらの功徳を色法として把握していることになる。以上のように法身有色の内容は諸根相好光明などとして規定され、それらの色法に加えて心法としての智慧三昧、さらに非色非心法としての空智などが総合されて、慧遠の法身観の全体となる。この法身に関する色心非色心三義分別の最後に、法身の体をただ空理のみで把握し、色心は付随しないと主張したり、逆に法身を色心二法のみで把握して、空理を認識しない人々をそれぞれ有人説として列挙し、双方を破析している。(47) 慧遠は色法も心法も非色心法も平等に法身に具足していることを主張し、総じて一切法が成立する根拠を法身に求めたのではないかと思われる。

次に報身有色については、色法の内容は法身有色と全く同じであるが、色法を見る段階に区別を設けている。すなわち報身仏の色法は修行力の進み方に応じて種々に変現するようであり、報身仏の色相を法身仏と平等に無礙微妙なる諸根相好光明音声などとして認識することができるのは唯だ如来のみであるとされ、『華厳経』「相海品」に示されているような報身仏の相好は十地の菩薩が次第に見ることができるとする。また報応身の仏の相好は十地以前の菩薩も見ることができるとする。このような変現自在な色法と智慧三昧解脱などの心法、さらに数滅涅槃を内容とする非色心法をすべて報身仏は具えているが、ここでは特に菩薩から仏に至る修行の課程を報身有色説によって示していることが注目されよう。特に菩薩の修行を導くものとして報身仏は重要な役割をになっているようであるが、報身有色の論証は法身有色に準拠しているようである。

最後に、応身仏については色心分別・五陰分別・六根分別ともに至って簡略である。応身有色や応身有心を特に論証する必要がなかったものと思われる。応仏については他の二仏に比較して、説法する仏という所に重点があるようで、他の二仏は自らの徳を隠して衆生に随うものではないが、応仏は自己の真徳を隠して衆生に随い説法教化するところに特色があると説いている。(48)

以上、法報応の三身それぞれについて、特に有色の内容について検討してきたが、応身有色には特別の問題はなく、真身と呼ばれる法報二身のうちでも報身有色については有色を見る修行の進展の方に重点があり、有色の内容そのものは法身有色に準拠していた。やはり法身有色の論証に多くの典拠を求め、さらに有人説までをも列挙して、法身が色法を含めて一切法の根拠となることを主張しているのであり、従来の法身無色説が慧遠の念頭にあったために、特に法身有色説を強調したものと思われる。

七　結び

吉蔵の『勝鬘宝窟』によれば無色家としては僧肇・道生および梁の三大法師など複数の人を列挙しているのに対し、有色家はただ慧遠一人の説を出しているにすぎない。資料的な制約もあっただろうから、吉蔵の分類を絶対的なものとすることはできまいが、梁代までの法身説に対して慧遠の法身説が特異なものであったことは吉蔵の言及からも伺われるように思う。ただ、今問題の法身有色説が慧遠の独自の説であったかという点になると更に検討の必要がある。これまで資料として用いてきた慧遠の『大乗義章』は師匠の法上（四九五―五八〇）の『大乗義章』六巻を継承し増加したものであることが予想され(49)、更に慧遠の弟子たちが加筆増補した面もあることが指摘されていること(50)から、厳密に言えば、現存の『大乗義章』全体を慧遠の著作とすることには問題はあるが、便宜上、慧遠の所説として考察を進めたのである。このような『大乗義章』の成立にみられる師資相承の学風は、『続高僧伝』によると地論学派、なかでも慧光に始まる、いわゆる南道派には顕著であったように思われるので、今の法身有色説なども慧遠独自の主張というよりも、慧光―法上―慧遠と次第する地論学派の中で形成されていったものであろうと思う。

それでは、何故に法身有色説が地論学派の中で形成され、慧遠の著作に見られるような内容に結実したのであろうか。これまでの論述から判断して、竺道生に代表される法身無色説に対抗して主張されたものであることは明らかであるが、またその主張を可能ならしめた地論学派の学風にも注目しなくてはならないだろう。地論学派の学風は中心的な教判である四宗判に伺われるように、まず大小乗を分け、次に大乗の中に浅深を決判して、空仏教を浅、如来蔵仏性を深と判定する。この教判からして空観を根拠にしている法身無色説が如来蔵仏教にもとづく法身有色説より浅いとの批判を受けるのは明らかであろう。この教判の成立は、羅什三蔵による空観仏教の伝訳およびその仏教の流布に対して、六世紀はじめに『十地経論』を中心とする無著世親系仏教が伝来したことによるが、今の法身説の考察においても、特に三身説はこれらの唯識仏教によって始めて明らかにされた教理であるためか、その影響の大きさは「三仏義」の内容からも伺われたことであった。それらの唯識文献によって中国仏教における仏身論は大きく展開したと思うが、今、慧遠の法身有色説を考察してみて、その主張の背景にはまず『涅槃経』の教学があり、「三仏義」においては新しい唯識仏教による三身説と伝統的な『涅槃経』による仏性如来蔵説さらには法身説とが渾然と融合しているように思う。その融合をより促進したのが『起信論』の教学であり、法身有色説に関して言えば、その本覚説が法身の内容規定に関して重要な役割をはたしていた。

このように法身有色の主張は地論学派の学問からは必然的なものとして導き出せるが、その説が竺道生に代表される無色説を念頭に置いたものであることをいかに考えるべきであろうか。これについては今は確定的なことは言えないが、竺道生の仏教が後代へ大きな影響を及ぼしたということを考慮に入れると、地論学派の教学者の意識の中には羅什門下の仏教、およびその影響が大きな伝統を形成してゆく江南の仏教学への関心は大きかったと思われる。法身無色説への批判も、その主張者が竺道生であったということを含めて、あるいは、空観を中心として展開する江南の仏教学全体への批判という意図をも含んでいるのではないかと想像するのである。

さらに、浄影寺慧遠の法身有色の主張に関連しては、『続高僧伝』や『広弘明集』に収められている北周武帝との対論に注目しなくてはならないと思う。北周武帝は北斉を倒し、そこにも北周と同じように破仏を断行するに際して、北斉の高僧たちを集めて自分の意見を述べた。その内容を要約すれば、儒教は礼義忠孝を説き具体的に社会を益しているが、仏教は「真仏無像」であるはずなのに、そのような仏をまつるために造寺造塔をすすめ、その結果、民人は財力を尽して、とどまるところを知らない、このような人々を惑わす経典や仏像は全廃すべきだ、だいたい仏教の説く出家ということが父母の恩を蔑する非道の始りであるから、まず還俗し父母に孝養をつくせ、ということであった。並み居る僧侶たちは誰一人として立ち上がらなかったが、最後に慧遠が決然と立ち上って武帝に反論した。そして問答往復し、ついには武帝を説得できなかったのであるけれども、今は慧遠の反論の冒頭の言葉に注意したい。(※3)

詔に云く、真仏無像と。信に誠旨の如し。但し、耳目の生霊は経に頼りて仏を聞き、像に籍りて真を表す。若し之を廃せしめば、以って敬を興すこと無けん。〔大正蔵五〇・四九〇中、大正蔵五二・一五三中〕

ここで慧遠も一応、武帝の「真仏無像」を認めて、その上で方便として経像の必要性を説くのである。慧遠の教学から類推すれば「真仏有像」と言ってもよいのではないかと思うのであるが、武帝の意見の迫力に圧倒せられたのか、一歩譲った議論になっているように感ぜられる。法身有色無色の議論が破仏の問題とどのように関連するのかについては更に考察すべき課題であると思うが、武帝の側からは「真仏無像」を経像全廃の有力な根拠にしていることは明らかであって、この破仏の理論に真正面から対するには、慧遠のように真仏無像を認め、方便としての経像を主張するぐらいではどうにもならず、まさに真仏とは何かを論述すべきであったように思う。慧遠が著作の中で展開している仏身論は特にこれまで考察してきた法身有色説において武帝の議論と対峙しうる内容をそなえていると思うが、この対論を見るかぎりでは、その教学をもって正面から武帝に対していないことは明らかであろう。一般に隋唐の新仏教はこの北周武帝の破仏を契機にして興起すると言われるが、新しい仏教は何を主張したのかを知ろうとする時、この慧遠に代表される地論の教学は南北朝時代の最後に位置する教学として一つの基準となるように思う。なかでも仏身論は中心課題であると考え、特に法身有色説に焦点をしぼって、それに関連した二、三の問題点を指摘した。

(1) 宇井伯寿『仏教汎論』第一編「仏陀」(岩波書店)参照。
(2) 横超慧日「大乗大義章における法身説」(『大谷大学研究年報』第一七集、一九七二年六月)。
(3) 『高僧伝』巻七(大正蔵五〇・三六六下)。
(4) 『出三蔵記集』巻一二(大正蔵五五・八二下)。
(5) 横超・前掲論文による。
(6) 特に『大智度論』における仏身説については宇井伯寿「大智度論における法身説」(『印度哲学研究』第四所収、〔岩波書店、一九六五年〕)を参照。
(7) これらの唯識仏教の伝来の意義についての総括的説明は横超慧日「北魏仏教の基本的課題」(『北魏仏教の研究』所収、一九七〇年三月)を参照。
(8) 梁代までの仏教学の主流を仮に涅槃学派と呼ぶ。
(9) 直接資料とはたとえば窺基(六三二―六八二)の『大乗法苑義林章』巻七「三身義林」など。間接資料とはすべての経論注疏に含まれる仏身説。
(10) 慧遠は多くの場合、特定の人名を出さず「有人」として引用批判し、それらの諸説を否定する場合も単に「不然」とするのみであるが、この法身無色説に関しては『勝鬘義記』巻上「有人説言、真身無色、是所不応」(続蔵三〇・二八二左下)、『大般涅槃経義記』巻一〇「旧人相伝、言仏無色、大成謬矣」(大正蔵三七・八九三下)、『大乗義章』「浄土義」「生公所立、仏無色身、全無浄土、是義不然、……(中略)……若自不解、唯応訪諸、何宜輒謗、謗仏果徳、其罪至重、勿復更言」(大正蔵四四・八三七中)などの批判の仕方に見られるように珍しく感情をむき出しにしている。
(11) 前注の「浄土義」からの引文を参照。
(12) 吉蔵は『勝鬘宝窟』全篇にわたって慧遠の『勝鬘義記』を引用するが一回も慧遠の名は出さない。

(13) 古田和弘「竺道生の法身無色説」(『印仏研』一七—二、一九六九年三月)。

(14) 『中観論疏』巻五末(大正蔵四二・七八下)。

(15) 古田・前掲論文、さらに古田氏には「竺道生の仏無浄土説」(『印仏研』一九—二、一九七一年三月)という論文がある。

(16) 例えば羅什訳出『金剛般若経』「若以色見我、以音声求我、是人行邪道、不能見如来」(大正蔵八・七五二上)など。

(17) 『涅槃経』「梵行品」「復次善男子、菩薩摩訶薩、於慈心中、布施衣時、当作是願、我今所施、悉与一切衆生共之、以是因縁、令諸衆生、得慚愧衣、法界覆身、裂諸見衣、衣服離身、一尺六寸得金色身、所受諸触柔軟無礙、光色潤沢、皮膚細軟、常光無量、無色離色、願諸衆生皆悉普得無色之身、過一切色、得入無色大般涅槃、善男子、菩薩摩訶薩、布施衣時、応当如是堅発誓願」(大正蔵一二・四五五中)傍点部分を典拠に引用する。

(18) 『文殊師利菩薩無相十礼』「清涼山中大聖文殊師利菩薩、端座政看心、心亦不可得、至心帰命敬礼、真如法身仏、無色無形像、無根無住処、不生不滅故、敬礼無数(所?)観、不来亦不去、不取亦不捨、遠離六入故」(大正蔵八五・一二九六中)傍点部分を典拠とする。

(19) 前注の傍点部分に出ている。

(20) 竺道生については『法身無浄土論』を著わしたと記すにすぎないが、僧肇については『注維摩経』巻一「夫至人空洞無像、応物故形、形無常体、況国土之有恒」(傍点部分を結びつけて引用、大正蔵三八・三三四中)の一文を引いて無色説主張の典拠とする。

(21) 拙稿「四宗判と空義」(『印仏研』二四—二、一九七六年三月)。

(22) 四宗判には二つの形があり、(1)因縁宗、(2)仮名宗、(3)不真宗、(4)真宗というのが古い形で、それに対して慧遠は、(1)立性宗、(2)破性宗、(3)破相宗、(4)顕実宗という四宗判を用いる。

(23) 注21の拙稿を参照、第三破相宗の立場で説く空を相空、第四顕実宗の立場でのものを真空と呼んでいる。

(24) 『大乗義章』「八識義」(大正蔵四四・五三三上および五四〇上)。

(25) 同右「涅槃義」(同右・八一五中下)。

(26) 注10を参照。

(27) 経典名不詳。

(28) 『十地経論』巻九(大正蔵二六・一七四頁)あたりの取意か。

(29)『大般涅槃経』巻三九「憍陳如品」（大正蔵一二・五九〇下）。

(30)『仏説大般泥洹経』巻一（大正蔵一二・八五九中）ただし「大聖曠劫」以下の二句は不明。

(31)『勝鬘経』（大正蔵一二・二二七上）。

(32)『四巻楞伽経』巻一（大正蔵一六・四八一上）による⑴応化仏、⑵功徳仏、⑶智慧仏、⑷如如仏の四仏、および『七巻金光明経』（大正蔵一六・三六三下）による⑴化身非応身、⑵応身非化身、⑶化身亦応身、⑷非化身非応身の四身。

(33)如来五陰身、および五分法身。特定の経論を指示せず。

(34)六身七身八身のところは法報応の三身説を順次に開いていったもの。六身とは法身仏を⑴体顕仏、⑵縁顕仏に、報身仏を⑶体作仏、⑷縁作仏に、応身仏を⑸法応仏、⑹報応仏に、それぞれ開いて六仏となる。七身は六仏に無隠無顕なる実性を加え、八身は実性を証するのに無縁と息縁との二種があるので、六仏にそれら二種を加えて八仏とする。

(35)『華厳経』「離世間品」の十仏（大正蔵九・六三四下および六六三中）。この十仏はのちの華厳学では重視するが、慧遠は特別の注釈を加えていない。

(36)「三仏義」は⑴釈名、⑵弁相、⑶約時分別、⑷明因、⑸常無常分別、⑹説不説分別、⑺次第分別の七門分別からなる。〔編者注：本文「釈名義第一」は、「釈名義一」あるいは「第一釈名」が「三仏義」の句に順じる。今は原文のママ〕。

(37)真心は妄心に対する。第七識までの一切の心識を妄心とするのに対し、第八識を真心と呼ぶ。真心にはここで説かれているような法身の根拠になるような側面と同時に、縁起して一切の妄法の所依となる面との両義がある。拙稿「慧遠の仏性縁起説」（『駒仏紀要』第三三号、一九七五年三月）参照。

(38)慧遠の師、法上の『十地経論義疏』には『起信論』の引用はない。この論の依用は慧遠から始まるのであろうか。

(39)『大乗起信論』「復次、真如自体相者、一切凡夫声聞縁覚菩薩諸仏、無有増減、非前際生、非後際滅、畢竟常恒、従本已来、性自満足一切功徳、所謂、自体有大智慧光明義故、遍照法界義故、真実識知義故、自性清浄心義故、常楽我浄義故、清涼不変自在義故、具足如是過於恒沙不離不断不異不思議仏法、乃至満足無有所少義故、名為如来蔵、亦名如来法身」（大正蔵三二・五七九上）傍点部分を引用しているが、引用の仕方に混乱がある。

(40)仏性にも法仏性と報仏性とを分けるが、法仏性が本有であるのに対して、報仏性は第八真心の中に可生の義のみありとする。『大乗義章』「仏性義」（大正蔵四四・四七二下—四七三上）を参照。

(41)「三仏義」「三仏倶能覚照、所覚之法、為同為異、釈言、不定、分別有三、一随相分別、法仏唯知無始法性、報仏能知行修対治、名知行法、応仏了知三乗化教、名知教法」（大正蔵四四・八三八中）。
(42)「浄土義」六門分別の第四、約身明土の項に、応身仏の浄土を論じて、阿弥陀仏や釈迦仏を取上げている（大正蔵四四・八三七上）、また『観無量寿経疏』巻本（大正蔵三七・一七三中）では無量寿仏を応身と規定している。
(43)『菩薩地持経』巻一「種性品」（大正蔵三〇・八八八中）、『大方等如来蔵経』（大正蔵一六・四五七中）。
(44)『涅槃経』巻五（大正蔵一二・三九一下）、同巻（三九五中）、巻一八（四七〇上）、巻二一（四八九上）、巻二八（五三〇中）、巻三二（五五六上）、巻三九（五九〇下）など。
(45)『華厳経』巻三三「如来海相品」（大正蔵九・六〇一上）。
(46)『涅槃経』巻二一「光明遍照高貴徳王菩薩品」（大正蔵一二・四八九上）。
(47)「三仏義」「有人説言、法仏之体、唯一空理、都非色心」「有人復言、法仏之体、唯色与心、一向非空、設言空有、但無他相、而体実有」（大正蔵四四・八三九下）。
(48)「三仏義」「問曰、三仏倶能説法、以何義故、不悉名応、釈言、望彼諸仏如来寂滅平等無言説義、有説随物、倶得名応、但於説中、随相分別、応仏如来、隠真随物、故名為応、法報雖説、顕班真徳、令他趣入、非隠真徳、曲随於物、故不名応」（大正蔵四四・八四四下）。
(49)『法華玄義』巻一下（大正蔵三三・八一二中）の章安灌頂の雑録に「達摩欝多羅、釈教迹義、……」とあり、現存の『大乗義章』「教迹義」とほとんど同じ内容を引用している。その達摩欝多羅が慧遠の師法上である可能性は大きく、そうなると「教迹義」にみられるような教判への批判も法上においてすでに完成していたことになる。この達摩欝多羅についての考察は別の機会にゆづりたい。
(50) 辻森要修「大乗義章解題」（『国訳一切経』和漢撰述、諸宗部一三、三六五頁）参照。

〔編者注〕
(※1) 一般に『菩蔵地持経』であるが、原文のママ。
(※2) 原文は「〔答〕」であるものの、『勝鬘義記』原文にない補足挿入の語のため「〔答〕」とした。
(※3) 原文「民人」は「人民」か。

慧遠と吉蔵の不二義の比較論考

一　問題の所在

大乗経典は大きな仏、大仏の存在を前提にする。部派仏教の阿含経は釈迦仏のみの教えとして一貫している。大乗では十方三世に多くの仏を生み出した。釈迦仏を無視しないが、釈迦仏が阿弥陀仏の信仰を説く浄土経典などが、釈迦仏と大乗独特の仏との関係を如実に語る。『法華経』ではブッダガヤーで成道した仏である「伽耶始成の仏」に対して「寿量品第十六」では無量劫来の仏、「久遠実成の仏」を説く。『涅槃経』でも「一切衆生悉有仏性」を説くのは無量劫来の大仏である。『華厳経』の仏、毘盧遮那仏は釈迦仏のように菩提樹下で正覚を成ずるが、その仏は一言も発せず、光明で普賢菩薩などを通じて説法し、菩提樹下を一歩も動かず、七処に自在に動き、八回も九回も説法の場を設ける大仏である。

なぜ大乗では大仏が出現したのか。それは一切衆生を済度する力を具えた仏でなくてはならないからであり、また発心したならば誰でも菩薩になるが、長く厳しい行願を続ける修行者の手本に成る仏でなくてはならないからである。大力を具え、絶対的な存在として君臨する仏と大乗の信仰基盤であるとされる在家の菩薩の対応は対蹠的であるが、その教化の主体である大仏と教化を受ける衆生の間の断層こそは、大乗のダイナミックな構造を示す。

この小論では『維摩経』の一節、「入不二法門品」に対する浄影寺慧遠（五二三―五九二）と嘉祥寺吉蔵（五四九―六二三）の注釈を扱う。この『維摩経』も大仏の教えである。二つの例証を挙げよう。第一は一音説法である。「仏国品第一」において長者の子供宝積が「仏は一音を以って法を演説するに、衆生は類に随いて各各の解を得る」（大正蔵一四・五三八上）と礼讃し、仏の威神力を示す。実際の釈尊は一人一人に対機説法を行った。それをあえて一音説法したとし、一切衆生がそれぞれの立場で自由自在に教えを受けたと礼讃するところに、『維摩経』の仏の大力を感じる。

また「弟子品第三」で維摩の病へのお見舞い（問疾）を仏から要請された阿難は維摩詰からの厳しい説諭の経験から辞退する。ある時、釈尊が病気になり、阿難は牛乳を求めていた。そこに維摩がやってきて、阿難に「仏は金剛の身であり、法身であるから牛乳などのような世俗的な食物は必要ない、あなたはそんなことも分からないのか」と叱責された。これで懲りた阿難は維摩への問疾を辞退する。その時天の声がして、「阿難よ、維摩居士の言う通りであるが、釈尊は五濁悪世に出現し、一切衆生を済度しようとして方便して病気をも現じているのだ。阿難よ、維摩の言葉にひるまず、牛乳を求めて、はやく釈尊に供養し、病気を治してあげよ」（大正蔵一四・五四二上）との言葉を聞いた。この維摩の説諭と天の声の対応は、まさに生老病死する仏と金剛不壊の法身の対応を示しているが、『維摩経』の仏が大仏であることが分かる。

この小論は「入不二法門品第九」に出る不二に焦点を当てる。これは中道に関連する。大乗で『般若経』以来不二の教えは多く出るが、不二は空の教えの延長線上に現れる。それは釈尊の中道に適うかとの問題意識である。『維摩経』「入不二法門品第九」でも不二が連呼されているから、空観や中観の系統の経典として扱われるが、私はここに疑問を呈したい。いったい『維摩経』の不二法門が空の趣旨に適い、また中道の教えに副うものであろうか。私は結論を先取りすることになるが、この経典の不二は空観の趣旨にも、また中道の実践にもなっていないと思う。

二　慧遠教学の概観

慧遠の教学を概観する。伝統的に地論宗[1]は北魏から東魏、北斉にかけて後の鄴都になった相州において南北二宗に別れ、『宝性論』などを訳出した勒那摩提から慧光（四六八―五三七）への流れは地論宗南道派と呼ばれ、『十地経論』などを翻訳した菩提流支から道寵への法系は北道派と称される。慧光から法上（四九五―五八〇）に流れ、そしてその法上の弟子が慧遠である。

この二派だけが地論宗に属するのではない。世親の『浄土論』に注釈を著した曇鸞（四七六―五四二？）[2]も、後に摂論宗の開祖と称される曇遷（五四二―六〇七）も、達摩の弟子慧可（四八七―五九三）も、その慧可と関係を持ち『楞伽経』信仰に生きた法沖（五八七？―六六五）も、北周武帝に『二教論』を呈し、破仏を遅らせ、『大智度論』の研究者として大智度論師とも呼ばれる道安（？―五八〇）も、そして弟子の慧影も、また達摩と並んで禅法の素晴らしさで讃えられる僧稠（四八〇―五六〇）も、捨戒した異端の仏者である三階教の開祖信行（五四〇―五九四）ですら、地論の学風の中にそれぞれの教学を形成し、広く包括すれば地論師たちの群像に収まる人たちである。それぐらい地論の山脈は高く、裾野の広いものである。ただ、残された著作が少なく、全体の教学の把握は困難である。その中でひとり浄影寺慧遠のみは多くの著作が残っている。

私はすでに慧遠に関して『大乗義章』『大乗起信論疏』、そして今回『維摩義記』の一部を読んで、論文を書いた。後代への影響という面では『大乗義章』が重要であるが、彼の教学を深く研究するには『大般涅槃経義記』（大正蔵三七巻所収）の解明が是非とも必要である。

慧遠の教学の概観を彼の教判と教学に分けて述べるが、その教学を真妄論と体用論に分け、また『大乗義章』にある「入不二門義」もあわせて検討する。教判論は『大乗義章』「衆経教迹義」と「二諦義」とで論述し、体用論と真妄論は『大乗義章』「仏性義」「八識義」「涅槃義」などを引用しながら考察する。

（一）教判論について

慧遠の教判については先ず仏の立場から経典をどのように分類するかという「教」や「蔵」に属するものと、その教えや蔵を受けとめる人、衆生の側から「宗」に属するものの二種類がある。前者は『大乗義章』「衆経教迹義」で展開する。そこでは過去の異説が紹介され、それらの是非が分別され、最後に正義を述べる。異説は東晋の劉虬の五時説、誕公の頓漸二教、そして菩提流支の一音教が取り上げられている。

正義は教を分けることと、宗を定める二項に分けられる。まず教であるが世間と出世間の教えに二分される。出世間法は声聞蔵と菩薩蔵に分かれる。二蔵判である。他に大乗と小乗、半教と満教というのも同じ分類であると言う。『大乗義章』ではここまでしか分類していないが、『維摩義記』（大正蔵三八・四二一上中）など注釈書では声聞と菩薩をそれぞれ二類に開く。声聞は四諦の教えを聴いて悟る声聞声聞と十二因縁を覚る縁覚声聞の二種に開き、菩薩は過去に大乗を習って後に小乗に退転したものが再び大乗に回帰するものを漸入の菩薩と呼び、まっすぐに大乗に悟入するものを頓悟の菩薩と称する。この二蔵義は華厳学派の智儼（六〇二―六六八）の師匠であり、地論宗の人であった智正（五五九―六三八）も唱えるので、[3] ある地論学派の人々の共通な教判であった。天台智顗（五三八―五九七）は『法華玄義』巻一〇（大正蔵三三・八〇一上中）において当時までの南北の教判を十種取り上げ批判するが、この二蔵に関連したものは菩提流支の半満二教だけである。

次に慧遠は二蔵の説示の後で、各経典の宗を定めることを論じる。経典注釈の玄談部分では「宗趣」、その経典の中心的な内容という意味である。「能詮」が実際の経文の文文句句であるのに対して、「所詮の宗趣」が対応、それが経典の文句の全体として目指す目的である。慧遠はその宗趣を所説と所表に分ける。前者は行徳というから、修行の功徳であり、後者は究竟して表現したい法そのものであるとする。所表は彰わし難いので行徳によって示すと言う。『法華経』や『華厳経』などは三昧が宗であり、『般若経』は慧を宗とし、『維摩経』は解脱を宗とするなどと述べる。

前述のように仏の側からの教判が二蔵判であるのに対して、教えを受ける人間の側というか、衆生の側からの教判論が四宗判である。先の智顗も慧光の教判として因縁宗・仮名宗・誑相宗・常宗を第六番目に取り上げる。慧遠は「二諦義」の中で、慧光のものと類似しながらも少し異なる呼称で二種類の四宗判を示す。すなわち、慧遠の独自のものは立性宗（毘曇）・破性宗（成実）・破相宗（大乗空の教え）・顕実宗（大乗不空の教え）の四宗である。慧遠は別の伝統的な四宗として、因縁宗・仮名宗・不真宗・真宗の呼称のものを同時に紹介する。後の玄奘門下の基（六三二―六八二）は『大乗法苑義林章』巻一（大正蔵四五・二四九下）において慧遠の立性宗型の四宗判を引用する。

先ず立性宗は小乗の教えの中でも浅いものと判定されアビダルマ仏教が相当する。次に破性宗は小乗であるが、随所で空を説く『成実論』の教えである。一論だけで一宗を立てることは『成実論』が重視されていることを知る。破相宗と顕実宗は大乗であり、二宗に浅深はあるが、特定の経典をそれぞれに配当することはしない。破相宗は法の自性を破す無性宗が立てる仮名の相ですら空とする一切皆空の教えである。〔しかし〕『般若経』を相当させるのではない。空無自性の教えそのものを配当し、次の顕実宗が大乗の真実不空を顕す教えであるよりは浅いと判定する。(4)

第四宗の顕実宗については原文を引用してみよう。

顕実宗とは、大乗の中で深く、諸法は妄想の故に有にして、妄想は無体なれば、起こること必ず真に託すと宣説する。真とはいわゆる如来蔵性にして、恒沙の仏法は、同体縁集し、不離不脱不断不異なり。此の真性縁起して、生死・涅槃を集成す。真の集まる所なるが故に、真実ならざるは無し。此の実性を弁ずるが故に真宗と曰う。

顕実宗者、大乗中深、宣説諸法妄想故有、妄想無体、起必託真。真者所謂如来蔵性、恒沙仏法、同体縁集、不離不脱不断不異。此之真性縁起、集成生死涅槃。真所集故、無不真実。弁此実性。故曰真宗。（大正蔵四四・四八三上）

顕実宗とは諸法の真実を顕示するとの意味である。諸法は心の妄想から生み出されるが、その妄法の実性は無体、空であり、その生起は必ず真実に依託する。この真実とは如来蔵や仏性であり、そこにはガンジス河の沙程の無量の功徳が一体となって縁起、集成し、離れず、脱離せず、断絶せず、異なるものではない。この如来蔵や仏性が縁起して、生死の現実も涅槃の理想もすべて実現し、成就するものである。真実の集大成された教えであるから「真宗」とも呼ぶと述べる。

この一文に慧遠教学の中核が凝集している。この第四宗を二門に開いて依持と縁起の両義がある。依持の語は先の一文中の「不離不脱不断不異」の用語と共に『勝鬘経』「自性清浄章」の「如来蔵は是れ依たり、是れ持たり、是れ建立たり」（大正蔵一二・二二二中）から来る。ここで生死も涅槃も如来蔵に依ることを説く。依持の語を慧遠は『勝鬘経』に依拠している。内容的には他に『涅槃経』や『大乗起信論』が大きな比重を占めている。縁起については慧遠の師の法上あたりから成句になったことが坂本幸男氏によって論究され(5)、慧遠はそれを依持との関係により体系化した。

依持の説明を見よう。

若し依持に就いて以って二〔諦〕を明かさば、妄相の法を以って能依と為し、真を所依と為す。能依の妄を説いて世諦と為し、所依の真を判じて真諦と為す。

若就依持以明二〔諦〕者、妄相之法以為能依、真為所依。能依之妄説為世諦、所依之真判為真諦。(大正蔵四四・四八三下)

依持の立場で二諦を明らかにすると、後に「八識義」で明らかになる第七妄識と六識全体を妄と呼ぶものが、第八識の真識を所依とする構造の中で、妄識が世諦、真識が真諦であるとする。この依持の議論は真妄論として後に「八識義」で見ていく。この真妄論と次の縁起における体用論が慧遠教学の構造の要である。

次に縁起の説明を見よう。

若し縁起に就いて以って二〔諦〕を明かさば、清浄法界である如来蔵の体が縁起して、生死・涅槃を造作する。真性自体を説いて真諦と為し、縁起の用を判じて世諦と為す。

若就縁起以明二〔諦〕者、清浄法界如来蔵体縁起、造作生死涅槃。真性自体説為真諦、縁起之用判為世諦。(同右)

縁起の立場で二諦を明らかにすると、清浄法界の中で中心的役割を果たす如来蔵や仏性が縁起し、縁に応じて生死ともなり、涅槃として成就していく。その如来蔵や仏性の真性を真諦となし、縁起して出てくる諸法(生死や涅槃)などが世諦となる。ここでは「如来蔵体縁起」とあり、後の法蔵の『大乗起信論義記』に出る四宗判の第四宗「如来蔵縁起宗」(大正蔵四四・二四三中)の淵源をなす。慧遠は縁起の主語として如来蔵だけではなく、仏性・真性・真実・真識・法界など多彩な語を用いる。私は「仏性縁起」という用語に代表させて論述した。(6)

以上の依持と縁起の二門が前者の真妄論、後者の体用論として慧遠教学の縦横の糸として彼の著作の全篇に流れていると見てよい。以下は体用論から真妄論への展開を概観しよう。

みよう。

（二）体用論

慧遠の体用論について「仏性義」と「涅槃義」を中心に、生死の妄染の諸法が生起する染法縁起と、涅槃の清浄の諸法が成就する浄法縁起の両面から文例を検討する。染法と浄法に分ける文例としては「仏性義」の次の一文をみよう。

二に縁に約し実に就いて、以って三種を分かつ。一には染性なり。二には浄性なり。三つには非染浄性なり。性が生死にあるを名づけて染性と為し、性が涅槃に在るを名づけて浄性と為す。此の二は縁に約す。実に就いて性を論ぜば、性の外に縁の随いて変動すべきこと無し。不変を以っての故なり。古今一味なり。この故に名づけて非染浄性と為す。

二約縁就実、以分三種。一者染性。二者浄性。三非染浄性。性在生死名為染性、性在涅槃名為浄性。此二約縁。就実論性、性外無縁可随変動。以不変故。古今一味。是故名為非染浄性。（大正蔵四四・四七三上）

縁と真実の両面から分別する。染と浄の二面はそれぞれ生死と涅槃に対応するが、非染浄性こそは仏性の体であり、不変であり、古今一味の真性である。此の真性が縁起して生死ともなり、涅槃をも成就する。

先ず、染法縁起を問題にする。『涅槃経』巻三六「迦葉菩薩品」に、

善男子よ、或いは仏性有り、一闡提には有り、善根人には無し。或いは仏性有り、善根人には有り、一闡提には無し。或いは仏性有り、二人倶に有り。或いは仏性有り、二人倶に無し。

善男子。或有仏性、一闡提有、善根人無。或有仏性、善根人有、一闡提無。或有仏性、二人倶有。或有仏性、二人倶無。（大正蔵一二・五七四下）

仏性と一闡提と善根人の四句分別である。慧遠は次のように解釈する。

或いは説いて四と為す。『涅槃』に（直前の引文と同じなので略す）〔と説くが〕如し。この義は如何ん。仏性に四有り。一には不善の陰なり。二には善の五陰なり。三には仏果の陰なり。四には是れ理性なり。四の中に前の三は、用に随って以って分かつ。後の一は実に就く。不善の陰とは、凡夫の五陰にして、真妄の集まる所なり。ただ真のみにては生ぜず、単に妄のみにては成ぜず、真妄和合して、方に〔五〕陰の生ずる有り。（中略）善の五陰とは、地上の身なり、通じて之を論ずれば、地前にも亦た有り。この陰は真心と縁治と合して成ず。（中略）仏果の陰とは是れ仏果の徳なり。前の善の陰と大況相い似たり。満不満の異あるのみ。理性と言うは、縁を廃して実を談ず。実の処に縁無し。縁無きを以っての故に、真体は一味にして非因非果なり。『涅槃』の中の非因果性と其の理は一なり。

或説為四。如涅槃説。……是義云何。仏性有四。一不善陰。二善五陰。三仏果陰。四是理性。四中前三、随用以分。後一就実。不善陰者、凡夫五陰、真妄所集。唯真不生、単妄不成、真妄和合、方有〔五〕陰生。……善五陰者、地上之身、通而論之、地前亦有。此陰真心縁治合成。……仏果陰者是仏果徳。与前善陰大況相似。満不満異。言理性者、廃縁談実。実之処無縁。以無縁故、真体一味非因非果。与涅槃中非因果性其理一也。（大正蔵四四・四七三中）

『涅槃経』の四句分別を五陰の善、不善、仏果、理性に当てて解釈する。最後の理性がもろもろの差別の諸縁を離れた仏性、真性そのものである。そのような仏性が不善の五陰となると凡夫になる。そこが真妄和合と言われており、これは真妄論に関わる。善の五陰は菩薩たちの十地などのあり方を指す。十地以前でも認められる。ここで真心と縁治が和合するとある。真心は慧遠では第八識であるが、縁治とは七識妄心の中で修行する、煩悩の対治の治である。修行の縁を借りて妄心で修行する。『起信論』の熏習論に、浄法不断にも妄心熏習があり、そこで発心するとあることと通じる。次に仏果とは仏の真徳である。菩薩とも共有できる。ただ仏性が満ち足りている仏と、まだ不満である菩薩の差異はある。

ここですでに仏果も論じられ浄法縁起も出たわけであるが、「涅槃義」から一文を引いてみよう。涅槃は方便涅槃と性浄涅槃に分けられる。前者は修行の結果としての涅槃であり、後者は自性清浄なる涅槃である。まず方便の涅槃については次のように説く。

方便涅槃に其れ二種有り。一には因に従って修得するを方便浄と名づけ、二には体に従って用を起こすを方便浄と名づく。是に為って釈名するに各の両義有り。方便浄とは、其の初の義に従わば、教行の功徳は本無今有なり。因の方便に従って障を断じ浄を得るを、方便浄と名づく。若し後の義に従はば、作用善巧を称して方便と曰う。作用の中の浄を方便浄と名づく。

方便涅槃有其二種。一従因修得名方便浄、二従体起用名方便浄。為是釈名各有両義。方便浄者、従其初義、教行功徳本無今有。従因方便断障得浄、名方便浄。若従後義、作用善巧称曰方便。作用中浄名方便浄。（大正蔵四四・八一八上）

修得とあるように修行の結果として獲得する涅槃を方便浄涅槃という。是を因果と体用に分けて説明する。因果では教えと行により、本来は存在しないものを、顕在化させる。「本無今有」である。修行によって惑障を断じて、涅槃を得る。体用で説明すれば、仏性の体が善巧方便により作用として顕在化すると説く。

次に性浄涅槃を見よう。

性浄と言うは、初めの義に従わば無始の法性を之を名づけて性と為す。是の性は本、妄想の隠覆するところと為る。不浄に相似す。故に『勝鬘』に云わく〈自性浄心は不染にして染なり〉と。後に妄染を息め、彼の性は始めて浄なり。始めて浄となる法性を説いて涅槃と為す。是の故に名づけて性浄涅槃と為す。若し後の義に拠らば、涅槃の法体を之を名づけて性と為す。涅槃の体が浄なるを名づけて性浄と為す。

言性浄者、従初義無始法性名之為性。是性本為妄想隠覆。相以不浄。故勝鬘云自性浄心不染而染。後息妄染、彼性始浄。始浄法性説為涅槃。是故名為性浄涅槃。若抛後義、涅槃法体名之為性。涅槃体浄名為性浄。（同・八一八中）

性浄涅槃も因果的に説明すれば、もともと法性は妄想などに覆われていたのが修行により顕在化した。前の方便浄涅槃と相似するが、法性のところに焦点を当てるから性浄と言える。体用で説明すれば、自性清浄なる涅槃の法体自体が性浄である。他の有余や無余の涅槃などは法体の作用として位置付ける。

以上、体用論の一端を説明した。「二諦義」の第四宗、顕実宗の説明にあった「真とは所謂如来蔵性にして、恒沙の仏法は、同体縁集し、不離不脱不断不異なり。此の真性縁起して、生死・涅槃を集成す」とあった「同体」がキーワードである。「仏性義」で『涅槃経』を引用して説明していたように、凡夫・菩薩・仏に共通する理性のところで同体が成立するが、用としては縁起して生死や涅槃、凡夫や菩薩仏、涅槃も方便や性浄に展開する。このような展開は「八識義」では「随縁」（同・五三〇中）と言う。「真如随縁」という四字成句は有名であるが、それは慧遠の体用思想では明確に言いうる。それと同時に「仏性義」で理性を説明していた時に述べた「廃縁」とか、「無縁」の世界も無視できない。これは伝統的な成句では「真如凝然」の世界である。慧遠の体用論はこの真如凝然の事実と真如随縁の現実との間を往復するところに特色がある。そしてこの体用論をベースにした具体的な実践が次に示される真妄論なのである。縁起は慧遠の体用論であり、認識論であり、依持は彼の真妄論であり、実践論である。

（三）真妄論

慧遠の真妄論については『大乗義章』「八識義」が中心的なテキストとなる。「八識義」の冒頭で「八識の義は『楞伽経』に出る。故に彼の経の中に〈大慧は仏に白う、「世尊よ、八種識を立てざるや」、仏言く、「建立す」、と〉」（大正蔵四四・五二四中）とあり、「八識義」が『楞伽経』に依拠すると明言する。今の一文は四巻『楞伽経』巻二（大正蔵一六・四九六上）に出る。(7)四巻『楞伽経』にも、十巻『楞伽経』にも第八アーラヤ識を中心とした心識説が出ており、唯識思想と如来蔵思想が融合した内容になっている。

ただ「八識義」の内容が『大乗起信論』と真諦三蔵訳の『摂大乗論』に主として依拠していることが明らかである。特に前者が中心で、後者はその裏方的な役割を演じている。他に『摂大乗論』がほとんど引用されず、その依用がこの「八識義」に集中していることは不思議である。慧遠の門下が加筆した可能性もあろう。この「八識義」の真妄論が慧遠教学の基礎であり、根幹と見てよい。

『楞伽経』といえば、彼は『大乗起信論義疏』の冒頭で、「楞伽経に依りて『起信論』一巻を造出せり」（大正蔵四四・一七六上）と明言することは有名である。慧遠より少し先輩の曇延（五一六―五八八）の『起信論疏』では一切『楞伽経』に言及せず、もっぱら真諦三蔵が訳出した『摂大乗論』および同論世親釈を依用して注釈する。『起信論』の成立に関しては別に論じたので、それらの論考を参照してもらいたい。(8)

さて、「八識義」の真妄論を概観する。冒頭で八識を定義する。八識を六識と第七識、第八識の三層構造で示す。六識についてはは問題ない。第七阿陀那識と第八阿梨耶識については丁寧にそれぞれ八種類の類語を並べる。第七阿陀那識については無明識・業識・転識・現識・智識・相続識・妄識・執識である。これらの中で妄識が代表的な呼称になる。妄識は六識をも含むことも多い。このなかで無明識から相続識までの六種の名は『起信論』の三細六麁と五意から着想を得たものであることは一目瞭然であり、慧遠の妄識の形成が『起信論』に依拠する面が大きい。第八阿梨耶識は蔵識・聖識・第一義識・浄識・真識・真如識・家識・本識の八種である。これらのうち蔵識と第一義識は『楞伽経』に依り、浄識は『勝鬘経』に拠るというが、真如識は『起信論』に拠るとし、代表的な呼称が真識となるので、ここでも『起信論』の重みが感じられる。

さて、「八識義」は『起信論』と『摂大乗論』を主たる典拠として、十門分別が論じられる。ここでは依持の面が重要である。「真妄依持第五」の内容は真妄相対して依持を説く面と真妄共相識において依持を説く内容に二分される。ここでは『起信論』は引用されず、相対の内容は『勝鬘経』『楞伽経』『菩薩持地経』等により、また共相識の面は『十地経論』が引用され、『起信論』や『摂大乗論』には言及が無い。

真妄相対の依持はまた真妄相対の依持と唯だ妄識のみの場合と、唯だ真識のみの場合の三門に分けて論じている。第一の真妄相対では次のように述べる。

> 真妄相対の依持は如何ん。前の七妄識は情に有りて体は無し。起こること必ず真に託す。之を名づけて依と為す。故に『勝鬘』に云く、〈生死の二法は如来蔵に依る〉と。『地持経』にも亦た云わく、〈十二因縁は皆な一心に依る〉と。第八の真心は相は隠れ、性は実なり。能く妄の本と為り、妄を住持す、故に説いて持と為す。故に『勝鬘』に云く、〈若し蔵識無ければ、七法は住せず、苦を種え涅槃を楽求することを得ず〉と。此れは是れ真妄依持の義なり。
>
> 真妄相対依持如何。前七妄識情有体無。起必託真。名之為依。故勝鬘云、生死二法依如来蔵。地持経亦云、十二因縁皆依一心。第八真心相隠性実。能為妄本、住持於妄、故説為持。故勝鬘云、若無蔵識、七法不住、不得種苦楽求涅槃。此是真妄依持義也。（大正蔵四四、五三二下）

妄識が真識に依り、真識が妄識を持する構造が示される。先の体用論からすれば、真妄論は一方では必ず真妄和合を説くがそれは体用論の裏付けに拠る。体用論と別な真妄論の機能はこの真妄のけじめを付ける、真妄の本末のあり方にある。これは慧遠の教学の実践論となっている。第二に唯だ妄心の中での依持は六識と第七阿陀那識との依持関係を示し、第三に唯だ真心の中だけの依持は先ほどの体用論が出ており、体と用が依持の関係を結ぶと言う。

では、真妄共相識での依持はいかに示されているであろうか。

次に真妄共相の識の中に就いて、本末相対して、以って依持を弁ず。真と癡と合して共に本識と為る。本に依って共に阿陀那識を起こし、本に依って共に六種の生識を起こす。此の分の中に於いて本識を本と為し、余の二を末と為す。末の生ずるは本に依れば之を名づけて依と為し、本能く末を持し、流注して断ぜざるを、之を説いて持と為す。

次就真妄共相識中、本末相対、以弁依持。真与癡合共為本識。依本共起阿陀那識、依本共起六種生識。於此分中本識為本、余二為末。末生依本名之為依。本能持末、流注不断、説之為持。（同右、五三三中）

この一節は「真妄熏習第六」の真妄共相識の中で熏習を論じるところと全く一致した説明であり、熏習の項では明らかに『摂大乗論』に拠るとしている。(9) 真と癡とが本識の中で合体していることは『起信論』の「不生不滅と生滅と和合して一に非ず、異に非ざるを名づけて阿梨耶識と為す」という一文を根拠にした真妄和合論と重なる。しかし次には真妄分離の立場、真妄相対の立場での依持、真と妄との本末を付けた依持の関係を示す。

依持という関係論は、真妄が相対して、真と妄とが本末関係を明確にするというところに主眼がある点では、同体観の強い体用論中心の縁起説とは異なる面を見なくてはならない。真妄でいえば依持論は真妄分離に主眼があり、縁起論は真妄和合に力点があると言えよう。

以上、縁起と依持を体用論と真妄論で見て来たが、前にも言ったように、慧遠教学で認識的には体用論、実践的には真妄論がそれぞれ中心となって展開している。それでは慧遠の『維摩義記』の「入不二法門」を見る前に『大乗義章』「不二法門義」を一覧しよう。

(四)「入不二門義」の考察

今は第二門を中心に見る。第二門の科文は次のようになっている。

「入不二門義」は「名を釈す」第一、「相を弁ずる」第二、「説に約して異を分かつ」第三の三門分別からなる。

第一遣相門(相を遣るの門)

一就妄情所取法中相対分二。翻除彼二故名為不二。①

二情実相対以別其二。翻対此二名為不二。②

三唯就実離相平等名為不二。③

第二融相門(相を融ずるの門)

一就妄情所起法中、義別分二、二法同体名為不二。④

二真妄両別、名之為二、相依不離名為不二。⑤

三就真中義別分二。二法同体。名為不二。

一直就真体随義分二、如来蔵中具過無量恒沙仏法、彼法同体名為不二。⑥

二就真中体用分二。如依真心縁起集成生死涅槃。用不離体。体用虚融。⑦

三就真体所起法中、相別分二、……彼二同依一仏性体名為不二。⑧

四就真性所起法中。相別分二。如依仏性縁起集成一切行徳。徳別名二。於彼徳中。門別相即名為不二。⑨

大きくは二相を遣る形での不二の説き方と二相を融ずる形での不二があるとする。妄情等の用語は妄であり、実を含めて真体・真性なども真に括られるので、全体が真妄論である。また特に融相門のところでは同体・縁起・体用とあり、縁起論や体用論であることも分かる。すなわち真妄論と体用論が交差する形で議論が展開する。

さて、具体的に『維摩経』との対応を示せば、遣相門の三項の中で①の例としては「入不二法門品」の文殊菩薩までの三十二菩薩の中で第二徳守菩薩の我と我所との不二が例として引かれ、②には第三十一楽実菩薩の実と不実の不二が配される。③には維摩居士の沈黙が配当されている。

次に融相門の⑤には第十六電天菩薩の明と無明の二の不二が配当される。融相門の第四は四門に分けられ、その第一門⑥には第二十一深慧菩薩の空・無相・無作の不二が当てられ、第四門には第二十二寂根菩薩の仏法僧の不二が配される。他に④⑦⑧等では『涅槃経』等が不二の経文として引用されている。

三　『維摩義記』の不二法門と真妄論

慧遠の著作の前後関係については決めることが難しい。各著作に『大乗義章』への言及があるから、『大乗義章』は最初期の著作であるとも断定できない。『維摩義記』の撰述年代は不明である。

この小論では『維摩義記』全篇の検討はしていない(10)。今回は「不二法門品」の注釈部分だけの検討に終わった。ここでは特に真妄論が出ている第五善宿菩薩の動と念の不二を語る法門と、第十一浄解菩薩の有為と無為との不二を語る一段の二箇所を引用し、検討しよう。

では、『大乗義章』「八識義」に言及する第五から先ず引用する。

第五人の中、初に〈善宿曰〉とは、人を標して説を別つ。下に所説を明す。〈動念為二〉とは反て二相を挙ぐ。心識に八有り。相は従て三と為す。一には分別事識。六識心を謂う。二には是れ妄識。第七識を謂う。三には是れ真識。第八識を謂う。此の三は彼の『八識章』の中に具に広く分別するが如し。彼の妄識の中、麁細同じからず。義を別するに六重あり。一には是れ根本不覚知心なり。無明地を謂う。二には是れ業識なり。前の無明の不覚に依りて、妄念忽然として動ず。動ずるが故に業と名く。三には是れ転識なり。前の妄念に依りて、心相漸く麁にして、転じて外境を起すが故に名けて転と為す。四には現識なり。前の起る所に依り、虚浪の境界、応に自心を現ずべし。夢の所起の如し。一切の境界は夢心に現ずるが故に名けて現と為す。五には是れ智識なり。己が自心の所現の法の中に於て、違順染浄等の別を分別す。智解に似たるが故に智識と名く。六には相続識なり。『論』の中には、亦た不断識とも名く。妄境は心を牽く。心は妄境に随い相い乗る。断ぜざること海の波浪の如し。不断識と名く。又た能く事識の業果を持ち、断絶せざらしむ。亦た不断と名く。此の六の差別は『論』に具に弁ずるが如し。今、〈是動〉と言うは、是れ彼の業識妄動の心なり。〈是念〉と言うは、是れ彼の転識、乃至、不断なり。根本無明不覚知の心は未だ分別有らず。所以に挙げず。下に此の二を翻じて以て不二を明す。二相双べ遣るを不二と為す。先に弁じ後に結す。弁じる中に、〈不動則無念〉とは、情の分斉に於て、動に依りて念を起す、真に於ては常寂にして、業動本より無し。動ずること無きを以ての故に、念心生ぜざるを〈無念〉と道言う。〈無分別〉とは、妄識の中の動念の心無きが故に六種の分別事識も亦た無きを無分別と名く。此れ〈不二〉を解す。〈通達此二〈本文では者〉〉とは、其の入の義を彰す。〈是為〉の下は結なり。

第五人中、初善宿曰、標人別説。下明所説。動念為二、反挙二相。心識有八。相従為三。一分別事識。謂六識心。二是妄識。謂第七識。三是真識。謂第八識。此三如彼八識章中具広分別。彼妄識中、麁細不同。義別六重。一是根本不覚知心。謂無明地。二是業識。依前無明不覚。妄念忽然而動。動故名業。三是転識。依前妄念、心相漸麁、転起外境故名為転。四者現識。依前所起、虚浪境界、応現自心。如夢所起。一切境界現於夢心故名為現。五是智識。於己自心所現法中、分別違順染浄等別。似於智解故名知識。六相続識。論中亦名不断識矣。妄境牽心。心随妄境相乗。不断如海波浪。名不断識。又能持於事識業果、令不断絶。亦名不断。此六差別如論具弁。今言是動、是彼業識妄動之心。言是念者、是彼転識乃至不断。根本無明不覚知心未有分別。所以不挙。下翻此二以明不二。二相双遣為不二矣。先弁後結。弁中、不動則無念者、於情分斉、依動起念、於真常寂、業動本無。以無動故、念心不生道言無念。無分別者、無妄識中動念心故六種分別事識亦無名無分別。此解不二。通達此二、彰其入義。是為下結。（大正蔵三八・四九三下—四九四上）

心の動揺と一念、すなわち散乱の心と禅定の心に解釈に「八識義」を絡めた解釈である。傍線のように『大乗義章』「八識義」を想定している。またさらに二つ傍線は『起信論』の依用を示した。吉蔵よりも丁寧な解釈である。

次に第十一浄解菩薩の法門の注釈を引用する。

第十一の中、初に〈浄解曰〉とは、人を標して説を別す。下は所説を彰す。〈為無為二〉とは、反て二相を挙ぐ。〈有為〉と言うは、解するに両義有り。一には法外の四相に就て以て釈す。〈為〉の言は作なり。法外の四相は能く所作有るが故に有為と曰う。生能く法を生じ、乃至、滅能く諸法を滅するが故なり。二には法体の四相に就いて以て釈す。四相集起するを之を名けて為と曰う。色等の諸法は皆な此れ有為なるが故に〈有為〉と曰う。此の二に翻離するを名けて〈無為〉と曰う。何の法か是なるや。汎く解するに三有り。一には色に就て説く。生死の色は是れ其の〈有為〉にして、諸仏の常色、乃至、仏性真常の色等を名けて〈無為〉と曰う。二には心に就いて説く。妄心は〈有為〉にして、諸仏の常心、乃至、八識仏性の心等を名けて〈無為〉と曰う。第三には非色心に約就して説く。『毘曇』の中に弁ずる所の如し。十四不相応行を名けて〈有為〉と曰う。諸

〈論？〉に明かす、四相、名字句等、是れ十四なり。虚空、数法、及び非数滅、乃至、真如、第一義空は通じて摂するに悉く是れ非色心の中の〈無為〉の法なり。汎く論ずること是の如し。今、心に就て説く。妄想の心の生滅流注するを名けて〈有為〉と曰う。真心常寂なるが故に〈無為〉と曰う。下は此の二に反するを以て不二を明す。此の門の中に於て、妄を遣りて唯だ真なるを名けて不二と為す。先に弁じ後に結す。弁ずる中、〈若離一切数〉とは、妄を遣るを明すなり。妄心の中に於て、諸の心心法、各各異別なるを〈一切数〉と名く。想受等を謂う。実を証して反て望むるに、従来此無し。是の故に〈離一切数〉と名くるなり。〈即心如空〉とは真を澄〈証？〉するを明すなり。真心の体は性、虚空の如し。心外に諸数の別有ること無し。妄を去て唯だ真なるが故に心は空の如くなり。妄有りて真に対す、之を名けて二と為す。妄を離れて唯だ真なれば、真は即ち対を絶するが故に不二と曰う。今、此の言に因りて、諸心の有数無数を明す。心に三重有るは、義上に弁ずるが如し。一には事識心なり。二には妄識心なり。三には真識心なり。此の三重の中、初の六事識は一向に有数なり。想受行等、心王と同く一時に在りと雖も、作用別なるが故なり。第八真心は一向に無数なり。諸法は同体にして虚空の如くなるが故なり。第七識の中に麁細の六重あり。已に上に弁ずるが如し。是の無明識より乃至相続まで此の六重の中、根本の四重の心識は微細なり。諸の心心法は未だ曾て別に起らず。別相は得難ければ、数有りと説かず。無数を以ての故に、『論』の中に名けて不相応染と為す。不相応とは、『論』に自ら釈して言く、「即心の不覚は常に別異無きを不相応と名く」と。後の両重は、心麁にして用は別なり。別相は得べければ、諸数有りと説く。数有るを以ての故に、『論』の中に名けて心相応染と為す。相応言うは、『論』に自ら釈して言く、「心も異、念も異にして、同じく知り、同く縁ずるが故に相応と号す」と。心は是れ心王にして、念は是れ心法なり。此の二に同く縁ずるが故に相応と曰う。細実は此の如し。然るに、今、此の中、総相に之を分てば、妄中には数を説き、真中には弁ぜず。此れ不二を解す。〈以清浄慧無所礙〉とは、其の人の義を釈す。真を証して妄を降（除？）すを〈清浄慧〉と名く。妄の纏うところと為らざるを〈無所礙〉と名く。此の徳の成ずる時を〈入不二〉と名く。〈是為〉の下は結なり。

第十一中初浄解曰。標人別説。下彰所説。為無為二反挙二相。言有為者解有両義。一就法外四相以釈。為之言作。法外四相能有所作故曰有為。生能生法乃至滅能滅諸法故。二就法体四相以釈。四相集起名之曰為。色等諸法皆此有為故曰有為。翻離此二名曰無為。何法是乎。汎解有三。一就色説。生死之色是其有為。諸仏常色乃至仏性真常色等名曰無為。二就心説。妄心有為、諸仏常心乃至八識仏性心等名曰無為。第三約就非色心説。如毘曇中所弁。十四不相応行名曰有為。諸明、四相名字句等是十四也。虚空数法及非数滅乃至真如第一義空、通摂悉是非色心中無為法也。汎論如是。今就心説。妄想之心生滅流注名曰有為。真心常寂故曰無為。下反此二以明不二。於此門中遣妄唯真名為不二。先弁後結。弁中若離一切数者。明遣妄也。於妄心中諸心心法各各異別名一切数。謂想受等。証実反望、従来無此。是故名離一切数矣。即心如空明澄（証？）真也。真心之体性如虚空。心外無有諸数之別。去妄唯真故心如空。有妄対真名之為二。離妄唯真真即絶対故曰不二。今因此言明諸心有数無数。心有三重義如上弁。一事識心。二妄識心。三真識心。此三重中初六事識一向有数。想受行等雖与心王同在一時。作用別故。第八真心一向無数。諸法同体如虚空故。第七識中麁細六重。已如上弁。是無明識乃至相続。此六重中根本四重心識微細。諸心心法未曾別起。別相難得不説有数。以無数故論中名為不相応染。不相応者論自釈言。即心不覚常無別異名不相応。後之両重心麁用別。別相可得説有諸数。以有数故論中名為心相応染。言相応者論自釈言。心異念異同知同縁故号相応。心是心王念是心法。此二同縁故曰相応。細実如此。然今此中総相分之。妄中説数真中不弁。此解不二。以清浄慧無所礙者。釈其人義。証真降（除？）妄名清浄慧。不為妄纏名無所礙。此徳成時名入不二。是為下結。（大正蔵三八・四九四下〜四九五上）

吉蔵が『毘曇』と『成実』に言及したに留まる（大正蔵三八・九七六中）のに対して、慧遠の注釈は『大乗義章』

の「三有為義」や「三無為義」とも関連する注釈である。最初の傍線部分は経文の「心は虚空の如し」について真妄論で弁じたものである。真妄相対する面もあるが、唯真は絶対であり、そこでは無妄であるところを空とも言い、不二とも称する。二番目の傍線は『起信論』の六染心を用いて、特に妄心の心所の浅深を論じた。深い妄心の心所は即心の不覚とも言われるように微細であり、意識と心所とのように能所で認識できるものではない。ここでも前の第五菩薩の注釈と同様に真妄論で注釈していることが知られる。その点を吉蔵は批判する。

四　吉蔵の『維摩経義疏』の不二解釈

吉蔵の『維摩経義疏』は先ず『注維摩経』から鳩摩羅什や僧肇の解釈を多く引用することが特色である。その点は慧遠がただ「什公」「肇公」、或いは道生のことを「生公」と一回だけ言及する（大正蔵三八・四五一上）に留まり、彼らの注釈はほとんど引用しないのと異なる。吉蔵はまた慧遠の『維摩義記』を全篇で数回引用し、ある場合には批判するが、この「入不二法門品」釈でも、単なる言及一回と、批判的な引用一回が存在するので、慧遠の注釈と吉蔵の言及や批判を対照してみよう。

先ず第十四現見菩薩の尽と不尽との不二の法門の注釈である。傍線を付けて言及の関係が分かるようにする。

慧遠『維摩義記』

第十四の中、初に〈現見曰〉とは、人を標して説を別す。下は所説を彰す。〈尽不尽二〉とは、反て二相を立つ。妄の息むを〈尽〉と名け、真徳常住なるを名けて〈不尽〉と為す。下は此の二を翻じて以て不二を明す。二相双べて遣るを不二と為すなり。先に弁じ後に結す。弁の中に〈法若究竟尽〉とは、前の尽を牒挙して、無常生滅の尽を簡異するが故に〈究竟〉と云う。〈若不尽〉とは前の不尽を牒す。〈皆無尽〉とは、前の二は皆な空なり。空理の常住なるが故に〈無尽〉と曰う。又た空理に於て、法の除くべき無きを亦た〈無尽〉と名く。〈無尽相即是空〉と言うは、其の体を指斥す。上来より此に至りて相を破して如に入る。〈空則無有尽不尽〉とは、実は相を離るるを明す。此れ不二を解す。〈如是入者〉とは、其の入の義を彰す。〈是為〉の下は結なり。

第十四中、初現見曰、標人別説。下彰所説。尽不尽二、反立二相。妄息名尽、真徳常住名為不尽。下翻此二以明不二。二相双遣為不二矣。先弁後結。弁中法若究竟尽者、牒挙前尽、簡異無常生滅之尽故云究竟。若不尽者、牒前不尽。皆無尽者、前二皆空。空理常住故曰無尽。又於空理、無法可除亦名無尽。言無尽相即是空者、指斥其体。上来至此破相入如。空則無有尽不尽者、明実離相。此解不二。如是入者、彰其入義。是為下結。（大正蔵三八・四九五中—下）

慧遠の注釈はここでも真妄論に拠る。妄心の息むを尽とし、真心の徳性を常住不尽とする。慧遠としては極自然な注釈である。

吉蔵『維摩経義疏』

〈現見菩薩曰。「尽と不尽とを二と為す」〉とは、有人の言く、忘（妄）の息むを尽と為し、真得（徳？）の常住なるを不尽と名く」と。什公の云わく、「無常は是れ空の初門なり。法を破すること尽きざるを名けて不尽と為す。畢竟空にして法を破し尽すを名けて尽と為す」（大正蔵三八・三九七下一六行）と。肇公の云わく、「有為虚偽の法は無常なるが故に尽と名く。実相無為の道は常住なるが故に不尽なり」（同二〇行）と。〈「法にして若し究竟して尽き、若しくは尽きず、皆な是れ尽相無し、無尽の相は即ち是れ空なり、空なれば則ち尽・不尽の相有ること無し。是の如く入る者は、是を不二法門に入ると為す」〉とは、前に依りて通ぜば、〈究竟して尽き〉とは上の尽の義を牒し、無常生滅の尽に簡異するが故に〈究竟〉と云う。〈若しくは尽きず〉とは前の不尽を牒す。即ち真常なり。〈皆な尽無し〉とは、前二は並に空なり。空理は常住なるが故に無尽と云う。亦た空理の法として除くべきもの無きを亦た空尽と名く。肇公の釈に依らば、「若し尽を以て尽と為し、不尽を以て不尽と為さば皆な是れ二なり。若し能く尽と不尽との不尽なる相を悟らば、則ち一空なる不二法門に入るなり」（大正蔵三八・三九七下二二行）と。

現見菩薩曰。尽不尽為二、有人言、忘（妄）息為尽、真得（徳？）常住名不尽。什公云、無常是空初門。破法不尽名為不尽。畢竟空破法尽名為尽。肇公云、有為虚偽法無常故名尽。実相無為道常住故不尽。法若究竟尽、若不尽、皆是無尽相、無尽相即是空、空則無有尽不尽相。如是入者、是為入不二法門。依前通者、究竟尽牒上尽義。簡異無常生滅之尽故云究竟。若不尽者牒前不尽。即真常也。皆無尽者、前二並空。空理常住故云無尽。亦空理無法可除亦名空尽。依肇公釈者、若以尽為尽、以不尽為不尽者皆是二也。若能悟尽不尽不尽相者、則入一空不二法門也。（大正蔵三八・九七六中下）

吉蔵はここでは慧遠の注釈への言及に留めて、批判はしていない。鳩摩羅什や僧肇の注釈に任せている面が強い。吉蔵自身の言葉としては空理が不尽であるということが目立つぐらいである。

次に第十六電天菩薩の明と無明の不二の法門についての両者の注釈を引用し、言及箇所を傍線で示す。

慧遠『維摩義記』

第十六の中、初に〈電天曰〉とは、人を標して説を別す。下は所説を彰す。〈明無明二〉とは、返て二相を挙ぐ。分別するに二有り。一には相に随いて説く。闇惑の心、縁じて了ぜざるを名けて〈無明〉と曰う。智を縁じて顕了なる、之を説いて〈明〉と為す。二には心に約して説く。妄心の性闇なれば、設い縁有りて解するも亦た是れ〈無明〉なり。人の夢の中に、分別の性有りと雖も是れ昏睡なるが如し。亦た楽受の性は是れ行苦なるが如し。真心の性の照す、之を説いて〈明〉と為す。乃至、凡時の性浄の心も亦た説いて〈明〉と為す。今は後の門に依る。下は此の二を翻じて以て不二を明す。此の門の中に於て、真と妄と同体なるを以て不二と為す。先に弁じ後に結す。〈無明即是明〉と言うは、妄は即ち真なりと会す。妄心の体は実に即ち是れ真心なるが故に無明の性は即ち是れ明なり。昏睡の体は即ち是れ報心なるが如し。此の句は正しく不三（二？）の義を顕し竟りぬ。〈明亦不可取〉導言うは、真は妄に異るを簡ぶ。何が故に簡を須いるや。人、是れ明と聞いて、取て縁治と同くす。此の見を遮せんが為の故に是の明は取りて同く縁じて之を治すべからずと説く。〈明名（経典では亦とある）不可取離一切数〉とは、前の取りて縁じて治し叵きを釈す。之（無の字か）明は是れ妄心の辺にして慧数の所摂なり。令（今）、明と言うは、是れ真心の体、真心平等にして性は虚空の一切の数を離るるが如し。是の故に取りて同く縁じて治すべからず。亦た是の中の二相双べて遣るを以て不二と為すべし。〈無明性即是明〉と言うは、無明の相を遣る。無明の実性は即ち明なるが故に一向に取るべからず。〈離一切数〉とは、其の明の相を遣る。二相倶に泯ずるを名けて不二と為す。此れ不二を解す。〈於其中等無二〉言うとは、其の入の義を釈す。〈是為〉の下は結なり。

第十六中、初電天曰、標人別説。下彰所説。明無明二、返挙二相。分別有二。一随相説。闇惑之心、縁而不了名曰無明。縁智顕了、説之為明。二約心説。妄心性闇、設有縁解亦是無明。如人夢中、雖有分別性是昏睡。亦如楽受性是行苦。真心性照、説之為明。乃至凡時性浄之心亦説為明。今依後門。下翻此二以明不二。於此門中、真妄同体以為不二。先弁後結。言無明即是明者、会妄即真。妄心体実即是真心故無明性即是明也。如昏睡体即是報心。此句正顕不三（二？）義竟。導言明亦不可取者、簡真異妄。何故須簡。人聞是明、取同縁治。為遮此見故説是明不可取同縁治之。明名不可取離一切数、釈前叵取縁治。之明是妄心辺慧数所摂。令（今）言明者、是真心体、真心平等性如虚空離一切数。是故不可取同縁治。亦可是中二相双遣以為不二。言無明性即是明者、遣無明相。無明実性即明故不可一向取。離一切数、遣其明相。二相倶泯名為不二。此解不二。言於其中等

無二者、釈其入義。是為下結。（同・四九五下―四九六上）

吉蔵『維摩経義疏』

〈雹天菩薩曰わく、「明と無明とを二と為す。無明の実性は即ち是れ明なり。明も亦た取るべからず、一切の数を離る。其の中に於て平等無二なる者は、是を不二法門に入ると為す」〉とは、十地師の云わく、「真と妄と同体にして、妄を会して真を成ずるが故に不二と云う。水を動じて波を成ずるが如し。波と水とは同体にして還て波を息めば水を成ずるを名けて不二と為す」と。今、謂わく、然らず、と。文に云わく、〈明も亦た取るべからず〉と。則ち是れ両つながら捨す。会成には非ず。若し無明の実性を了悟せば即ち是れ明を捨（為？）すが故に不二と云う。若し明と無明とを見れば便ち是れ無明なり。故に知りぬ、明も亦た取るべからざるなり。

雹天菩薩曰、明無明為二。無明実性即是明。明亦不可取、離一切数。於其中平等無二者、是為入不二法門、十地師云、真妄同体、会妄成真故云不二。如動水成波。波与水同体還息波成水名為不二。今謂不然。文云、明亦不可取。則是両捨。非会成。若了悟無明実性即是捨（為？）明故云不二。若見明無明便是無明。故知、明亦不可取也。（同・九七六下）

ここでは吉蔵は慧遠の真妄論からの明と無明の不二を真妄同体とし、また妄を真に会すことを不二とする解釈を明確に否定する。吉蔵自身は無明はもちろん、明ですら取着してはならないとする。経文に忠実な注釈と言えよう。

五　吉蔵教学における不二と中道

前節で見たようにわずかな例であるが、吉蔵は慧遠の真妄論を中心とした『維摩義記』の注釈を批判していることをとを見た。吉蔵教学の中核である空観思想からすれば、慧遠教学の縁起説にしても、依持説にしても、また体用論にしても、真妄論にしても有的な色彩の強いものであり、まさに吉蔵が「有所得大乗」と連呼して批判する対象に相応しいと言えよう。

ただ慧遠教学が一貫しているのと比較すると、吉蔵教学はすでに平井俊榮、奥野光賢両博士[11]によって論じられているように、吉蔵の人生は会稽嘉祥寺時代・揚州慧日道場時代、そして長安日厳寺時代と三期に分けられ、彼の教学形成もそれぞれの時代を反映していると考えるのが妥当であろう。ただ吉蔵教学の思想史的展開の様相はまだ明らかにされてはいない面が多い。

彼は『維摩経義疏』の冒頭で次のように言う。

余は夫れ開皇の末を以って、身疾に因る。自ら玄章を著す。仁寿の終りに、命を奉じて文疏を撰す。辞に闊略有り、二本不同を致す。

余以夫開皇之末、因於身疾。自著玄章。仁寿之終、奉命撰於文疏。辞有闊略、致二本不同。（大正蔵三八・九〇八下）

この一文と『浄名玄論』冒頭の一文（大正蔵三八・八五三上）に拠り、吉蔵が晋王、後の煬帝に随って長安の日厳寺に入ってからの最初の著作が『浄名玄論』八巻であったと平井俊榮博士は述べる[12]。先の『維摩経義疏』の一文の『玄章』とあるのが『浄名玄論』であるから、「闊略」二本は『維摩経義疏』と『維摩経略疏』であり、仁寿の終りとは六〇四年前後までには両書が成立していた。また「命を奉じて」とあるから、晋王は智顗に要請したのと同様に吉蔵にも『維摩経』注釈を命じたことが分かる[13]。

このようには吉蔵の長安時代のもの、いわば後半生の教学になるが、その特色の全容を明らかにすることは出来ない。中道についてはこの『維摩経義疏』「入不二法門品」釈段には用例が無く、他の品の注釈に数回出ており、二

辺を離れる中道の伝統を守っている。(14)

さて『維摩経義疏』において「三門に不二を明かすは、『玄義』の内に具に以って之を釈す」(大正蔵三八・九七五中)とある。この『玄義』とは『浄名玄論』のことである。『浄名玄論』巻一(15)の冒頭では名題釈があり、その中がまた三項に開かれ、その第二門「名を立つる本を釈す」ところがまた十門に分けられ、その第一が「一には教を広く三と為す門」となっており、ここで盛んに不二が論じられる。ただ巻一では二回だけ中道への言及があり、不二と中道は積極的には関連付けられてはいない。しかし『浄名玄論』の全体での中道の用例は『維摩経義疏』における離二辺の中道以外のものもあるので、一覧してみよう。

①問、既同唱斯言、意云何異。答、非別有一物、以覆法身。亦非別有法身、隠乎胎内。若別有法身、在於胎内、其猶辟内有柱。我在色中、蓋是身見之流、何名中道仏性。(巻一、大正蔵三八・八五九中)

②問、入不二法門与三波若、三観、中、観、論、五仏性等諸法門何異。答、題云入不二法門含有三義。一不二教、次不二理、三不二観。摠能化為言、由不二理発不二観、由不二智説不二教。就所化弁者、藉不二教、悟不二理、生不二智也。不二理謂実相般若、不二観則観照般若、不二教則是文字波若。此三眼目異名、更無別体也。不二理則義相観、不二観謂心行観、不二教謂名字観。不二理即中道、不二観謂正観、不二教則名為論。但為仏印定故名不二経。菩薩所造名不二論。更無別体也。不二理即因仏性、不二観謂因因性、由不二境発不二智故是因因。但観智円満即是菩提、菩提無累即是涅槃。以此因果顕非因果即是正性。故五性不二理及不二観、既不立文字性故。不二教不摂之也。(巻一、同・八六一上中)

③諸法宛然実相則不累於有、不累於有故不常、不滞於無故非断、即中道也。(巻五、同・八八三中)

④不累於有故常著氷消、不滞於無故断無見滅。寂此諸辺故名中観。是以二諦中道、還発生二智中観。観二智中観還照二諦中道。(巻五、同・八六二中)

⑤又一切諸見凡有二種。一者有見、二者無見。般若破其有見、方便破其無見、則顕中道。（巻五、同・八八六中）
⑥問、大乗亦有仮名実法義不。答、二諦是仮名、不二為中道。則是実相故名実法。（巻五、同・八八九上）
⑦又先破定性有無故破其有見。今明因縁有無故破無見。欲示中道、明有無門。（巻六、同・八九三中）
⑧問、仁王云、唯仏一人居浄土。是何土耶。答、此中道第一義諦、名之為土。菩薩爾時登第一義山頂、与無明父母永別故独居浄土。下位之流未栖其中。（巻八、同・九〇六下）
⑨土雖無量、不出三種。一法身本土。二迹中明報応二土。法身本土即中道実相。此土非垢非浄、不生不滅、超百非、絶四句。不知何之目之、強嘆美云浄土。（巻八、同・九〇七中）

これらの中で③④⑤⑦は一般的な二辺を離れる中道である。不二との関連では②の「不二の理は即ち中道」が目立つ。また⑥も「不二を中道と為す」とある。不二と中道を直接関連付ける唯一の用例である。その他の①の中道仏性、⑧の中道第一義諦浄土論、⑨の中道実相法身論などは吉蔵の他の著作などの用例と併せて検討すれば有益かもしれない。

これまでの吉蔵の不二と中道の用例を『維摩経義疏』と『浄名玄論』から検討した結果は、中道は二辺を離れる内容のものが多いことが分かった。不二と中道が結び付くものは『維摩経義疏』に一例が見出せた。しかし『維摩経義疏』「不二法門品」釈の段には一回も中道に言及しないことも確認された。また『浄名玄論』に出ていた「不二の理は即ち中道」の用例は無視できない。ただ慧遠は中道自体に言及しないから何とも言えないが、中道をよく連呼する吉蔵も『維摩経』「不二法門品」の不二思想にあまり中道を関連付けていないと断言しても過言ではないと思う。

六　まとめと課題

この小論では、慧遠と吉蔵に両者に『維摩経』に対する注釈書があり、吉蔵が慧遠のものを引用したり、批判していることから、その事実を確認した。それも「入不二法門品」釈段に限定してみた。私の中道への問題意識から、吉蔵には『維摩経』の不二にもっと中道を結び付ける解釈の存在を期待したが、それは否定的な結論であった。しかし『維摩経義疏』と『浄名玄論』とを検討した結果、二辺を離れる中道は散見され、不二の理を中道とする用例も一例ずつ説かれていた。ただ中道自体は吉蔵においては「理」としてよりも、他に浄土や法身や仏性と関連付けた用例からも窺われるように、二諦とか二智なども含めて「教」に属するものとして認識されていたのであろう。

平井俊榮博士は体用と理教を吉蔵の基礎範疇として分析された(16)。成実師たちが二諦を理とするのに対して、吉蔵の二諦は教であるところに特色がある。『三論玄義』の破邪の段の最後に大乗の二諦に関する邪義を掲げるが、二諦が一体であるとか、二体であるとか執する人々を批判する(17)。そして顕正の段では、『中論』は二諦が宗であり、そして二諦は中道であると明言する(18)。この言明から言えば、中道が不二と結び付くのは吉蔵の教学の形態からは出てこないと言えよう。

しかし、実際に吉蔵には不二中道の用例が『二諦義』や『中観論疏』に出ている。この四字成句を理と教の同居と考え、短絡に語義矛盾とする前に、平井博士の基礎範疇論を拳拳服膺して、不二と中道の関係を考えなおして見る必要を感じる。『般若経』に出る不二はインド哲学のように一元論になるはずはない。また吉蔵の用例と同様に湛然の『十不二門』なども将来の検討の課題とする。

慧遠と吉蔵の『維摩経』の注釈、それも「不二法門品」釈段だけを比較した結論を言えば、両者に共通しているのは体用論であるが、慧遠は真妄論を併せ持ち、吉蔵には理教論が重要であることの違いがあると言えよう。一箇所だけ明らかに慧遠釈を否定していた吉蔵の態度は、慧遠の真妄論を吉蔵の理教論、特に二諦論と八不中道論から批判していると判断してよい。

他に天台智顗の『維摩経』注釈書があり、一覧しただけでも「入不二法門品」釈段に中道を連呼しているが、これを慧遠と吉蔵のものと比較検討することも後の研究課題として残った。

なぜ晋王広、後の煬帝は智顗にも吉蔵にも『維摩経』の注釈を行うことを命じ、献上することを要請したのであろうか。私は北周武帝の破仏の原因になったという衛元嵩の平延大寺の世俗仏教[19]の主張と何らかの関係があるのではないか、『維摩経』初品「仏国品」に煬帝は魅力を感じていたのではないか、との推測を抱いている。仏国とは何か、それは仏教からは単純に浄土思想と言い切れるかもしれないが、帝王の国家観と仏者の仏国観の相克は無いのか、問題になるところである。これも問題提起として小論を締め括る。〔編者注：岡本詳説参照〕

（1）地論宗や地論師の呼称については、拙論「地論師という呼称について」（『駒仏紀要』第三一号、一九七三年）を参照してほしい。

（2）曇鸞の最新の研究は石川琢道『曇鸞浄土教形成論——その思想的背景——』（法蔵館、二〇〇九年）である。

（3）拙著『華厳一乗思想の研究』（大東出版社、一九九一年、二〇〇三年第二版、四一—四二頁）参照。

（4）拙稿「法身有色説について」（『仏教学』第三号、一九七七年）では、慧遠が有人として厳しく批判する「法身無色説」に対して、彼が強調する「法身有色説」の意義を論じた。この場合も無色説が破相宗、有色説が顕実宗に相当する。

（5）坂本幸男『大乗仏教の研究　坂本幸男論文集第二』（大東出版社、一九八〇年）所収「同体縁起思想の成立過程について、（一　法上の同時縁起説）（二　慧遠の同時同体縁起説）」などの論考を参照のこと。

（6）拙稿「慧遠の仏性縁起説」（『駒仏紀要』第三三号、一九七五年）参照。

（7）十巻『楞伽経』では巻四（大正蔵一六・五三八中）に同じ趣旨が出ているが、文句は四巻『楞伽経』が一致する。

（8）拙稿「浄影寺慧遠の起信論引用について」（『印仏研』四九―一、二〇〇〇年）、同「大乗起信論の再検討」（『聖厳博士古稀記念論集　東アジア仏教の諸問題』所収、山喜房仏書林、二〇〇一年）、同「吉蔵の大乗起信論引用について」（『印仏研』五〇―一、二〇〇一年）、同「真諦三蔵訳出経律論研究誌」（『駒仏紀要』第六一号、二〇〇三年）、同「起信論と起信論思想――浄影寺慧遠の事例を中心にして――」（『駒仏紀要』第六三号、二〇〇五年）、同「慧遠の大乗義章における起信論思想――論文の改変の事実をめぐって――」（『福井文雅博士古希記念論集　アジア文化の思想と儀礼』所収、春秋社、二〇〇五年）、同「『大乗起信論』実叉難陀訳（P本）の成立――いわゆる真諦訳（S本）諸注釈書を考慮する視点から――」（『多田孝正博士古希記念論集　仏教と文化』所収、山喜房仏書林、二〇〇八年）等を参照。私は基本的には柏木弘雄氏の主張に同意する。すなわち、成立地がインドであれ、中国であれ、インド仏教の思想に通達した原則的にインド仏教者の手になるという意味で、インド成立説である。そして真諦三蔵は『起信論』に関わらないと思う。北方の中国で、慧遠が教学形成に入る二十代始め、五四〇年ごろには長安や洛陽には流布していたであろう。真諦三蔵が中国の南方に到着した梁の太清二年（五四八年）には既に中国の北地に存在していたと考える。

（9）『大乗義章』「八識義」の熏習の項は「次第六門明熏習義、於中有二、一就真妄別相識中以弁熏習、二就真妄共相識中以論熏習」（大正蔵四四・五三三中）とあり、第二の真妄共相識の熏習の冒頭では「次就真妄共相識中、以弁熏習、共相識者、仏性真心、与無明地、合為本識、名阿梨耶、依本変起阿陀那識執我之心、依本変起眼等六識及六根塵、義如上弁、今執此三明相熏習、如摂論説」（同・五三四下）とある。本文で引用した依持の真妄共相識の依持が『摂大乗論』の説の慧遠なりの把握であることが理解される。

（10）慧遠の『維摩義記』に関する先学の論考として橋本芳契「慧遠の維摩経義記について」（『印仏研』五―一〔通巻九号〕一九五七年）、菅野博史「浄影寺慧遠『維摩経義記』の研究――注釈の一特徴と分科――」（『東洋学術研究』二三―一〔通巻一〇七号〕一九八四年）がある。また慧遠と吉蔵の両方の注釈を比較した論考に高野淳一「浄影寺慧遠と吉蔵の維摩経解釈をめぐって」（中嶋先生退休記念事業会編『中国の思想世界』所収、イズミヤ出版、二〇〇六年）がある。

（11）平井俊榮『中国般若思想史研究――吉蔵と三論学派――』（春秋社、一九七六年）と奥野光賢『仏性思想の展開――吉蔵を中心とした『法華論』受容史――』（大蔵出版、二〇〇二年）を参照。

(12)　注11所引の平井前掲書、三七四頁参照。
(13)　吉蔵の『維摩経略疏』は注釈書としての体裁に問題がある。これは「入不二法門品」だけでのことではあるが、第一菩薩の法自在の不二法門は独立した注釈を為しているが、第二の徳守から第三十一の楽実までは本文をずらっと引用し、注釈は続蔵経のテキスト巻五（続蔵二九・一六七右下）でほんの十行ほどである。これはほとんど注釈書と言えない。真偽について課題があるのではないだろうか。
(14)『維摩経義疏』巻一玄談に「令遠離（離）二辺、顕于中道」（大正蔵三八・九〇九上）、「仏国品釈」に「非有非無、即是中道」（同・九二五中）、「方便品釈」に「捨於二辺、悟入中道」（同・九三三下）、「弟子品釈」に「今離二辺、悟入中道」（同・九四三中）、「観衆生品釈」に「以真諦故非世、世諦故無不在、無在故非有、無不在故非無、即是中道義」（同・九七〇上）などと出ている。
(15)　奥野光賢「吉蔵撰『浄名玄論』巻第一の注釈的研究」（『駒澤短期大学研究紀要』第三四号、二〇〇六年）を参照。因みに吉蔵のもう一つの『維摩経』関係文献である『維摩経遊意』について、奥野光賢「吉蔵撰『維摩経遊意』について――その割注をめぐって――」（『駒澤短期大学仏教論集』第二号、一九九六年）と大西龍峯・奥野光賢共著「吉蔵撰『維摩経遊意』の注釈的研究」（『駒澤短期大学研究紀要』第二九号、二〇〇一年）とがある。
(16)　平井俊榮博士前掲書〔注11〕（第二篇、第二章、第二節　吉蔵教学の基礎範疇　一　理教と体用の概念、四一九頁）参照。
(17)　吉蔵『三論玄義』「三者即世所行、雖具知二諦、或言一体、或言二体、立二不成、復喪真俗也」（大正蔵四五・六上）とあることを参照。
(18)『三論玄義』「次論明中論、以二諦為宗」（大正蔵四五・一一上）、また「即二諦是中道、既以二諦為宗、即是中道為宗」（同・一一下）などを参照。
(19)　道宣『広弘明集』巻七（大正蔵五二・一三二上）に出る。

＊謝辞　この小論を作成するに際し、同僚の奥野光賢先生からは多くの資料の提供を受け、貴重な意見を頂戴するなど大変お世話になった。一言、感謝の辞を述べ、御礼申しあげる。

解説

〔概説〕

『吉津宜英著作集』第一巻について

岡本一平

一　刊行の目的

吉津宜英博士（一九四三―二〇一四）は、二〇世紀中葉から二一世紀初頭にかけて、日本を代表する仏教研究者の一人である。吉津博士の研究の歩みは、中国における『大智度論』の受容に関する研究に始まり、地論学派の研究、華厳学派の研究を経て、東アジアの仏教思想史を展望し、晩年には「世界仏教思想史」までも視野に入れていた。一人の仏教研究者の業績として、偉業に数えられるべきものである。本『吉津宜英著作集』（略称『著作集』）は、吉津博士の仏教研究の意義を顕彰し、今後の研究課題を提起するために刊行する。吉津博士の仏教研究は、今や東アジア仏教研究の新しい古典であり、広く、そして長く読まれるべきものと信じるものである。

二　刊行の経緯

本『著作集』の刊行は、吉津博士の生前に準備したものではなく、二〇一四年一月五日、吉津博士が逝去されて間もなく構想した。その原型となったのは、吉津博士が御自身の手で編集された『慧遠教学の研究』（口絵参照）と題された論文の抜刷を仮綴じした冊子である。『慧遠教学の研究』は、一二篇の論文を二章（第一章「慧遠教学の思想史的研究」、第二章「慧遠著作の基礎的研究」）に配分したA５版の冊子（全一二一頁）であり、博士自身によって総題、章題、目次を与えられ、頁のナンバーリングもなされている。おそらく一九七三年三月から翌年の三月の間に編集されたものと推定される。本冊子に収録される最終刊行年の論文は、「地論師という呼称について」（一九七三年三月）であり、翌年三月まで、博士は論文を刊行していないからである。表紙左上に「水野先生へ」という鉛筆書きの献辞がある。おそらく、「水野弘元先生」に献呈されるために編集された冊子であり、何らかの事情で吉津博士の手元に残されたのであろう(1)。

二〇一四年三月、吉津博士の研究室において、佐藤厚氏と岡本一平が、吉津博士の奥様と御嬢様の立ち合いの下、博士が遺された研究資料を整理した。その時、岡本が多くの資料の中から『慧遠教学の研究』を発見した。浄影寺慧遠（五二三―五九二）は、吉津博士の初期の研究テーマであり、慧遠と地論学派は、近年、国際的な研究領域として発展している重要な主題である（『著作集』第一巻、岡本の詳説参照）。そこで岡本がこの冊子を中核に吉津博士の論文集を一冊だけ刊行することを構想した。しかし、構想の過程で、吉津博士自身が公刊された二冊の単著（『華厳禅の思想史的研究』と『華厳一乗思想の研究』）を除いた学術論文を収集・整理して、博士の一生涯の業績を見渡せるようにしたほうがよいのではないかと考えるに至った。最終的に全四巻の著作集の刊行を企画し、吉津博士の縁者を中心にして『吉津宜英著作集』編集委員会を組織した。『著作集』全体の構成の原案は岡本が作成し、編集委員の諸氏に諮り、岡本が意見を調整して刊行に至った。

三　『著作集』全体の編集方針

一人の研究者の一生涯の研究を整理することは容易ではない。吉津博士の業績も同様である。吉津博士は、駒澤大学仏教学部禅学科に入学し（一九六二年四月）、卒業論文「中論観涅槃品研究」（一九六六年三月、四〇〇字詰め原稿用紙一〇〇枚、審査：宮本正尊、増永霊鳳）を提出、同大学院に入学し（一九六六年四月）、修士論文「大智度論研究」（一九六八年、四〇〇字詰め原稿用紙三〇〇枚、審査：小川弘貫、宮本正尊）を提出した。

吉津博士の研究の歩みは、卒業論文の審査合格の年月日から数えるべきかもしれないが、ここでは便宜的に修士論文に本格的に取り組んでいた修士二年生、一九六七年から数えたい。その理由は、吉津博士の公表された最初の二篇の論文は、「慧影の『大智度論疏』をめぐる問題点」（一九六七年一二月）、「『大智度論』研究における諸問題」（翌年三月）であり、両論文ともに修士論文の成果の一部だからである。特に後者は修士論文の「序論」の抄出である。そして、生前に刊行された最後の論文は「道元における「自己」について」（二〇一三年五月）、没後となったが、最後の著作は『大乗起信論新釈』（二〇一四年）である（本書は吉津博士が遺された原稿を石井公成氏が整理・編集したものである）。吉津博士の一九六七年から二〇一四年に至る四七年間の研究生活を三期に区別すれば次のようになる。

初期の研究…一九六七年から一九七八年（一一年）

中期の研究…一九七八年から一九九一年（一三年）

後期の研究…一九九一年から二〇一四年（二三年）

初期の研究は多彩であり、中国の南北朝時代から隋・唐初に至る仏教研究である。具体的には⑴『大智度論』の受容と北朝の大智度論師、⑵吉蔵とその批判対象、⑶中国の南北朝時代のアビダルマ、⑷浄影寺慧遠（五二三—五九二）と地論学派、そして⑸『大乗起信論』の初期の注釈書と推移してゆく。初期の主要テーマの内、後期に至るまで継続的な関心事であったものは、主に初期のテーマ⑷⑸に属して始まった『大乗起信論』の研究である。本『著作集』第一巻・第二巻は、初期の研究を基本にして関連する論文を収録した。

中期の研究は、中国の華厳学派の研究である。その成果は単著『華厳禅の思想史的研究』（大東出版社、一九八五年）と『華厳一乗思想の研究』（大東出版社、一九九一年）の二冊に結実した。吉津博士の研究者としての一般的なイメージは、この二冊の単著によって決定づけられたと思われる。この時期の研究の最大の成果は、「華厳禅」と「元暁・法蔵融合形態」（or「全一のイデア」）という二種の仮説的概念を提起し、東アジア仏教思想史を展望する視点を獲得したことである。ただし、吉津博士による華厳学派の研究は、この二冊の単著に納まらない。『華厳禅』の関連研究では、その原型となった諸論文や、『華厳禅』の刊行以後に執筆された論文が遺されている。また、『華厳一乗』には、その前後に執筆された多くの華厳学派関連の論文が収録されていない。その理由は、『華厳一乗』が華厳学派の「一乗」をテーマとしているからである。本『著作集』第三巻は、中期の華厳学派の論文、及びそれに関する論文を収録する予定である。

後期の主要テーマは、東アジア仏教研究である。具体的には、中期に確立した「元暁・法蔵融合形態」（or「全一のイデア」）という仮説的概念の有効性を吟味しながら、中国と韓国の仏教の影響によって、日本の仏教思想が形成されることを検証している。この検証作業の一環として道元研究も行われている。一九八五年、吉津博士がアメリカのヴァージニア大学に一年間留学していた時期、日本では「批判仏教」が提起された。「批判仏教」とは、吉津博士も所属していた曹洞宗の差別問題を契機として提起された仏教研究である。[2] 吉津博士の「元暁・法蔵融合形態」という仮説は、単に東アジアの仏教思想史を叙述するものではなく、そこに含まれる問題を明示するために提起された仮説である。これは吉津博士の側から「批判仏教」への応答と言える。本『著作集』第四巻は、これら後期の論文を中核として収録する予定である。この他に、吉津博士は、アメリカにおける仏教研究の事情、仏教研究の方法論、大学の存在意義についても多くの問題を提起した。これらは、現在、そして未来においても仏教研究の上で必要な問題であり、第四巻に併せて収録する予定である。

以上の諸点を纏めれば、本『著作集』全四巻の編集方針は次のようになる。

第一巻　初期の論文、及び関連論文の収録。

第二巻　初期の論文の内、『大乗起信論』と注釈書、及び関連論文の収録。

第三巻　中期の論文、及び関連論文の収録。

第四巻　後期の論文、道元研究、及び仏教研究における諸問題に関する論文の収録。

本『著作集』は、『華厳禅』と『華厳一乗』の二冊の単著に収録されていない殆ど全ての研究論文を収録し、吉津博士の一生涯の研究成果を読めるようにした。

四　『著作集』第一巻の編集方針

『著作集』第一巻（略称：第一巻）の編集方針について示したい。

第一巻は、『慧遠教学の研究』（本概説「二」を参照）を中核に再編集した。具体的には、『慧遠教学の研究』は二章に区分されているが、それを次のように三部構成に変更した（大まかには、第一章は第一部へ、第二章は第二部と第三部に分割）。さらに関連論文を大幅に増補し（大半は第三部）、幾つかの論文は他巻に譲った。

『慧遠教学の研究』
第一章　慧遠教学の思想史的研究
第二章　慧遠著作の基礎的研究

『著作集』第一巻
第一部　南北朝隋唐仏教の諸問題
第二部　浄影寺慧遠の『大乗義章』と地論師
第三部　浄影寺慧遠の思想

他巻に譲った論文は、「道元禅師の経師論師批判」（一九七一）と、慧遠の『大乗起信論義疏』に関する論文である。前者は、他の道元の論文と共に『著作集』第四巻に収録する。後者は、他の『大乗起信論』に関する論文と共に『著作集』第二巻に収録する。従って、『著作集』第一巻と第二巻は姉妹篇として構想されている。『大乗起信論義疏』に関する論文を第二巻に譲った理由は、吉津博士が最晩年までテーマとしていた『大乗起信論』に関する一冊を刊行するためである。他巻に譲った論文を除けば、本『著作集』第一巻によって、一九六七年から一九七八年に至る公刊された論文は全て読める。

第一巻の各部の収録順序は、可能な限り刊行年月日に準じるようにしたが、テーマを優先したために前後している部分もある。刊行年月日の順序で読まれたい方は、本巻の初出一覧を参照されたい。

第一巻のタイトル「浄影寺慧遠の思想史的研究」は、『慧遠教学の研究』第一章「慧遠教学の思想史的研究」から借用した。正式には「浄影寺慧遠教学の思想史的研究」と命名するべきかもしれないが、「教学」と「思想」が繰り返される煩わしさを避けるために、「教学」を付けなかった。『華厳禅』（四頁）と『華厳一乗』（一三頁）において、吉津博士は「思想史的」という方法論について解説している。それによれば、〝研究の対象だけでなく、研究の主体の思想も歴史の中で問われ、対象と主体は対等の関係にある〟という考えである。『慧遠教学の研究』第一章における「思想史的」の用法は、概念規定が無いのでわからない。しかし、吉津博士が二冊の単著において使用した「思想史的」という言葉は、『慧遠教学の研究』に遡るものである。また「思想史的」の語は、吉津博士の恩師の一人、鎌田茂雄氏の『宗密教学の思想史的研究—中国華厳思想史の研究　第二—』（東京大学出版会、一九七五年三月）の刊行よりも若干早く使用された可能性がある。

五　初期の研究テーマ—廃仏における道安と慧遠—

次に『著作集』第一巻に収録された論文群、すなわち吉津博士の初期の研究テーマを素描してみたい。吉津博士の初期の研究テーマは先述した(1)—(5)へと展開する。これらは次の(a)(b)二つのテーマに集約することが出来る。

(a)中国における大乗思想の成立と展開

(b)北周の廃仏における仏教思想の問題

テーマ(a)は仏教の思想的側面、テーマ(b)は仏教の社会的側面に関する問題意識と言える。これら(a)(b)はすでに横超慧日氏、塚本善隆氏などが開拓してきたテーマであり、吉津博士の初期の論文においても、先学の成果が繰り返し参照されている。その中で吉津博士の独創性は、この(a)(b)を不可分の論点として考察したこと、そして、それを象徴する人物として、北土の智度論師とされる北周の姚道安（姚は俗姓、生卒年不詳）と、浄影寺慧遠（五二三～五九二）の二人を中心に考察したことにある。(3)

この二人は、洛陽を都とする北魏（三八六—五三四）の分裂以後、北地の東西を代表する仏教思想家である。長安を首都とする西側（西魏〔五三五—五五六〕—北周〔五五七—五八一〕）に姚道安は属し、鄴を首都とする東側（東魏〔五三四—五五〇〕—北斉〔五五〇—五七七〕）に慧遠は属した（隋〔五八一—六一八〕の建国以後、慧遠は洛陽・長安に移住）。そして、北周において武帝は廃仏を断行し（五七四）、間もなく北斉を併呑してこの地でも廃仏を実施する。道安は『二教論』を武帝に提出し廃仏を思い留まらせようとした。慧遠は武帝と直接論争し、武帝の非を批判した。姚道安は慧遠より先輩である。ここでは、吉津博士に倣い、姚道安と慧遠に託して、吉津博士の初期の研究をテーマ(b)を中心に概観したい。

1　姚道安（北周の道安）と廃仏

吉津博士が姚道安に関心を持ったのは、修士論文「大智度論研究」（一九六七）に遡り、博士の研究は、道安と共に歩み始めたとも言えるだろう。「慧影の『大智度論疏』をめぐる問題点」（一九六七）によれば、道安は次のように描かれている。

> この『論疏』（慧影『大智度論疏』＝岡本補）の原型が中国北地で、しかも思想論争（三教論争から仏道二教の廃止に至る）の盛んであった北周で成立したこと、そして、この『論疏』の生みの親である道安は北周の武帝とも親しく、当時曇延と並んで高僧とうたわれ、三教論争にあたっては武帝に『二教論』を奉り、仏儒二教による思想界の統一を主張した人である…

ここで吉津博士は道安を二つの側面から描いている。一つは、道安の講説を基礎にして慧影（—六〇〇）の『大智度論疏』が成立したこと(a)[4]、もう一つは、道安が北周の廃仏に抵抗して武帝に『二教論』を提出したことである(b)。吉津博士の関心の中心は、テーマ(a)(b)の関連性にある。それを考える上で道安は最適な人物であるものの、その限界もある。それは道安の著作の大半が散逸し、門下の慧影が纏めた『大智度論疏』も一部しか現存していないからである。(5) 吉津博士の道安論の中心は『二教論』の読解によって形成されている。

多くの著作が散逸してしまったにも関わらず、吉津博士は、道安を高く評価した。吉津博士の最初の単著『華厳禅』(一九八五)は、中国華厳宗の五祖を中心に、(6) 彼らの成仏論の歴史的な変遷を考察したものである。(7) その成仏論の中で、第五祖とされる宗密(七八〇—八四一)の成仏論を「華厳禅」と命名した。華厳宗と禅宗の交渉について諸説あるが、明確に確認できるのは澄観(七三八—八三九)以降である。『華厳禅』の構成もこれに準じ、吉津博士は、「第二章　法蔵教学の変容」と「第四章　澄観の華厳教学と禅宗」との間に、「第三章　達摩禅の成立と発達」という本書の要とも言うべき一章を立てている。この「第三章」中「第一節　禅宗の成立」では、中国禅宗の成立背景として、北周の廃仏と姚道安に関する五頁にわたる叙述がある。(8)

このような『華厳禅』の構成と叙述の原型は、吉津博士の「隋唐新仏教展開の基調　その一—教と理との相関関係—」(一九七二)である。本論文では「二　廃仏の理論と理の自覚」で北周の廃仏と姚道安を論じ、「三　理と行」では宗密と禅宗を論じるからである。このように北周の廃仏と姚道安は、博士の初期から中期の研究において、中国仏教思想史の転換を象徴する事件と人物として叙述されていことが判るだろう。

また、北周の廃仏の思想的背景は、三教一致説と平延大寺の観念の二つである。この内、三教一致説の問題は、吉津博士の道元に関する最初の論文、「道元禅師における経師論師批判」(9)(一九七二)にも見いだせる。(10) 道元が十二巻本『正法眼蔵』「四禅比丘」において、宋朝の三教一致説を批判していることは有名である。この時期、吉津博士が三教一致説の問題点に強い関心を寄せていたことは明白である。

北周の廃仏の思想的背景、三教一致説について吉津博士は次のように解説している。

南北朝から隋唐にかけての仏教者が理の自覚を深めていった背景には、北魏・北周の二度にわたる儒仏道三教相互の論争がある。特に北周廃仏が隋唐仏教成立の要因となったことは種々の角度から論究される。また三教を共に学んでゆく姿勢は通人をめざした六朝士大夫の精神に由来し、しかも、この三教を一致として把握するか、別異のものと把握するかによって、儒仏道兼習か廃仏に別れるわけであるが、両者は共に同一の理論構造に立つといわれる。それは『荘子』「天運篇」に由来する「跡」と「所以跡」の論理である。すなわち、三教それぞれに表面的説相である教の「跡」は異なっていても、「跡する所以」根源的理法においては一致するのだとして、三教一致論が成立する。(「隋唐新仏教展開の基調　その一—教と理との相関関係—」第二節)この三教一致説(儒教・仏教・道教の「所以跡」=根源的一致)は、一見、三教の調和・共存を理想とした論理と見做せるものの、現実的には、廃仏の論理に転換する。吉津博士の文章を再び引用したい。

確かに、この論理は仏教を中国固有の諸思想の中に定着するには有力なものであった。…根源的理法が同じであるとすれば、中国に本来あった儒者あるいは道教だけで、異国の教たる仏教は不必要だ、すなわち仏教の必要性はない、従って仏教は排してもよいのだ、ということになる。この種の論争がまさに深刻にとり上げられたのは、北周武帝の廃仏の前後であった。

北周武帝が最終的仏道二教を排した背景には種々の国家政策上の要請があり、単に思想上の問題ではない。しかし、彼の破仏は仏教思想の展開成熟に大きく影響した。(同右)

北周の武帝が廃仏を決断した理由は、吉津氏も述べているように「国家政策上」の問題であろう。[11] 塚本善隆氏は、武帝の眼前にあった現実を次のように指摘している(旧字を新字に改めた)[12]。

親政前の若い武帝の仕事は、軍事政治をよそにして、建国以来の指導聖典となっている周礼に親しむこと、儒・仏・道三教の学者をあつめて三教を談論することであった。三教談論の会は対立して論争している三教を、斉一ならしめることを目的とした。もとより、教祖・教義を異にしている三教を斉一にするという如きことが、そんな簡単に実現され得ることではない。対立現行する別種宗教の対論が、一層敵対感情をあおり、紛争を激しくする結果になることに気がつかなかったのは、若い胡族君主の宗教に対する理解の浅薄の致すところであったとはいえ、それにしても、三教の学者が和同協調の誠意を示さずに、特に仏道の二教が相互に非難悪罵排斥の論を激化するのは、武帝にとって最もにがにがしいことであったに相違ない。

現実の議論は、塚本氏の指摘する通りであっただろう。三教の思想家たちは、それぞれ信仰や信念を持っているからである。三教一致説は「通人」の精神であるかもしれないが、全ての人々は「通人」ではないからである。全ての人々が「通人」でなければならない社会は、多様な信仰や信念が消滅する一種のディストピア（dystopia）である。また、議論を尽くしても三教一致は実現できなかったかもしれないが、一致＝同一性の論理は、武帝の胸の内から消えたわけではない。それが、もう一つの廃仏の思想背景である衛元嵩の提起した平延大寺（or「平延寺」）である。

衛元嵩の提起した平延大寺とは、四海の万民を収容するものであり、邪見の伽藍（「曲見伽藍」）、偏狭な二乗の五部の律蔵（「偏安二乗五部」）を設立・奨励しない。さらに、出家と在家（「道俗」）を問わず、仏教に親しい者と疎遠な者も選ばず、城郭を寺や仏塔に見立て、周祖（武帝）は如来であり、城郭の邑を僧房と見立て、夫婦の和合を仏教のサンガと見做すものである。[13] 端的に言えば、儒教国家（世俗国家）をそのまま仏教のサンガと見做すものである。それは、周祖（武帝）は如来である（「周祖是如来」）の文言に象徴されている。

この平延大寺の観念は、三教一致説に比較しても、その同一性の論理は粗雑である。三教一致説は、三教の帰一先として、曲がりなりにも「所以跡」＝「理」という根源を想定していた。しかし、この平延大寺の観念は、単に仏教の伽藍と、僧侶の生活習慣を二乗の偏狭性（「曲見伽藍、偏安二乗五部」）に求めているだけであり[14]、世俗社会と仏教教団を一致させる論理が全くみられないからである。北周の廃仏は、このような粗雑な宗教観を背景に実施される宗教政策であり、姚道安を悩ませたであろう。

道安が『二教論』においてテーマとするのは、三教一致説である。吉津博士の読解を引用したい。

『二教論』は東都逸俊童子と西京通方先生の問答で進行する。まず童子が儒仏道三教それぞれの興起の因縁を述べ、

然三教雖殊、勧善義一、塗迹誠異、理会則同。

と三教一致の理論を展開する。ここに先述の跡と所以跡の論理が明確に表現される。なぜ道安が冒頭にこの論理をかかげるのか。それは、まさにこの理論が仏教を守る理論としてではなくて、仏教打倒の理論として用いられ眼前に仏教弾圧のへの動きがあるからに他ならない。南北朝の初期の仏者も、この理論を平気で語り、得得としていたであろう。しかし、北周ではその論理は自滅へと導かれる。（「隋唐新仏教展開の基調　その一――教と理との相関関係――」第二節）

すでに先学による北周の破仏の研究があるとは言え、吉津博士は、「然三教雖殊、勧善義一、塗迹誠異、理会則同。」という短い文章を、社会的、思想的な二つの側面から読解している。吉津博士が姚道安を評価する理由は、彼がこの時代のテーマとなった思想的課題を真正面から取り上げたことにあるのだろう。

そして道安の解答について、吉津博士は次のように理解している。

そして、童子が先に「三教は殊といえども勧善の義は一である。」との主張に反論し、

余謂、善有精麁優劣宜異。精者超百化而高昇。麁者循九居而未息。安可同年而語其勝負哉。

と述べる。問者が究極的な立場（理）として考える善にも優劣精麁の異があるという。従って問者の「教迹は誠に異なれども、理会すれば則ち同じ」との主張も批判される。

教者何也。詮理之謂。理者何也。教之所詮。教若果異、理豈得同。理若必同、教寧得異。筌不期魚、蹄不

為兔。将為名乎理同安在。

ここで理と教の相関が示される。二教は道理としてはまさに二理、三教は三理となる。その理論によって仏教の理の卓越性を主張し、結局、仏教の優越性に帰着する。以下の所論は『涅槃経』や『維摩経』を引きながら、いかに儒道二教よりも仏教が優れているかを述べる。（同右）

道安は〝二教二理〟、あるいは〝三教三理〟とは表現していない。しかし、道安の見解は、〝教が異なれば理も異なる〟ということにあるので、吉津博士の理解は適切であろう。私が修士課程に入学して以降（一九九四年）、吉津博士の研究室で、博士は繰り返し私にこの問題を語った。吉津博士は「やはり一理じゃなくて、二理だよな」という言い方を好んだ(15)。つまり、三教を「一理」と見做せば、仏教は独自性を喪失し、仏教無用論へ道を開くことになる。吉津博士は、そのことを道安の『二教論』から学んだのである。吉津博士がこの問題を語る時の文脈は、必ず「批判仏教」であった。大学院時代から一貫して、姚道安の『二教論』を高く評価し、道元の三教一致批判も知悉していた吉津博士は、袴谷憲昭氏の次のような見解をよく理解できていたと思う(16)。

そもそも「異説包容主義」などというものが思想や宗教の名に値するのであろうか。その決定的判断はひとまず置くとしても、この「異説包容主義」こそ、中国において、土着思想そのものの老荘であり、かつそれを基軸とした三教一致的禅にほかならなかったのである。

あの頃、私は、吉津博士を「批判仏教」とは反対の立場にいる研究者として認識していた。しかし、道安を評価する吉津博士は、袴谷氏と近い部分もある。それでも埋まらない溝は、道安が「理」＝「究極的な立場」を認め、おそらく吉津博士も同様であることに対して、袴谷氏はこれを仏教思想として容認しないと思われる点であろう。これは別の機会に論じたい。

吉津博士は、中期の「吉蔵における『大智度論』依用と大智度論師批判」の「四　大論研究者の排出」（一九九〇）や、後期の「中国隋唐時代における大法の形成」のⅢ（二〇〇八）においても、北周の廃仏と姚道安について記述している。前論文では、廃仏に抵抗した静藹や明贍も『大智度論』研究者でもあることが指摘されている。

2　浄影寺慧遠と廃仏

吉津博士の浄影寺慧遠に対する態度は、姚道安のそれに比較して距離を取っているような印象を与える。慧遠は道安よりも著作も多く現存し、吉津博士は時間をかけて丁寧に慧遠の著作を読解してきたにもかかわらず、廃仏における慧遠を高く評価していない。例えば、「浄影寺慧遠研究」（一九七六）では、次のように述べている。

総じて中国仏教とは、仏教とは中国の歴史の上でどのような意義や重みを持っているのかを考察しないではすまないであろうと思う。『大乗義章』などの慧遠の教学を見ているかぎり、確かに、北周武帝の前に対峙して、堂々と破仏の非を説く慧遠の姿は浮かんでこない。しかし、如来蔵や仏性の理論の構築に神経を集中している慧遠と、教団の破滅を防ごうと努力する彼とは、別人ではないとすれば、どこかで根本姿勢はつながっていると考える方が自然というものであろう。ただ彼の教学を見ている分には、我々はその中に、眼前に破仏をひかえた人の教学などと意識することすらしないであろう。しかし、それを意識しないことは別に立派なことだと言うのではなく、もし中国史の中で仏教の果たした役割を問うところまで考えるならば、当然、破仏に抵抗した慧遠こそ先に問題にし、その問題意識のなかで彼の教学を考えてゆくべきであろう。その問題意識は私の心の中にあるが、現段階では彼の教学の整理すらついていないのだから、先ずその方が優先するし…（傍線＝岡本）

二番目の傍線部において、吉津博士は「破仏」に抵抗した慧遠を優先して、彼の著作を読解する必要性を訴えている。しかし、第一の傍線部では、彼の著作からそのような姿を浮き彫りにすることは難しい、と述べている。さらに、初期の研究の閉幕を告げる「『大乗義章』の成立と浄影寺慧遠の思想（二）」（一九七八）では、慧遠の破仏について次のように述べている。

> この慧遠の議論は武帝の弱点をついてはいるが、仏教の議論としては地獄云云のレベルになっており、北周の衛元嵩・甄鸞・道安などが議論往復した状況に比較すると武帝の心を動かす程のものではなかったと言えよう。一方慧遠にとっても、この破仏は彼の教学のあり方を変えるほどではなかったのであろう。あるいは破仏の段階ではすでに彼の思想は固まっていて、その教学は武帝の提起した国家と宗教という問題と接点をもつようなものではなかったか、彼の意図は平凡に教団の安定を願い、国家がそれを護持してくれるという考えではないかと思う。しかし、慧遠の期待は裏切られ、過酷な破仏が断行された。

この文章は、吉津博士が『続高僧伝』巻八「慧遠伝」における慧遠と武帝の論争を評価したものである。この文章の中でも、吉津博士は慧遠よりも道安を評価する。正確に言えば、衛元嵩・甄鸞・道安の北周側の三人の議論を評価している。慧遠の主張については、「地獄云云のレベルになっており」と低評価である。

しかしながら、吉津博士の慧遠に対する評価は性急なものと考える。破仏における慧遠を評価するならば、少なくとも姚道安と同程度の政治的・社会的な背景を確認することが必要と思われる。ここでは、その準備が無いので問題点の指摘に留めるが、慧遠と道安には少なくとも次のような相違があるので、同じ基準では評価できないだろう。

1　北周の廃仏（五七四）は、それに至るまでに三教論争が開催されていた。しかし、北斉の廃仏（五七七頃）は、武帝による北斉の征服と同時に宣言されたので、慧遠には準備の期間は無かった。

2　北斉の廃仏は、北周の廃仏後の事件であり、すでに廃仏は武帝にとって規定路線となっていた。従って、北斉において、武帝が僧侶を招待して仏教の廃立を提起したと言っても、それは政治的なパフォーマンスであり、真摯な教義論争の集会ではない。

この問題点1・2から考えれば、北周と北斉とでは条件が異なる。従って、これらを前提にしない吉津博士の慧遠に対する評価は、公正な評価とは言えない。また、慧遠の思想と廃仏の関係性を問うならば、次の事柄が解明されている必要がある。

3　慧遠の著作の成立期間の仮説を提示し、彼の著作を廃仏の前後に区別する必要がる。

北斉の人々にとって、北斉の征服と廃仏は突然の出来事である。従って、その準備も無く、何が仏教の問題なのかを、問題提起される以前に知ることはできない。また、慧遠の現存の著作が廃仏以前の成立であれば、廃仏の論点が含まれないことは当然のことと思われる。吉津博士は、慧遠の著作の成立時期について殆ど研究していないので、歴史的な観点から慧遠の著作を読解する前提を欠いているように思われる。

先に引用した吉津博士の文章にある通り、おそらく慧遠は、国家が教団を護持することを願っていたことだろう。慧遠だけでなく、それは古今東西の仏教徒の願いでもあるだろう。そして、その願いは、先進的な近代国家では権利として保障されている。例えば、日本では日本国憲法の第二〇条「信教の自由」として認められている。先進国の為政者は、この権利を尊重する義務が生じる。裏を返せば、近代社会において、国家に対して仏教の有意義性を弁解する必要はなく、権利の侵害を明確にし、権利を主張すべき問題である。先進的な近代国家は、宗教の善悪を決定する立場には無いからである(17)。

問題となるのは、権利保障の無い時代（あるいは権利保障をしない国家）において、為政者が仏教の破壊を試みる場合、仏教徒がどのような態度をとるべきなのか、ということである。この問題について、唯一の正解があるわけではない。多くの仏教徒が南地に亡命したことも、賢明な回避手段の一つである(18)。為政者を説得することや、為政者に反論することは勇気のある態度であるものの、生命を粗末にする必要は無い。しかし、慧遠の仏教信仰は、武帝に対して反論せずにいられないようなものであった。「慧遠伝」では、武帝との論争後に、慧遠が次のように述べたと叙述している。

慧遠は言う。「正しい論理は必ず申し述べるべきである。どうして自分の身体や生命を顧みることができようか」と。

遠云。正理須申。豈惟顧此形命。（大正蔵四四・四九〇下）

慧遠と武帝の論争は、南山道宣を筆頭にして幾つかの資料に残されている。(19) 右の部分は『続高僧伝』「慧遠伝」以外に伝える資料は少ない。従って、道宣の創作と推定される。しかし、慧遠と武帝の論争を見れば、道宣の眼に、慧遠は「正理」を主張する人として映じたことは不思議ではない。なぜならば、慧遠は武帝の主張の全てを皮肉交じりに全否定し、武帝の仏教理解は完全な間違いであることを主張したからである。そしてこの場合、慧遠の主張する「理」は「所以跡」＝「究極的な立場」ではなく、文字通り「正理」＝〝正しい論理〟である。吉津博士が「地獄云云のレベルになっており」と評価したのは、慧遠と武帝の論争の最後の部分である。それまで武帝の問いに反論していた慧遠は、一転して自ら武帝を批判している。

慧遠は声を荒げて言った。「陛下、今、王力の自在を恃んで三宝を破滅させようとしています。これは邪見の人です。阿鼻地獄は〔人の〕貴賤を選びません。陛下はどうして恐怖に慄かないのでしょうか。」と。帝はいきり立ち、顔色を変えて激怒し、慧遠を睨みつけて言った。「〔朕は〕ただ万民を楽にさせようとしているだけだ。朕も地獄の様々な苦から逃げない。」と。慧遠は言った。「陛下は邪法によって人々を教化し、現在、苦業を植えています。まさに〔人々は〕陛下と共に阿鼻〔地獄〕に趣くでしょう。どこに楽があって得ることができましょうか。」と。帝は論理に屈し、言葉の前に意気は盛んであったが、更に答えることは無かった。

遠抗声曰。陛下、今恃王力自在破滅三宝。是邪見人。阿鼻地獄不簡貴賤。陛下何得不怖。帝勃然作色大怒。直視於遠曰。但令百姓得楽。朕亦不辞地獄諸苦。遠曰。陛下以邪法化人。現種苦業。当共陛下同趣阿鼻。何処有楽可得。帝理屈、言前所図意盛、更無所答。（大正蔵五二・一五三下、同五〇・四九〇下）

この部分に対する吉津博士の要約は次のようである。

〔慧遠は〕王力を恃んで三宝を破壊すれば確実に地獄に堕ちるのだと説いた。武帝は自分はすべての人々を安楽ならしめようとしている、そのためなら地獄の苦も何のことはないと、大いに怒った。慧遠は帝が邪法を断行しようとしている、その結果多くの人々が地獄に行くことになるのであって、どうして安楽を与えるなどと言えようか、と述べた。（「『大乗義章』の成立と浄影寺慧遠の思想（二）」）

慧遠の主張の全ての根拠を確認することは難しいものの、幾つかの要素は彼の著作に確認できる。「阿鼻地獄」に堕ちる業は五逆罪である。『大乗義章』「五逆義」には次のようにある。

二には苦を受けることに間が無い（無間）。五逆の罪は、阿鼻地獄に生じる。一劫の中に苦と苦とが相続し、楽の間が有ること無い。因は果によって呼ばれるので、間の無い業と名づける。

二受苦無間。五逆之罪、生阿鼻獄。一劫之中、苦苦相続、無有楽間。因従果称、名無間業。（「五逆義」大正四四・六〇八中）

これは、五逆罪（殺父、殺母、殺阿羅漢、出仏身血、破和合僧）を無間業と呼ぶ理由を説明した部分である。慧遠は、五逆罪を阿鼻地獄に堕ちる罪であると認識しているが、問題は、五逆罪に三宝の破壊自体は含まれていない。つまり、慧遠の武帝批判と、「五逆義」の右記述には若干のズレがある。この理由は判らないが、彼の武帝批判の内容が史実であれば、「五逆義」の次の部分に関連するように思われる。

次に〔五逆罪の〕軽重を弁別する。父殺しは最も軽く、母殺し次に重く、阿羅漢殺しはさらに重く、仏の身体から出血させることはまた更に重く、僧団の破壊は最も重い。『成実論』に言う。「僧団の破壊は最も重い。なぜこのようなのか。三宝を分離させるからである。僧団を仏から分離させ、また法宝を礙げ、また仏に深い嫉妬の心を生起し、正法を益々違犯し、また大衆を悩ませる。聖〔なる道〕に進むべき者は聖〔なる道〕に進むことができずない。坐禅や学問や読誦や礼拝に関しても同様である。全てを得ることができないので最も重い」と。

次弁軽重。殺父最軽。殺母次重。殺阿羅漢罪復転重。出仏身血転転彌重。破僧最重。故『成実』云。破僧最重。何故如是。離三宝故。令僧離仏、亦礙法宝。又於仏所起深嫉心、違転正法、復悩大衆。応入聖者、不得入聖。坐禅・学問・読誦・礼拝、如是等事。一切不得。所以最重。（『五逆義』大正四四・六一〇上）

慧遠は五逆罪の中で「破僧」が最も重い罪であり、その理由として『成実論』を踏まえて「離三宝故」と指摘する。[20]即ち、「離三宝」は「破僧」に含まれる。また典拠である『成実論』の当該部分には、「破僧」の原因として「邪見」を挙げている。この「邪見」は、慧遠が武帝を「邪見人」と見做すことに一致する。従って、慧遠の武帝批判の根拠は「五逆義」、及び『成実論』の「破僧」に関する規定であろう。この「破僧」の規定の「レベル」についても議論する必要がある。しかし、道宣が慧遠に「正理須申」と語らせるのは、慧遠の思想に根拠がある。慧遠の主張が武帝に通用しなかったとは思われない。というのも、武帝は「朕亦不辞地獄諸苦」と、輪廻の応報を否定していないからである。この言葉が単なる言葉の勢いに過ぎず、武帝が輪廻を信じていなかったとすれば、慧遠の戦略は失敗かもしれない。[21]というのも、慧遠の主張は、経証（āgama）としても、理証（yukti）としても共有されることは無かったからである。もっとも廃仏は経証と理証を尽くしても、難しい局面にはかわりはない。

3　おわりに

「信教の自由」が権利として保障されない時代（あるいは国家）において、姚道安の方が慧遠よりも、賢明なのかもしれない。しかし廃仏を停止させることは、両者共に不可能だったのであり、どちらが正解というわけではないだろう。

吉津博士の仏教と社会に関する鋭敏な知性は、さらに後期の研究において開花する。それは「批判仏教」の問題提起を受けて以降のことである。それは、過去の問題ではなく、現在の課題として現われる。仏教思想が単なる研究対象ではなく、現代に生きる私たちに価値をもたらすものであるならば、廃仏等の歴史的問題も、今日の課題・教訓として研究する必要があるだろう。吉津博士の問題意識が、今後の仏教研究の参考になることを願う。

六　解説者の紹介

最後に、解説者を簡単に紹介しておきたい。

馬淵昌也氏は、学習院大学の教授職にありながら、吉津博士の門を叩き、現在は千葉県長生郡一宮町長に転身されている。馬淵氏が吉津博士のゼミに参加されたのは、私の博士課程の時代である。馬淵氏は、第一巻・第一部に収録された諸論文を「習作」と位置付けながらも、吉津博士の学問的特色を、①研究対象に対する公平性、②発話行為論的な読解、③研究対象の本質に切り込む視点、主に三点から解説している。仏教研究は、その対象だけでなく、方法論も重要である。馬淵氏の解説は、吉津博士の研究対象に対する視点を丁寧に説明している。

石川琢道氏は、駒澤大学仏教学部仏教学科を卒業し、仏教学部において吉津博士の演習に所属された（一九九六―九七年度）。大正大学大学院に進学された後も、駒澤大学大学院の吉津博士の演習に参加された（常時：一九九八―九九年度、断続：二〇〇〇―二〇〇三年度）。吉津博士は慧遠の浄土思想の論文を執筆されなかったものの、石川博士の研究対象の曇鸞（四七六―五四二頃）は、北地の『大智度論』研究者の一人でもあり、吉津博士の研究と縁が深い。今後、吉津博士の研究と中国浄土教の研究との間で、学問的な交流が盛んになることを願って、石川博士に解説を依頼した。石川博士の有意義な問題提起には、新しい研究への胎動が窺われる。

（1）吉津博士の『華厳一乗』「あとがき―謝辞―」に、駒澤大学仏教学部時代の記述として、「水野弘元先生の経律論三蔵の概説を三年間にわたって受講し、仏教の広さを実感したが、その方向に研究を進める勇気が無かった。」（六九三頁）とある。

（2）「批判仏教」の成立の経緯については、袴谷憲昭「差別事象を生み出した思想的背景に関する私見」（同『本覚思想批判』所収、大蔵出版、一九八九年）、同「批判仏教序説―「批判の哲学」対「場所の哲学」」（『批判仏教』所収、大蔵出版、一九九〇年）参照。

（3）因みに、テーマ(a)の「大乗」は、吉津博士の『華厳一乗』の「一乗」へ展開し、テーマ(b)は『華厳禅』第三章に継承される。中国仏教を思想的側面と社会的側面から考察することは、吉津博士の初期から中期にかけて一貫している。

（4）智度論師の系譜については、「吉蔵における『大智度論』依用と大智度論師批判」（『著作集』第一巻収録）参照。

（5）後に、吉津博士は安澄の『中観論疏記』に約六〇の逸文残されていることを指摘している吉津「吉蔵における『大智度論』依用と大智度論師批判」（『著作集』第一巻所収）参照。大竹晋「慧影『大智度論疏』逸文集成」（金剛大学校仏教文化研究所編『地論宗の研究』所収、二〇一六年）は、この『中観論疏記』中の逸文を含む成果である。

（6）新羅の義湘（六二五―七〇二）、澄観によって異端の烙印を押された浄法寺慧苑、居士の李通玄（六四六―七四〇）も含まれる。吉津博士の中国華厳思想研究の特徴は、伝統的な五祖説を解体し、歴史的再構成を試みたことにある。その際に、義湘や元暁（六一七―六八六）等の新羅の仏教の要素に焦点を当てた。

(7) 本書の書評に、石井修道「吉津宜英著『華厳禅の思想史的研究』」（『駒仏論集』第一六号、一九八五年一〇月）がある。

(8) 吉津宜英『華厳禅』一九六―二〇一頁参照。

(9) 吉津宜英「道元禅師の経師論師批判」（『宗学研究』第一三号、一九七一年、『著作集』第四巻収録予定）九七頁参照。

(10) 「批判仏教」の提起に伴い、袴谷憲昭氏も道元の三教一致説批判を論じている。同「三教一致批判小考」（同『本覚思想批判』所収、前注2書）参照。

(11) 特に北周は北地統一を目指す軍事国家であり、人・物・金を軍事に充当する必要があった。後掲塚本論文（後注12）参照。

(12) 塚本善隆「北周の廃仏に就いて（下）」（『東方学報』第一八号、一九五〇年）八三頁。同「中国の廃仏と興仏」（『禅研究所紀要』第八号、一九七九年三月）一四一頁も同じ趣旨の指摘あり。

(13) 道宣『広弘明集』巻七「弁惑篇」中「衛元嵩」に「嵩請、造平延大寺。容貯四海万姓、不勧立曲見伽藍、偏安二乗五部。夫平延寺者、無選道俗、罔擇親疎。愛潤黎元等無持毀、以城隍為寺塔、即周主是如来、用郭邑作僧坊、和夫妻為聖衆…」（大正蔵五二・一三二上）とある。塚本善隆「北周の廃仏に就いて」（『東方学報』第一六号、一九四八年）五八頁参照。この他の衛元嵩の廃仏論は、『広弘明集』巻七「衛元嵩」（大正蔵五二・一三二中）に一七項目列挙され、塚本論文、五九―六四頁にその解説あり。

(14) 仏教の偏狭性を示す場合、「二乗」や「小乗」の語は代名詞のように使用されるが、これこそ偏見であろう。

(15) その当時、私は「一理」「二理」の議論が、道安に由来することを理解していなかった。『華厳禅』「第三章　達摩禅宗の成立と発達」二〇〇―二〇一頁に、私が引用した『二教論』が訓読で引用されている。しかし、吉津博士の初期の論文は注記にも触れられていない。

(16) 袴谷憲昭「本覚思想批判の意義」（同『本覚思想批判』所収、前注2書）一八頁。

(17) 為政者ではなく、国民や市民から仏教の問題点が問われた場合、古今東西の別なく、仏教の価値を論理的に説明する必要がある。

(18) 吉津博士は、南地への亡命を廃仏への対応として評価する文章を残してしていない。

(19) 慧遠と武帝の論争記事の内、『広弘明集』巻一〇「周祖平斉召僧敘廃立抗拒事」（大正蔵五二・一五三上―一五四上）は、「沙門釈恵遠」という撰号がある。これは慧遠の著作なのか、それとも単に慧遠に関する記録を意味するのか。今後の吟味を必要とする。

(20)『成実論』巻七「軽重罪品」第九八(大正蔵三二・二九一上)。

(21)「経証」と「理証」については、袴谷憲昭「唯識思想の経証としての『厚厳経』」(同『唯識文献研究』所収、大蔵出版、二〇〇八年)参照。

〔第一部詳説〕

吉津宜英博士の学問の特色と早期の研究について

馬淵昌也

吉津宜英博士の研究は全体で相当の規模にのぼるが、本部分に収められたのは、「南北朝隋唐仏教の諸問題」という表題にまとめられた諸論考である。ここに収められた諸論考は、吉津博士の研究の中では、必ずしも中心を占める部分ではない、南北朝から隋唐にかけての仏教に関する実証的諸研究、個別研究と総論的なものである。特に、博士の若いころの三論学派に関する論文が多く収められているのが特徴である。ただし、その初期の論文にも、すでに後年の旺盛な活躍につながる博士の研究の諸特色が顕著に窺える。

吉津博士の研究のすぐれた点はいくつも指摘できるが、わたくしの見るところでは、以下の諸点が顕著な特徴をなしている。まず、ひとつめとして、仏教者の諸氏を誰かに主観的な肩入れをするということなく、公平に客観的に見てゆくということである。これは、思想史研究においてはまず踏まえられるべき重要な姿勢であるが、実はこの姿勢を確保するのは容易ではない。人間は、「吾が仏尊し」という陥穽に落ち込みがちなのである。ところが博士にはそうした主観的ゆがみがまったくない。これがまずすぐれた点である。それは、たとえば博士は曹洞宗の僧侶であったが、授業などでの言及においては、通常は「道元」と呼び、「道元禅師」とは呼ぶことの方が少なかったところにも現れている。自らの属する宗派の宗祖であっても、特別扱いをしない、という姿勢が、博士の学者としての真骨頂なのである。

そして、ここから、学派の呼称などについての、慎重かつ歴史的現実に即した検討というところに展開してゆく。このことは、たとえば第一部の論考の中でも、「吉蔵における『大智度論』依用と大智度論師批判」（一九九〇）の中で、大論学派について、他称・メンバーの自覚といった視点から分析しつつ、「自他共に認めた一つの学派の存在を認定してよいようである」とするところの慎重な手続きに伺える。これは、吉津博士の師であった平井俊榮博士が「三論宗」という呼称について展開した考察と同じ方向のものであるが、吉津博士の場合、それが特定の学派に止まることなく様々に展開してゆくところが特徴である。これは、博士の、一方に肩入れしない心理的構えのなせるわざであると筆者は考える。

そして、ふたつめには、個々の仏教者の言説を、言語行為論的に読み解いてゆくということである。言語行為論的というのは、つまり著作や発話を、文脈と目的をもった行為としてみて、その文脈と目的との連関で読み解いてゆくということである。（この問題については、クェンティン・スキナーの『思想史とはなにか』(1)を読むことを勧めたい。）これは、たとえば各学派の教判についての記述を行うときの、吉津博士の論述を読むと非常にはっきり認識できると思う。つまり、多くの場合、教判についての記述は、「こういう形になっています」という静態的なものに止まるのに対して、博士の記述は、「こうした背景でこういう目的を達成するためにこうした形にしたものです」と、それを目的を持った行為の結果としてみるので、大変説得力があり、はじめて教判というものが思想的行為として見えてくるのである。これも、思想史家としては不可欠の姿勢であるが、言うはやすく為すは難しで、必ずしも博士のようにそうした視点を貫けているものばかりではない。第一部に収められた吉蔵を中心とした論考では、教判は中心的に扱われてはいないものの、どの問題を論じるにも、博士は、各学派の立場の対峙的立体的な構図の中で、その意図を踏まえながら論じる姿勢が明らかである。

そして、三つ目には、博士の研究は、常に本質的なところにずばりと切り込み、対象としている各仏教者の思想的立ち位置の相互関係を鮮やかな構図で描き出すことに成功しているということである。これも、いうはやすいがなすは甚だ難いことである。地論・天台・三論・玄奘唯識・華厳・禅などの諸学派の文献を吉津博士は考察でよく用いるが、ここに挙げた各学派の文献は、歴史的には失われたものがかなり多いにせよ、それでも現在まで残っているものの辺幅は膨大なものがある。それにも関わらず、博士は個別的トピックを扱うにも、常に学派横断的に考察を加え、しかも各学派・思想家の著作を幅広く潜り抜けながら、それぞれの思想的に重要な点、本質的な点をつかむ天性の勘が備わっている。したがって、短い論文でも、読むと必ず、個別的な事象以上の展望を得られるのである。（ただ、主要学派では、律・浄土・密・三階の各学派の文献については利用が少ない。）

そして、吉津博士の示す構図は、大変鮮やかで、わかりやすいものが多い。またネーミングについても意欲的で、魅力的なネーミングを行った。のちに本格的に展開される華厳学派研究において、宗密の教学について、「華厳禅」との呼称を与えたのなどはその代表的なものであろう。(2)ネーミングについては必ずしもすべてが学界の幅広い支持を得るに至らなかったが、鮮やかな構図とネーミングのセットは、読者に明瞭な印象を与えるもので、博士の研究の注目すべき特色といえる。

こうした点から、一言以て之を蔽えば、吉津宜英博士は非常にすぐれた思想史家研究者であった。今生での博士の関心は仏教に集中したが、博士の資質からすれば、対象はなにであろうと、宗教史・思想史のどの分野においても、すぐれた研究を展開されたであろうことを筆者は疑わない。

実は、筆者である馬淵は、もともと中国近世儒教の研究者としてキャリアを積んできていたが、若いころから中国仏教の理論的展開に強い関心があった。特に、中国近世儒教研究の泰斗である荒木見悟博士の若き日の大著『仏教と儒教』(3)で、華厳と禅の立場が、朱子学との対比で鮮やかに描き出されていることもあって、それらの学派の動向に興味があった。そこに、筆者の北京大学留学時の同学で、駒澤大学出身の中国華厳学の研究者、中條道昭氏の慫慂もあり、吉津博士のご研究に目を開かれたものである。

吉津博士の研究業績には、わたくしから見ると大変魅力的な形での、上記の如き「思想史の語り」が、華厳学派を中心に、仏教諸学派を股にかける形で展開していた。わたくしの目には、大変眩しく映じ、憧れを感じた。そこで、四〇歳になったとき、こうしたすぐれた仏教思想史研究者である吉津博士の膝下に連なりたい、このままにしていたら、今生にはチャンスを逸してしまう、との思いもだしがたく、ついに駒澤大学大学院入学を志すまでに至ったものである。謦咳に接するに至ったのちの博士は、想像以上の、柔軟かつ繊細な精神によって、まさしくここに記した諸原則を研究上に運用できるようにと、わたくしども後進を、一貫して鼓舞してくださった。

さて、以下では、第一部に収められた吉津博士の論文を個別に押さえながら、若干のコメントを加えて、読者の理解の助けとしたい。

吉津博士の初期の師は、宮本正尊博士と平井俊榮博士の両碩学であったと伺っている。ここに収められた初期の論文には、両博士の薫陶を受けたことがありありと伺える。特に、三論学派系統の研究を展開しているのは、平井博士の直接的指導下にあったことをありありと示すものであろう。

吉津博士は、三論学派の研究を展開するにおいて、当然のことながら、一方で資料のもっとも多く残っている吉蔵の思想の把握を軸としながら、まず最初の研究テーマとしては、あえていわゆる三論そのものではなく、『大智度論』受容をめぐる諸問題を選ばれた。それは、卒業論文に、一〇〇巻ある『大智度論』を選ばれたことの延長上に展開されたものと考えられる。吉津博士から伺ったお話によると、同期の袴谷憲昭氏が『瑜伽師地論』、石井修道氏が『宗鏡録』と、いずれも一〇〇巻ある大部の論著に取り組んで卒論を書いたのだそうである。(4) 三氏いずれもすぐれた学者として、のちの駒澤大学の仏教学を支える主力となったことを思うと、「栴檀は」との格言が頭をよぎる。

それはともかく、『大智度論』についての博士の理解は、「『大智度論』研究における諸問題」(一九六八)の中にうかがえるが、特に中国における受容の部分に、博士の研究の視角がはっきりと示されている。そこでは、横超慧日博士によって指摘された、南北朝後期における、大乗とはなにか、という問題意識の勃興という事象をふまえて、それとともに、大論が欠かせぬ論書として登場したのではないか、という見通しをベースとして示される。そして、インドでの展開もふまえて、羅什の訳出の意義の再認識、特に羅什の個性の再認識の必要を主張し、かつ天台学派における大論受容と、三論学派における大論受容を並列して立体的にとらえた上で、「北地大智度論師」の存在に注目し、その思想史的意義を考究する姿勢を示される。

ここには、後年の研究において本格的に開花する吉津博士の資質が、すでにあらわれている。個別の研究対象を選び取るにおいても、まずそれをめぐる幅広い文脈を的確に捉えて総括し、その上で、どこかに肩入れするようなこともなく、ひとりひとりの仏教者、ひとつひとつの文献を、客観的に捉えてなぜそれが語られ著述されたかを明らかにしてゆこうとする姿勢である。

ただ、博士の『大智度論』受容をめぐる研究は、残念ながら、十分な説得力をもった本格的な成果を持続的に上げるところまでは展開しなかった。本書に収められた「慧影の『大智度論疏』をめぐる問題点」(一九六七)「北土智度論師について」(一九六九)などは、直接この問題を扱った論文である。また「嘉祥大師研究序説」(一九六九)は、この時代にもっとも資料の残っている仏教者のひとりであり、「大智度論師」への批判を行っている吉蔵の言説を通して、この問題に接近しようとした論文である。しかし、わたくしの見るところでは、最終的には資料の残存状態に媒介されて、本格的展開が妨げられたと感じる。つまり、何度も行われた破仏の結果として、大智度論師の活躍を直接知らしめてくれるはずの彼らの著述が、ほとんど失われてしまった、ということによって、決定的に情報が少なくなってしまっているのである。そこで、間接的・断片的資料をつづり合わせてある程度の憶測を働かせるしかないのである。どこまでも隔靴掻痒の感を免れない。これは、資料の問題である。ただ、博士にとっては、こうして展開された『大智度論』受容の諸問題の探求は、後年の諸研究の本格的展開の前の、試行的な摸索として意味を有するものであったと筆者は考える。

この一連の研究を通じて得られた具体的な成果について述べると、一九九〇年と、後から述作された「吉蔵における『大智度論』依用と大智度論師批判」において、吉蔵の「北土大智度論師」批判を検討し、仏身と般若をめぐる議論の中で、「大論師」が真如実相の主張を行っていることをあぶり出しているところが挙げられる。それを吉蔵にとっては、実相は境（縁）、般若は智（観）の一辺に着しているようにみえるであろうと総括するが、資料にもとづく手硬い分析である。

この問題は、若きころの「嘉祥大師研究序説」においても取り上げられている。本篇では、「智度論師」と吉蔵の相違のみならず、浄影寺慧遠の立場も参照しつつ論じているところが秀抜である。そして、ここでは実相・観照・文字の三種般若の解釈をめぐっての三者の相違を鮮やかに描き出している。慧遠が、実相般若より観照般若を重視し、観照般若の体を絶対真心とするのに対し、「智度論師」は、吉蔵の言及及び慧影の『大智度論疏』残簡によれば、実相般若を強調する立場をとったものとして対比できる。そして吉蔵はやはり不生不滅の実相般若を根本的なものとする。従って吉蔵と「智度論師」は、実相般若の重視という点では近いが、吉蔵からみると、「智度論師」の説はなお実体化の誤謬を免れないものと評価されたと総括する。ここでの、慧遠・智度論師・吉蔵三者の同異を立体的に、般若の解釈という焦点で描き出す手法は、読者に鮮明な印象を与える。本篇は、一九六九年という比較的若い頃の作品であるが、鮮やかな分析は、すでに博士の後年の各方面での活躍を予想させる卓越した技量を示すものといえよう。

さて、第一部に収められた諸論考で吉津博士が扱った問題のふたつめには、南北朝後半期における唯識学派研究、或いはアビダルマ研究の考察がある。これは、いずれも問題提起と、仮説的見通しの提示に止まるもので、本格的な展開は示していない。ただ、第二部に収められた、浄影寺慧遠の研究など、後年の研究にもつながるものとして注目される。また、吉津博士の南北朝時代の唯識学派・アビダルマ研究は、やはり吉蔵の批判を媒介にして行われている。これも初期の三論学派を軸とした研究スタイルで、「大智度論師」の探求と同様である。

南北朝の唯識学派については、「吉蔵の唯識大乗義批判」（一九六九）と「吉蔵の教学と破邪の構造—唯識大乗義批判を中心として—」（一九七〇）があるが、前者は総論的短編であり、後者は対破の分析を通じてむしろ吉蔵自身の思惟のありかたが追求されている。南北朝期の唯識学派の研究は、最近の青木隆氏[5]、吉村誠氏[6]らの諸研究において、敦煌文献など新たな文献に即して、詳細な実証的研究が展開されているので、それらを参照することがのぞましい。また、吉蔵自身の思惟については、平井俊榮博士の古典的著作[7]はもとより、奥野光賢[8]・高野淳一[9]・伊東昌彦[10]諸氏の最近の研究を参照するのがのぞましい。

アビダルマ研究としては、「中国仏教におけるアビダルマ研究の系譜」（一九七〇）「中国仏教におけるアビダルマ研究の発達」（一九七一）の二篇がある。いずれも小篇であるが、三論や天台などの文献を渉猟する中で、批判の対象となるアビダルマ研究者の存在に注目するものである。ただ、「大智度論師」の場合と同じく、彼ら固有の文献が残っていないので、唯識学派研究とともに、検討は初歩的なものにとどまる。

なお、「系譜」の論文では、アビダルマ研究の盛り上がりは、南北朝後期の大乗とは何かという意識の高まりに導かれたものとまとめる。これは『大智度論』研究と地続きの議論の立て方である。こうした議論は、「中国仏教における大乗と小乗」（一九七一）で総括的な考察が加えられ、「大小両乗の教えに対して一道清浄なる理の自覚の問題」という、大乗小乗を突き抜けた根底への志向があぶりだされる。この根源的なる「理」追求があったとする視点は、更に「隋唐新仏教展開の基調　その一―教と理との相関―」（一九七一）にもつながっている。

これらの諸篇は、思想原資料の読み込みによる、斬新な視点の提供にまで進んでおらず、細密な実証研究としては後年の諸研究に比して物足りない。ただ、各学派を偏らせずに比較衡量し、それぞれの立場に即して立体的に論じてゆくさまは、やはり吉津博士の特色として貫かれている。

さて、第一部最後におかれた論考は、「中国隋唐時代における大法の形成―教・宗・教宗一体の流れを考察して―」（二〇〇八）というものであるが、これは吉津博士の最後期に属する論考であり、いわば初期の研究から後年の研究を潜り抜け、最終的な到達点をまとめられた仕事のひとつといえる。内容的には、インド・中国・日本を通覧しつつ、中国でのインド大乗より大きな教法の成立に注目してそれを述べたものである。大法とは、耳慣れない用語だが、これは「大きな法宝」ということで、大規模な仏法の集積という意味合いで吉津博士が作られたことばである。

そして、本著作集では、第一部以外に収められる後年の諸研究を通じて、吉津博士が得た視点が、様々に論じられることになる。その中では、教と宗をめぐる議論が基軸をなす。教と宗の概念は、重複しつつも、次第に区別され、「教は仏陀から衆生へ、具体的には経典として示される内容を表し、宗は衆生から仏陀へ、具体的には特定の仏者が経典の内容をどのように受け止めるかを意味する」ものとなった、とまとめる。そして、教（仏陀の教法）→能詮教体→経典←所詮宗趣←宗（個人なり、学派なりの仏教観）という図式で示す。これは、教と宗の関係についてのエッセンシャルなまとめであり、吉津博士の鋭敏な眼力を示すものである。従来は教も宗も並列しつつ、仏教学内部でも、十分な区分をなすことができきれなかった。その両概念を、博士が、華厳の研究、特に澄観・宗密の研究を行うなかで分析を加え、鋭い結論に達したものの、これは再論である。そして、教判から禅宗の流れをふまえて、教から宗への展開を概観している。そして宗密の教宗一体論において、「教学も禅宗も相通ずる道が開拓されて、インド伝来の経論と、中国成立の禅宗文献が同居しうる理論が構築された」とし、ここに「中国大蔵経とよぶに相応しいすべてを網羅した大法の成立が可能になった」とまとめる。宗密の教禅一致説によって、禅宗文献が入蔵する枠組みが提供されたとするのである。魅力的な指摘である。

全体として、繰り返しになるが、第一部に収められた諸篇は、博士の全業績の中では、なおも習作の域に属するものが多い。しかし、それらの論述のスタイルの中に、すでに後年のすぐれた仏教思想史家としての吉津博士の片鱗は各所に明瞭に示されている。読者諸賢には、そうした点に留意して、味読されたい。

(1) クェンティン・スキナー著、半沢孝麿・加藤節訳『思想史とはなにか―意味とコンテクスト』岩波書店、一九九〇年。
(2) 吉津宜英『華厳禅の思想史的研究』大東出版社、一九八五年。
(3) 荒木見悟『仏教と儒教―中国思想を形成するもの』平楽寺書店、一九六三年(新版は、研文出版、二〇〇一年)。
(4) 岡本一平氏の最近のご指摘によると、実際には、袴谷氏の選んだ対象は『摂大乗論』であったそうである。吉津博士の口癖であったので、あえてここに残しておく。
(5) 青木隆「地論宗」(大久保良峻編著『新・八宗綱要―日本仏教諸宗の思想と歴史』法蔵館、二〇〇一年)他の諸論文を参照。また、青木氏も執筆者として加わっている、金剛大学校仏教文化研究所編『地論思想の形成と変容』国書刊行会、二〇一〇年も参照。
(6) 吉村誠『中国唯識思想史研究―玄奘と唯識学派』大蔵出版、二〇一三年。
(7) 平井俊榮『中国般若思想史研究―吉蔵と三論学派』春秋社、一九七六年。
(8) 奥野光賢『仏性思想の展開―吉蔵を中心とした『法華論』受容史』大蔵出版、二〇〇二年。
(9) 高野淳一『中国中観思想論　吉蔵における空』大蔵出版、二〇一一年。
(10) 伊東昌彦『吉蔵の浄土教思想の研究　無得正観と浄土教』春秋社、二〇一一年。

〔第二部・第三部詳説〕

吉津宜英博士における浄影寺慧遠と地論学派の研究

岡本一平

一　はじめに

浄影寺慧遠（五二三―五九二）は地論宗南道派に属し、中国の北朝を代表する仏教思想家である。彼は北魏末に誕生し、隋初に七〇歳の生涯を閉じた。慧遠は『大乗義章』全二〇巻（分巻：二六巻）という仏教教理叢書を撰述した。本書は、中国人撰述の仏教教理叢書としては現存最大の分量を誇る。また、『勝鬘義記』『十地義記』『涅槃義記』『維摩義記』『無量寿経義疏』『観無量寿経義疏』『温室義記』『地持論義記』等の注釈書を撰述し、後世の人々に参照された。『勝鬘義記』は吉蔵（五四九―六二三）の『勝鬘宝窟』に影響を与え、『観無量寿経義疏』は、伝智顗（五三八―五九七）の『仏説観無量寿仏経疏』の模範になった。また『十地義記』は華厳宗の諸師に参照され、『観無量寿経義疏』は善導（六一三―六八一）によって批判された。慧遠は新羅の元暁（六一七―六八六）や憬興にも影響を与え、彼の『大乗義章』「八識義」は日本の珍海（一〇九一―一一五二）によって注釈された（『八識義研習抄』）。慧遠は『大乗起信論』の最初期の利用者でもあり、『大乗起信論義疏』は彼の著作として伝承されている。さらに慧遠の『無量寿経義疏』と『観無量寿経義疏』は両経に対する現存最古の注釈書である。慧遠が中国を代表する仏教思想家と言っても、誰も異論はないだろう。

そして、この慧遠に関する体系的な研究を開拓したのが、吉津宜英博士（一九四三―二〇一四）である。吉津博士の初期の研究を代表するテーマは浄影寺慧遠であり、博士の研究以前に、慧遠と地論宗に関する纏まった研究は少ない。従って、博士はこの両分野の開拓者と言える。現在、地論宗の研究は、敦煌出土地論宗文献の研究を契機にして、国際的に注目を浴びる研究領域に発展している。(1) 吉津博士の慧遠と地論宗研究の特徴を解説する上で、吉津博士とは異なった背景からの地論宗研究も視野に入れておくべきであろう。そこで最初に、吉津博士の同時代の研究から、最近の動向に至るまでの流れを素描しておきたい。

二　慧遠と地論宗研究の動向

慧遠と地論宗に関する主要な論文は、「地論宗・浄影寺慧遠研究文献一覧」（略称「文献一覧」）に紹介されている。(2) この「文献一覧」によれば、吉津博士以前に、この分野の研究は存在するものの纏まったものは少なく、中国華厳宗、仏教における議論、中国浄土教などの一部として慧遠の研究が認知されていた。(3) その中でも、中国華厳宗の思想背景として研究されることが多く、高峰了州氏、坂本幸男氏、鎌田茂雄氏、木村清孝氏、織田顕祐氏などがいる。一般に、吉津博士もこの流れに属すると理解されていると思う。

しかし、他の分野に付随した慧遠と地論宗研究を独立させたのが、吉津博士である。以下、慧遠と地論宗研究の概要は「文献一覧」に譲り、この分野における吉津博士の位置を中心にしてその動向を描きたい。

吉津博士は、一九七一年から慧遠と地論宗を主題にした研究を開始し、一九七八年まで約七年間、この研究に専念している。

一九七五年頃から、敦煌出土地論宗文献の研究成果が本格的に公開されるようになった。古泉圓順氏、鶴見良道氏、平井宥慶氏、藤井教公氏などの諸研究である。慧遠と地論宗研究は、一方の吉津博士が開拓者であるならば、この敦煌地論宗文献の研究者たちがもう一方の開拓者たちである。

一般に吉津博士は、敦煌地論宗文献の研究に積極的に取り組まなかったと理解されている。それはある程度事実である。主な理由は、博士は一九七八年以降、研究分野を中国華厳宗へと変更したからであろう。一九八五年頃から青木隆氏、石井公成氏など新しい研究者の参入もあって、敦煌地論宗文献研究は発展してゆく。石井公成氏は敦煌地論宗文献だけでなく、称名寺所蔵・金沢文庫保管の『華厳経両巻旨帰』を地論宗文献と特定し、この分野の領域をさらに拡張した。二〇〇〇年に至る敦煌地論宗文献の研究は、荒巻典俊編著『北朝隋唐中国仏教思想史』（法蔵館、二〇〇〇年）に結実してゆく。

この他にも一九八〇年代初期から地論宗が注目されることとなる研究が始まる。柏木弘雄氏と竹村牧男氏を中心とする『大乗起信論』研究である。慧遠の『大乗起信論義疏』は偽撰説もあるが、『大乗起信論』の初期の注釈書の一つであることは間違いない。現在に至るまで慧遠真撰説が根強いのは、吉津博士が真撰説を支持し、柏木氏がこれを承認していることが大きい(4)。竹村氏は『大乗起信論』の術語を検討し、地論宗の祖の一人とされる菩提流支の訳語との類似性の高さを証明した(5)。これにより東アジア全般に影響を与えた『大乗起信論』との関連の中で地論宗は注目されることになる。

以上、慧遠と地論宗研究の動向を纏めるならば次のようになるだろう。

(1)吉津宜英博士が開拓した慧遠と地論宗研究

(2)敦煌地論宗文献を中心とした研究（古泉氏、鶴見氏、平井氏、藤井氏、青木氏、石井氏、荒巻氏など）

(3)『大乗起信論』に関連する地論宗研究（柏木氏、竹村氏など）

二〇〇九年、主に日本に留まっていた慧遠と地論宗研究は国際的に注目を集めることとなる。金剛大学校仏教文化研究所主催の国際学術大会「地論思想の形成と変容」が開催されたのである。この国際学術大会を主導したのは、金天鶴氏と崔鈆植氏の二人の韓国人であった。金天鶴氏は東京大学大学院に留学し、木村清孝氏と末木文美士氏に師事、崔鈆植氏は駒沢短期大学で石井公成氏に学んだが、二人とも駒澤大学大学院の吉津ゼミに参加した（金天鶴氏は四年間、崔鈆植氏は二年間）。この時、日本側の参加者は石井公成氏、青木隆氏、岡本一平の三人であり、その他は韓国、中国、アメリカ、ハンガリーの研究者が発表した。この国際学術大会は、吉津博士に縁の深い人々が参加している。金天鶴氏（発表者）、崔鈆植氏（発表者）の他、石井公成氏（発表者）、陳永裕（本覚）氏（討論者。駒澤大学大学院で平井俊榮氏に師事するも、吉津博士の指導も受けて同大学院の課程博士第一号を取得）、張文良氏（発表者。東京大学大学院で木村清孝氏・末木文美士氏に師事するも、同大学院で吉津博士にも学ぶ）、金京南氏（発表者。東京大学大学院で木村清孝氏・斉藤明氏に師事するも、吉津ゼミにも参加）、岡本一平（発表者。駒澤大学・同大学院で吉津博士に師事）である。吉津博士はこの国際学術大会に参加はしていないものの、博士の研究と教育が無ければ、この会の開催は無かったであろう。その成果は『地論思想の形成と変容』(6)に結実する。この論文集は国際学術大会の成果を集成しただけでなく、さらに吉津博士の寄稿論文、大竹晋氏（筑波大学・大学院で竹村牧男氏に師事）、池田將則氏（大谷大学・龍谷大学大学院で荒巻典俊氏に師事）等の論文を加えた。また、編集担当として山口弘江氏（駒澤大学大学院で池田魯参氏に師事するも、吉津ゼミにも参加）の功績も大きい。

金剛大学校仏教文化研究所は、さらに『蔵外地論宗文献集成』（二〇一二年）と『蔵外地論宗文献集成　続集』（二〇一三年）を刊行し、敦煌地論宗文献と金沢文庫保管の地論宗文献を翻刻し、さらに地論宗の逸文を集成した。これによって、この分野の資料の充実に寄与し、地論宗研究の拠点として国際的な地位を確立した。

次いで池田將則氏の主導の下、金剛大学校仏教文化研究所は、この分野における第二回国際学術大会「地論宗文献と浄影寺慧遠」（二〇一六年三月）を開催した。前学術大会と論文集から継続したメンバーは金天鶴氏、岡本一平、大竹晋氏、池田將則氏の四人だけであり、この分野に対する研究者が増加していることを印象づけた。特に中国人研究者が多く参加した。その成果は『地論宗の研究』（二〇一六年）として結実する。研究の特徴は上記二冊の『文献集成』の活用が増えたことにある。

さらに二〇一六年一〇月には、中国人民大学仏教与宗教理論研究所が主催する浄影寺慧遠に関する国際学術大会が開催された。この学術大会を主導した一人が張文良氏である。日本人の参加メンバーは、落合俊典氏と岡本一平である。参加者の大半は中国人であったが、その多くが吉津博士の論文を利用し、この分野の基礎研究として扱われていることを印象づけた。幸いにして、私は、二〇一六年までに開催された慧遠と地論宗に関する国際学術大会の全てに参加した唯一の研究者になった。これは、私が吉津博士の影響下で育った研究者たちと交流できる環境にあった恩寵である。

二〇〇九年以降の慧遠と地論宗研究の動向を纏めるのは容易ではない。というのも、国際学術大会を契機にして、研究⑴⑵⑶は相互に影響し合い、区分は解消されつつあるからである。ここでは二〇〇〇年頃までに活躍した研究者を慧遠と地論宗研究の第一世代と呼び、主に二〇〇〇年以降に活躍する研究者を第二世代と呼びたい。今日では、必ずしも⑴⑵⑶の区分は有効ではないので、「傾向」程度に理解されたい。

研究⑴の系譜に属するのは、岡本の慧遠研究がある。その特徴は吉津博士があまり重視しなかった慧遠の著作の成立順序という視点を導入したことにある。この視点の下で、慧遠の著作と学説の形成を跡付けている。このような視点は、池田氏に共通する。研究⑵の系譜に属するのは、金天鶴氏と池田氏の研究である。金天鶴氏は、地論宗の逸文を集成した他、特に法上撰『十地論義疏』の研究で注目される。池田氏は敦煌写本全般を研究対象とするが、慧遠の『涅槃義記』の草稿の写本を紹介し、慧遠の著作成立過程という分野を開拓した。池田氏は、岡本が提起した著作の成立順序を前提にした上で、個別の著作の段階的成立を提起したのである。また、韓国人の李相旼氏は、青木隆氏の研究に最も近く、地論宗の思想と文献の整理に大きな寄与をするだろう。研究(3)の系譜に属するのは、大竹晋氏の研究である。大竹氏の特徴は、サンスクリット語やチベット語文献も駆使し、インドから中国への展開の中で、地論宗の形成を跡付けている。この他、地論宗の逸文を集成・翻訳し学界に便宜を与えた（大竹氏の研究は多彩なので、(3)の系譜に限定できない。竹村氏に師事したので便宜的な措置である）。

これはあくまでも私見に過ぎず、この他にも優れた研究者が多くいることは言うまでもない。

三　吉津博士の慧遠と地論宗研究の意義

吉津博士は一九七一年を境にして、北土智度論師、吉蔵、中国の古いアビダルマ思想などの研究から、浄影寺慧遠（五二三―五九二）の研究に転じた。その動機は複数考えられる。第一は、智顗や吉蔵の批判対象を研究する目的である。例えば、「吉蔵の唯識大乗義批判」（第一巻所収、一九六九）は、吉蔵が「唯識大乗義」（＝北地の地論師と摂論師）を批判する意図を考察したものである。第二の動機は、慧遠が中国における大乗思想の形成に果たした役割の解明である。この点は、慧遠研究に転じる直前の論文である「中国におけるアビダルマ研究の系譜」（一九七〇）に明示されている。

まず以上論述したアビダルマ研究の末期に位置し、しかしながら最大量のアビダルマ文献を伝訳した玄奘三蔵の仏教学に焦点を合わせ、直接的には南北朝仏教学の集大成ともいうべき慧遠の『大乗義章』の内容に検討を加えて、中国仏教においてアビダルマ研究の果たした役割を明らかにしてゆきたい。そのような基礎研究がなされた上でこそ、天台学や華厳学などの中国大乗教学成立の必然性とその内容の独自性が解明されるであろう。（本巻所収）

この一文によれば、吉津博士は、慧遠の『大乗義章』を①南北朝仏教学の集大成、②中国における古いアビダルマ思想、③天台学や華厳学等の中国大乗教学成立を考えるための基礎、という主に三点からその意義を考えていたことになる。実際、吉津博士が慧遠の著作の中で、主要な研究対象としたのは『大乗義章』である。そして、吉津博士の慧遠研究は、自身の南北朝仏教研究の集大成として結実し（①）、さらに、唐代に成立する華厳学派の研究の基礎として役割も果たすことになる（③）。しかし、②『大乗義章』をアビダルマ思想の一形態と見做す視点は、晩年の「慧遠と吉蔵の不二義の比較論考」（第一巻所収、二〇一〇年）まであまり顕在化しなかった。

そして、吉津博士の慧遠研究の意義は、北朝を代表する仏教思想家でありながら、体系的な研究が無かった慧遠に脚光を当てたことに尽きる。慧遠の影響は、同時代の偉大な思想家、天台大師智顗や嘉祥大師吉蔵に及んでいることは知られていたが、[7]部分的な理解に留まっていた。智顗や吉蔵の研究者は多く活躍していたが、慧遠を専門とする研究者は、吉津博士以前には存在しなかった。

四　第二部「浄影寺慧遠の『大乗義章』と地論師」解説

『著作集』第一巻・第二部には、主に『大乗義章』の成立に関する研究と、地論師に関する研究が収録されている。各論文の特徴を解説したい。

「経律論の引用より見た『大乗義章』の研究」（一九七一）は、吉津博士による慧遠研究の最初の論文の一つである。本論文は、『大乗義章』の素材として利用された文献を整理し、『大乗義章』全二二二義科の性格を概説するものである。本論文以前の同様の成果は、辻森要修訳注『大乗義章』全四巻（『国訳一切経』諸宗部一〇―一三）の注記がある。辻森氏の訳注研究は『大乗義章』の典拠研究として今日に至るまで唯一の成果であるものの、典拠全般に関する整理は無い。本吉津論文は、三蔵を基準にして『大乗義章』の引用・言及文献を整理している。整理の方法は二種類である。第一種は『大乗義章』全篇における引用・言及文献の整理である。第二種は各義科の冒頭に典拠が明示されているものの整理である。吉津博士が注目した文献は、『涅槃経』『大智度論』『十地経論』『雑阿毘曇心論』『菩薩地持経』『成実論』である。さらに全二二二義科の内、「八識義」が中核であり、「仏性義」と「涅槃義」を密接に関連する義科と指摘した。これらの作業により『大乗義章』の基礎研究が提示されたことになる。

吉津博士は、同時代の問題として、慧遠と三階教の信行（五四〇―五九四）との疑経の利用方法の違いに注目している。疑経の流布を考える上で重要な視点と思われるが、吉津博士はあまりこの分野の研究を進めることは無かったので、今後の課題であろう。特に、吉津博士は、慧遠が利用した疑経として『提謂経』だけを指摘するが、これは検討を要する。この他、吉津博士は『大乗義章』の成立段階を想定することはあまり無かったので、この点も今後の課題として残された。(8)

「『大乗義章』の構成について」（一九七二年）は、「経律論の引用より見た『大乗義章』の研究」を受けた短篇の論文である。『大乗義章』の成立に関する見解として、次の文章が注目される。

以上のことから、インド伝来の経律論を注釈する副産物として経律論の要文を集め整理する形式で、しかも南北朝時代の大乗思想の興起にともない、大乗経論の研究を中心として他のアビダルマ研究・『成実論』研究の成果を包摂して『大乗義章』が成立したと言える。

これによれば、吉津博士は『大乗義章』を注釈書の「副産物」と想定していたことになる。ただし問題も残される。この視点は、敦煌出土の各種『教理集成文献』（擬題）の成立に関する視点を先取りしたものである。これらの作者の内に、慧遠自身が含まれているのであれば、『大乗義章』の成立背景となる注釈書の作者、即ち主語が無いことである。それは、慧遠が注釈書を撰述するごとに段階的に成立した著作と言えるだろう。しかし、吉津博士は『大乗義章』の段階的成立を考慮することは殆ど無かった。

「『大乗義章』「八識義」について」（一九七一）は、吉津博士による慧遠研究の最初の論文の一つである。吉津博士は、従来の「八識義」研究を二つの傾向によって総括している。第一は「華厳学」の先駆的な思想として扱うこと、第二はインドから中国に至る「唯識教学」の一派の心識説として扱うことである。これに対して、吉津博士自身は同時代性の観点から、北朝を中心とする南北朝仏教史の中で、慧遠の「八識義」を位置付けようとした。このような方法は、自身の南北朝仏教の研究を最大限に利用するものであり、博士が『大乗義章』を南北朝仏教学の集大成（前掲①）と見做す視点の具現化と言えよう。本論文では、特に「八識義」中「対治邪執第十」を研究の中心に据え、そこに含まれる南北朝時代の識論の異説に歴史的な輪郭を与えようとしている。吉津博士の念頭にある識論の異説は、「毘曇学」、「成実学」、地論宗北道派、「智度論学」、曇延の『大乗起信論義疏』、真諦訳『摂大乗論』等である。このうち、北道派の識論の問題については、吉津博士以前では勝又俊教氏の研究(9)、以後では伊吹敦氏の研究がある。慧遠と曇延との関係性は、後に慧遠『大乗起信論義疏』を中心とする『大乗起信論』の注釈書研究へと発展した。(10)

「『大乗義章』「八識義」研究」（一九七二）は、吉津博士による慧遠研究の最初期の論文でありながら、慧遠の著作を展望し、その思想の根幹を抉り出そうとした論文である。その方法論は、単純であるものの説得力がある。まず、慧遠が注釈書で繰り返し言及する『別章』を調査した上で、それを『大乗義章』と想定し、慧遠の思想の基礎を『大乗義章』に定める。さらに、『大乗義章』全二二二義科における他の義科への指示を調査し、「仏性義」「八識義」「涅槃義」の三種の文献を『大乗義章』の「支柱」と判断した（第二節）。『別章』の調査は本論文以前には無く、『大乗義章』における他の義科に対する指示は、辻森要修氏の訳注研究の「解題」に先例はあるものの、辻森氏はそこから「支柱」を想定することは無かった。従って、文字通り、本論文は慧遠の著作と思想の基礎研究の出発となった論文と言える。近年の『別章』に関する研究は、岡本一平「浄影寺慧遠の『別章』について」、池田将則「慧遠『大般涅槃経義記』の成立過程について」を参照。[11] この二つの論文は慧遠の著作の成立順序（岡本）、そして単一の著作の成立過程（池田）の観点から、『別章』に言及しているので、吉津博士の蒔いた種は新たな環境に移植されている。また本吉津論文（本吉津論文、注12）では、『大正蔵』第八五巻収録の『地持義記』巻第四（擬題、P.2141）を慧遠の『地持義記』の一部と指摘している。この指摘は、馮煥珍「敦煌遺書にみられる浄影寺慧遠『地持義記』の研究」[12] において、その妥当性が論証された。

「地論師という呼称について」（一九七三）は、吉津博士の地論宗研究を代表する論文であり、「地論師」と呼ばれる実態について問題提起をした論文である。本論文は、「地論師」という呼称をめぐって主に三つの問題が論じられている。第一は、慧遠は「地論師」であるか否か、第二は「地論師」は宗派あるいは学派として実態を持つのか、第三は「地論師」という自己認識を有する人は存在したのか、である。多くの研究者は、第二の問題を中心に本論文を読む傾向があるものの、本論文の主眼は第一と第三の問題である。第三の問題から、吉津博士は「地論師」は他者からの貶称であり、慧遠はそのような自己認識を持っていないことを指摘する（本吉津論文、第七節。「貶称」のモデルは「大乗」側における「小乗」という貶称[13]）。第一の問題については二つの解答が与えられている。一つ目は、慧遠の自己認識という点では否定される（第三の問題）。二つ目は、慧遠が他者から「地論師」と認識されていたか。これも博士は否定的な材料を提示する。というのも、慧遠に対して智顗（五三八―五九七）は「有師」、吉蔵（五四九―六二三）は「有人」「此造疏人」等と呼ぶからである。慧均（生没年未詳）は「地摂両論」として『大乗義章』「二智義」を引用するものの「地論師」ではない。ただし「慧遠と吉蔵の不二義の比較論考」では、吉蔵は『維摩経義疏』において、慧遠の『維摩義記』を「十地師云」として引用している用例を紹介した（雹天菩薩の釈）。(14)

第二の問題、中国における宗派や学派の問題は一般論として展開し易いが、ここでも吉津氏は一般論ではなく、慧遠に即して論じている。吉津博士の学派の定義は、恩師の一人、平井俊榮氏の規定を踏襲したものであり、それは〝学系意識の有無〟である（本吉津論文、注4）。近年、中国の仏教集団について、宗派を連想させる「宗」ではなく、「学派」と呼ぶことが提案されているが、(15)「学派」の定義について平井・吉津両氏を超える提案は見受けられない。また、この定義を採用すれば、慧遠は「地論学派」ではない。結局、「地論宗」「地論学派」「地論師」等の呼称は問題があり、各呼称の問題点を知れば、どれを採用しても大差はないだろう。実際に吉津博士も「地論学派」を終生使用されていた。吉津博士の「地論師」という呼称に対する関心は、後に「華厳宗」「法相宗」等の宗名に関するものへと展開する。

最後に、本論文における敦煌出土文献の利用について指摘しておきたい。吉津博士は、一般に敦煌出土地論宗文献の研究者としては認識されていない。しかし、第一の問題を考察する中で、吉津博士は、慧遠の『勝鬘義記』下巻（P.2091表）と、吉蔵の『勝鬘宝窟』所引の「有人」説を比較している。この部分は『勝鬘経』の「心法智」釈の有名な一節であり、『勝鬘宝窟』の当該部分を慧遠の『勝鬘義記』と特定した功績は、吉津博士に帰せられるものである。吉津博士は、『勝鬘義記』下巻の敦煌写本（P.3308V, P.2091）を一九七二年に入手している（本吉津論文、注28、編者注8参照）。「浄影寺慧遠研究について」（一九七三年）の末尾では、『勝鬘義記』の研究を示唆されているが、本格的な執筆に至らなかった。その理由は、後輩の鶴見良道氏の『勝鬘義記』の研究が一九七五年頃から始まるので、⑯吉津博士はテーマを譲られたのではないかと愚考する。『勝鬘義記』の研究は鶴見氏によって開花するが、その原型は「地論師という呼称について」にある。また『勝鬘義記』下巻を利用した論文として、後年の「吉蔵の『大乗起信論』引用について」（『印仏研』五〇―一、二〇〇一年、第二巻収録予定）がある。本論文は、『勝鬘義記』下巻と『勝鬘宝窟』を比較して、吉蔵が『大乗起信論』に言及するのは、慧遠の「孫引き」であることを論証したものである。私が吉津博士から直接聞いたところによれば、「この論証はすでに慧遠研究の頃に確信していたが、ある事情により公表できなかった」ということである。その時期については明言されなかったが、おそらく写本を入手した一九七二年頃であろう。

「浄影寺慧遠研究について」（一九七二年、一九七三年）、及び**「浄影寺慧遠研究」**（一九七四年）の三篇は、吉津博士が曹洞宗研究員を兼任していた時期の研究報告であり、博士自身による研究成果の回顧である。**「一九七二年」**の報告では、「経律論の引用より見た『大乗義章』の研究」、「『大乗義章』「八識義」研究」の二篇を回顧しながら、従来の慧遠研究の方法について検討し、「部分研究の集合では慧遠教学の全体像は明らかにならない」と、慧遠の全著作を視野に入れる必要を指摘する。さらに、慧遠と同時代の仏教思想家との比較の必要性も提起している（北周の道安・三階教の信行など）。思想家個人を研究する場合の王道でもあるが、慧遠に関してこのような王道の研究を開拓したのは、吉津博士その人である。**「一九七三年」**の報告では、『大乗起信論義疏』に関する研究二篇（第二巻収録予定）、「地論師という呼称について」（本巻収録）、「浄影寺慧遠の真妄論について」（本巻収録）、「無情仏性説の考察」（発表論題「教禅両家の仏性思想」、本巻収録）の合計五篇について回顧している。吉津博士の回顧によれば、前三篇は同時代や後代の資料を活用した研究、後二篇は慧遠独自の思想用語の分析から、その思想構造を解明する研究と位置付けている。吉津博士は研究の方法論に工夫を凝らした研究者であり、その研究結果だけでなく、問題意識や方法論についても学ぶ必要があるだろう。**「浄影寺慧遠研究」**は、「浄影寺慧遠の縁起説について」と「浄影寺慧遠の仏性縁起説」の二篇に関する回顧である。この報告で重要な部分は、北周の廃仏に関する吉津博士の認識である。吉津博士の初期の研究に一貫する隠れたテーマは、北周の廃仏であるが、ここでは慧遠の思想よりも、北周の廃仏に抵抗した慧遠を優先して研究すべきであり、彼の思想が廃仏に対してどのような意味を持つのか、という問題意識を忘れてはいけないことを強調する。後年、吉津博士は仏教と現代社会に関して繰り返し問題提起された。それは吉津博士が所属した曹洞宗の問題に起因するが、仏教と社会の関係性についての視点は、初期の研究から形成されている。仏教の古典文献を読むことが、単に過去の思想を解明することだけでなく、現代に生きる私たちにも価値をもたらすのであれば、吉津博士の提言は今も私たちにとって意味がある。

また「縁起論」と「実相論」とに二分する有り方では、仏教思想は理解できない問題があることも指摘している。(17)

「地論学派の学風について」（一九七六）は、『続高僧伝』中の「地論」関連の記述を六種に整理し、その内「南道派の祖慧光およびその門下」に焦点を当てた短篇の論文である。吉津博士は、慧光について語る場合、道宣による評語「行解相冠」（大正蔵五〇、六二〇下）を支持し、「行解相応」として言及する。そして「行」＝「四分律学」と、「解」＝「地論学」が地論学派の発展の「原動力」と見做す。これは仮説とも言うべきものであるが、中国では、慧光を起点として、『四分律』を重視する傾向が強まり、唐の道宣以降は彼の注釈を踏まえて『四分律』を読むことが標準となる。従って、いわゆる「地論学派」と『四分律』との関係について、今後も多くの研究が望まれる。近年の研究としては、戸次顕彰氏、師茂樹氏の研究が注目される。(18)

「大乗義章の成立と浄影寺慧遠の思想（一）（二）」（一九七八）は、吉津博士における初期の慧遠研究の幕引きとなったものである。本論文以降、吉津博士は二〇〇〇年代に至るまで、慧遠の論文を執筆していない。また、本論文二篇は初出が月報であったこともあり、あまり参照されることはない。しかし、地論学派の内、慧光（四九五—

五八〇）―法上（四九五―五八〇）―慧遠の系統の概説は、今日でもこの二篇を凌駕する論文はない。地論宗研究を志す人は、まずこの二篇を参照されたい。

吉津博士の慧光観は、道宣の「行解相冠」という評語を基礎にしており、「一宗の祖」として相応しいと位置づけている。この内、「解」の側面は慧遠が代表し、「行」の側面は道宣の「四分律宗」として発展したと見做している。慧光の思想としては、主に教判を整理している。慧光の教判については、吉津博士の「浄影寺慧遠の教判論」（本巻収録）、その後の研究については、岡本一平「慧光の頓漸円三種教について」（『東洋学研究』第五三号、二〇一六年）を参照されたい。また、慧光の逸文については、大竹晋「地論宗断片集成」（『地論宗の研究』所収）を参照されたい。

法上に関しては、『法華玄義』等に残された五種の逸文（達摩鬱多羅の名義）を紹介し、慧遠の『大乗義章』と比較したことは特筆すべきであろう。おそらく、法上の逸文を蒐集し考察する試みは、吉津博士が最初である。この逸文の内「釈教迹義」の逸文は、坂本広博「化法四教と二蔵教判」（『印仏研』三六―一、一九八七年）が重要な研究である。法上の二蔵説に関しては、岡本一平「浄影寺慧遠の二蔵説の形成―達摩鬱多羅「釈教迹義」と同「慧遠の『勝鬘義記』―」（『東洋学研究』第五四号、二〇一七年）が最新の研究である。この他、法上の逸文については、大竹晋「地論宗断片集成」と同「北朝経録断片集成」（『地論宗の研究』所収）を参照されたい。

慧遠については、一連の研究の総括として伝記・著作・思想を概説している。慧遠の伝記については、⑴鄴都修学時代まで、⑵択洲清化寺時代、⑶破仏、⑷洛洲時代、⑸長安時代の五期に区分し整理している。特筆すべきことは、慧遠の著作が後代の文献に「択洲云」として引用されていることを指摘し、彼の択洲時代の重要性を浮き彫りにしたことである。すでに勝又俊教氏は『仏教における心意識の研究』において、地論学派の諸師の伝記を整理していたが、吉津博士は、慧遠とその門下に焦点を当て、慧遠の著作の成立時期についても示唆している。この吉津博士の手法を踏襲した研究として、鶴見良道「慧遠の著作における『勝鬘義記』撰述の前後関係考」(『印仏研』二八―一、一九八一年)、岡本一平「浄影寺慧遠における初期の識論」(『地論宗の研究』所収)がある。ただし、慧遠の著作について、吉津博士はその成立順序の仮説を提示するまでには至らなかった。この他に、慧遠を三車家の立場に近いと論じる点も注目したい。

さらに注目すべきことは、『大乗起信論義疏』の撰者の問題である。吉津博士は慧遠真撰説を主張されていたが、この論文では若干主張を弱め、「原型は彼に帰すべきものと考える」と結論づけている。ただし「原型」をどの範囲と想定するのかという課題は残されている。近年の『大乗起信論義疏』研究については、岡本一平「浄影寺慧遠『大乗起信論義疏』の成立問題」(『比較経学』二〇一四年第三輯、北京)、崔鈆植「杏雨書屋本『大乗起信論疏』と慧遠の『大乗起信論義疏』―両者の心識説の比較」(『敦煌写本『大乗起信論疏』の研究』所収、二〇一七年)を参照されたい。

また吉津博士は、『大乗義章』については、注釈書に言及される『別章』の問題を根拠に最初期の著作と想定する一方で、「八識義」のみに真諦訳『摂大乗論』が多く引用されることから、後代の加筆整理の可能性を示唆する。『大乗義章』の成立について重要な論点は、吉津博士の指摘通り『別章』と真諦訳『摂大乗論』の処理である。「別章」に関する最新の研究は、岡本と池田氏の研究を参照(前述)されたい。この他、写本や版本の研究も必要であるが、それについては落合俊典「浄影寺慧遠撰『大乗義章』のテキストについて」(『浄土宗学研究』第三七号、二〇一一)、岡本一平「『大乗義章』の写本の諸系統について」(『東アジア仏教写本研究』所収、二〇一五年)を参照されたい。

五　第三部「浄影寺慧遠の思想研究」の解説

「『四巻楞伽経』と『十巻楞伽経』」（一九七二）は、『入楞伽経』の三訳の内、主に求那跋陀羅訳『四巻楞伽』と菩提流支訳『十巻楞伽』の訳出と、慧遠、吉蔵、信行、智顗、基、智儼、元暁、法蔵、『楞伽師資記』における受容史に関する論文である。初出掲載誌は『宗学研究』という曹洞宗の宗学研究の中心的な学術誌であり、北朝の仏教史を彩る菩提達摩が『四巻楞伽』を慧可に伝授したという物語を導入に使用している。吉津博士の調査によれば『四巻楞伽』を重視するのは主に慧遠、信行であり（矢吹慶輝説の紹介）、『十巻楞伽』は基が重視し、両経を会通するのは智儼と元暁であり、法蔵は実叉難陀訳『七巻楞伽経』を重視し、吉蔵は『四巻楞伽』と『十巻楞伽』の内容が異なることを指摘しているものの『入楞伽経』自体は重視しない。そして、智顗は『四巻楞伽』を用いるが、その利用は限られた範囲である（『維摩文疏』の「三種意生身」の部分）。吉津博士は、現存する『入楞伽経』の注釈書を『七巻楞伽』訳出以後の文献とするが、現在では、それ以前の注釈書も報告されている。(19)

「無情仏性説の考察」（一九七三）は、表題通り「無情仏性」説（草や木など、心を欠く存在にも仏性が存在すると見做す説）に関する論文である。本論文の初出掲載誌も『宗学研究』である。主に禅宗文献として『絶観論』、『景徳伝灯録』「慧忠章」、『洞山悟本大師語録』、神会、『頓悟要門』を検討し、その背景を考えるために、『涅槃経』の仏性説、慧遠の「無情仏性」説を考察した論文である。短篇ではあるものの、扱っている文献は広範囲に及ぶ。本論文にも言及されるように、吉津博士が師事した宮本正尊氏、鎌田茂雄氏、そして同級生であり同僚だった石井修道氏が、吉津博士以前にこの問題に取り組んでいる。一九八五年以降、本覚思想をめぐる問題から、この無情仏性説は仏教学界の内外で注目を集めることになる。ただし、吉津博士の論文はあまり参照されず、自身も一九八五年以降は積極的に考察しなかった。また、慧遠の仏性説を考察する中で、吉津博士は、慧遠が『涅槃義記』巻六（大正三七、七七七中）において、「一闡提一分不成仏」説を主張し、「五性各別」説に近い考えであることを指摘した。この吉津博士の指摘は、研究者に殆んど知られていない見解であり、今後の検討が必要である（該当個所の頁数だけ指摘し引用文は無いが、おそらく一闡提を上中下の三品に区分する内、「下品」を念頭においたものと推定される）。

「浄影寺慧遠の真妄論について」（一九七三）、「浄影寺慧遠の「真識」考」（一九七四）、「浄影寺慧遠の「妄識」考」（一九七四）の三篇は、慧遠の『大乗義章』「八識義」を中心にして、彼の識論を「妄識」と「真識」の観点から考察した論文である。後に、吉津博士は、慧遠の思想的特徴を「真妄論」と「体用論」の二種の論理から理解することになるが、この三篇は、その一翼を担う「真妄論」に関する研究である。吉津博士以前の研究としては、坂本幸男氏、勝又俊教氏の著名な研究がある。

「浄影寺慧遠の真妄論について」は短篇でありながら、唐代には複礼が「真妄頌」を作成し一般化していたが、「真識」と「妄識」の語は慧遠が起源であるとし、本来、それほど単純な概念ではないことを指摘する等、単なる概説ではない。また、真識と妄識の用法として、①第八識と第七識を意味する場合、②第八識と前七識を意味する場合の二種を指摘する。この吉津博士の見解は妥当であり、慧遠の著作の成立順序に依拠してその形成を考察した論文に、岡本一平「浄影寺慧遠における初期の識論」（『地論宗の研究』所収、ただし、本岡本論文は当該吉津論文に言及しないので欠陥がある）がある。また真識と妄識の関係性を示す術語として、「縁起」「依持」「熏習」「随縁」の四種を指摘し、慧遠の思想研究の基本要素を見通している。

「浄影寺慧遠の「真識」考」は、表題通り「真識」について考察した論文である。特に「事識」「妄識」「真識」を、四種（用相・我相・闇相〔真識は分別相〕・理相）の観点から整理する「八識義」の一節（大正四四、五二六中―五二七上）を考察している。吉津博士によれば、慧遠の真識は①妄の所依としての性格（我相）、②妄と共にある性格

（用相）を特徴とする。この二つの性格は、「浄影寺慧遠の「妄識」考」で、妄識の側から掘り下げられている。

「浄影寺慧遠の「妄識」考」は、主に二つの特色がある。第一の特色は事識（前六識）、妄識（第七識）、真識（第八識）の三種の識の関係性を、妄識を中心に解明したことにある（本吉津論文、第三節、第四項「執麁為細」）。妄識は、事識と真識の中間に位置付けられる識である。吉津博士によれば、その中間性＝共通性は妄識の性格にも確認できる。具体的に言えば、妄識と真識とは、前六識に対して「体」「通」「本」という共通性を持つ。また妄識と前六識とは、真識に対して「末」という共通性を持つ（「本」と「末」は組概念）。論述上少し未整理な部分も見受けられるが、慧遠の妄識が、事識とも真識とも共通する性格を持つことを解明する試みとしては、大変興味深い読解である。第二の特色は、『大乗義章』「八識義」中「対治邪執第十」の読解に焦点を当てたことにある。吉津博士が指摘する通り、「八識義」中「対治邪執」は『大乗起信論』の「対治邪執」をモデルにしながらも、前六識と妄識と真識に関する邪執を紹介し、その対治を提示する一節である。『大乗起信論』は如来蔵に関する邪執を取り上げていて、完全に一致しないものの、「八識義」では「真識」の邪執に相当する。即ち、「八識義」中「対治邪執」は、『大乗起信論』と比較して、前六識や妄識に関する異説を批判することに特色がある。特に妄識（第七識）は、慧遠の時代には定説が確立していなかったので、様々な異説が提起されていた。吉津博士は、そのような異説に対する批判を通じて、慧遠の妄識論の重要性を指摘している。

この他、本論文の注5では、「地論師という呼称について」に続いて、慧遠『勝鬘義記』下巻（P.2091）の「心法智」の解釈を紹介し、注6では、『勝鬘義記』（擬題、S.2660）と『勝鬘経疏』（擬題、S.524）の「心法智」の解釈も紹介している。この比較によって、慧遠の「心法智」解釈＝妄識の独自性を浮き彫りにしている。吉津博士によれば、慧遠だけが『勝鬘経』の「心法智」を妄識と解釈している。慧遠の「心法智」の解釈については、岡本一平「浄影寺慧遠における初期の識論」（『地論宗の研究』所収）も参照されたい。本吉津論文は、吉津博士が慧遠の識論を体系的に考察した最後の論文であり、この論文以後は、真識と妄識（前六識も含む）の関係性を解明するために「縁起」等が研究の主題になる。

「浄影寺慧遠の縁起説について」（一九七四年）は、慧遠の縁起説を『大乗義章』「二諦義」と「八識義」を中心に考察した論文である。本論文の執筆動機は、「八識義」に対する研究成果から、「真識」と「妄識」の関係性を示す「依持」「縁起」「随縁」「熏習」等の諸概念を考察する必要性が生じたことにある。この内「依持」と「縁起」が、本論文の主題である。

吉津博士の見解を代表するのは次の文章である。

依持が真と妄の不即不離の関係、縁起が体と用との相即の関係という区別はわかった（第三節）

この論文以降、吉津博士は、慧遠の思想を真妄論（依持論）と、体用論（縁起論）という二種の理論によって説明するようになる。従って、本論文は、吉津博士における慧遠の思想論として最も重要な論文と言えよう。慧遠がこの二種の理論を主張する理由として、吉津博士は次のように理解している。

本来自性清浄でありながら何故に妄法のよりどころとなって妄法を生起せしめるのかという、いわば如来蔵仏教の最大の課題に答えたのが、今問題にしている依持と縁起の教学であろうと思われる。（第三節）

さらに、吉津博士は、『勝鬘経』が如来蔵と有為法の関係を「依持」として主張していたが、慧遠が「縁起」を加える理由を探求し、次のような結論を提示する。

慧遠は如来蔵仏教の弱点であった煩悩の生起の問題を、この縁起説によって補っていることがわかった。（第三節）

このような吉津博士の理解は、「八識義」中「染用」の「依持用」と「縁起用」（大正四四、五三〇上下）を基礎にしている。ただし、「依持」の典拠は『勝鬘経』に求められるものの、「縁起」の典拠は不明瞭であり、流動的な表現であると論じている。その原因を「縁」の多様性に求めたところで、その詳細は「慧遠の仏性縁起説」に譲っている。

「慧遠の仏性縁起説」（一九七五）は、「浄影寺慧遠の縁起説」の「第四節　仏性と縁起」として準備されたものであるが、紙数を超過したために独立した論文として執筆されたものである（後掲論文末尾の付記参照）。私見によれば、本論文は前半部（第一節・第二節）と、後半部（第三節から第六節）に二分できるように思われる。前半部では、「浄影寺慧遠の縁起説」で示唆された課題、即ち慧遠における「縁起」と「縁」の用例を整理している。後半部では、「仏性縁起説」によって、『大乗義章』「仏性義」「八識義」「涅槃義」の思想構造を把握することにある。この前半部と後半部を繋ぐのは、「縁」の三類と、「染法縁起」と「浄法縁起」という用語である。まず、その結論部分の一部を引用したい（本吉津論文、第六節）。

> 第一に仏性縁起にはどこまでも体用論がその根底に流れているが、染法縁起においては「八識義」で説かれるような真妄論が、浄法縁起においては「涅槃義」で説かれていたように因果論が、それぞれの説明の中心になっていること

この内、「仏性縁起」の基調を体用論と見做すことは、「仏性義」の一節に由来する（本吉津論文、第二節）。従って、吉津博士の意図は、「仏性義」「八識義」「涅槃義」の三種の文献に説かれる思想の構造を「縁起」という一語によって把握することにある。その把握に際して、吉津博士は「染法縁起」（迷への働き）と「浄法縁起」（悟への働き）という用語を導入し、真妄論（「八識義」）と因果論（「涅槃義」）に等置させている。また、吉津博士によれば、慧遠の「縁」の用法は三類に区別可能であり、第一は因果、第二は真妄、第三は体用に対する「縁」である（本吉津論文、第二節）。この三類は順番に、「涅槃義」「八識義」「仏性義」に対応することは、右の引用からも明らかである。従って、吉津博士は、この三種の文献が「仏性縁起」の一形態として密接な関連性を持つことを主張してい

ることになる。また、この三種の文献は、「『大乗義章』「八識義」研究」第二節において『大乗義章』の「支柱」と評価された文献である。従って、「仏性縁起」の考察によって、吉津博士は『大乗義章』の基本構造を解明しようとしたと、言い換えられよう。

しかし、この吉津博士の理解は、議論の余地もある。第一に、「染法縁起」と「浄法縁起」の二語は、吉津博士も断っているように、慧遠の使用する用語ではない（第二節の冒頭）。第二に、この三種の文献は、相互に他の義科の参照を指示するものの、指示元と指示先について具体的に考察していない。第三に、『大乗義章』は段階的に成立した文献と推定されるので、様々な矛盾を抱えているテクストであり、吉津博士の理解のように矛盾無く解釈できるとは限らない。第四に、本論文では「真妄和合」を論じる際に、真諦訳『摂大乗論』を典拠とする部分を引用しているが（第三節）、真諦訳『摂大乗論』の議論は、『大乗義章』の中でも「八識義」だけに確認できるものなので、他の義科とは関連性に乏しいだろう。従って、吉津博士の考察が妥当な場合でも、この「真妄和合」の部分は再考が必要である。

いずれにしても、『大乗義章』という大部の著作の根幹を想定し、その思想構造を解明する大胆な試みは、本論文以外に無いだろう。吉津博士とは異なった問題意識の下で執筆したものであるが、慧遠の「縁起」に関する近年の研究として拙論を紹介しておく[20]。

「浄影寺慧遠の涅槃義」（一九七四年）は、『大乗義章』「涅槃義」における二種涅槃（性浄・方便浄）と、三種涅槃（性浄・方便浄・応化）に関する論文である。その基本的な内容は、「慧遠の仏性縁起説」の第五節の後半部分に一致し、同論文のほうが詳細である。本論文の特徴は、二種涅槃が吉蔵や智顗によって「十地師」「地論人」の学説として認識されていることを紹介した部分である。

「浄影寺慧遠の涅槃義」と「慧遠の仏性縁起説」の両論文には注記が無いので、未完成な印象を与える。「性浄涅槃」と「方便涅槃」の語は、『法華経論』や『金剛仙論』に典拠を有する涅槃説であり、菩提流支が伝えたものと考えられる。両論文には、このような視点は無いので、今後の研究が望まれる。

「四宗判と空義」（一九七五年）は、慧遠の四宗（立性宗（因縁）・破性宗（仮名）・破相宗（不真）・顕実宗（真宗））との関連において、空について考察した論文である。本論文の特徴は、『大乗義章』「義法聚」二六門を、第一類（大乗経典に依拠する義科）、第二類（アビダルマに依拠する義科）、第三類（大乗小乗に共通する義科）の三類に区分することにある。その上で第一類の中心的な内容を「空」と「仏性」と理解し、これは慧遠の四宗では第三宗と第四宗に相当すると見做している。よく知られているように、慧遠の四宗の第三番目と第四番目は大乗として浅深を認めるものの、それは空と不空との間の浅深であり、大乗経典間の浅深ではない。吉津博士の考察が妥当であれば、第一類は、正に第三宗と第四宗の弁別を主眼としていることになるだろう。ただし、第一類における「四空義」「十一空義」「十八空義」の三種の義科が、第三宗に当たるわけではなく、これら各種の空には、空と不空の両面が見られる。このことは吉津博士が注意を促している。この内「四空」については、袴谷憲昭『唯識文献研究』（大蔵出版、二〇〇八年、六四—六六頁、注99）参照。

「浄影寺慧遠の教判論」（一九七七）は、慧遠だけでなく、散逸した地論宗の教判を、主に後代の資料（二次資料）を駆使して、網羅的に調査・検討した論文である。研究者の間でも高い評価を受け、類似論文は現在に至るまで存在しない。その理由は、吉津博士の調査が詳細であることによるが、その他にも理由がある。

それは、青木隆氏が、敦煌出土地論宗文献（原資料、一次資料）を駆使して、失われた地論宗の教判を復元し、さらにその歴史的な展開を仮説として提示したことによって[21]、後代の資料（二次資料）を利用する方法の有効性が少なくなったからである。しかし、吉津論文の意義が失われたわけではない。というのも、周知のように敦煌出土地論宗文献はその大半が断簡であり、作者も成立年代も確認できないものばかりである。このような写本群を歴史的に位置付けるためには、成立年代の判明する文献と対照することが不可欠だからである。後代の文献は二次資料とは言っても、作者や成立年代が判明する。また青木氏の復元によっても、後代の伝承の全てが確認されたわけではない。本吉津論文は二次資料を駆使したものであるが、その限界性を認識するならば、教判の上から敦煌写本の成立年代を考える基準としても機能するだろう。

ただし、本論文の問題点は、伝承と逸文の区別が十分ではないことである。伝承は記録者の解釈が含まれ、逸文は原資料の一部を伝える。資料的価値は逸文の方にあることは言うまでもない。また、先駆的な研究として高峰了洲『華厳思想史』、坂本幸男『華厳教学の研究』があり、本吉津論文も参照しているが、一部の教判については、高峰・坂本両氏の方が詳細に検討している。慧光の頓漸円三種教、法上と慧遠の二蔵については拙論を参照されたい。(22)

「法身有色説について」（一九七七）は、慧遠の特徴的な学説「法身有色説」に関する論文である。本論文はこの学説を本格的に紹介した初めての論文である。この特異な学説を含めて、地論宗の仏身論を考察した論文として、大竹晋「地論宗の仏身説」（『地論宗の研究』所収）。また、岡本一平「浄影寺慧遠と真諦訳書」（『印仏研』六三―二）は、慧遠の仏身論の内、真諦訳『金光明経』に由来する「開応合真」の三身説（真身、応身、化身）について論じたものである。

「慧遠と吉蔵の不二義の比較論考」（二〇一〇）は、三〇年程の時を経て、吉津博士が慧遠について執筆した論文である。二〇〇〇年代に、吉津博士は、慧遠の『大乗起信論義疏』に関する論文を執筆しているが、その関心は主に『大乗起信論』にあり、慧遠にはなかった。私の記憶違いで無ければ、本論文を執筆する時期、吉津博士の関心は「不二」や「中道」にあり、その関連から『維摩経』とその注釈書への関心も持っていた。

本論文の「一　慧遠教学の概観」は四部に分かれている。その内、最初の三部は「教判論」「体用論」「真妄論」

である。「体用論」と「真妄論」は吉津博士の慧遠論の根幹であり、この部分は、吉津博士の研究の要約としても読める。また「教判論」では、二蔵と四宗を解説する傍らで、「依持」と「縁起」について纏めている。『維摩義記』の考察では、『大乗義章』「三有為義」についても言及している。この部分は、慧遠の法（dharma）の理解に関連するが、吉津博士は「三有為」や「三聚法」について本格的に考察することは無かった。[23]今後の課題として残されている問題の一つである。

この他、吉蔵が『維摩経義疏』において、慧遠の『維摩義記』を「有人」として言及する部分と、批判する部分を指摘している。また智顗と同様に、吉蔵も晋王の依頼に応じて「文疏」を執筆したことを指摘し、『維摩経略疏』については真偽問題を示唆する（本論文注13）。尚、本論文は文章が整っておらず、文意を読みとりにくい。作者は故人であり、必要最小限の誤字・誤植の修正にとどめたことを理解されたい。

六　おわりに

吉津宜英博士の慧遠研究の特徴は、『大乗義章』を中心にして慧遠の思想の基本構造を解明したことにある。吉津博士によれば、慧遠の思想の特徴は「真妄論」と「体用論」、「依持論」と「縁起論」に集約されるだろう。また慧遠の教判は「四宗」と「二蔵」であり、吉津博士は『大乗義章』を読解する上で「四宗」を重視した。この他に吉津博士の研究経歴もあって、慧遠と同時代の仏教思想家との比較においては、他に追随を許さない。慧遠は、南北朝末期から隋初に至る時代において、屈指の仏教思想家である。この時代の仏教を学ぶ人々は、必ず吉津博士の研究の紐を解くべきだろう。吉津博士自身の手で、慧遠研究が一冊の本に纏めることが出来なかったのは残念である。

最後に慧遠研究の課題を述べておきたい。

吉津博士が指摘しながらも、具体的な研究をしなかった課題を列挙しておきたい。

1　慧遠における「一闡提一分不成仏」説の有無（「無情仏性説の考察」）

2　慧遠は「三車家の立場」なのか否か（「大乗義章の成立と浄影寺慧遠の思想（二）」）

3　『大乗義章』「八識義」における真諦訳『摂大乗論』の引用問題

課題3は、『大乗義章』を含む慧遠の著作の成立問題である。吉津博士の慧遠研究は、著作の成立順序や思想の変化を前提にしない〝不変モデル〟であり、今後はその逆の〝変化モデル〟の研究が必要であろう。

次に吉津博士があまり考慮しなかった課題を挙げておく。

1　慧遠の著作の校訂テクストの作成

2　慧遠の浄土思想の研究

3　慧遠の注釈書の研究

中国の南北朝から隋唐に至る時代は、この国の仏教の方向性が決定した時代である。吉津博士を導き手として、多くの人々にこの時代の仏教思想と歴史に踏み込んでいただきたい。

（1）敦煌写本を中心とする地論宗の研究動向については、石井公成「地論宗研究の現状と課題」（金剛大学校仏教文化研究所編『地論宗の形成と変容』所収、国書刊行会、二〇一〇年）参照。

（2）「地論宗・浄影寺慧遠研究文献一覧」（金剛大学校仏教文化研究所編『地論宗の研究』所収、国書刊行会、二〇一七年）。李相旼氏が地論宗関係の論文を、岡本一平が慧遠関係の論文を収集し、池田將則氏が整理・補充した。

（3）辻森要修『大乗義章』（『国訳一切経』和漢撰述部、諸宗部一〇―一三、大東出版社、一九五八年）、櫻部文鏡『勝鬘寶窟』(『国訳一切経』和漢撰述部、経疏部二、大東出版社、一九五九年)、横超慧日『法華義疏』(『国訳一切経』和漢撰述部、経疏部三)、坂本幸男『華厳教学の研究』(平楽寺書店、一九五六年)、勝又俊教『仏教における心識説の研究』(山喜房仏書林、一九六一年)、鎌田茂雄「浄影寺慧遠における大乗思想の展開」(『東洋文化研究所紀要』第三四号、一九六四年)等。

(4)柏木弘雄『大乗起信論の研究』(春秋社、一九八一年)三一―三二頁参照。

(5)竹村牧男「地論宗と『大乗起信論』」(『如来蔵と『大乗起信論』』所収、春秋社、一九九〇年)。

(6)『地論宗の形成と変容』(金剛大学校仏教文化研究所編、国書刊行会、二〇一〇年)。

(7)慧遠から智顗への影響は、主に偽撰とされる『仏説観無量寿仏経疏』であるので、具体的には智顗門下と言える。

(8)岡本一平「浄影寺慧遠の『別章』について」(前注2、『地論宗の研究』所収)参照。

(9)勝又前掲書(前注3)参照。

(10)伊吹敦「地論宗北道派の心識説について」(『仏教学』第四〇号、一九九九年)参照。

(11)両論文共に『地論宗の研究』(前注2)に収録。

(12)『地論宗の研究』(前注2)に収録。

(13)石井公成氏は敦煌写本S.4303に「十地論師」の用例を指摘し、「ある時期には「地論師」と自称する人々が存在した」と主張されている。同「地論宗研究の現状と課題」(前注1書)四一頁。この用例の指摘は重要であるものの、自称であるか否かは議論の余地があるだろう。

(14)「宗派」の定義については、岡本一平「日本における仏教の諸宗派の形成」(金剛大学校仏教文化研究所編『東アジアの宗派仏教――歴史的現象と概念的理解』韓国、二〇一六年)参照。

(15)吉村誠『中国唯識思想史研究―玄奘と唯識学派―』「中国唯識諸学派の称呼」(大蔵出版、二〇一三年)参照。

(16)鶴見良道「勝鬘宝窟の染浄依持説―浄影寺慧遠『勝鬘義記』と比較しつつ―」(『駒仏論集』第六号、一九七五年)、「勝鬘経の「六識及心法智」解釈―『勝鬘宝窟』を中心として―」(『印仏研』二四―一、一九七五年)参照。

(17)「縁起論」と「実相論」という二分法の問題は、袴谷憲昭「仏教思想論争考」(『駒澤大学短期大学仏教論集』第一〇号、二〇〇四年)一七四―一七九頁参照。

(18)戸次顕彰「四分律と地論宗南道派に見られる学道の一側面―道宣撰『浄心誡観法』の学問批判をめぐって」(『大谷大学

大学院研究紀要』第二五号、二〇〇八年）、師茂樹『論理と歴史─東アジア仏教論理学の形成と展開』「相部律宗の定賓の行状とその日本への影響」（ナカニシヤ出版、二〇一五年）参照。

(19) まず北宗禅の文献と想定される達摩『楞伽経疏』の逸文が、伊吹敦「菩提達摩の『楞伽経疏』（上）（下）」（『東洋学論叢』第二三・二四号、一九九八・一九九九年）と、岡本一平「東大寺図書館所蔵　凝然『華厳二種生死義』について」（『東アジア仏教研究』第一二号、二〇一四年）で紹介された。この他に、李子捷「杏雨書屋所蔵敦煌写本『入楞伽経疏』（擬題、羽六二七R）について」（『南都仏教』第九八号、二〇一三年）、李相旼「『入楞伽経疏』注釈書にみられる初期地論学派の特徴─敦煌写本羽六二七R（『大乗十地論義記』）を中心に」（『禅文化研究』第一六、ソウル、二〇一四年）が、敦煌写本の『入楞伽経疏』（羽六二七R）を紹介し研究している。

(20) 岡本一平「浄影寺慧遠における縁起と如来蔵」（『Journal of Buddhist Studies』第五三号、ソウル、二〇一七年）参照。

(21) 青木隆「敦煌写本にみる地論教学の形成」（前注2書所収）。

(22) 本「大乗義章の成立と浄影寺慧遠の思想（一）（二）」の解説部分を参照。

(23) 岡本一平「三聚法─玄奘以前の法の体系と範疇─」（『印仏研』六〇─二、二〇一〇年）、同「三聚法の形成と変容─『大乗義章』を中心として─」（『東洋学研究』第五三号、二〇一六年）参照。

〔特別解説〕

吉津宜英博士と中国浄土教研究

石川琢道

吉津宜英博士と聞き、中国浄土教研究を連想する方はほとんどいないであろう。事実、浄土教を中心に扱った吉津博士の論文は存在しない。

そのようななかで筆者は、吉津博士の研究が、今後の中国浄土教研究に示唆を与える面が多いと考えている。そこで小文では、今後の中国浄土教研究の展望にも言及しながら吉津博士の業績を回顧したい。

一　浄影寺慧遠と中国浄土教研究―祖師の批判対象としての慧遠研究―

本巻に収録される論文は主として浄影寺慧遠に関わるものであるが、中国浄土教研究においても慧遠は主要な研究対象の一つといえる。

その理由は第一に、中国浄土教史上、慧遠は浄土経典に対する最初の注釈を行った人物であるからである。『無量寿経』を初めとした浄土経典は、中国において早期から諸師によって講説がされてきた。後代、中国浄土教の祖として仰がれる廬山の慧遠や、後述する曇鸞などを初めとして、高僧伝によればその他にも多くの浄土教の研究者が多く存在したことは明らかである。しかし、浄土経典の注釈書を撰述という視点から見ると、中国浄土教史上、慧遠の『無量寿経義疏』『観無量寿経義疏』をもって最初とされ、しかもその後の浄土教典籍に対して多くの影響を与えている。

第二に、慧遠が道綽や善導といった浄土教の祖師によって批判対象とされたからである。例えば仏身論について見てみると、慧遠は阿弥陀仏を応身と捉えている。これに対して善導は、阿弥陀仏は仏となる前の法蔵菩薩時代（因位）の本願と修行によって報われた仏（酬因感果身）であり、なおかつ一切衆生を救済する仏であることから、報身であると主張し、慧遠の説に対して強く批判を行っている。また浄土に往生する者の階位に関する議論（機根論）においても、『観無量寿経』に説かれる九種の階位（九品）について、慧遠はそれを菩薩から凡夫までに配当しているのに対し、善導はそれら九品のすべてが凡夫であると主張し、仏身論と同様に慧遠をはじめとする諸師の説を批判している。これら批判を起因として、浄土教祖師の研究の一貫として慧遠はその研究対象となっている。

このように慧遠の浄土教関連典籍が後代にも大きな影響を与えていることから、近代以降に限ってみても、阿川貫達氏「浄土列祖よりみたる浄影」（『浄土学』五・六、一九三三年）、望月信亨氏『支那浄土教理史』（法蔵館、一九四二年、後に『中国浄土教理史』と改題のうえ再版）の「浄影慧遠の浄土論并に九品階位説」を初めとして、現在に至るまで多くの研究が重ねられている。

そのようななかで、例えば中国浄土教における主要な論題である仏身仏土論に限ってみれば、深貝慈孝氏による諸論考（同氏『中国浄土教と浄土宗学の研究』思文閣出版、二〇〇二年に再録）は注目すべき研究といえる。その後も、曽和義宏氏「阿弥陀仏の仏身規定をめぐって」（『浄土宗学研究』二六、二〇〇〇年）、同「道綽の仏身仏土論の特異性」（高橋弘次先生古稀記念論文集『浄土学佛教学論叢』山喜房佛書林、二〇〇四年）、柴田泰山氏『善導教学の研究』（山喜房佛書林、二〇〇六年）等においても有益な研究が行われている。これら研究をはじめ、慧遠の阿弥陀仏身論に関する論文の多くで、吉津博士の「法身有色説について」（『仏教学』三、一九七七年〔本巻第三部収録〕）が参照されている。

しかし従来の慧遠浄土教の研究は、顕在的ないしは潜在的に、道綽や善導など浄土教の祖師の批判対象を明らかにすることを目的として行われたものといえる。これまでの慧遠浄土教の研究において扱われるテキストは、『無量寿経義疏』『観無量寿経義疏』、及び『大乗義章』の「浄土義」「三仏義」等に限られており、慧遠教学全体における浄土教の位置づけという視座をみることはできない。もちろん従前の研究が批判されるものではないが、今後はそれらと併せて慧遠の教学における浄土教の位置づけについての研究も求められよう。

二　吉津宜英博士の智度論師研究と中国浄土教

吉津博士の初期の注目すべき業績として、智度論師に関する研究がある。中国浄土教研究においては、これまで大きく注目されることはなかったが、今後、大きな示唆を与える可能性を有している。吉津博士の「北土智度論師について」、「吉蔵における『大智度論』依用と大智度論師批判」（共に本巻第一部収録）において、浄土教の祖師である曇鸞・道綽について言及している。

（一）曇鸞

『続高僧伝』巻六「義解篇二」所収の曇鸞伝によれば、曇鸞は浄土教へと帰依する以前、四論（『中論』『百論』『十二門論』『大智度論』）と仏性を学んでいたとされ、『大智度論』の影響を受けていることが推定される。またこのような伝記の記述のみならず、拙著『曇鸞浄土教形成論』（法蔵館、二〇〇九年）においても指摘した通り、曇鸞の浄土教思想の形成にあたり、『大智度論』の思想的な影響が極めて大きい。したがって、後に日本までいたる浄土教思想史の誕生にあたり、曇鸞が四論を学んだということの意味は非常に重要なものがある。

吉津博士の指摘によれば、曇鸞の活躍した南北朝時代の北地において、『大智度論』研究を行う智度論師なる人々がいて、独特な教理思想を有していたことが指摘されている。そしてその智度論師の多くは地論宗とも関わりをもつ人々と思われ、菩提流支等によって『十地経論』の研究講説との関連において『大智度論』研究が促されたものと推定されている。曇鸞もこのような智度論師との大きな関わりのなか、修学をしていたものと考えられる。また伝記によれば、曇鸞は地論宗の祖である菩提流支によって浄土教へと転向した。そして更に曇鸞はその菩提流支の訳出による『無量寿経優婆提舎願生偈』（『往生論』『浄土論』とも略称される）の注釈書も著している。

管見の限り、曇鸞に対して菩提流支を初めとした地論宗系の思想的な影響はないが（前掲拙著参照）、曇鸞と智度論師そして地論宗系の論師との関係を推測させる材料は多い。

吉津博士は前掲論文、そして更に先立つ修士論文『大智度論研究』（著作集第二巻収録）において、曇鸞を単に伝記の記述のまま四論研究者と位置づけることについて否定的な見方を示している。曇鸞の浄土教思想の形成にあたり『大智度論』の影響が大きい以上、吉津博士の研究を参照しつつ、今一度、南北朝時代の北地における三論そして四論研究者についての研究が求められよう。

また曇鸞と地論宗の関わりについては、筆者は地論宗の曇鸞浄土教への思想的な影響はないと考えているが、近年、内田准心氏が『曇鸞浄土教の研究—同時代的視野からみた実践と思想—』（龍谷大学博士論文、二〇一六年）において、語句の用法において曇鸞と地論宗の間に共通点が見られると指摘しており、近年の地論宗研究の進展に伴い、両者の関わりが今後指摘される可能性もあり、今後の課題といえる。

（二）道綽

同じく道綽も、地論宗との関係が推測される浄土教者の一人である。

道綽は曇鸞の思想的な影響を受けつつも、両者の間には多くの思想的な相違が見られる。そのうちの一つが仏身論であろう。曇鸞は二種法身説とよばれる特殊な仏身論を創出したが、それは必ずしも、後代みられるような阿弥陀仏の存在論的な証明を目的とするものではなかった。一方、道綽は三身説に基づき、阿弥陀仏は万行を修してその結果として酬われた身（酬因感果身）であるから報身であると強く主張している。

このような道綽が依拠した三身説は、そもそも菩提流支訳出経論をはじめとして、地論宗系の経論によって初めて中国へともたらされたものである。曇鸞の時代、それら経論の訳出は始められてはいたものの、曇鸞にその影響は見られない。しかしその後、道綽が浄土教へと帰依し、『安楽集』を執筆するまでのわずか数十年間の間に、三身説を中心とする仏身論は地論師を中心に盛んに議論がされてきたのであり、道綽も扱う仏格は異なるものの、そのような思想的展開のなかで自らの阿弥陀仏身論を展開しており、地論宗との関係は無視できない。

そのようなことを傍証するかのように、道綽は『安楽集』第四大門のなかで、浄土教の教えを相伝してきた諸師として「六大徳相承」について述べている。この六大徳相承とは、菩提流支から慧寵・道場・曇鸞・大海・法上の六人へと至る相承をいい、後に法然も『選択本願念仏集』のなかでこの説を紹介しているように著名である。

この六大徳相承のなかには、確実に浄土教との関わりが認められる菩提流支や曇鸞のほか、道場・慧寵（道寵？）・法上など地論師が含まれるが、果たして浄土教者として判定して良いのか不明な点も多いことから、これまで中国浄土教研究においては、服部仙順氏「六大徳相承説について」(『浄土学』八、一九三四年)が発表されて以降、研究が停滞をしているところであった。

これに対して吉津博士は、前掲の修士論文『大智度論研究』(著作集第二巻収録)において、『大智度論』研究者の整理を行うなかで、道綽の六大徳相承説を紹介し、活躍年代および活躍地の違いを根拠として、道場から曇鸞への相承に対して否定的な見解を示している。これは服部氏とは異なる見解であり、既に半世紀前にこのような重要な指摘がなされていたことは注目すべきであろう。

六大徳相承説に対する吉津博士の指摘は道場と曇鸞の関係のみに限られるが、それ以外の大徳についても、今後、智度論師ならびに地論宗に関する研究を参照しながら、検討する必要がある。

本邦における中国浄土教研究は、多くの場合、浄土系の各宗の宗学研究と併行して、議論が盛んに行われている。そしてそれは多くの中国浄土教研究者を輩出する遠因ともなっている。しかし一方で、浄土系の各宗においてこの道綽や善導の系統の浄土教が正統とみなされていることから、中国浄土教の実態を明らかにするという意味ではそのような視座が邪魔をしている可能性も否定できない。

それは現在の視点からみれば、道場・慧寵(道寵?)・法上などは『大智度論』もしくは地論宗の研究者であり、曇鸞や道綽とはまったく異なる学系にいるものとしか捉えることはできないことが象徴している。しかし極めて重要であるのは、事実として道綽は六大徳相承説のなかにおいて、浄土教の祖師としてそれら曇鸞以外の名を入れているということである。これは道綽の視点からみれば彼らは明確に浄土教者であると認識していたことを証明している。それならば、道綽の考える浄土教者とは如何なる存在であったのだろうか。

今後、『大智度論』、地論宗、そして浄土教の研究者とは大きく立場を異とするものと捉えるものとは別の視座からの研究が求められよう。伝記によれば浄土教への帰依以前、道綽も曇鸞と同様に仏性について学んでいたとされる。道綽が帰依以前にどのような学系のなかで修学をしていたのは現在のところ定かではない。しかし六大徳相承説のなかで菩提流支や勒那摩提の法系にある論師たちの名前を挙げていることを考えると、恐らくはそれら論師とそう遠くない学系において学んでいたのであろう。

吉津博士の南北朝時代の仏教に関わる研究が、今後、曇鸞・道綽周辺の状況を明らかにする一助となることは間違いない。

三　結びにかえて

以上、簡略ながら吉津博士と中国浄土教研究の接点について述べてきた。上述の通り、吉津博士には浄土教を中心に扱った論文は存在しないものの、今後の中国浄土教研究に示唆を与えるものが多く存在するといえよう。

なお中国浄土教に関わるものではないものの、日本の法然について言及する論文に「全一のイデア―南都における「華厳宗」成立の思想的意義―」（著作集第四巻収録）がある。そのなかで「鎌倉仏教はそれ以前の顕密の仏教を批判して出現したという。しかしこの全一のイデアの継承という観点からは決して顕密仏教と鎌倉仏教は異質のものではない。むしろ鎌倉仏教は、法然に代表されるように一行一宗の選択において全一のイデアを純化したと言えよう」と述べている。

この全一のイデアとは、何かを唯一として選択することが仏教全体を合一するという考え方であるが、法然の専修念仏はまさにその全一のイデアを純化させたものであるという示唆に富む指摘である。

全一のイデアと法然の関わりを考える場合、筆者は法然の名号万徳所帰説を想起する。「南無阿弥陀仏」の名号とは、本来、阿弥陀仏に帰依するという元意に由来するが、法然は単に阿弥陀仏に帰依するとの意味のみでなく、阿弥陀仏の内証と外用にわたるあらゆる功徳がおさめられているという考え方である。

この法然の名号万徳所帰説について、松本史朗氏は『道元思想論』（大蔵出版、二〇〇〇年）において、これを密教的な論理であり、名号が神秘化され絶対化されたものと指摘している。松本氏の指摘は傾聴に値するが、一方で、筆者はこの名号万徳所帰説と全一のイデアとの関係も考慮すべきであると考える。これも吉津博士が浄土教研究へと投げかけた課題の一つといえよう。

〔付記〕

筆者は、駒澤大学仏教学部在学中に吉津博士のゼミに所属した門下生の一人である。まずは、ご生前中に吉津博士よりいただいたご指導に深甚の謝意を表したい。

浄土宗寺院の子弟でありながら、まずは宗門を離れ、広い視野から仏教を学びたいと考えて駒澤大学に進んだが、そこで吉津博士のご教導にあずかることができたのは、誠に幸運なことであった。

在学中、筆者の興味は浄土教へと向かっていったが、吉津博士はそれを快く許してくださった。そのご指導のなかでの指摘が、その後の筆者自身の問題意識へと繋がった。また卒業後、大正大学大学院に進学したが、これも吉津博士の勧めによるものであった。

卒業後、吉津博士の大学院ゼミに参加させていただいたが、そこは、現在、第一線で活躍する東アジア仏教の研究者が集い質疑を交わす、まるで学会のような場であった。そこでの吉津博士や先輩方との交流が、拙いながらも筆者が研究者を目指すきっかけとなったといえる。

折に触れて吉津博士の研究室を訪ね、さまざまなご報告をしてはいたが、ついにそのご恩を直接お返しすることはできなかった。今回改めて吉津博士と中国浄土教研究との関わりについて整理したが、ここで明らかとなった課題の研究を通じてそのご恩に報いることとしたい。

初出一覧（著作集の収録順序）

第一部　南北朝隋唐仏教の諸問題

「慧影の『大智度論疏』をめぐる問題点」（『印仏研』第一六巻一号　一九六七年一二月）
「『大智度論』研究における諸問題」（『駒澤大学大学院仏教学研究会年報』第二号　一九六八年三月）
「北土智度論師について」（『印仏研』第一七巻二号　一九六九年三月）
「嘉祥大師吉蔵研究序説―対破教学の研究（1）北土智度論師―」（『駒澤大学大学院仏教学研究会年報』第三号　一九六九年三月）
「吉蔵の唯識大乗義批判」（『印仏研』第一八巻一号　一九六九年一二月）
「吉蔵の教学と破邪の構造―唯識大乗義批判を中心にして―」（『駒澤大学大学院仏教学研究会年報』第四号　一九七〇年三月）
「吉蔵における『大智度論』依用と大智度論師批判」（平井俊榮監修『三論教学の研究』所収　春秋社　一九九〇年一〇月）
「中国仏教におけるアビダルマ研究の系譜」（『印仏研』第一九巻一号　一九七〇年一二月）
「中国仏教におけるアビダルマ研究の発達」（『宗教研究』第四四巻第三輯　一九七一年三月）
「中国仏教における大乗と小乗」（『駒仏論集』第一号　一九七一年三月）
「隋唐新仏教展開の基調　その一―教と理との相関―」（『駒澤大学大学院仏教学研究会年報』第五号　一九七一年六月）
「中国隋唐時代における大法の形成―教・宗・教宗一体の流れを考察して―」（『東洋文化研究』第一〇号　二〇〇八年三月）

第二部　浄影寺慧遠の『大乗義章』と地論師

「経律論引用より見た『大乗義章』の性格」（『駒仏論集』第二号　一九七二年一一月）
「『大乗義章』の構成について」（『宗教研究』第四五巻第三輯　一九七二年三月）
「『大乗義章』「八識義」について」（『印仏研』第二〇巻一号　一九七一年一二月）
「『大乗義章』「八識義」研究」（『駒仏紀要』第三〇号　一九七二年三月）
「地論師という呼称について」（『駒仏紀要』第三一号　一九七三年三月）
「浄影寺慧遠研究について」（『曹洞宗研究員研究生研究紀要』第四号　一九七二年九月）
「浄影寺慧遠研究について」（『曹洞宗研究員研究生研究紀要』第五号　一九七三年九月）
「浄影寺慧遠研究」（『曹洞宗研究員研究生研究紀要』第七号　一九七五年九月）
「地論学派の学風について」（『宗教研究』第五〇巻第三輯　一九七六年一二月）
「『大乗義章』の成立と浄影寺慧遠の思想（一）」（『三蔵』〈国訳一切経　和漢撰述部　諸宗部一〇　月報〉大東出版社　一九七八年一一月）
「『大乗義章』の成立と浄影寺慧遠の思想（二）」（『三蔵』〈国訳一切経　和漢撰述部　諸宗部一一　月報〉大東出版社　一九七八年一一月）

第三部　浄影寺慧遠の思想

「『四巻楞伽経』と『十巻楞伽経』」（『宗学研究』第一四号　一九七二年）
「無情仏性説の考察」（『宗学研究』第一号　一九七三年三月）
「浄影寺慧遠の真妄論について」（『宗教研究』第四六巻第三輯　一九七三年三月）

「浄影寺慧遠の「真識」考」(『印仏研』第二二巻二号　一九七四年三月)
「浄影寺慧遠の「妄識」考」(『駒仏紀要』第三二号　一九七四年三月)
「浄影寺慧遠の縁起説について」(『曹洞宗研究員研究生研究紀要』第六号　一九七四年九月)
「慧遠の仏性縁起説」(『駒仏紀要』第三三号　一九七五年三月)
「浄影寺慧遠の涅槃義」(『印仏研』第二三巻一号　一九七四年一二月)
「四宗判と空義」(『印仏研』第二四巻二号　一九七六年三月)
「浄影寺慧遠の教判論」(『駒仏紀要』第三五号　一九七七年三月)
「法身有色説について」(『仏教学』第三号　一九七七年四月)
「慧遠と吉藏の不二義の比較論考」(金剛大学校仏教文化研究所編『地論思想の形成と変容』所収　二〇一〇年六月)

あとがき

岡本一平

今思い起せば、吉津ゼミに参加した時代は、私たちの黄金時代であった。その記録を残しておきたい。少し長くなるがお付き合いを願う。

吉津宜英先生に私が出会ったのは一九九二年四月。『仏書解説Ⅱ』という駒澤大学仏教学部の選択科目の教場であり、私は仏教学部禅学科二年生、吉津先生は前年に『華厳一乗思想の研究』を公刊したばかりのことである。授業の内容は、五種の大乗経典を取り上げ、それらを五極構造として提示し、一年を通じて各経典の共通性と差異性を簡潔に説明するものであった。その概要は、先生の『修証儀による仏教入門』（大蔵出版、一九九九年）に残されている。授業の参加者は二〇名くらいだったと記憶している。三年生から始まる演習の指導を吉津先生に決め、許可の印鑑をいただきに、吉津先生の研究室を訪ねた。季節は覚えていない。駒澤大学の数ある研究室の中で初めて入ったのは吉津先生の研究室。それから数えきれないほどの時間をこの研究室で過ごし、吉津先生と議論することになるとは、この時は全く予想しなかった。

三年生の時の学部の演習（華厳思想概論）は、四年生一人、三年生五人でこぢんまりしていた。四年生の時、吉津先生の演習（前期は『法界観門』講読、後期は発表形式）は、複数の事情で同級生が二〇名近くになった。その一人が柴田文彦氏であり、彼とは博士課程まで一緒に勉強した。大学四年生の春に、先生に大学院への進学を相談し、その翌週から大学院の修士課程の演習に参加することを勧められた。その授業では源信の『一乗要決』を読んでいて、学生は三人。そこで駒澤大学博士課程に在籍していた先輩の千葉正氏（指導教授は石井修道先生）に初めてお会いした。

一九九四年四月、駒澤大学大学院修士課程に入学すると、私は吉津先生が主催する四つの授業に参加した。一つ目は修士の講義（『成唯識論』）で、早稲田大学大学院修士二年生の吉村誠氏も参加していた。吉村氏は小林正美先生の学生で、小林先生は一年間の留学期間であった。二つ目は修士の演習（『往生要集』講読）で、前年の三人に柴田氏が参加した。三つ目が博士の演習（『明宗記』の講読）で、駒澤大学博士課程で先輩の吉田叡禮氏（吉田剛）が中心であった。四つ目は鎌田茂雄先生が始められた課外ゼミ、均如の『五教章円通鈔』の講読会（通称「均如ゼミ」）。駒澤大学大学院博士三年生で、先輩の羽金之宏氏（指導教授は平井俊榮先生）、東洋大学大学院博士二年で、先輩の佐藤厚氏（里道徳雄・田村晃祐先生の指導）、吉田氏、私の四人。均如ゼミが終わると、一次会は吉津先生と参加者の四人で食事に行き、その後、学生四人で二次会に必ず行った（個人的には、均如ゼミが、後の吉津ゼミの母体と思っている）。毎週のことである。他の三つの授業では、この年、懇親会は開催されていない。どの授業も少人数であった。

翌一九九五年から年を追うごとに、吉津先生の演習は学年・大学・国籍を超えて多様なメンバーになってゆく。理由は幾つかある。一つの理由は、修士と博士の演習を連続でしかも合同で行うようになったからである（これは確か一九九六年から）。もう一つの理由は、吉津先生が学生を「スカウト」するようになったからである。吉津先生に直接会って声を掛けられた方もいれば、手紙を介して参加するようになった方もいる。その他、ゼミの参加者が声を掛けて仲間になった方もいる。

私が博士課程一年生、一九九六年六月頃、均如ゼミが休止になった。この頃から「吉津ゼミ」と言えば、修士・博士の合同ゼミを指すようになる。しかも「ゼミ生」という言葉も、「吉津ゼミ」では奇妙な用法として定着する（ただし、吉津先生は「ゼミ生」とは呼ばず、平等に「縁者（えんじゃ）」と呼んでいた。それぞれの正規の指導教授に対する配慮であろう。慣例に従い「ゼミ生」と呼ぶことをお許し願いたい)。普通は、「ゼミ生」という言葉は正規の指導の学生のみを指すと思われるが、「吉津ゼミ」では参加すれば「ゼミ生」である。所属は問わない。「吉津ゼミ」は発表形式になり、発表者が一時間発表し、二時間討論した。私より後に参加したのは、博士論文の執筆を終えた先輩の舘野正生氏、杉浦ひとみ氏(旧姓は久我尾)、前田和子氏、谷古宇浩子氏、篠田昌宜氏、駒ヶ嶺法子氏、山崎哲氏、石川琢道氏、室屋博之氏、舘盛寛行氏、橘川智昭氏(東洋大学大学院。田村晃祐先生の指導)、馬淵昌也氏(当時、学習院大学教授)である。韓国からは金天鶴氏(金知見先生の指導。東京大学大学院時代は木村清孝先生、末木文美士先生の指導)、金京南氏(東京大学大学院。木村清孝先生・斉藤明先生の指導)、崔鈆植氏(駒沢短期大学。石井公成先生の指導)も参加した。定年退職された鎌田茂雄先生も数度参加された。私は二〇〇一年を境に、吉津先ゼミに参加していないが、その後に参加した人は山口弘江氏(池田魯参先生の指導)、松森秀幸氏(菅野博史先生の指導)、田中章寛氏、小師順子氏などがいる。また、佐藤厚氏の計らいで、東京大学大学院の前川健一氏(末木文美士先生の指導)、東洋大学大学院の師茂樹氏(田村晃祐先生の指導)とも学外の勉強会を通じて交流するようになった。伊藤真氏(仏教大学大学院。小野田俊藏先生の指導)は、吉津先生の助言も受けて、学位申請論文を執筆された(吉津先生は副査として参加)。吉津先生の研究室では、胡建明氏(学部のみ吉津宜英先生の指導)にも良くお会いした。こうした方々が参加した「吉津ゼミ」の懇親会は賑やかであった。吉津先生は年二回、学期末に開催する懇親会に奥様とご一緒に参加されたが、それ以外は余り参加されなかった(学生個人とはよく食事に行かれた)。しかし、私たち「ゼミ生」は毎週どこかで集まった。学期末の懇親会には、東京大学等に留学していた韓国人も参加し、そこで金龍泰氏(東国大学仏教文化研究院HK教授)とも友人になった。授業以外の活動もした。吉津先生の三軒茶屋の新居への引越、複数の学会の準備、鎌田茂雄先生の古稀の祝賀会と御葬儀の手伝い。吉津先生が事務仕事に有能であることは有名な話であるが、特に鎌田先生の古稀の祝賀会では、傍で見ていても驚くばかりである。私は先生と二人で、祝賀会が始まっても受付を担当していた。遅れて来る来賓の方々が、吉津先生に遅刻の詫びを言うのだが、吉津先生は「先生がいらっしゃらなければ、会は始まりませんよ」と、鮮やかに返すのである。先生は時々、祝賀会の進行を覗きにゆくだけで、結局、会場に入らなかった。人の為に仕事をするということがどういうことなのか、身をもって教えていただいた。

吉津先生と最後にお会いしたのは、二〇一二年一一月。二〇一四年三月に、吉津先生は定年退職を迎える予定であり、その祝賀会の打ち合わせの席であった。最初で最後の会合になるとは思わなかった。吉津先生と駒ヶ嶺氏と私の三人、三軒茶屋であった。先生は還暦の祝賀会を固辞されていたが、定年退職の祝賀会については、前月に内諾をいただいていたので、私の気持ちも楽だった。吉津先生も終始おだやかで、先生が駒澤大学で出会った人たちの思い出話、祝賀会の参加者の提案など話題は尽きなかった。改めて、駒澤大学に勤務し定年退職を迎えることの重みを感じた。先生から最後に手紙をいただいたのは、二〇一三年の晩秋。この年、私は金沢文庫の「東大寺展」に協力していて多忙を極めていた。この年の五月に吉津先生は入院されるが、それを電話で聞いたのも東大寺南大門の前であった。「東大寺展」の図録が完成すると吉津先生に送ったが、その返事が最後の手紙であり、定年退職の祝賀会にふれた末尾に〝Let's〔enjoy〕together!〟と記されていた。そして、吉津先生の声を最後に聞いたのは、二〇一三年一二月二七日頃。先生は一二月一七日に古稀を迎えられていたので、私はお祝いに花を贈り、そのお礼の電話を頂いた。そして、年が明けて二〇一四年一月五日、吉津先生の訃報の電話。すぐに吉津先生の奥様に電話し、おって「ゼミ生」に連絡を開始した。間もなく奥様に呼ばれて、吉津先生の引越以来となる先生の自宅に入った。玄関に私が年末に贈った白い百合が咲いていた。

二〇一四年一月一三日（月）、一四日（火）、吉津先生の通夜と告別式である。私の呼びかけに応じて、「ゼミ生」が一〇数年振りに手伝いに集まった。全ての仲間が悲しみを堪えて手伝いに参加した。本来、吉津先生の定年退職の祝賀会で集まる予定であったのに、思わぬ再会となった。黄金時代が唐突に終わったことを思い知った。

本『著作集』が刊行出来るのは、何よりも吉津先生の学問にある。しかし、先生の急逝が無ければ、このような形にはならなかったと思う。おそらく生前の吉津先生であれば、「岡本、自分の学問をやりなさい」とおっしゃるだろう。それに対して私は「先生の『著作集』の編集も私の学問です」と答えただろう。今回も「ゼミ生」たちは、恩師の『著作集』の刊行に快く協力してくれた。私も吉津先生の「ゼミ生」の一人として編集に参加できたことを喜んでいる。「吉津先生、ゼミ生が協力してくれましたよ」と、先生に報告したい。私は、駒澤大学以外で学問をしたことは一度もない。それでも、現在も仏教研究者の一人として生活しているのは、吉津ゼミの素晴らしい先輩や友人たちに恵まれ、それをご縁にして多くの方々に出会ったからである。吉津先生、ありがとうございました。

しかし『著作集』を刊行するとなれば、「ゼミ生」だけでは実現できないことも事実である。最後にお世話になった方々に謝辞を述べさせていただきたい。まず、本『著作集』の推薦文を書いて下さった東京大学名誉教授の木村清孝先生、駒澤大学名誉教授の石井修道先生にお礼申し上げる。特に木村先生は、二〇一七年一一月に北京大学で開催した国際華厳学会で突然依頼したにもかかわらず、快諾して下さった。次に吉津先生の著作権者である奥様、吉津典子様にお礼申し上げる。典子様のご協力無しにこの『著作集』は実現しなかった。次に胡建明（法音）氏が、ご友人に協力を依頼して下さったことに感謝申し上げる。また、臨川書店との最初の仲介をして下さった道津綾乃氏にお礼を申し上げる。道津氏には、彼女の恩師である石井修道先生に編集委員を依頼する席にも立ち会っていただいた。修道先生は一言「光栄です」とおっしゃった。最後に臨川書店の編集者、西之原一貴氏に最大限の謝辞を記しておきたい。本来、一冊の著作を刊行する予定であったものが、『著作集』に発展したのは、臨川書店と西之原氏の提案を機縁とする。長くなった。次の黄金時代を準備するために筆を擱きたい。

二〇一八年六月二四日（慧遠の命日）

吉津宜英博士　略歴

よしず・よしひで――一九四三年（昭和一八）一二月一七日、広島県府中市に生まれる。一九六六（昭和四一）駒澤大学仏教学部禅学科卒業。一九七一年駒澤大学大学院人文科学研究科仏教学専攻博士過程満期退学。一九九二年『華厳一乗思想の研究』（大東出版社）により博士（仏教学）を取得。駒澤大学仏教学部教授、駒澤大学仏教経済研究所所長、駒澤大学学生部長、駒沢宗教学研究会理事長等を歴任。二〇一四年（平成二六）一月五日、逝去。享年七〇歳。

主要研究分野：『大智度論』、浄影寺慧遠、『大乗起信論』、中国華厳学派、新羅・高麗仏教、日本仏教、道元。

主要著書：『阿毘達磨倶舎論索引』三巻（共著、大蔵出版、一九七三年―一九七八年）、『華厳禅の思想史的研究』（大東出版社、一九八五年）、『大乗起信論新釈』（大蔵出版、二〇一四年）等。

主要論文：「慧遠『大乗起信論義疏』の研究」（『駒澤大学仏教学部研究紀要』第三四号、一九七六年）、「法蔵の法界縁起説の形成と変容」（『平川彰博士古稀記念論集　仏教思想の諸問題』所収、春秋社、一九八五年）、「吉蔵における『大智度論』依用と大智度論師批判」（平井俊榮監修『三論教学の研究』所収、春秋社、一九九〇年）、「全一のイデア―南都における「華厳宗」成立の思想史的意義―」（『鎌田茂雄博士古稀記念　華厳学論集』所収、大蔵出版、一九九七年）等。

受賞：一九八〇年、日本学士院賞（『阿毘達磨倶舎論索引』三巻により、平川彰・平井俊榮・袴谷憲昭・高橋壯と共に）等。

本巻解説執筆者　略歴（掲載順）

岡本一平（おかもと　いっぺい）　概説、第二・三部詳説担当。

一九七一年、東京都生まれ。駒澤大学大学院人文科学研究科仏教学専攻退学。現在、恵泉女学園大学・慶應義塾大学非常勤講師、東洋大学東洋学研究所客員研究員。中国仏教研究。主要論文に、「『大乗義章』の研究（二）―「仏性義」註釈研究」（『駒澤短期大学仏教論集』第一二号、二〇〇六年）、「浄影寺慧遠の著作の前後関係に関する試論」（『地論思想の形成と変容』所収、国書刊行会、二〇一〇年）、「三聚法の形成と変容」（『東洋学研究』第五二号、二〇一五年）等。

馬淵昌也（まぶち　まさや）　第一部詳説担当。

一九五七年生まれ。相模の国戸塚で育つ。東京大学大学院人文科学研究科中国哲学専門課程博士課程中退（一九八八年）、駒澤大学大学院人文科学研究科仏教学専攻博士後期課程満期退学（二〇〇六年）。現在、千葉県長生郡一宮町長（二〇一六年当選、一期目）。元学習院大学外国語教育研究センター教授。中国中世・近世知識人思想史（隋唐仏教・宋明儒教）。現在は地方自治の実践を通じて今後の日本社会のあるべき形を模索中である。主要論文に、「清涼澄観の安国批判をめぐって―初発心成仏と一生有望」（『東洋文化研究』第五号、学習院大学東洋文化研究所、二〇〇五年）、「智儼と五教判―頓教と三乗・一乗の対配の観点から」（『言語・文化・社会』第五号、学習院大学外国語教育研究センター、二〇〇七年）、「心身把握の歴史的概観―仏教・道教・近世儒教」（『岩波講座　日本の思想』第五巻、岩波書店、二〇一三年）、「清初張沐の「性是功夫」説とその背景」（『言語・文化・社会』第一五号、学習院大学外国語教育研究センター、二〇一七年）等。

石川琢道（いしかわ　たくどう）　特別解説担当。

一九七六年生まれ。大正大学大学院仏教学研究科博士後期課程修了。博士（仏教学）。現在、大正大学准教授、駒澤大学非常勤講師。中国浄土教思想史。主著に、『曇鸞浄土教形成論』（法藏館、二〇〇九年）。主要論文に、「北魏分裂以降の無量寿仏信仰―造像銘を通じて―」（『佛教文化研究』第五六号、二〇一二年）、「浄土宗全書の底本ならびに諸版について」（『印度学仏教学研究』第六六巻一号、二〇一七年）等。

協力者一覧（二〇一八年六月現在）

池田將則、石川琢道、伊藤真、大竹晋、王文平、王木金、菅野博史、橘川智昭、倪健樺、呉小宇、呉小麗、呉漫、胡建明（法音）、胡明昆・俞静夫妻、駒ヶ嶺法子、篠田昌宜、柴田文彦、釈可祥、釈天覚、釈徳安、周淑霊、寿台順誠、杉浦ひとみ（旧姓：久我尾）、邵麗紅、銭虎、戴偉峰、戴逢紅、舘野正生、千葉正、道津綾乃、羽金之宏、ポール・グローナー、松森秀幸、吉津典子、劉鹿鳴、梁中和、林観潮（五十音順）

吉津宜英著作集　第1巻　（全4巻）

二〇一八年七月三十一日　初版発行

編　者　『吉津宜英著作集』編集委員会

発行者　片　岡　敦

印刷
製本　モリモト印刷株式会社

発行所　606-8204　京都市左京区田中下柳町八番地
株式会社　臨　川　書　店
電話　（〇七五）七二一―七一一一
郵便振替　〇一〇七〇―二―八〇〇

落丁本・乱丁本はお取替えいたします
定価は函に表示してあります

ISBN978-4-653-04431-4 C3315

〔ISBN978-4-653-04430-7 C3315　セット〕